THE HARE WITH AMBER EYES: A Hidden Inheritance
© Edmund de Waal 2010
All rights reserved.

Images courtesy of: *Le Pont de l'Europe*, Gustave Caillebotte © Musée du Petit Palais, Geneva; *Une botte d'asperges*, Édouard Manet © Rheinisches Bildarchiv, Cologne, rba_d000221; *Luncheon of the Boating Party*, Pierre-Auguste Renoir © The Phillips Collection, Washington, D.C.; Schottentor, Vienna, 1885 © Österreichische Nationalbibliothek, Wien; Vienna Anschluss, 1938 © Österreichische Nationalbibliothek, Wien.

Korean translation © 2023 by ARTHEKA
Korean translation rights arranged with FELICITY BRYAN ASSOCIATES LTD through EYA (Eric Yang Agency).

이 책의 한국어판 저작권은 에릭 양 에이전시(EYA)를 통해 펠리시티 브라이언 에이전시(FELICITY BRYAN ASSOCIATES LTD)와 독점 계약한 아르테카가 소유합니다. 저작권법에 따라 한국 내에서 보호를 받는 저작물이므로 무단 전재와 복제를 금합니다.

호박 눈의 산토끼

잃어버린 가족의 역사를 찾아서

호박 눈의 산토끼

잃어버린 가족의 역사를 찾아서

에드먼드 드 발 지음
이승주 옮김

Artheka

일러두기

- 본문 주(註)는 옮긴이와 편집자가 작성했다.
- 원서에서 이탤릭체로 강조한 부분은 방점으로 표기했다.
- 한국어로 번역된 출판물은 원제목 병기를 생략했다.

벤, 매슈, 애나
그리고 나의 아버지에게

"더 이상 물건에 애착을 갖지 않는다 해도, 우리가 한때 어떤 물건에 애착을 가졌던 사실 자체는 중요한 거라네. 다른 사람들은 알아보지 못한 이유가 우리에겐 항상 존재했기 때문이지. …… 글쎄, 지금은 다른 사람들과 어울려 사느라 너무 지쳐서 그런지, 예전에 내가 느꼈던 아주 개인적이고 독특한 이런 감정들이 무척 소중하게 여겨지는군. 모든 수집가에게 공통된 열정이지. 나는 내 마음을 마치 진열장처럼 스스로에게 열고, 바깥세상은 전혀 알지 못 하는, 내가 사랑했던 모든 물건을 하나하나 살펴본다네. 그리고 다른 무엇보다 훨씬 더 애착하는 지금의 수집품에 대해서는 한 치의 고민도 없이 혼잣말로 이렇게 중얼거리지. 마자랭이 자신의 책들을 두고 말했듯이, 이 모든 걸 남겨 두고 떠나야 하는 현실이 너무 아쉽다고."

샤를 스완
마르셀 프루스트, 『잃어버린 시간을 찾아서: 소돔과 고모라』

차례

에프루시 가계도
들어가는 말　　　　　　　　　　　　　　　　　15

1부. 파리 1871-1899
　1. 르 웨스트 엔드　　　　　　　　　　　　　43
　2. 과시용 침대　　　　　　　　　　　　　　58
　3. '그녀를 인도하는 코끼리 조련사'　　　　66
　4. '아주 가볍고 촉감이 아주 부드러운'　　　74
　5. 아이들 과자 한 상자　　　　　　　　　　88
　6. 상감 장식 눈이 달린 여우, 나무 재질　　97
　7. 노란색 안락의자　　　　　　　　　　　104
　8. 엘스티르 씨의 아스파라거스　　　　　110
　9. 심지어 에프루시도 속았다　　　　　　124
　10. 작은 성의 표시　　　　　　　　　　　135
　11. '아주 환한 다섯 시'　　　　　　　　　144

2부. 빈 1899-1938
　12. 포템킨 도시　　　　　　　　　　　　163
　13. 유대인 거리　　　　　　　　　　　　175
　14. 실제 있던 그대로의 역사　　　　　　182
　15. '어린아이가 그린 것처럼 커다란 정사각형 상자'　　198
　16. '자유의 집'　　　　　　　　　　　　207

17. 달콤한 어린 아가씨 218
18. 옛날 옛적에 232
19. 옛 도시 사람들 237
20. 빈 만세! 베를린 만세! 249
21. 말 그대로 제로에 가까운 279
22. 너는 네 삶을 바꿔야 한다 291
23. 엘도라도 5-0050 303

3부. 빈, 쾨베체시, 턴브리지 웰스, 빈 1938-1947
  24. '대규모 행진에 이상적인 장소' 323
  25. '다시없을 기회' 337
  26. '일회용 단수 여권' 351
  27. 사물의 눈물 362
  28. 아나의 주머니 372
  29. '모두 공개적이고 공식적이며 합법적으로' 382

4부. 도쿄 1947-2001
  30. 죽순 393
  31. 코다크롬 404
  32. 이걸 어디서 구했습니까? 418
  33. 진정한 일본 427
  34. 광택에 대하여 438

종결부. 도쿄, 오데사, 런던 2001-2009
   35. 지로 445
   36. 천체 관측기, 평판 측량기, 지구본 448
   37. 노란색 / 금색 / 빨간색 461

   감사의 글 473
   인명 찾아보기 476

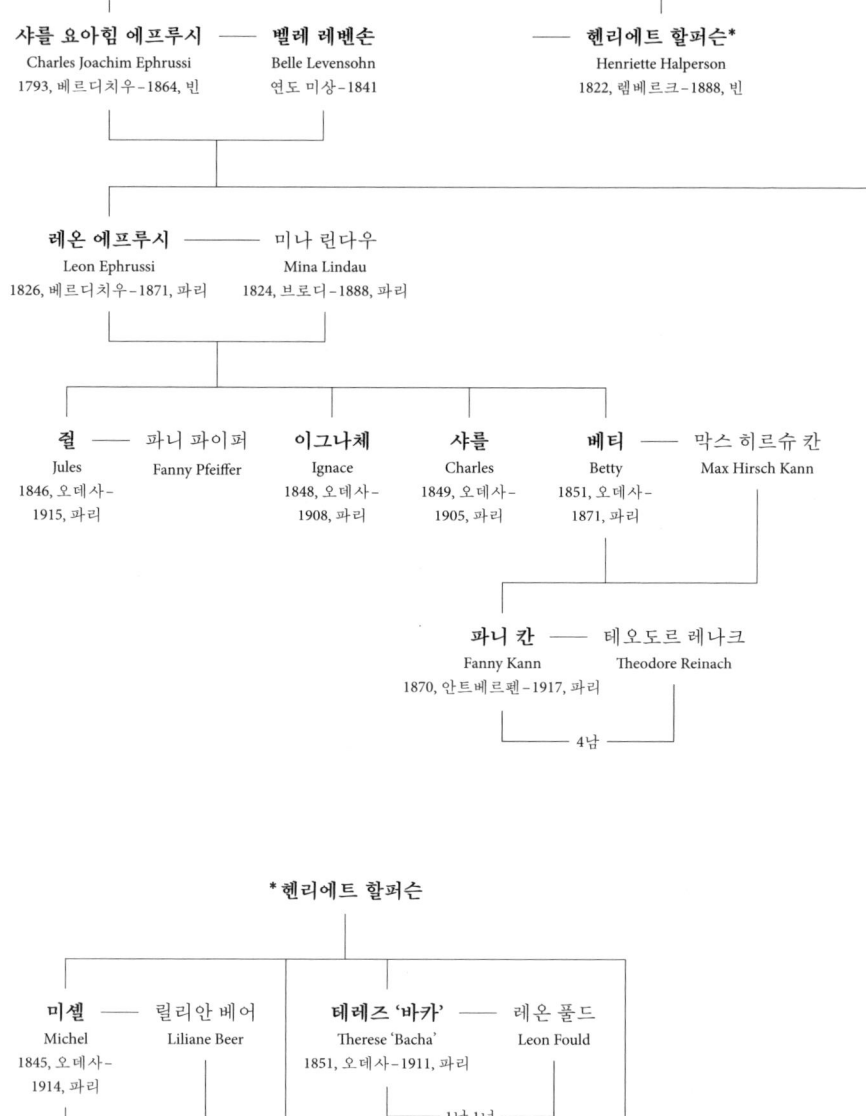

에프루시 가계도

이그나체 폰 에프루시 — **에밀리에 포르게스**
Ignace von Ephrussi   Emilie Porges
1829, 베르디치우 – 1899, 빈   1836, 빈 – 1900, 비시

슈테판 — 예스티하   **아나** — 파울 헤르츠 폰   **빅토어** — 에미 셰이
Stefan   Estiha   Anna   헤르텐라이트   Viktor   폰 코롬라
1856, 오데사 – 1911   1859, 오데사 –   Paul Herz von Hertenreid   1860, 오데사 –   Emmy Schey von
                    1938, 빈   1945, 턴브리지 웰스   Koromla

└ 1남 1녀 ┘

엘리자베트 — **헨드릭**   **기젤라** — 알프레도   **이그나체**   **루돌프** — 메리 레일리
Elisabeth   드 발   Gisela   바우어   Ignace   Rudolf   Mary Raley
1899, 빈 –   Hendrik   1904, 빈 –   Alfredo Bauer   1906, 빈 –   1918, 빈 –
1991, 몬머스   de Waal   1985, 멕시코   1994, 도쿄   1971, 뉴욕

            └ 3남 ┘   └ 2남 4녀 ┘

빅터 — 에스더 모이어   **콘스턴트 헨드릭** — 줄리아 제셀   **스기야마 지로**
Victor   Esther Moir   Constant Hendrik   Julia Jessel   Jiro Sugiyama
1929, 암스테르담 –   1931, 빈 –   1926, 시즈오카 –

                            └ 2남 ┘

존   **알렉산더**   **에드먼드** — 수전 챈들러   **토머스**
John   Alexander   Edmund   Susan Chandler   Thomas
1962, 케임브리지 –   1963, 케임브리지 –   1964, 노팅엄 –   1966, 노팅엄 –

1남 1녀   2남 1녀   1녀

        벤저민   **매슈**   **애나**
        Benjamin   Matthew   Anna
        1998, 런던 –   1999, 런던 –   2002, 런던 –

들어가는 말

1991년 나는 어느 일본 재단으로부터 2년간 장학금을 지원받았다. 공학, 산업, 언론, 도예 등 다양한 전문직에 종사하는 일곱 명의 영국 젊은이들을 선발해 1년 동안 영국 국내 대학에서 일본어 기초를 다지게 하고, 이듬해에 1년간 도쿄로 보내 주는 프로그램이었다. 우리의 유창한 일본어 실력은 일본과 새로운 교류의 시대를 여는 데 기여할 것이다. 우리는 이 장학금의 첫 수혜자였고 많은 기대를 받았다.

 도쿄에서의 2년차 시절에는 패스트푸드점과 전자 제품 할인점으로 혼잡한 시부야의 언덕 위에 있는 어학원에서 오전 시간을 보냈다. 당시 도쿄는 1980년대 거품 경제 붕괴의 충격에서 벗어나는 중이었다. 출근하는 사람들은 세계에서 가장 분주한 횡단보도 앞에 서서 점점 더 높이 치솟는 닛케이 주가지수가 나오는 전광판을 물끄러미 쳐다봤다. 나는 지하철이 가장 붐비는 시간을 피하려고 한 시간 일찍 집을 나섰고, 어학원에 가는 길에 고고학자인 선배 연구원을 만나서 시나몬 번과 커피를 함께 먹었다. 숙제도 있었다. 학교를 다니기 시작한 이래 처음 받아 보는 제대로 된 숙제였다. 일본어 한자를 매주 150자씩 외우고, 하루에 한 편씩 신문 논설을 해석하고, 회화 관용구를 매일 수십 개씩 반복해 익혔다. 내 평생 가장 무서운 일이었다. 나이가 어린 다른 연구원들은 텔레비전에서 본 방송이나 정치 스캔들을 화제로 선생님들과 일본어로 농담을 나누기도 했다. 스물여덟 살이나 먹어서 뭐하는 짓인가 한심해하며 학원 앞 초록색 철문에 발길질하던 어느 날 아침의 기억이 떠오른다.

오후는 자유 시간이었다. 나는 1주일에 두 번 도예 공방에 가서 오후 시간을 보냈다. 그곳은 은퇴한 회사원들이 찻잔을 만들고, 학생들은 입자가 거친 붉은색 점토와 철망을 사용해 아방가르드한 실험을 하는 등 다양한 사람이 함께 공유하는 공간이었다. 회비를 낸 다음, 빈 작업대나 물레를 찾아 앉으면 누구나 자유롭게 작업할 수 있었다. 시끄럽지 않았지만 정답게 소곤거리는 대화 소리가 들려왔다. 그때 자기磁器 작품을 처음으로 만들기 시작했던 나는 물레 작업을 마친 후 항아리와 찻주전자의 옆면을 지그시 눌러 가며 모양을 다듬어 나갔다.

나는 어린 시절부터 그릇을 만들었는데, 야간 수업을 듣게 해 달라고 아버지에게 떼를 쓰기도 했다. 내 첫 작품은 물레로 모양을 빚고 코발트블루가 한 방울 섞인 유백색 유약을 칠한 오목한 그릇이었다. 학창 시절에도 오후 시간을 대부분 도예 공방에서 보냈다. 열일곱 살에는 학교를 조기 졸업하고 어느 엄격한 도예가의 수습생으로 들어갔다. 영국 도예가 버나드 리치를 추앙하던 나의 스승은 내게 재료를 존중하는 마음과 목적에 적합하게 제작하는 자세를 가르쳤다. 나는 회색의 석기 점토로 수백 점의 수프 접시와 꿀단지를 빚었고 빗자루로 바닥을 쓸었다. 유약 만드는 일을 돕기도 했는데, 동양의 색들을 정교하게 재현하는 작업이었다. 일본에 한 번도 가 본 적 없지만, 그의 책장은 일본 도자기 책들로 가득했다. 우리는 우유를 넣은 모닝커피를 마실 때 쓰는 머그잔에 견주어 특정한 일본 찻사발이 지닌 장점을 두고 토론을 벌이기도 했다. 그는 자주 이렇게 말했다. "불필요한 동작을 삼가야 한다. 적을수록 좋은 것이다." 우리는 침묵 속에서 조용히 작업하거나 클래식 음악을 들으며 일했다.

　10대 수습생 시절의 어느 여름, 나는 마시코, 비젠, 단바 등 일본에서 도자기로 유명한 지역을 찾아다니며 여러 도예가를 만났다. 그들은 한결같이 엄격했다. 나는 장지문 닫는 소리, 찻집 정원의 자갈 사이로 물 흐르는 소리 하나하나에서도 깊은 깨달음을 얻었다. 네온사인이 켜진 던킨 도넛 가게를 보면 못마땅해서 내 얼굴이 자동으로 찡그러지는 것과 같은 이치였다. 일본에서 돌아온 후 어느 잡지에 기고한 글 「일본과 도예가의 윤리: 재료와 시간의 흔적을 존중하는 태도」에는 당시 내가 받은 감동이 생생하게 기록돼 있다.

　수습생 생활을 끝내고 나서는 대학에서 영문학을 전공했고, 그 후에는 웨일스 접경 지역과 우중충한 도심에 있던 조용하고 정돈된 작업실에서 7년간 혼자 작업하며 지냈다. 나는 작업에만 몰두했고, 이때 만든 작품들 역시 집중도가 높았다. 그리고 지금 이곳은 일본이다. 어수선한 공방 안에서 한 남자가 야구 이야기를 수다스럽게 떠들어 대고, 그 옆에서 나는 손으로 옆면을 눌러 가며 자기 항아리를 만들었다. 나는 즐기고 있었다. 뭔가 제대로 돼 가는 듯한 기분이 들었다.

1주일에 두 번은 일본민예관 기록 보관소에서 버나드 리치를 주제로 글을 쓰며 오후 시간을 보냈다. 일본민예관은 교외의 한 농장 주택을 재건한 건물 안에 야나기 소에츠*가 수집한 일본과 한국의 민예품들을 전시하고 있다. 철학자이자 미술사학자, 시인인 야나기는 그릇, 바구니, 의복 등 이름 없는 장인이 만든 일상 사물의 아름다움을 이론으로 발전시켰다. 장인은 물건을 끝없이 제작함으로써 자아로부터 해방될 수 있었고, 결과적으로 그 물건들은 무의식의 미美를 표현한다는 것이 그의 시각이었다. 20세기 초반 도쿄에서 단짝 사이였던 두 청년 야나기와 리치는 블레이크, 휘트먼, 러스킨의 책을 탐독하며 활기에 찬 편지를 주고받았다. 두 사람은 도쿄 근교의 작은 마을에 예술가촌을 만들기도 했다. 그곳에서 리치는 동네 아이들의 도움을 받으며 도자기를 만들고, 야나기는 자신의 보헤미안 친구들에게 로댕과 미를 주제로 강의했다.

　민예관의 문을 열고 들어가서 돌바닥을 지나면 리놀륨 장판이 깔린 사무실이 이어졌다. 야나기 기록 보관소는 뒤쪽 복도를 따라 내려간 곳에 있었다. 가로 365센티미터, 세로 245센티미터 크기의 작은 방에는 천장까지 이어진 서가에 야나기의 책들이 빼곡히 차 있고, 그의 노트와 편지가 든 마닐라지 상자들이 차곡차곡 쌓여 있었다. 방에는 책상 하나와 전등 하나가 있었다. 나는 기록 보관소를 좋아한다. 그 방은 아주 많이 조용하고 굉장히 어두웠다. 거기서 나는 자료를 읽고 메모하며 버

---

* 일본민예관 설립자인 야나기 무네요시의 필명.

나드 리치를 재조명하는 책을 계획했다. 그 책은 서양에서 100여 년이 넘는 세월 동안 일본을 열광적으로 그리고 창의적으로 오해했던 개념인 자포니즘Japonisme을 조심스럽게 다룰 예정이었다. 나는 도대체 일본의 어떤 면이 예술가들에게 그토록 강렬한 열정을 불러일으켰는지, 반면 학계에서는 자포니즘을 둘러싼 오해를 끊임없이 지적하며 왜 그렇게 못마땅하게 여겼는지 알고 싶었다. 또한 이 책을 쓰면서 일본이라는 나라에 깊이 심취해 열병을 앓던 내 자신의 상황에서 벗어날 수 있기를 바라는 마음도 있었다.

그리고 1주일에 한 번은 내 할머니의 동생인 이기와 함께 오후를 보냈다.

지하철역에서 나와 언덕을 걸어 올라가는 길에 요란하게 빛나는 맥주 자판기들, 마흔일곱 명의 사무라이가 묻힌 절 센가쿠지, 바로크풍의 괴이한 신토神道 회관 건물, 허풍쟁이 X 씨가 운영하는 초밥집 등을 차례로 지난다. 소나무 정원이 있는 다카나와 황족 저택의 높은 담벼락을 끼고 오른쪽으로 돌면 이기의 집이었다. 도착해서는 엘리베이터를 타고 6층까지 올라갔다. 이기는 창가의 안락의자에 앉아 책을 읽고 있었다. 대부분 엘모어 레너드나 존 르 카레의 책, 또는 프랑스어로 쓴 회고록이었다. "참 이상하지." 그가 말했다. "어떤 언어들은 다른 언어들보다 더 다정하게 느껴져." 내가 허리를 숙여 인사하면 이기는 내게 입을 맞췄다.

책상 위에는 데스크 패드, 그의 이름이 인쇄된 종이 한 묶음, 펜들이 가지런히 놓여 있었다. 하지만 이기는 더 이상 글을 쓰지 않았다. 그의 뒤에 있는 창문 너머로 기중기들이 보였다. 도쿄만의 풍경은 40층짜리 아파트에 가려 시야에서 사라져 가고 있었다.

우리는 점심을 함께 먹곤 했다. 음식은 가정부인 나카무라 부인이 차려 두거나 이기의 아파트와 내부로 연결된 옆집에 사는 친구 지로가 두고 간 것이었다. 메뉴는 오믈렛과 샐러드, 긴자에 있는 백화점의 최고급 프랑스 베이커리에서 만든 빵, 상세르나 푸이 퓌메 같은 차가운 화이트 와인 한 잔, 복숭아 하나, 약간의 치즈였다. 그리고 마무리로 맛이 아주 좋은 블랙커피를 마셨다.

이기는 여든네 살이었고 등이 약간 구부정했다. 그는 늘 흠잡을 데 없이 말끔하게 옷을 차려입었다. 헤링본 재킷 주머니에 손수건을 꽂고 옅은 색 셔츠에 넥타이를 매는 멋쟁이였다. 하얀 콧수염도 짧게 기르고 있었다.

점심 식사를 마치면, 이기는 거실 한쪽 벽을 거의 다 차지하고 있는 긴 유리 진열장의 미닫이문을 열어 네쓰케根付*를 하나씩 꺼내곤 했다. 호박 눈의 산토끼. 사무라이 검을 들고 투구를 쓴 소년. 어깨와 네 발을 돌리며 으르렁대는 호랑이. 그가 네쓰케 한 점을 건네면 우리는 함께 살펴보고, 그런 다음에는 내가 동물과 사람 모양의 네쓰케 수십여 점이 진열된 유리 선반의 제자리에 조심스럽게 다시 갖다 놓았다.

공기가 건조하면 상아 조각상들이 갈라질까 봐 작은 컵들

---

* 에도 시대의 일본 전통 공예품으로 사람이나 동식물 등을 정교하게 조각한 장신구.

이기와 네쓰케 컬렉션, 1960년 도쿄.

에 물을 채워 넣는 것도 나의 일이었다.

"내가 말한 적 있던가, 어렸을 때 우리가 이 네쓰케들을 얼마나 사랑했는지?" 이기가 말했다. "우리 부모님이 파리에 사는 사촌한테 이 물건들을 받은 사연을 말해 줬던가? 아나의 주머니 이야기도 너한테 했었나?"

대화는 엉뚱한 방향으로 흐르기도 했다. 한번은 이기가 빈에 살던 시절, 그의 아버지 생일날 아침에 전속 요리사가 만들어 주던 카이저슈마렌 Kaiserschmarren*을 장황하게 설명했다. 팬케이크를 겹겹이 쌓고 고운 가루 설탕을 뿌린 그 음식을 요제프 집사가 식당으로 가져와서 기다란 칼로 자르던 이야기. 이렇게 멋지게 생일 아침을 시작하다니 오스트리아 황제도 부럽

* 오스트리아의 프란츠 요제프 황제가 좋아하던 디저트.

지 않다고 입버릇처럼 말하던 그의 아버지 이야기 등등. 그러다가 갑자기 릴리의 재혼 이야기를 시작하는 식이었다. '릴리는 누구지?'

휴, 다행이다. 릴리가 누군지는 몰라도 이 이야기들의 배경이 어디인지는 들어서 잘 알고 있었다. 빈, 바트 이슐, 쾨베체시 셋 중 한 곳이었다. 해 질 녘 기중기에 설치된 조명에 불이 들어와 도쿄만의 더 깊숙한 곳까지 비출 무렵이면, 내가 일종의 대필 작가가 된 듯한 기분이 들었다. 제1차 세계 대전이 발발하기 전 빈의 상황을 풀어놓는 이기의 말들을 옆에 앉아서 수첩을 들고 받아 적어야 할 것 같았다. 하지만 그런 적은 한 번도 없었다. 그건 너무 형식적이고 부적절한 행동이었을 것이다. 또한 이야깃거리가 풍부한 좋은 소재이니 언젠가 내가 써먹어야지 하며 욕심을 내는 것처럼 보였을 수도 있다. 어쨌든 나는 그 이야기들이 여러 번 반복되면서 매끄럽게 다듬어져 가는 게 좋았다. 이기의 이야기에는 강가의 조약돌 같은 느낌이 있었다.

1년 동안 이기와 오후를 보내면서 나는 그의 아버지가 큰딸 엘리자베트의 명석함을 자랑스러워한 반면, 어머니는 그녀의 고상한 말투를 싫어했다는 것을 알게 됐다. "말을 좀 알아듣게 해 봐!" 작은누나 기젤라와 하던 놀이도 약간 긴장된 말투로 자주 이야기했다. 두 사람은 응접실에 있는 작은 물건 하나를 훔쳐서 계단을 내려온 다음, 마부들 몰래 안뜰을 지나 지하 저장고의 둥근 천장 안에 그것들을 숨겨 두었다. 그러고 나서는 네가 가서 그 물건을 다시 찾아오라고 서로 미루며 아웅다웅했다. 이기는 캄캄한 어둠 속에서 물건을 잃어버린 적도 있었다. 이기의 이야기는 끝이 나지 않는, 닳고 닳아서 해진 기억 같았다.

훗날 체코슬로바키아로 편입된 쾨베체시의 시골 별장 이야기가 많았다. 이른 새벽에 그를 깨워서 난생처음 총을 들려 사냥터지기와 함께 산토끼 사냥을 보낸 이기의 어머니, 에미. 서늘한 공기 속에서 귀를 살짝 떨고 있던 산토끼를 향해 차마 방아쇠를 당기지 못했던 기억.

사유지 경계의 강가에서 캠핑하던 집시들과 쇠사슬에 묶여 춤추는 곰을 마주치고는 겁에 질린 채 집으로 달려왔던 기젤라와 이기. 오리엔트 특급 열차가 정차하면 새하얀 드레스를 입은 할머니가 역장의 부축을 받으며 승강장 계단을 내려오던 이야기. 달려가서 반갑게 할머니를 맞이하던 기젤라와 이기. 할머니가 빈에 있는 제과점 데멜에서 사다 주시던, 초록색 포장지 안에 든 케이크들.

아침을 먹고 있던 이기를 창가로 데려가 가을 나무 위에 황금방울새들이 가득 내려앉은 풍경을 보여 줬던 어머니 에미. 이기가 창문을 두드리면 새들은 날아가도 여전히 황금빛으로 불타던 나무.

점심 식사를 마치고 이기가 낮잠을 자는 동안, 나는 씻고 나와서 한자 숙제를 했다. 서툴지만 애써서 종이의 네모 칸을 하나씩 채워 갔다. 나는 지로가 일본어와 영어 석간신문들, 내일 아침에 먹을 크루아상을 사서 퇴근할 때까지 그 집에 있었다. 지로가 슈베르트나 재즈 음악을 틀면 우리는 술을 한 잔씩 마셨고 그러고 나서 나는 자리를 떴다.

　나는 메지로에 있는 아주 깨끗한 방 하나를 빌려 쓰고 있었다. 진달래가 활짝 핀 작은 정원이 보이는 방이었다. 전기 곤로와 주전자 하나만 가지고 그럭저럭 최선을 다했지만, 저녁이면 국수를 먹는 일이 다반사였고 조금은 외로운 생활이었다. 지로와 이기가 한 달에 두 번씩 저녁 외식을 시켜 주고 음악회에 데려가 주었다. 먼저 제국 호텔에서 술을 한잔 마신 다음, 고급 생선 초밥이나 스테이크 타르타르를 먹었다. 은행업에 종사했던 우리 조상을 기리는 의미에서 피낭시에르 소스를 곁들인 소고기 boeuf à la financière 요리를 먹기도 했다. 하지만 나는 이기가 주식처럼 즐겨 먹던 푸아그라만큼은 사양했다.

　그해 여름 영국대사관에서 연구원들을 위한 행사가 열렸다. 나는 지난 1년 동안 무엇을 배웠고, 문화가 어떻게 두 섬나라를 이어 주는 가교 역할을 하는지 일본어로 발표해야 했다. 더 이상 견딜 수 없을 때까지 열심히 연습했다. 이기와 지로가 행사장에 와서 샴페인 잔을 들어 올리며 나를 격려해 주었다. 발표가 끝난 후 지로는 내 어깨를 꽉 안아 주었고 이기는 입을 맞췄다. 두 사람은 함께 미소를 지으며 "조즈데스네 上手ですね" 하고 말했다. 내 일본어 실력이 훌륭하고 유창해서 나무랄 데 없다는 뜻이었다.

　두 사람은 각자의 생활 공간을 확실하게 분리했다. 지로가 사는 아파트에는 다다미를 깔고 작은 불단을 둔 일본식 방이 하나 있었다. 지로는 자기 어머니와 이기의 어머니인 에미의 사진을 모셔 둔 그 방에서 기도를 하고 종을 울렸다. 이기의 아파트에서 문을 열고 들어오면 두 사람이 함께 찍은 사진이 책상 위에 놓여 있었다. 세토 내해(內海)의 배 위에서 찍은 사진으로, 소나무 산이 배경에 보이고 물 위로 햇살이 일렁였다. 1960년 1월이었다. 머리를 말끔하게 빗어 넘긴 잘생긴 외모의 지로는 이기의 어깨 위에 팔을 올리고 있다. 1980년대에 찍은 다른 사진 속에서 두 사람은 하와이 부근의 유람선에서 연미복을 입고 팔짱을 끼고 있다.

"최장수 노인이 될 때까지 오래 사는 건 힘든 일이야." 이기가 나직이 말한다.

"일본에서 나이를 먹는다는 건 멋진 일이지." 그가 좀 더 기운찬 목소리로 말한다. "내 인생의 절반 이상을 여기서 살았구나."

"빈이 그립지 않으세요?" (왜 단도직입적으로 묻지 못했을까. 태어난 나라에서 살지 않고 이제 늙어 버린 당신은 뭐가 제일 그리운가요?)

"아니. 1973년이 돼서야 빈에 다시 가 봤는데, 숨이 턱 막히더라고. 질식할 것 같았지. 거기서는 모든 사람이 내 이름을 알고 있었어. 케른트너가에서 소설책 한 권을 사고 있자면 사람들이 감기에 걸린 어머니는 좀 괜찮으시냐고 물어보는 거야. 그러니 꼼짝할 수가 없어. 집 안이 온통 금과 대리석으로 장식돼 있어도 너무 어두웠어. 링슈트라세에 있는 옛날 우리 집에 가 본 적 있니?"

"그런데 그거 아니?" 그가 뜬금없이 말했다. "매실 경단은 빈보다 일본산이 훨씬 맛있단다."

"실은," 이기는 잠시 쉬었다가 이야기를 다시 이어갔다. "아버지는 내가 어른이 되면 당신이 다니던 클럽에 나를 가입시켜 주겠다고 입버릇처럼 말씀하셨어. 매주 목요일이면 아버지는 오페라 하우스 근처 어딘가에서 친구들, 그러니까 유대인 친구들을 다 만나고 오셨지. 아주 기분 좋고 신나는 얼굴로 집에 돌아오시곤 했어. 그곳 이름은 비너 클럽The Wiener Club이었어. 아버지를 따라 클럽에 꼭 가고 싶었는데, 결국 한 번도 못 가 보고 말았지. 내가 빈을 떠나 파리로, 뉴욕으로 가게 됐고, 너도 알다시피 그다음엔 전쟁이 터졌단다."

"그건 그립구나. 그 기회를 놓쳐 버린 게 아쉬워."

이기는 1994년에 돌아가셨다. 내가 영국으로 귀국한 지 얼마 되지 않아서였다. 지로가 전화로 소식을 알려 줬다. 병원에 입원하고 사흘 만에 세상을 떠나셨다고 했다. 그나마 다행이었다. 장례식에 참석하기 위해 나는 도쿄를 다시 찾았다. 두 사람의 오랜 친구들, 지로의 가족, 나카노 여사와 그녀의 딸 등 스무 명 남짓한 사람들이 눈물 속에 장례를 치렀다.

화장이 끝나고 우리가 모여 있는 곳으로 고인의 재가 나왔다. 우리는 두 명씩 짝을 지어 검은색 긴 젓가락으로 남은 뼛조각을 추려서 유골함에 옮겨 담았다.

우리는 이기와 지로가 20년 전에 미리 묏자리를 준비해 둔 절로 향했다. 공동묘지는 절 뒤편의 언덕 위에 자리했고 각 구역은 작은 돌담으로 나뉘었다. 그곳에는 두 사람의 이름을 함께 새긴 회색 비석과 꽃을 놓을 수 있는 자리가 마련되어 있었다. 그 위로 물이 담긴 양동이와 솔, 글귀가 적힌 긴 나무 명판들이 보였다. 조문객은 박수를 세 번 치고 나서 고인에게 인사한 다음, 지난번에 다녀간 후로 오랫동안 찾아뵙지 못해 죄송하다는 말씀을 드린다. 우리는 무덤 주위를 청소하고 오래된 국화꽃을 치우고, 물병에 새 꽃을 헌화했다.

절에 있는 작은 불단 위에는 이기의 유골함과 유람선에서 연미복을 입고 찍은 그의 사진이 올려져 있었다. 주지 스님이 독경을 하시고 우리는 향을 피웠다. 스님은 성불을 기원하며 이기에게 법명을 새로 지어 주셨다.

그러고 나서 우리는 이기 이야기를 나눴다. 나는 그가 내게 얼마나 소중한 존재였는지 일본어로 말하고 싶었지만 할 수 없었다. 왜냐하면 계속 눈물이 나기도 했고, 2년 동안 비싼 장학금을 받고 공부했음에도 필요한 순간에 일본어를 자유롭게 구사할 만한 실력이 아니었기 때문이다. 그래서 고향인 빈으로부터 멀리 떠나온 이그나체 폰 에프루시를 위해, 또한 뿔뿔이 흩어져 버린 그의 부모와 형제자매들을 위해, 이곳 도쿄 교외에 있는 절에서 카디쉬Kaddish*를 암송하는 것으로 대신했다.

장례식을 마친 후 지로는 내게 이기의 옷 정리를 도와 달라고 부탁했다. 옷방의 벽장을 열자 색깔별로 가지런히 걸린 셔츠들이 보였다. 넥타이를 정리하던 중에 그 넥타이들이 런던, 파리, 호놀룰루, 뉴욕 등 두 사람이 함께 여행한 장소를 가리킨다는 사실을 깨달았다.

* 유대교에서 죽은 이를 애도하며 암송하는 기도.

옷 정리를 마치고 와인 한잔을 기울이던 지로가 붓과 먹을 꺼내 들더니, 문서를 작성해서 봉투에 넣고 밀봉했다. 자기가 죽고 나면 네쓰케는 내 소관이라는 내용이 적혀 있다고 말했다.

그렇게 다음은 내 차례가 되었다.

이기가 소장했던 네쓰케는 총 264점이다. 아주 작은 물건들을 아주 많이 수집한 컬렉션이다.

나는 그중 하나를 집어 들어 손가락으로 돌려 보고, 손바닥 위에 놓고 무게를 가늠해 보았다. 밤나무나 느릅나무 같은 목재로 만든 것은 상아로 만든 것보다 훨씬 가볍다. 나무 재질의 네쓰케에는 오래된 세월의 흔적이 고스란히 남아 있다. 한 예로 얼룩무늬 늑대나 서로 뒤엉켜 재주를 부리는 곡예사 네쓰케는 닳아서 윤기가 반질반질 돌았다. 상아 재질의 네쓰케는 흰색만 제외하고, 미색이나 다른 모든 색을 띨 수 있다. 호박이나 사슴뿔을 눈에 박아 넣은 것들도 몇 점 있다. 일부 오래된 네쓰케들은 살짝 훼손되었다. 나뭇잎에 앉은 염소의 허리에 있던 무늬는 닳아서 없어졌다. 매미 네쓰케에는 육안으로 잘 보이지 않는 미세한 금이 가 있다. 누가 떨어뜨렸던 걸까? 언제 어디서?

네쓰케는 대부분 서명이 되어 있다. 작품을 완성해 손에서 떠나보내야 하는 그 순간에 장인이 써넣은 것이다. 발 사이에 조롱박을 끼고 앉은 사람 형상의 네쓰케가 있다. 남자는 몸을 앞으로 숙이고 양손에 잡은 칼로 박을 자르고 있다. 칼은 박의 중간에 박혔다. 힘든 작업인 만큼 팔뚝과 어깨, 목에는 힘이 잔

뚝 들어갔다. 모든 근육이 칼끝에 집중되어 있다. 작은 손도끼를 들고 술통을 만드는 사람 네쓰케도 있다. 통은 절반 정도 완성한 상태다. 그는 술통을 뒤집어쓴 듯한 자세이고, 일에 몰두하느라 이마에는 주름이 잡혔다. 나무를 깎아서 무엇을 만드는 일을, 상아를 깎아 만든 네쓰케 조각으로 표현한 것이다. 이 두 점의 네쓰케는 중간쯤 진행한 일을 마무리해서 완성하는 것을 주제로 삼았다. 마치 이렇게 말하는 듯하다. "이것 봐, 나는 벌써 이만큼 했는데 저 사람은 아직 시작조차 안 했군."

네쓰케를 손에 넣고 만지작거리다 보면 촉각이 주는 즐거움도 있지만 서명이 어디에 있는지 찾아보는 재미도 쏠쏠하다. 서명은 신발 바닥에서 발견되기도 하고 나뭇가지 끝이나 벌의 몸통에도 있다. 일본에서 붓글씨로 이름을 쓰는 동작들을 떠올려 본다. 붓을 먹물에 담그기, 붓이 닿는 첫 순간의 사각거리는 소리, 다시 벼루에서 먹물 묻히기 등. 가느다란 금속 도구를 사용해서 이렇게 독특한 서명을 남긴 네쓰케 장인들의 솜씨가 경이롭다.

서명이 없는 네쓰케도 있다. 어떤 네쓰케에는 빨간색 숫자가 조그맣게 적힌 종이가 붙어 있다.

쥐들이 아주 많다. 꾸불꾸불한 꼬리로 서로를 감싼 쥐들은 물통이나 생선, 거지의 옷 위에 올라가 있고, 네발을 접어 숨기고 있다. 쥐뿐만 아니라 쥐잡이꾼 네쓰케 또한 많다.

어떤 네쓰케는 연속적인 움직임을 포착하고 있어서, 풀려 있는 밧줄이나 엎질러진 물의 표면을 손가락으로 따라가며 만져 볼 수 있다. 나무 욕조 안에 들어간 여자아이나 조개껍질의 소용돌이무늬처럼 작고 응축된 동작을 보여 주는 것들도 있다. 섬세한 비늘로 뒤덮인 용이 바위에 기대어 앉은 네쓰케처럼 위의 두 가지 특성을 모두 표현하고 있어서 감탄을 자아내는 것도 있다. 돌처럼 단단하고 매끄러운 상아 표면을 손으로 쓰다듬다 보면 갑자기 오밀조밀하게 밀도감 있는 용을 만지게 되는 것이다.

네쓰케들은 하나같이 비대칭적인 형태라는 생각이 들어 기뻤다. 내가 가장 좋아하는 일본 찻사발과 마찬가지로, 네쓰케 역시 부분만으로는 전체를 이해할 수 없다.

런던으로 돌아온 나는 매일 네쓰케를 하나씩 주머니에 넣어 가지고 다닌다. 네쓰케를 그냥 주머니에 넣을 뿐이라서 '가지고 다닌다'라는 표현은 적절하지 않을 수 있다. 어떤 목적이 있는 것처럼 들리기 때문이다. 네쓰케는 너무 가볍고 너무 작아서 열쇠와 동전 사이에 뒤섞여 사라져 버린다. 네쓰케가 주머니 안에 있다는 사실조차 잊어버린다. 오늘의 네쓰케는 밤나무를 깎아 만든 모과 열매로, 18세기 말 에도(도쿄의 옛 이름)에서 제작된 것이다. 일본에서는 가을이 되면 종종 모과를 볼 수 있다. 모과가 달린 나뭇가지가 절 담장에 걸쳐 있거나 개인 주택 정원에서 자판기들이 늘어선 거리로 뻗어 나온 풍경은 무척 탐스럽다. 내 모과 열매 네쓰케는 푹 무르익은 나머지 흐물흐물해질 지경이다. 위에 달린 세 잎사귀는 손가락으로 문지르면 금방 떨어질 것만 같다. 모과는 한쪽이 다른 쪽보다 더 익어서 살짝 균형이 어긋나 있다. 바닥에는 서로 크기가 다른 두 개의 구멍이 있는데, 여기에 비단 끈을 끼워서 작은 가방에 달면 네쓰케가 일종의 단추 역할을 하게 된다. 모과 네쓰케의 주인은 누구였을까 상상의 나래를 펴 본다. 일본이 대외 통상에 문호를 개방했던 1850년대보다 훨씬 이전 시대의 물건이므로 일본인의 취향에 맞춰 제작했을 것이다. 상인이나 학자를 위해 만들었을 가능성도 있다. 단아하고 수수하지만 나를 미소 짓게 하는 물건이다. 아주 단단한 재료를 깎아서 이렇게 부드러운 느낌을 주는 물건을 만드는 일은 오랜 시간이 소요되며, 그 과정에서 얻는 촉각적 즐거움 또한 클 것이다.

나는 모과 네쓰케를 재킷 주머니에 넣고 미술관에 가서 내가 맡게 될 연구 과제 회의에 참석하고, 작업실에 들렀다가 런던 도서관으로 향한다. 그러는 중간중간 손가락으로 이 물건을 만지작거린다.

단단하면서도 부드럽고 쉽게 잃어버릴 수 있는 이 물건이 어떻게 지금까지 살아남았는지 너무 궁금하다. 네쓰케에 담긴 사연을 찾아봐야겠다는 생각이 든다. 네쓰케를 소유한다는 것, 그 전부를 상속받았다는 것은 단지 물건뿐만 아니라 한때 그것을 소유했던 사람들에 대한 책임까지 물려받았음을 의미한다. 그 책임의 한계가 어디까지인지 명확하지 않아서 나는 혼란스럽다.

이 여정의 골격이 될 주요 행선지는 이기한테 들어서 알고 있다. 1870년대 파리에서 네쓰케를 처음으로 구입했던 사람은 내 할머니의 부친 빅토어의 사촌인 샤를 에프루시였다. 20세기가 시작할 무렵, 그가 네쓰케 컬렉션을 빈에 살던 빅토어 폰 에프루시에게 결혼 선물로 준 것도 알고 있다. 빅토어의 아내 에미의 하녀였던 아나의 이야기 역시 아주 잘 알고 있다. 이기는 네쓰케를 도쿄로 가져갔고, 그렇게 네쓰케는 이기와 지로에게 삶의 일부가 되었다.

파리, 빈, 도쿄, 런던.

모과 네쓰케의 이야기는 그것이 만들어진 곳에서부터 시작한다. 그곳은 에도, 즉 1854년 미국인 페리 제독의 흑선이 세계 각국과 교역을 요구하며 일본에 문호 개방을 강제하기 이전의 옛 도쿄다. 그러나 네쓰케들이 자리 잡은 첫 번째 안식처는 파리에 있던 샤를의 서재였다. 오텔 에프루시 Hôtel Ephrussi에 있는 그 방에서는 몽소가가 내려다보였다.

시작은 좋다. 다행히도 샤를과 직접적인 연결 고리가 있다. 내 할머니 엘리자베트는 다섯 살 때 루체른 호숫가의 메겐에 있는 에프루시 산장에서 샤를을 만난 적이 있었다. 거친 질감의 석재로 지은 6층 높이의 산장은 지붕 위에 귀족풍의 작은 탑들이 있는 거대하고 흉측한 건물이었다. 샤를의 형 쥘과 그의 아내 파니가 1880년대 초반에 "파리의 끔찍한 탄압"으로부터 도피하려고 지은 집이었다. 그 집은 파리와 빈에 사는 모든 '에프루시 일가'는 물론 베를린에 있는 친척들까지 동시에 수용할 수 있을 만큼 크고 웅장했다.

산장은 발밑에서 사각거리는 작은 오솔길들로 끝없이 이어졌다. 영국식으로 단정하게 테두리 지은 작은 화단마다 화초가 가득했다. 무서운 정원사는 아이들에게 화단 근처에서 놀지 말라고 야단쳤다. 이 엄격한 스위스 정원에서는 자갈 하나도 흐트러져 있는 법이 없었다. 정원을 따라 내려가면 작은 방

파제와 보트 창고가 있는 호수가 나왔고, 거기서는 아이들이 야단맞을 거리도 더 늘어났다. 쥘, 이그나체, 샤를 세 형제의 국적은 러시아였고, 보트 창고의 지붕 위에는 러시아 제국의 국기가 나부끼고 있었다. 산장에서 보내는 여름은 영원히 끝나지 않을 듯이 느리게 흘러갔다. 어마어마한 부자였지만 자식이 없던 쥘과 파니의 재산은 내 할머니 엘리자베트에게 상속될 예정이었다. 그녀는 개울가의 버드나무를 그린 커다란 그림이 식당에 걸려 있던 것을 기억했다. 산장에는 남자 하인들만 있었고 요리사도 남자였다는 사실 또한 기억했다. 할머니가 살던 빈의 본가와는 사뭇 다른 분위기가 신기했다. 빈에서는 나이 든 집사 요제프, 문을 열어 주면서 윙크하던 문지기, 마구간지기들을 제외한 모든 하인과 요리사가 여자였다. 아마도 남자 하인은 도자기를 깨뜨릴 확률이 낮다고 생각했던 것 같다. 그리고 아이들이 살지 않는 그 산장에는 곳곳에 도자기들이 놓여 있었다고 할머니는 기억했다.

    샤를은 중년이었지만 그보다 훨씬 화려했던 형들에 비하면 나이가 들어 보였다. 엘리자베트 할머니가 샤를에 대해 유일하게 기억하는 것은 멋진 수염과 조끼 주머니에서 꺼내 보던 최고급 시계뿐이었다. 그리고 하나 더, 집안 어른들이 늘상 하던 대로 그녀에게 금화 한 닢을 준 적이 있다고 했다.

    할머니의 머릿속에 보다 더 선명하고 생생하게 남아 있던 기억은 샤를이 허리를 숙여 그녀의 여동생 머리를 쓰다듬어 준 일이었다. 할머니와는 비교도 안 될 만큼 너무너무 예뻤던 동생 기젤라는 언제나 사람들의 많은 관심을 받았고, 샤를은 기젤라를 "나의 꼬마 집시, 나의 보헤미안"이라고 불렀다.

여기까지가 할머니에게 전해 들은 샤를의 전부다. 그것은 역사다. 하지만 이렇게 글로 적고 보니 대단하게 느껴지지는 않는다.

러시아 국기에 대한 세부 묘사는 마음에 들지만, 남자 하인이 많았다던가 금화를 선물 받은 상투적인 일화 등 그곳에서 일어난 일들은 일종의 멜랑콜리한 그림자 속에 갇혀 있는 듯하다. 물론 우리 가족이 유대인 출신이고 어마어마한 부자였다는 사실은 알고 있다. 하지만 나는 중부 유럽을 배경으로 아련한 상실의 서사를 글로 써서 가문의 빛바랜 영광을 찬양할 마음은 없다. 그리고 브루스 채트윈의 『어츠Utz』에 나오는 주인공처럼 가족 이야기를 전하며 "가거라, 몸조심하고." 같은 말이나 하는 서재에 틀어박힌 노인으로 이기를 전락시키고 싶지도 않다.

이런 종류의 이야기는 저절로 쉽게 풀려갈 것이다. 가슴 아픈 일화들을 몇 개 짜깁기하고, 오리엔트 특급 열차 이야기에 살을 더 붙이는 건 물론이고, 프라하를 비롯해 사진 찍기 좋은 곳들을 돌아다니고, 벨 에포크 시대의 연회장 이미지를 구글에서 검색하면 된다. 결과는 과거를 그리워하는 향수 짙은 글이 되고 말 것이다. 그리고 내용은 빈약할 것이다.

지금으로부터 100년 전에 부와 명예를 모두 잃어버렸다는 향수에 젖을 자격이 내겐 없다. 그리고 빈약한 글에도 관심이 없다. 내가 손가락 끝으로 만지작거리고 있는 네쓰케, 나무로 만든 단단하고 정교한 이 일본산 물건과 이것이 머물던 장소들 사이의 관계를 알고 싶다. 그 방으로 들어가는 문의 손잡이를 잡고 돌려서 문이 열리는 걸 느끼고 싶다. 이 물건이 살던 모든 방 안으로 걸어 들어가 그 공간을 느끼고, 벽에 어떤 그림들이 걸려 있었는지, 창문으로 빛이 어떻게 들었는지 알고 싶다. 그리고 이 물건이 어떤 이들의 손을 거쳤는지, 그 사람들은 어떤 감정을 느끼고 어떤 생각을 했는지 알고 싶다. 나는 네쓰케가 목격한 모든 일을 알고 싶다.

멜랑콜리에는 기본적으로 일종의 모호함이 배어 있다. 그것은 무언가로부터 도피할 구실이 되며 초점을 흐려 놓는다. 네쓰케는 작지만 그 안에 사실적이고 정확한 표현이 강렬하게 폭발하고 있다. 따라서 네쓰케는 그에 합당하게 정확한 대접을 받을 자격이 있다.

이 모두가 중요한 이유는 물건을 만드는 일이 내 직업이기 때문이다. 물건이 어떻게 다뤄지고, 사용되며, 대물림되는가는 내게 그저 고만고만한 관심사가 아니다. 그건 내 문제다. 지금까지 나는 수천 점의 도자기를 제작해 왔다. 나는 이름을 잘 기억하지 못하고 말을 더듬고 우유부단한 사람이지만, 도자기만큼은 전문가다. 도자기의 무게감과 균형감을 기억하고, 표면과 입체의 전체적인 조화에 매우 능숙하다. 테두리 부분이 어떻게 긴장감을 높이거나 떨어뜨리는지 읽어 낼 수 있다. 도자기가 단시간에 급하게 만들어졌는지 혹은 성실하게 공들여 만들어졌는지도 느낄 수 있다. 따뜻한 온기를 품고 있는지도.

나는 도자기가 가까이 있는 사물들과 어떻게 어울리는지 주변의 작은 일부를 어떻게 변화시키는지 알아차릴 수 있다.

또 어떤 물건은 손 전체로 만져도 되고, 어떤 물건은 손가락으로만 만져야 하며, 어떤 물건은 만져서는 안 된다는 것도 안다. 무언가를 만지는 것이 만지지 않는 것보다 낫다는 의미가 아니다. 이 세상에는 거리를 두고 지켜보기만 해야할 뿐, 손으로 만지작거려서는 안 되는 사물도 존재한다. 도예가인 나로서는 내 도자기 작품을 소장한 사람들이 그것을 마치 살아 있는 생명체처럼 말할 때면 어딘지 조금 이상하다. 내가 만든 작품들이 내 손을 떠난 이후 어떤 삶을 살게 될지는 알 수 없다. 하지만 어떤 물건은 분명 만들어진 당시의 숨결을 계속 간직하고 있는 것 같다.

그 숨결이 나를 설레게 한다. 손을 대야 할지 말아야 할지 숨을 멈추고 망설이는 낯선 순간이 있다. 손잡이 부근에 작은 흠이 난 작고 하얀 컵을 집어 들면, 이 컵은 내 인생에 들어오게 될까? 흰색보다는 상아색에 가깝고, 모닝커피를 마시기에는 너무 작고 균형이 맞지 않는 이 컵이, 이 단순한 사물이, 물건을 만드는 내 삶의 일부가 될 수 있을까? 그것은 사적인 이야기하기storytelling의 영역, 즉 물건과 기억이 뒤엉킨 감각적이고 굴곡진 영역 안으로 들어올 수 있다. 내가 특별히 아끼고 좋아하는 물건이 될 수도, 치워 버릴 수도, 누군가에게 줄 수도 있는 것이다.

물건이 전해지는 방식은 모두 이야기하기와 관련되어 있다. 나는 당신을 사랑하기에 이 물건을 준다. 누군가한테 받거나 혹은 어딘가 특별한 곳에서 샀다는 이유로 주기도 한다. 당신이 돌봐야 할 물건이거나 당신의 삶을 복잡하게 만드는 물건일 수도 있다. 다른 사람의 부러움을 살 수 있다는 게 이유가 되기도 한다. 유산에 담긴 간단한 이야기란 없다. 어떤 것이 기억되고 어떤 것이 잊히는 걸까? 오랜 시간 천천히 축적된 이야기가 있듯이, 과거에 물건을 소유했던 사람들이 지워지고 사라지는 망각의 사슬이 존재한다. 이 작은 일본 물건들과 함께 내게 전해진 것은 무엇일까?

내가 네쓰케와 관련된 일을 너무 오래 끌어왔다는 것을 깨달았다. 나는 사랑하는 친척 어른에게서 물려받은 기묘한 유산에 얽힌 사연을 말하며 남은 평생을 살거나, 아니면 그 의미를 직접 찾아 나서야 할 것이다. 학자들과 모인 어느 저녁 식사 자리에서 네쓰케 이야기를 하는데, 문득 내 자신이 너무 진지하게 느껴져서 괜히 기분이 언짢았다. 사람들이 재미있게 듣는 모습을 보면서 내 이야기는 그들의 반응에 맞춰 흘러갔다. 이야기가 갈수록 매끄러워지는 것이 아니라 오히려 빈약해져 갔다. 내가 지금 정리하지 않으면 곧 사라져 버릴 것이다.

바쁘다는 건 핑계가 되지 않는다. 나는 미술관 전시를 이제 막 끝낸 터였고, 컬렉터에게 주문받은 작품 제작은 어떻게든 미뤄 볼 수 있을 것이다. 아내와 상의해서 일정을 비웠다. 서너 달이면 될 것이다. 그 정도 시간이면 도쿄에 가서 지로를 만나고, 파리와 빈을 방문하기에 충분하다.

할머니와 이기가 돌아가신 지금으로서는, 여행을 시작하려면 아버지에게 도움을 청해야 한다. 여든인 아버지는 자상함 그 자체인 분이다. 나를 위해 가족 자료들을 뒤져서 정보를 찾아봐 주겠다고 하셨다. 아들 넷 중 하나가 가족사에 관심을 보인다는 사실에 기뻐하시는 눈치다. "자료가 그리 많지는 않을 거다." 하고 미리 주의를 주셨다. 아버지는 마흔 장 남짓한 사진이 담긴 작은 상자를 들고 내 작업실에 오신다. 얇은 파란색 파일 두 권에는 편지들이 들었고, 자료가 될 만한 것에는 노란색 포스트잇이 붙어 있다. 편지들은 대부분 읽을 수 있는 상태다. 그 외에도 1970년대 언젠가 할머니가 작성했다는 가계도, 비너 클럽의 1935년도 회원 명부 등의 자료가 더 있다. 슈퍼마켓 장바구니에는 토마스 만의 소설책이 한 아름 담겨 있다. 우리는 작업실 사무실의 긴 탁자 위에 자료들을 펼쳐 놓는다. 아래층은 내가 가마 작업을 하는 공간이다. "지금부터 네가 우리 가족의 기록 보관소 관리자다." 아버지가 말씀하신다. 자료 더미를 보면서 나는 이 상황에 어이가 없다.

나는 다른 자료가 더 없는지 애타는 심정으로 여쭌다. 아버지는 그날 저녁 당신이 살고 계신, 은퇴한 성직자들이 모여 사는 공동 주택의 작은 집을 다시 한번 뒤진다. 아버지는 토마스 만의 책을 한 권 더 찾아냈다고 전화로 알려 주신다. 이 여정은 내가 짐작한 것보다 훨씬 복잡한 일이 될 것 같다.

그렇지만 불평만 하면서 시작할 수는 없다. 네쓰케를 처음 수집한 샤를에 대해서는 아는 바가 거의 없지만, 그가 파리에서 살던 장소를 알아냈다. 나는 네쓰케 하나를 주머니에 넣고 이 여정을 시작한다.

1부

파리
1871–1899

1

르 웨스트 엔드

4월의 어느 맑은 날, 나는 샤를을 찾아 나선다. 파리의 몽소가는 말제르브 대로와 교차하는 긴 거리이고, 말제르브 대로는 멀리 페레르 대로까지 이어진다. 언덕을 따라 황금빛 석조 건물들이 늘어섰는데, 주로 단정한 신고전주의 양식의 대저택들이다. 저층부를 투박하고 거친 질감의 육중한 석재로 쌓아 올리고 각종 두상과 여인상 기둥, 명판 등으로 장식한 건물들은 마치 피렌체의 작은 궁전들 같다. 몽소가 81번지. 내 네쓰케의 여정을 시작하는 오텔 에프루시는 언덕 꼭대기 근처에 있다. 크리스티앙 라크루아 본사를 지나면 바로 옆 건물이다. 지금은 안타깝게도 의료 보험 회사 사무실이 되었다.

오텔 에프루시는 더할 나위 없이 아름답다. 나는 어린 시절에 종종 이런 건물을 스케치하며 오후 시간을 보냈는데, 창문과 기둥의 입체감을 표현하기 위해서 그림자의 음영을 정성 들여 잉크로 칠했다. 이렇게 생긴 건물의 정면부에는 어딘지 음악적인 면모가 있다. 고대 그리스의 고전 요소들을 가져와서 건축물에 리듬감 있는 생명력을 부여하는 것이다. 오텔 에프루시의 정면부에는 네 개의 코린트식 기둥이 세워져 있고, 옥상 난간에는 대형 항아리 조각 네 개가 장식되어 있다. 건물 높이는 5층이고 가로로 여덟 개의 창문이 있다. 거리에 면한 맨 아래층은 마치 비바람에 닳은 것처럼 거칠게 가공한 대형 석재로 구축했다. 이 건물을 두 번이나 지나쳤지만, 거리 쪽 창문 앞의 쇠창살 장식에 에프루시 가문을 상징하는 머리글자 E 두 개가 등을 맞대고 있는 것은 세 번째 왔을 때 비로소 발견한다. 구불구불한 곡선 모양의 문자가 타원형 창문을 가득 채우고 있다. 하지만 거의 눈에 띄지 않는다. 나는 여기에 담긴 정직한 태도와 가문의 자부심을 헤아려 본다. 고개를 숙이고 안뜰로 향하는 통로를 거쳐 아치형 입구를 하나 더 지나자 붉은 벽돌 건물이 나온다. 1층에는 마구간이, 위층에는 하인들 숙소가 있었다. 흥미롭게도 재료와 구조가 조금씩 소박해지는 게 느껴진다.

스피디고 피자 상자를 든 배달원이 의료 보험 회사로 들어간다. 현관 출입문이 열려 있다. 나는 건물 안으로 들어선다. 집 전체를 담배 연기처럼 휘감아 올라가는 나선형 계단이 보인다. 검은 주철에 금색으로 정교하게 장식된 계단이 꼭대기에 있는 조명등까지 이어진다. 깊숙이 들어간 벽감 안에는 커다란 대리석 항아리가 놓여 있고, 바닥에는 바둑판무늬의 대리석 타일이 깔려 있다. 회사 중역들이 대리석에 구두 굽 부딪는 소리를 크게 내며 계단을 내려오고, 나는 당황해서 밖으로 나온다. 이 바보 같은 여정을 어디서부터 어떻게 설명할 수 있을까? 거리에 서서 집을 바라보며 사진을 찍는데, 파리 시민들이 미안해하며 몸을 숙이고 내 앞을 지나간다. 건물을 바라보는 것은 하나의 기술이다. 건물이 자연 풍경 혹은 도시 풍경 속에서 어떻게 자리 잡고 있는지 보는 방법을 개발해야 한다. 그 건물이 세상에서 어느 정도의 자리를 차지하는지, 세상을 얼마나 바꾸어 놓앉는지 알아내야 한다. 예를 들어, 81번지 저택은 이웃 건물들 사이로 슬그머니 사라지는 집이다. 더 웅장한 집도 있고 더 소박한 집도 있지만, 이렇게 눈에 띄지 않는 집은 없다.

나는 샤를의 방들이 있던 3층 창문을 올려다본다. 길가에 접한 방은 건너편의 매우 고전적인 저택을 바라보고, 안마당이 내려다보이는 방은 항아리 장식, 박공, 굴뚝 등이 복잡하게 늘어선 지붕을 마주한다. 샤를은 입구의 대기실, 응접실 두 개, 식당, 침실 두 개와 '작은 방' 하나를 사용하고, 응접실 중 하나는 서재로 개조했다. 상상해 본다. 3층에는 샤를과 그의 형 이그나체의 방이 이웃해 있었을 것이고, 홀로된 어머니 미나와 맏형 쥘은 천장이 높고 큰 창문과 발코니가 있는 아래층에서 지냈을 것이다. 4월의 아침인 오늘, 그 발코니에는 줄기가 가늘고 꽃이 빨간 제라늄이 플라스틱 화분에 심겨 있다. 파리 시의 문서 기록을 보면 이 집 안마당은 유리로 덮여 있었다. 하지만 유리는 이미 오래전에 사라지고 없다. 말 다섯 마리와 마차 세 대가 있던 마구간은 이제 보석 상점으로 완벽하게 변신했다. 가문의 권위를 과시하고 싶어 하던 사교적인 대가족이 과연 말 다섯 마리로 만족했을지는 의문이다.

대저택이었지만 세 형제는 검은색과 금색의 나선형 계단에서 매일 마주쳤을 것이다. 그리고 안마당에서 대기하던 마차 소리가 유리로 된 캐노피에서 울려 퍼지면 서로의 목소리를 들었을 것이다. 아니면 위층으로 올라가는 길에 방문 앞을 지나가는 친구들을 만났을 수도 있다. 형제들은 서로 마주치지 않고 소리를 듣지 않으며 지낼 방법을 터득했을 것이다. 형제들과 살던 내 기억을 회상해 보면, 가족들과 그렇게 가까이 산다는 건 많은 노력이 필요한 일이다. 세 형제는 사이가 좋던 게 분명하다. 어쩌면 그들에게 다른 선택의 여지가 없었을 지도 모른다. 파리는 어쨌거나 일터였다.

오텔 에프루시는 가족이 사는 저택이었지만, 전성기를 누리던 한 가문의 파리 본사이기도 했다. 한편 빈의 본사 건물은 링슈트라세에 있는 거대한 팔레 에프루시Palais Ephrussi였다. 파리와 빈의 두 건물은 세상을 향해 공식적으로 드러낸 얼굴이라는 점에서 일종의 연극적인 의미를 지닌다. 두 건물 모두 1871년에 신흥 번화가에 지어졌다. 신규 개발 지역인 몽소가와 링슈트라세는 아직 완성되지 않은, 지저분하고 소란하고 먼지 나는 건설 현장이었다. 두 거리는 제 모습을 갖추어 가는 중이었고 성질 괴팍한 출세 지향 주의자들이 사는 비좁은 골목의 옛 시가지와 경쟁하고 있었다.

이 특정한 거리 풍경 속에 있는 이 특정한 집이 다소 연극적으로 보이는 이유는 어떤 의도가 다분히 반영됐기 때문이다. 파리와 빈의 에프루시 저택들은 가문이 세운 계획의 일부였다. 에프루시 가문은 '로스차일드 흉내'를 낸 것이다. 19세기 초반 로스차일드 가문이 자녀들을 프랑크푸르트에서 유럽 각국의 수도로 보낸 것처럼, 우리 집안의 아브라함이라 할 수 있는 샤를 요아힘 에프루시는 1850년대에 오데사에서부터 이 확장 계획을 총지휘했다. 집안의 진정한 가장인 그는 첫 번째 결혼에서 두 아들 레온과 이그나체를 얻었다. 그리고 쉰 살에 재혼해 두 아들 미셸과 모리스, 두 딸 테레즈와 마리를 낳았다. 여섯 명의 아이들은 훗날 모두 금융업에 종사하거나 적당한 수준의 유대인 집안과 혼인하기로 예정돼 있었다.

오데사는 제정 러시아의 서쪽 국경 지대에 있던 도시로 유대인 지정 거주지 the Pale of Settlement, 즉 유대인의 거주가 허용된 곳이었다. 오데사는 랍비 양성 학교와 유대교 사원으로 유명했고 문학과 음악이 융성해서, 갈리시아 지역의 작은 마을에 살던 가난한 유대인들이 모여들었다. 그곳은 유대인, 그리스인, 러시아인 인구가 10년마다 두 배씩 증가하고 투기와 무역이 성행하는 다국적 도시였으며, 부두마다 음모와 첩자가 들끓었다. 오데사는 도시의 면모를 갖춰 가고 있었다. 샤를 요아힘 에프루시는 그곳에서 밀을 매점매석해 소규모 곡물상을 거대한 사업체로 성장시켰다. 중개인들이 세계 최대 밀 생산지인 우크라이나의 검고 비옥한 땅에서 수확한 밀을 수레에 싣고 바큇자국이 깊이 파인 길을 따라 오데사의 항구로 운송해 오면, 샤를은 그것을 사들였다. 그리고 구입한 밀을 창고에 보관하다가 흑해와 지중해 너머로, 다뉴브강 상류까지 수출했다.

1860년경 에프루시 가문은 세계 최대의 곡물 수출상이 됐다. 파리에서 제임스 드 로스차일드가 '유대인의 왕 le Roi des Juifs'으로 알려졌다면, 에프루시 가문은 '밀의 왕 les Rois du Blé'이었다. 에프루시는 고유한 문장紋章을 가진 유대인 집안이었고, 거기에는 세 개의 돛을 활짝 펼친 범선 한 대와 옥수수 이삭이 그려져 있었다. 배 아래에는 가문의 좌우명인 '쿠오드 호네스툼 Quod Honestum'을 새겼다. 저희는 완벽합니다. 저희를 믿으세요.

애초의 계획은 다뉴브강의 교량 건설, 러시아와 프랑스의 철도 건설, 부두와 운하 건설 등 대규모 자본이 투입되는 사업에 필요한 연락망을 구축하고 자금을 지원하는 것이었다. 에프루시 주식회사는 성공한 원자재 무역 회사에서 국제 금융 회사로 바뀌고, 머지않아 은행이 될 계획이었다. 정부와 체결한 우호적인 거래, 몰락한 귀족과 함께 도모한 사업, 가문에 심각한 채무를 안긴 고객 등은 더 높은 사회적 지위를 향한 한 걸음이었다. 우크라이나에서 밀을 싣고 오는 덜컹거리는 수레에서 벗어나려는 노력이었던 것이다.

1857년에 집안의 장성한 두 아들과 그 가족들이 오데사에서 당시 융성하던 합스부르크 제국의 수도 빈으로 파견됐다. 그들은 시내 중심부에 대저택을 구입했다. 에프루시 사람들이 두 도시를 오가던 이후 10년 동안 그곳은 조부모와 그 자녀들, 손주들로 번창해 가는 가족의 보금자리가 되어 주었다. 두 아들 중 한 명인 내 고조할아버지 이그나체는 빈의 본부를 맡아 오스트리아-헝가리 제국에서 이뤄지는 에프루시 가문의 사업을 총괄했다. 그다음은 파리였다. 장남인 레온은 이곳 파리에서 가문을 일으키고 사업을 정착시키는 임무를 맡았다.

나는 지금 파리 8구의 벌꿀색 언덕 위에 있는 레온의 전초기지 밖에 서 있다. 실은 그 맞은편 건물에 기대어 서서, 빈을 떠난 레온의 가족들이 새로 지어진 이 황금빛 저택에 도착했던 1871년의 무더운 여름을 생각한다. 당시 파리는 아직 전쟁의 충격에서 벗어나지 못하고 있었다. 프로이센군의 포위 공격으로 프랑스가 패전하고, 베르사유 궁전 거울의 방에서 독일 제국이 선포된 게 불과 몇 달 전의 일이었다. 새로 출범한 제3공

몽소가에 있는 오텔 에프루시.

화국은 거리의 파리 코뮌 지지자들과 정부의 파벌주의가 퍼붓는 공세에 휘청거렸다.

    오텔 에프루시는 완공됐지만 주변의 다른 건물들은 여전히 공사가 진행 중이었다. 미장공들이 막 작업을 마치고 떠났고, 도금 작업을 하는 일꾼들이 좁은 계단 위에 불편한 자세로 누워서 난간 끝의 장식물에 광택을 내고 있었다. 가구, 그림, 도자기가 담긴 상자 등이 조심스럽게 위층 방으로 옮겨진다. 건물 안팎에서 소음이 들리고, 모든 창문은 거리를 향해 열려 있다. 심장병이 있는 레온은 건강이 좋지 않다. 그리고 에프루시 가족은 이 아름다운 거리에서 끔찍한 시작을 맞는다. 레온과 미나의 네 자녀 중 막내인 베티는 완벽한 조건을 갖춘 젊은 유대인 은행가와 결혼하지만, 딸 파니를 출산하고 몇 주 후에 사망한다. 그들은 새로 정착한 도시의 몽마르트 공동묘지에 있는 유대인 구역에 가족 묘지를 조성한다. 고딕 양식의 묘지는 일가족 전체를 안치할 수 있을 만큼 큰 규모로, 앞으로 어떤 일이 일어나든 여기 파리에 정착하겠다는 의지를 분명히 드러낸다. 나는 결국 그곳을 찾는다. 출입문은 사라지고 가을 밤나무 낙엽들이 흩날리고 있었다.

몽소가의 언덕은 에프루시 가족에게 완벽한 장소였다. 나머지 절반의 가족들이 살던 빈의 링슈트라세와 마찬가지로, 유대인들이 모여 사는 이곳은 냉소적인 의미에서 '유대인 거리 Zionstrasse'로 불렸다. 몽소가에서는 유대인의 돈이 삶의 핵심 분모였다. 이 지역은 1860년대에 이삭 페레르와 에밀 페레르가 개발했는데, 이 세파르디 Sephardic* 유대인 형제는 금융업, 철도 건설, 부동산으로 벌어들인 막대한 재산으로 대규모 호텔과 백화점을 설립했다. 그들은 당시 파리 교외에 있던 별 특징 없이 드넓은 몽소 평원을 구입해서, 급성장하는 금융과 상업 엘리트들을 위한 주택 개발을 시작했다. 러시아와 레반트에서 새로 이주해 온 유대인 가족에게 잘 어울리는 풍경이었다. 몽소가 지역은 사실상 유대인 거주지, 다시 말해 근친혼과 가족의 의무, 종교적 공감대가 복합적으로 지배하는 거리가 되었다.

페레르 형제는 신축 주택들의 주변 경관을 개선하기 위해 18세기에 건설된 몽소 공원의 조경을 재정비했다. 현재 공원

---

* 스페인, 포르투갈 또는 북아프리카 출신 유대인.

의 출입구 철문에는 페레르 형제의 업적을 기리는 상징들이 금박으로 장식돼 있다. 몽소 공원 주위를 르 웨스트 엔드 Le West End*로 부르자는 움직임도 있었다. 당대의 한 언론인은 말제르브 대로가 어디로 이어지냐고 누가 물으면 "르 웨스트 엔드라고 서슴없이 대답하면 된다."라고 적었다. "프랑스 이름을 붙일 수도 있지만 그러면 저속하게 들릴 것이다. 영어 이름이 훨씬 더 세련됐다." 어느 냉소적인 기자의 표현을 옮기면, 몽소 공원은 "귀족 동네인 포부르의 귀부인들 …… 『라 오트 피낭스 La Haute Finance』와 『라 오트 콜로니 이스라엘리트 La Haute Colonie Israelite』의 '삽화'에 나오는 여성들의 산책 모습"을 볼 수 있는 곳이었다. 공원은 영국식으로 새롭게 단장했고, 굽이진 산책로와 화단에는 형형색색의 일년생 화초들을 해마다 바꿔 심었다. 자른 듯이 정형화된 양식의 잿빛 튀일리 공원과는 전혀 다른 분위기였다.

나는 오텔 에프루시가 있는 언덕을 평소보다 천천히, 도시 산책자처럼 여유 있는 속도로 걸어 내려온다. 창문 세부 장식들을 비교하려고 길 양측을 오가며 살피다가, 이 길에서 마주치는 많은 집에 이러한 재창조의 이야기가 담겨 있음을 깨닫는다. 여기에 집을 지은 사람들은 대부분 어딘가 다른 곳에서 이주해 온 이들이었다.

에프루시 저택에서 아래로 열째 집인 61번지는 아브라함 카몬도의 저택이다. 63번지에는 그의 동생 니심이, 건너편 60

---

* 연극과 뮤지컬 극장들이 밀집한 영국 런던의 중심지.

번지에는 여동생 레베카가 살았다. 에프루시와 마찬가지로 유대인 금융업자인 카몬도 가문은 콘스탄티노플에서 베네치아를 거쳐 파리로 이주했다. 은행가인 앙리 세르누치는 이탈리아에서 파리로 이주해서 파리 코뮌을 금전적으로 지원했고, 몽소 공원 모퉁이에 있는 집에서 자신의 일본산 보물들과 함께 춥지만 호화롭게 살았다. 55번지 오텔 카타우이는 이집트에서 이민 온 유대인 은행가 집안의 저택이다. 아돌프 드 로스차일드의 대저택인 43번지는 유진 페레르에게 구입해서 개축한 건물로, 로스차일드는 자신이 소장한 르네상스 미술품들을 위해서 지붕이 유리로 된 전시실을 만들었다.

하지만 초콜릿 업계의 거물인 에밀 쥐스탱 메니에르가 지은 대저택에 견줄 만한 건축물은 없다. 높은 벽 위로 언뜻 보아도 이 집은 지나치게 호화롭고 온갖 잡다한 장식을 절충했다. "각종 양식을 섞은 화려한 잡종"이라는 에밀 졸라의 묘사는 여전히 유효해 보인다. 1872년에 발표된 졸라의 암울한 소설 『쟁탈전』에서 탐욕스러운 유대인이자 부동산 거물로 등장하는 사카드는 이곳 몽소가에 사는 것으로 그려진다. 우리 집안이 이주했을 무렵 몽소가의 분위기가 느껴진다. 이곳은 유대인의 거리, 금빛으로 휘황찬란한 자신의 고급 주택을 과시하려는 사람들로 가득한 거리다. 파리에서 '몽소 Monceau'는 새로 이주해 온 벼락부자들을 의미하는 속어다.

여기가 내 네쓰케들이 처음 자리 잡은 세상이다. 언덕길을 내려가면서 나는 절제와 과시 사이의 긴장을, 보이지 않는 것과 보이는 것들 사이의 들숨과 날숨을 느낀다.

이곳에 정착했을 때 샤를 에프루시는 스물한 살이었다. 당시 파리에는 가로수를 심고 옛 시가지의 비좁은 골목을 밀어낸 자리에 넓은 대로들이 들어서고 있었다. 도시 계획가인 조르주외젠 오스만 남작의 지휘 아래 기존 도심을 철거하고 재건축하는 작업이 15년째 이어졌다. 그는 중세 거리를 허물고 공원과 대로를 새롭게 건설했다. 놀라운 속도로 새로운 풍경이 펼쳐졌다.

그 시절의 분위기를 맛보고 싶다면, 새로 포장된 가로수 길과 다리 위에 흩날리던 흙먼지 냄새를 느끼고 싶다면, 귀스타브 카유보트의 그림 두 점을 보면 된다. 샤를보다 몇 달 먼저 태어난 카유보트는 오텔 에프루시 근처에 있는 또 다른 대저택에 살았다. 〈유럽교 Le Pont de l'Europe〉에서는 검은색 실크해트에 회색 외투를 말쑥하게 차려입은 젊은이가 다리 위의 넓은 보도를 걷고 있다. 어쩌면 화가 자신의 모습일지도 모른다. 그는 차분한 주름 장식의 드레스 차림에 양산을 든 젊은 여인보다 두 걸음쯤 앞서 있다. 해가 나고, 깔린 지 얼마 되지 않은 바닥 돌에 눈이 부시다. 개가 지나간다. 노동자로 보이는 한 남자가 다리에 기대어 서 있다. 마치 세상의 시작과 같은 장면이다. 호칭 기도litany처럼 움직임과 그림자의 완벽한 조응이 이어진다. 개를 포함한 모든 등장인물은 자신이 무엇을 하는지 알고 있다.

파리 거리에는 차분함이 감돈다. 1876년 제2회 인상주의 전시회에 출품된〈창가의 젊은 남자Jeune homme à sa fenêtre〉에는 석조 건물의 깨끗한 외관, 규칙적인 리듬을 띤 발코니, 길가에 새로 심은 라임나무가 등장한다. 이 그림에서 화가의 남동생은

귀스타브 카유보트, 〈유럽교〉, 1876년,
캔버스에 유채, 125×181cm, 프티 팔레 미술관, 제네바.

카유보트 가족이 살던 집의 열린 창문 앞에 서서 몽소가 주변의 교차로를 바라본다. 옷을 잘 차려입고 양손을 주머니에 넣은 채 서 있는 청년은 자신감에 차 있다. 앞에는 자신의 삶이 펼쳐져 있고 뒤에는 벨벳 안락의자가 놓여 있다.

무엇이든 가능하다.

이 청년은 젊은 시절의 샤를일 수도 있다. 오데사에서 태어난 그는 생애 첫 10년을 밤나무로 둘러싸인 먼지투성이 광장 끝에 있는, 노란색 벽토로 장식된 대저택에서 살았다. 다락방에 올라가면 부두에 정박한 배들의 돛대 너머로 멀리 바다까지 볼 수 있다. 샤를의 할아버지가 집안의 모든 공간을 장악하고 있다. 에프루시 은행은 바로 옆 건물이다. 산책로에 나설 때마다 그의 할아버지, 아버지, 삼촌들을 멈춰 세워 정보나 푼돈을 요구하고 청탁을 하는 사람들 탓에 움직일 수가 없다. 대중 앞에 나선다는 것은 사람을 만나고 회피하는 일의 연속임을 샤를은 자기도 모르는 사이에 알게 된다. 걸음을 멈추지 않으면서 거지나 잡상인에게 돈을 주는 방법, 그리고 지인들에게 인사하는 방법을 배운다.

그 후 샤를은 빈으로 이주해서 다음 10년을 부모, 형제, 이그나체 삼촌, 쌀쌀맞은 에밀리에 숙모 그리고 세 명의 사촌인 (거만한) 슈테판, (못된) 아나, 꼬마 빅토어와 함께 지낸다. 매일 아침 가정 교사가 찾아온다. 그들은 라틴어, 그리스어, 독일어, 영어 등 언어를 공부한다. 집에서는 항상 프랑스어를 쓰고 가족끼리 러시아어를 사용하는 것은 허락되지만, 어릴 적 오데사 안마당에서 듣고 배운 이디시어를 하다가 들키면 안 된다. 사촌들은 모두 한 언어로 문장을 시작해서 다른 언어로 끝낼 수 있다. 오데사, 상트페테르부르크, 베를린, 프랑크푸르트, 파리를 오가는 집안 특성상 이 언어들은 필수적이다. 또한 언어는 계급의 공통분모이기도 하므로 필요하다. 언어가 통하면 하나의 사회적 상황에서 다른 사회적 상황으로 이동이 가능하다. 언어가 통하면, 어디서나 내 집처럼 편안하다.

아이들은 산등성이에서 분주히 움직이는 사냥개 무리가 묘사된 피터르 브뤼헐의 그림 〈눈 속의 사냥꾼 The Hunters in the Snow〉을 구경하러 간다. 알브레히트 뒤러의 수채화 작품인 떨고 있는 산토끼와 찬란하게 활짝 펼쳐진 새의 날개가 들어 있는 알베르티나 미술관의 진열장을 열어 본다. 프라터 유원지에서는 승마를 배운다. 남자아이들은 펜싱을 하고 사촌들은 모두

댄스 수업을 받는다. 사촌들은 전부 춤을 잘 춘다. 열여덟 살 때 샤를은 집안에서 '르 폴로네 Le Polonais'라는 애칭으로 불렸다. '왈츠를 추는 소년'이라는 뜻이다.

빈에서는 사촌 형제 중 나이가 많은 쥘, 이그나체, 슈테판이 링슈트라세에서 멀리 떨어진 쇼텐바슈타이의 사무실로 끌려간다. 그곳은 무시무시한 건물이다. 에프루시 가문이 사업을 경영하는 곳이다. 소년들은 곡물 선적을 논의하는 회의나 재고율을 확인하는 동안 얌전히 앉아 있으라고 주의를 듣는다. 바쿠 유전과 바이칼호 인근의 금광에서 새로운 전망이 보인다. 직원들이 분주히 움직인다. 여기에서 아이들은 장차 물려받게 될 어마어마한 규모의 가업을 처음 경험하며 복잡한 회계 장부에서 수익의 교리를 터득한다.

샤를이 막내 사촌 동생 빅토어와 나란히 앉아, 오데사에서 좋아했던 라오콘 Laocoön 조각상과 뱀을 그리던 때가 이 무렵이다. 동생에게 그림 실력을 뽐내려고 라오콘의 근육질 어깨를 팽팽하게 휘감은 뱀들을 더 생생하게 묘사한다. 뱀 한 마리 한 마리를 잘 그리려고 오랜 시간 공을 들인다. 알베르티나 미술관에서 봤던 작품들을 스케치하고 집안 하인들도 그린다. 그리고 샤를은 부모님 지인들과 함께 그들이 소장한 그림을 두고 대화를 나눈다. 자신이 소장한 회화를 주제로 샤를처럼 학식이 풍부한 청년과 토론하는 것은 언제나 즐거운 일이다.

그리고 드디어 오랫동안 준비해 온 파리 이주가 이루어진다. 샤를은 잘생긴 외모에 호리호리한 체격이다. 단정하게 다듬은 검은색 턱수염은 빛을 받으면 붉은 기운이 감돈다. 그는 에프루시 집안 특유의 큰 매부리코를 가졌고 사촌 중에서 이마가 제일 넓다. 짙은 회색 눈동자는 생기가 돌고 매력적이다. 아름답게 주름 잡힌 넥타이를 매는 멋쟁이인 샤를의 말에 사람들은 귀를 기울인다. 그는 춤 솜씨만큼이나 말솜씨도 뛰어나다.

샤를은 하고 싶은 일을 마음껏 할 수 있다.

막내이자 셋째 아들이기에 가능했을 거라고 생각한다. 셋째 아들인 내 입장을 순수하게 투사해 보면, 모든 동화 속 이야기가 그렇듯이 집을 떠나 모험에 나서는 아이는 언제나 셋째 아들이다. 하지만 가족들도 이 아이가 증권 거래소 일에 어울리지 않는다는 걸 짐작했을 것이다. 삼촌인 미셸과 모리스까지 파리로 이주해 와서, 라흐카드가 45번지에 있는 에프루시 사무실에는 집안 남자들이 넘쳐 났다. 돈이 생기면 인출하는 버릇이 있고, 대화에 깊이 빠져드는 성향이 있으며, 상냥하고 책을 좋아하는 소년 샤를이 딱히 아쉽지 않은 상황이었다.

샤를은 가족과 함께 사는 저택 안에서 자신만의 새 공간을 얻는다. 금으로 장식된 깨끗하고 텅 빈 방이다. 새로 포장된 파리의 언덕 위에 있는 새집은 그에게는 언제든 돌아갈 수 있는 보금자리다. 여러 언어를 구사할 수 있고, 돈도 시간도 있다. 그리하여 그는 이제 방랑길에 나선다. 교양 있는 젊은이답게 샤를은 남쪽으로 향한다. 그는 이탈리아로 떠난다.

2

과시용 침대

내 네쓰케 컬렉션의 선사 시대에서, 지금은 샤를이 수집을 하는 첫 번째 시기에 해당한다. 소년 시절 샤를은 오데사의 산책로에서 마로니에 열매를 주워 모으거나, 빈에서 동전을 수집했을 수도 있지만, 내가 알기로는 이곳 파리가 시작이었다. 그가 몽소가 81번지의 자기 집으로 가져오기 시작한 물건들에는 열정이 담겨 있다. 열정이든 탐욕이든 혹은 해방된 기쁨이든, 그는 확실히 많은 물건을 사들인다.

그는 가족 곁을 떠나 1년의 충전 시간을 보내며 전형적인 방랑 기간Wanderjahr, 즉 르네상스 미술의 정수를 둘러보는 그랜드 투어Grand Tour에 나선다. 이 여행은 샤를이 수집가로 변신하는 전환점이 된다. 수집을 시작하게 된 것은 보면 갖고 싶고, 갖고 나니 참으로 알게 된 까닭이 아닐까 짐작해 본다.

샤를은 드로잉과 메달리언, 르네상스 시대의 에나멜 장식품, 라파엘로의 카툰cartoon*을 본떠 만든 16세기 태피스트리를 구입한다. 도나텔로풍으로 조각한 대리석 어린이상을 산다. 루카 델라 로비아가 제작한 젊은 파우누스 형태의 아름다운

---

* 태피스트리를 제작하기 위한 실물 크기의 밑그림.

파이앙스faïence* 조각상도 있는데, 보는 이를 향해 고개를 돌린 자세의 모호하고 깨지기 쉬운 이 조각은 성모 마리아의 옷처럼 짙은 푸른색과 계란 노른자처럼 진한 노란색 유약으로 채색되어 있다. 파리 집의 3층 자기 방으로 돌아온 샤를은 이 조각상을 벽감 안에 넣고 16세기 이탈리아 자수가 두껍게 놓인 천을 늘어뜨렸다. 목신 파우누스가 순교한 성인의 자리를 대신한 일종의 제단이다.

빅토리아 앤드 앨버트 박물관의 도서관에는 이 제단의 삽화가 실린 고동색의 세 권짜리 초대형 엘리펀트 폴리오elephant folio가 소장되어 있다. 나는 열람을 신청했는데, 그 책들이 병원용 카트에 실려 열람실로 들어오는 모습은 퍽 우스꽝스러웠다. 『그래픽 미술관Musée Graphique』은 유럽에 있는 르네상스 미술의 주요 컬렉션들을 모두 모아 판화로 소개한다. 주로 리처드 월리스의 컬렉션(런던의 월리스 컬렉션)과 여러 로스차일드 가문의 컬렉션으로 구성된 책에는 당시 스물세 살인 샤를의 소장품도 포함돼 있다. 이런 책들은 다른 수집가들에게 과시하려는 의도로 소장자 본인이 제작한 어마어마한 규모의 허영 출판물이다. 파우누스가 진열된 호화로운 벽감이 세 쪽에 걸쳐 나온다. 짙은 자주색 바탕에 금색 실로 입체 자수가 놓였고, 각 패널에는 성인과 가문의 문장이 보인다. 이어서 샤를의 다른 소장품이 모습을 드러낸다.

그걸 보고 나는 웃음이 터진다. 르네상스 시대의 거대한 침

---

* 16-17세기 이탈리아, 네덜란드, 프랑스 등지에서 제작된 연질 도기.

대, 벽감과 마찬가지로 자수로 장식된 천이 드리워진 과시용 침대a lit de parade다. 침대 캐노피에는 복잡한 문양으로 둘러싸인 아기 천사, 그로테스크한 얼굴, 문장, 꽃, 과일 등의 무늬를 수놓았다. 무거운 술 장식 끈으로 묶은 두 개의 풍성한 커튼에는 금색 바탕에 머리글자 E를 자수로 놓았다. 침대 머리맡에도 머리글자 E가 하나 더 있다. 이것은 공작이 소유할 법한 침대, 군주를 위한 침대에 가깝다. 환상 속에 존재하는 물건이다. 그 안에 누워서 도시 국가를 통치하고, 신하들을 접견하고, 소네트를 쓰고, 물론 사랑도 나누는 그런 침대다. 도대체 어떤 젊은이가 이런 침대를 산단 말인가?

나는 길게 이어지는 샤를의 새로운 소장품 목록을 옮겨 적으며 스물세 살이 되는 상상을 해 본다. 귀한 물건이 담긴 무거운 나무 상자들이 나선형 계단을 간신히 지나 3층으로 올라오고, 온갖 부스러기와 대팻밥이 날리는 가운데 상자를 열어 본다. 나만의 방 안에 그 물건들을 배치하고, 거리에서 쏟아져 들어오는 아침 햇살을 헤아려 각각의 위치를 정한다. 응접실에 들어온 손님들이 벽에 걸린 드로잉 작품이나 태피스트리를 보게 될까? 내 과시용 침대를 슬쩍 쳐다볼까? 내가 에나멜 작품을 부모님과 형들에게 보여 주며 자랑하는 모습을 상상해 본다. 그러다 문득 열여섯 살 때의 부끄러운 기억이 떠오른다. 나는 바닥에서 자겠다며 침대를 복도로 끌어냈고 매트리스 위에 카펫을 덮어서 캐노피를 만들었다. 그리고 주말에는 그림들의 위치를 바꿔 걸고 책을 재배치하면서 나만의 공간에 변화를 주는 게 어떤 느낌인지 시험했다. 충분히 가능한 일이다.

물론 이것은 무대 장치다. 샤를이 수집한 것은 모두 예술 전문가의 안목을 요구하는 물건으로 지식, 역사, 계보 그리고 수집 자체를 이야기한다. 라파엘로의 카툰을 토대로 직조한 태피스트리, 도나텔로를 모사한 조각 등 이 진귀한 소장품 목록을 차근차근 분석하면, 예술이 역사 속에서 어떻게 전개되어 왔는지 샤를이 내적으로 체득하기 시작했음을 느낄 수 있다. 파리로 돌아온 그는 말들에게 끌려 사지가 찢기는 히폴리투스의 모습이 담긴 희귀한 15세기 메달리언을 루브르 박물관에 기증한다. 이 젊은 미술사학자가 관람객과 대화하는 소리가 들리기 시작하는 듯하다. 그의 돈뿐만 아니라 지식도 느껴진다.

어떤 물건들에서는 그의 즐거움이 느껴지기 시작한다. 다마스크 천의 놀라운 묵직함, 에나멜 표면의 차가운 촉감, 청동 조각에 슨 푸른 녹, 자수 장식에서 볼록하게 올라온 실의 도톰함 같은 것들이 그렇다.

이러한 최초의 컬렉션은 지극히 평범하고 흔한 것들이다. 그의 부모님 지인들 집에도 비슷한 물건들이 많았을 것이다. 젊은 샤를이 파리 침실에 짙은 자주색과 금색으로 자신만의 무대를 꾸몄듯이, 그들 역시 물건을 수집해서 호화롭게 장식한 무대 장치를 만들었을 것이다. 다른 유대인 가정 어디에서나 일어나던 일이 샤를의 방에서 좀 더 작은 규모로 벌어졌을 뿐이다. 그는 아직 젊은 나이지만 자신이 얼마나 성숙한 어른인지 힘주어 과시한다. 그리고 공적인 삶을 자기 나름 준비하고 있다.

파리 1871-1899

대규모 세트장을 보고 싶으면, 파리에 있는 로스차일드 가문의 저택들 중 한 곳을 찾아가면 된다. 그뿐만 아니라 파리 외곽에는 제임스 드 로스차일드가 새로 지은 페리에르성도 있다. 이곳은 상인과 은행가가 지배하던 이탈리아 르네상스 시대의 작품들을 추앙한다. 위대한 후원은 돈을 현명하게 사용함으로써 이뤄지며, 세습되지 않는다는 사실을 기억하자. 페리에르성 중앙에는 기사도나 기독교 문화에 적합한 대연회장이 아니라, 성 안의 다른 구역들로 연결되는 네 개의 큰 문이 있는 실내 광장이 자리한다. 티에폴로가 그린 천장화 아래에는 승리의 장면을 묘사한 태피스트리와 흑백 대리석의 인물 조각상을 비롯해 벨라스케스, 루벤스, 귀도 레니, 렘브란트의 회화 작품들이 전시돼 있다. 무엇보다도 그곳은 온통 금이었다. 가구, 그림 액자, 몰딩, 태피스트리 등이 금으로 도배돼 있었고, 사방에 로스차일드 가문의 상징들이 금박으로 새겨져 있었다. 로스차일드 취향은 금박 장식과 동의어가 됐다. 유대인과 그들이 가진 황금.

샤를의 감수성은 페리에르성의 수준에 미치지 못한다. 그의 공간 역시 마찬가지다. 그에게는 응접실 두 개와 침실뿐이다. 하지만 샤를에게는 새로운 소장품과 책을 진열할 공간이 있고, 젊은 학자이자 수집가라는 자의식도 있다. 주체할 수 없이 부유하면서도 주관이 매우 뚜렷한 그는 남과 다른 위치에 서 있다.

하지만 그 두 가지 중 어느 하나도 그를 향한 내 마음을 호감으로 만들어 주지 않는다. 사실 침대는 약간 비위에 거슬린다. 내가 청년 샤를과 예술, 실내 장식, 네쓰케를 보는 그의 뛰어난 안목을 얼마나 더 오래 마주할 수 있을지 확신이 서지 않는다. 예술 전문가라는 경고음이 울린다. 어린 나이에 너무 많은 걸 아는 사람이라는 생각이 든다.

그리고 혼자 누리기 과분할 정도로 지나치게 돈이 많다.

나는 샤를이 사물을 바라보던 방식을 이해해야 한다는 것, 그러자면 그의 글을 읽어야 한다는 것을 깨닫는다. 그런 점에서 나는 안전한 학문 영역 안에 있다. 참고 문헌 목록을 완벽하게 작성하고 자료를 연대순으로 읽어 나갈 것이다. 샤를이 파리로 이주한 시기의 『가제트 데 보자르 Gazette des Beaux-Arts』(이하 『가제트』)를 읽고, 마니에리즘 화가들 Mannerist과 청동 조각, 홀바인에 대해 쓴 그의 다소 건조한 초기 비평문을 옮겨 적는 것부터 시작한다. 의무감 탓인지 나는 집중한다. 샤를이 가장 좋아한 베네치아의 화가 야코포 데 바르바리는 성 세바스티앙, 트리톤 전투, 비틀린 자세의 누드를 즐겨 그렸다. 에로틱한 주제를 선호하는 이런 취향이 앞으로 얼마나 중요한 역할을 하게 될지는 잘 모르겠다. 나는 라오콘 조각상의 기억을 떠올리며 조금 불안해진다.

그의 초기 글은 미숙하다. 전시회, 책, 에세이, 출판물 등에 대한 짧은 글들이다. 뻔한 자투리 미술사로 다른 사람의 학술 연구에 토를 다는 식이다('~의 진품 감정을 연구한 글', '~의 카탈로그 레조네 catalogue raisonné*에 대한 반응'). 이 글들은

---

* 한 미술가나 컬렉션의 전작을 모아서 펴낸 도록.

그가 이탈리아에서 수집한 물건들과 약간 비슷하고 나는 좀처럼 속도를 내지 못한다. 하지만 그렇게 몇 주가 지나자 샤를과 함께 있는 시간이 편안하게 느껴지기 시작한다. 내 네쓰케를 처음 수집한 이 젊은이의 글은 점점 더 유려해진다. 예상치 못한 감정이 밀려오는 순간들도 있다. 내 소중한 봄날의 3주가 흘러가고, 다시 2주가 더 지난다. 나는 그렇게 어두컴컴한 정기 간행물실에서 자료를 뒤적이며 정신 나간 듯이 하루하루를 보낸다.

샤를은 그림과 시간을 보내는 법을 배운다. 그는 그곳에 가서 바라보고 느끼고, 되돌아가서 다시 바라본다. 어깨에 닿는 손길을 느끼고 나서 고개를 돌려 다시 보고, 더 가까이 다가가고, 더 멀리 가기도 한 전시회들을 주제로 에세이를 썼다. 점점 커져 가는 그의 자신감과 열정이 느껴진다. 그리고 드디어 그의 글에서 강철 같은 강인함이, 고정 관념을 향한 거부감이 드러나기 시작한다. 샤를은 자신의 감정과 판단 사이에서 균형을 유지하지만, 독자들이 그 양면을 모두 인지할 수 있도록 글을 쓴다. 예술을 다루는 글에서는 보기 드문 일이다. 도서관에서 몇 주를 보내는 동안 내 주위에 『가제트』가 쌓여 가고, 새로운 질문은 산더미고, 책마다 책갈피와 노란색 포스트잇, 도서 대출 카드로 어지럽다.

눈이 아프다. 활자 크기는 8포인트이고, 주석 글씨는 더 작다. 그런대로 내 불어 실력은 되살아나고 있다. 이 사람과 함께 갈 수 있다는 생각이 들기 시작한다. 샤를은 자기가 많은 걸 안다고 내색하지 않는다. 그런 경우가 대부분이다. 그는 자기 눈

앞에 있는 대상을 독자에게 정확하게 보여 주려 한다. 그것만으로도 충분히 존경스럽다.

3

'그녀를 인도하는 코끼리 조련사'

네쓰케가 이야기에 등장할 기미는 아직 없다. 20대의 샤를은 늘 다른 곳에 있고 어딘가로 이동 중이다. 런던, 베네치아, 뮌헨에서 안부를 전하며 가족 모임에 참석하지 못해 죄송하다고 편지를 보낸다. 그는 빈의 미술관에서 그림을 본 후 사랑에 빠진 화가 뒤러를 주제로 책을 쓰기 시작한다. 제대로 된 연구를 하려면 모든 기록 보관소에서 모든 드로잉과 낙서를 샅샅이 찾아내야 한다.

샤를의 두 형은 그들의 세상에 무사히 자리 잡았다. 쥘은 삼촌들과 함께 라흐카드가에서 에프루시 주식회사를 진두지휘한다. 빈에서 어릴 적부터 교육을 받은 덕분에 돈을 다루는 능력이 뛰어나다. 그리고 그는 빈의 유대교 사원에서 영리하고 재치 있는 파니와 결혼한다. 금융업자인 전남편과 사별한 파니는 젊고 매우 부유하며, 권력 가문 출신의 면모를 고루 갖추었다. 파리와 빈의 신문에는 쥘이 매일 밤마다 파니와 춤을 췄고, 결국 지치다 못한 그녀가 결혼을 승낙했다는 가십이 실린다.

이그나체는 마음껏 자유를 즐기며 산다. 그는 사랑에 요란하게, 연달아, 쉽게 빠지는 경향이 있다. 여성 애호가 amateur de femmes인 그의 특별한 기술은 밀회를 하려고 높은 창문으로 건물을 타고 올라가는 것이다. 내가 나중에 사교계 원로 여성들의 회고록을 읽다가 알게 된 사실이다. 사교계 명사인 그는 세속적인 파리 남자답게 쉬지 않고 연애를 하고, 독신 남성들의 본거지인 경마 클럽에서 저녁 시간을 보내고, 결투를 일삼는다. 결투는 불법이지만 부유한 젊은이들과 육군 장교들 사이에 성행한다. 그들은 자신의 명예가 조금이라도 훼손되는 일이 생기면 칼로 해결하려 든다. 이그나체의 이름은 당시 발행된 결투 규정 책자에도 등장하고, 어느 신문 기사에는 그가 자신의 가정 교사와 결투를 벌이다가 한쪽 눈이 뽑힐 뻔한 사고가 기록돼 있다. 이그나체는 "비교적 키가 큰 편이지만 평균 신장에는 약간 못 미친다. …… 체력을 타고 났을 뿐 아니라 운 좋게도 강철 같은 근육까지 있다. …… 에프루시 씨는 대단히 열정적인 사람 중 한 명이며 …… 내가 아는 펜싱 선수 가운데 가장 친절하고 솔직한 사람이다."

여기, 무심한 표정으로 검을 든 이그나체가 있다. 마치 엘리자베스 1세 시대에 궁정 인물들을 그리던 니컬러스 힐리어드의 세밀 초상화 같다. "지칠 줄 모르는 스포츠맨. 아침 일찍 숲에 가면 멋진 얼룩말을 타는 그를 볼 수 있을 것이다. 펜싱 수업은 그 전에 받았다." 나는 몽소가 저택의 마구간에서 등자鐙子 길이를 확인하는 이그나체의 모습을 상상해 본다. 승마할 때 그는 자신의 말을 "러시아식으로" 정렬한다. 러시아식 정렬이 구체적으로 무엇을 의미하는지 모르겠지만 뭔가 멋지게 들리기는 한다.

샤를이 처음으로 존재감을 드러낸 곳은 살롱이다. 신랄한 소설가이자 일기 작가이며 수집가인 에드몽 드 공쿠르는 자신의 일기에서 샤를을 언급했다. 샤를 같은 사람이 살롱에 초대된 것 자체가 이 소설가에게는 역겨운 일이었다. 살롱은 "유대인 남자와 유대인 여자로 우글우글"했다. 그는 살롱에서 만난 새로운 젊은이들을 다음과 같이 평한다. "에프루시 집안사람들은 '배워 먹지 못했고' '못 견디게 싫은' 존재들이다." 그리고 모든 살롱마다 나타나는 샤를을 가리켜 자기 분수를 모르는 자의 전형이라고 꼬집는다. "그는 만남에 굶주려서 간절함을 숨기고 모습을 보이지 않아야 할 때를 모른다."

드 공쿠르는 외국어 억양이 살짝 섞인 프랑스어를 구사하는 이 매력적인 청년을 질투한다. 샤를은 당대의 쟁쟁한 상류사회 살롱들을 아무 거리낌 없이 드나드는데, 각 살롱은 정치적 예술적 종교적 귀족적 취향이 치열하게 경합하는 지뢰밭과 같았다. 수많은 살롱이 있지만 특히 중요한 세 곳을 고르자면 마담 슈트라우스(작고한 비제의 부인)의 살롱, 그레퓔 백작 부인의 살롱, 꽃을 그리는 수채화 화가 마담 마들렌 르메르의 살롱이었다. 살롱 응접실은 단골 초대 손님들로 가득 찼고, 모임은 오후나 저녁의 정해진 시간에 열렸다. 살롱 주인의 후원으로 시인, 극작가, 화가, '클럽 회원', 사교계 인물이 만나서 주목할 만한 쟁점이나 의도적인 가십을 주제로 대화를 나누고 음악을 듣거나, 새로운 초상화가 공개되는 것을 지켜보았다. 살롱마다 독특한 분위기와 추종자들이 있었다. 예를 들어, 마담 르메르의 기분을 언짢게 하는 사람은 '지루한 사람' 혹은 '탈영병'으로 불렸다.

마담 르메르의 목요일 살롱은 마르셀 프루스트가 젊은 시절에 쓴 에세이에 등장한다. 그는 그녀의 화실을 가득 채운 라일락 향기가 상류층 마차들로 북적이는 몽소가로 퍼져 나가던 순간을 떠올린다. 매주 목요일에는 몽소가를 지나갈 수 없었다. 프루스트가 샤를을 알아본다. 시끌벅적한 분위기 속에서 그는 작가와 사교계 인사들 사이를 뚫고 가까이 다가간다. 샤를은 구석에서 초상화가와 이야기를 나누고 있다. 두 사람이 고개를 숙이고 부드러운 목소리로 진지하게 대화를 하는 탓에, 프루스트는 근처에서 맴돌지만 내용을 조금도 엿듣지 못한다.

다혈질인 드 공쿠르는 나폴레옹 보나파르트의 조카인 자신의 마틸드 공주가 젊은 샤를을 총애하자 더욱 분노한다. 그는 쿠르셀가의 으리으리한 대저택에서 사는 마틸드 공주가 근처 몽소가에 있는 샤를의 집에서 '상류층' 귀족들과 함께 목격됐다는 소문을 기록한다. 공주가 샤를에게서 "그녀의 삶을 인도하는 코끼리 조련사"의 면모를 발견했다는 것이다. 20대의 젊은 청년이 빅토리아 여왕처럼 검은색 옷을 입고 코끼리같이 풍채가 거대한, 무섭고 나이 든 공주를 아주 간단한 말과 손길로 인도하는 장면은 좀처럼 잊지 못할 이미지다.

샤를은 이 복잡하고 속물적인 도시에서 자기 나름의 삶을 찾기 시작한다. 그는 자신의 이야기가 환영받는 곳, 그의 유대인 정체성을 포용하거나 개의치 않는 곳을 발견하기 시작한다. 예술에 대한 글을 쓰는 젊은 작가인 그는 파바르가에 있는 『가제트』 사무실을 매일 방문하는데, 중간에 살롱 예닐곱 군데를 들른다. 모르는 게 없는 드 공쿠르가 그렇게 덧붙인다. 샤를의 집에서 잡지사 사무실까지는 빠른 걸음으로 정확히 25분, 내가

4월 아침에 산책하며 여유 있게 걸어가면 45분이 걸린다. 아마도 샤를은 마차를 타고 갔을 테지만 그 시간은 나로서는 알 길이 없다.

'예술과 고미술 전문 유럽 통신 Courrier Européen de l'art et de la curiosité'을 표방하던 『가제트』의 표지는 카나리아 노란색이다. 속표지에는 고대 그리스식 무덤 위에 르네상스 시대의 유물들이 미학적으로 진열돼 있고, 제일 위에는 화난 표정의 레오나르도 다빈치 그림이 있다. 7프랑만 내면 앙데팡당전 Exposition des Artistes Indépendants[*]과 바닥에서 천장까지 그림이 걸린 공식적인 살롱전, 트로카데로 궁전과 루브르 박물관 전시 등 파리에서 우후죽순으로 열리는 다양한 전시 정보를 접할 수 있다. "교양 있는 여성이라면 누구나 탁자 위에 펼쳐 놓지만, 절대로 읽지 않는 값비싼 예술 잡지"라고 냉소적으로 묘사되는 이 책은 『월드 오브 인테리어 World of Interior』, 『아폴로 Apollo』와 더불어 사교계 필독 잡지로 확고한 명성을 누린다. 오텔 에프루시에서 언덕 아래에 있는 카몬도 저택의 아름다운 타원형 서재에는 『가제트』 장정본들이 서가를 가득 메우고 있다.

『가제트』 사무실에는 여러 작가와 예술가가 있고, 유럽 전역에서 발간되는 모든 정기 간행물과 전시 도록을 소장한 파리 최고의 예술 도서관도 있다. 그곳은 예술에 특화된 클럽이자, 어느 화가가 누구에게 의뢰를 받아 그림을 제작하고 있는지,

---

[*] 19세기 후반 권위적인 살롱전에 반발하는 화가들이 만든 전시로 사전 심사 없는 자유로운 참여를 보장했다.

수집가나 살롱전 심사 위원의 관심 밖으로 밀려난 화가는 누구인지 같은 다양한 소식과 소문을 공유하는 장소다. 그곳은 바쁘게 돌아간다.『가제트』는 매달 발행되며, 따라서 실제로 업무가 벌어지는 일터다. 누가 어떤 주제로 글을 쓸지, 동판화나 삽화 제작은 누구에게 맡길지 등등 모든 결정이 이뤄지는 곳이다. 매일 그곳에서 논쟁들을 지켜보기만 해도 많은 것을 배울 수 있다.

이탈리아에서 예술품을 닥치는 대로 수집하다가 갓 귀국한 샤를이『가제트』에 기고를 시작할 무렵, 이 잡지에는 당시의 그림, 학술 기사에서 언급된 유물, 살롱전의 주요 출품작 등을 판화로 정교하게 재현한 도판들이 실렸다. 나는 1878년에 발간된『가제트』를 아무거나 하나 꺼내 든다. 이런저런 글 중에 스페인 태피스트리, 아르카익 시기의 고대 그리스 조각, 마르스 광장의 건축, 귀스타브 쿠르베 등을 다룬 기사들이 있다. 물론 모든 글에는 얇은 간지가 끼워진 도판들이 삽입되어 있다.『가제트』는 젊은 청년이 글을 쓰기에 더할 나위 없이 완벽한 잡지이자, 사회와 예술이 교차하는 곳으로 진출하는 데 필요한 그럴듯한 명함이다.

나는 1870년대 파리에서 발행된 신문의 사회면 칼럼을 꼼꼼히 훑어보며 그러한 교차의 흔적들을 찾아낸다. 처음에는 사전 준비 차원에서 시작한 작업이었지만 이상하게 점점 빠져들게 되고, 샤를이 쓴 전시회 비평 기사를 하나도 빠짐없이 기록하려는 내 강박적인 행동에서 벗어날 수 있어서 안도감마저 든다. 미로처럼 복잡한 만남과 초대 손님 명단, 그리고 누가 어떤 옷을 입었는지, 누구를 만나야 하는지를 적은 세세한 기록 등 각각의 이름에는 악평과 호평이 교차한다.

특히 사교계의 결혼 선물 목록에 매료된 나는 이 모든 것이 선물을 주고받는 문화를 연구하는 좋은 기회라고 스스로 되뇌며, 누가 씀씀이가 크고 누가 구두쇠인지 누가 센스가 없는지 등을 알아내느라 어이없게 많은 시간을 낭비한다. 내 고조할머니는 1874년 어느 사교계 결혼식에서 새조개 껍질 모양의 금제 식기 세트를 선물한다. '속물스럽네, 반박할 여지도 없이.' 하는 생각이 든다.

그리고 파리의 무도회, 저녁 음악회, 살롱, 연회를 다룬 기사 중에서 에프루시 집안의 세 형제가 언급된 내용을 찾기 시작한다. 그들은 항상 붙어 다닌다. 이 신사들은 초연이 열리는 오페라 극장의 박스석, 장례식, X 대공이나 Y 백작 부인의 연회에 모습을 드러낸다. 러시아 황제의 파리 순방 때는 저명한 러시아 시민 자격으로 황제를 영접한다. 그들은 함께 파티를 열고 "공동 주최하는 일련의 성대한 만찬"으로 명성이 자자하다. 다른 스포츠맨들과 함께 신문물인 자전거를 타는 모습도 목격된다. 일간지 『르 골루아 Le Gaulois』의 한 칼럼은 누가 도빌로 떠나고 누가 샤모니로 떠났는지 같은 이동 정보에 할애돼 있어서, 덕분에 나는 세 형제가 언제 파리를 떠나 스위스 메겐에 있는 쥘과 파니의 에프루시 산장으로 휴가를 갔는지 알 수 있다. 언덕 위의 금빛 저택에 사는 그들은 파리에 온 지 불과 몇 년 만에 이곳 사교계의 일원으로 받아들여진 듯하다. 나는 몽소가 빠르게 변화하고 있었음을 떠올린다.

취향이 고상한 샤를에게 자기 방을 재배치하고 미술사 문장을 아름답고 완벽하게 다듬는 것 외에 새로운 관심사가 생긴다. 연인이 생긴 것이다. 그리고 그는 일본 예술품을 수집하기 시작한다. 섹스와 일본, 이 두 가지는 밀접하게 얽혀 있다.

아직 네쓰케를 소장한 건 아니지만 그는 네쓰케에 가까이 다가가고 있다. 나는 일본 예술품 딜러인 필리프 시셀에게서 옻칠 공예품을 구입해 수집을 시작하는 샤를을 기꺼이 응원한다. 드 공쿠르는 시셀의 상점, 즉 '유대인의 돈이 모이는 곳'에 방문한 일을 자신의 일기에 적는다. 그는 일본 춘화집이나 두루마리 족자 같은 새로 들어온 오브제를 찾으려고 뒷방으로 들어간다. 거기에서 그는 "일본산 칠기 함 위에 웅크리고 앉은 카엔 당베르 부인과 그녀의 연인인 에프루시 집안 막내아들"을 우연히 만난다.

그녀는 연인에게 "사랑을 나눌 수 있는 시간과 장소"를 넌지시 알려 주고 있다.

4

'아주 가볍고 촉감이 아주 부드러운'

샤를의 연인은 루이즈 카엔 당베르다. 그녀는 샤를보다 두 살 연상이고 붉은색 금발 미인이다. '카엔 당베르 부인'은 유대인 은행가와 결혼했고 두 사람 사이에는 아들 하나와 딸 셋, 네 자녀가 있다. 루이즈는 다섯째로 태어난 아이의 이름을 샤를이라고 부른다.

내가 아는 파리 사람들의 결혼 생활이란 낸시 밋포드의 소설에서 읽은 게 전부지만, 도가 지나치게 낙천적인 행동이라는 생각이 든다. 차라리 인상적이라고 해야 할까. 당시의 부르주아가 되어 그녀에게 묻고 싶다. 어떻게 해야 다섯 아이와 남편, 그리고 애인을 모두 돌볼 여유가 생기나요? 두 집안은 아주 가까운 사이다. 나는 쥘과 파니 부부의 집이 있는 이에나 광장에 서 있다. 커다란 대문 위에는 두 사람의 이니셜 장식이 정교하게 뒤얽혀 있다. 바로 길 건너편 바사노가 모퉁이에 자리 잡은 바로크 양식의 대저택이 루이즈의 새집이다. 영악하고 포기할 줄 모르는 성격의 파니가 자신의 가장 친한 친구를 위해 이 불륜을 의도적으로 계획했을지도 모른다는 생각이 문득 든다.

그 모든 만남에는 확실히 아주 은밀한 무언가가 있었다. 두 사람은 연회장과 무도회에서 계속 마주치고, 두 집안은 스위스에 있는 에프루시 산장이나 파리 근교 샹쉬르마른에 있는 카엔 당베르 가문의 성에서 함께 휴가를 보내는 일도 잦았다. 시동생 방으로 가는 계단에서 친구를 마주치면 어떻게 하는 게 예의 바른 행동이었을까? 두 연인은 이 모든 숨 막히고 가식적인 상냥함을 피하기 위해서라도 상점의 뒷방이 필요했을 것이다. 그리고 아이들의 눈도 피해야 한다.

뛰어난 적응력으로 살롱에서 입지를 다진 샤를은 사교계 친구인 화가 레옹 보나에게 루이즈의 파스텔 초상화를 의뢰했다. 그림 속에서 흰색 드레스를 입은 그녀는 머리카락으로 얼굴을 반쯤 가린 채 시선을 조신하게 아래로 떨구고 있다.

사실 루이즈는 조신함과는 거리가 멀었다. 드 공쿠르는 1876년 2월 28일 토요일, 루이즈의 살롱에서 소설가의 시선으로 본 그녀를 다음과 같이 기록한다.

유대인에게는 동방에서 온 사람들 특유의 차분함이 있다. 오늘 나는 자기와 칠기 그릇이 놓인 유리 진열장 밑에서 뭔가를 꺼내 보여 주려는 루이즈 카엔 부인을 바라보다가 그녀에게 매료됐다. 그녀는 나른한 고양이처럼 움직였다. 그들, 그러니까 유대인들의 금발은 티치아노의 그림 속 정부情婦처럼 특별한 황금빛을 띤다. 찾고 있던 물건을 발견한 이 유대인 여인은 그것을 긴 의자 위에 내려놓았다. 고개를 한쪽으로 젖히자 이마가 드러나고, 말아 올린 머리카락은 뱀의 둥지를 닮았다. 그녀는 짓궂은 표정과 의아하다는 표정을 번갈아 짓고 코를 찡긋거리면서, 여자도 똑같은 인간이고

사랑을 혐오할 수도 있다는 사실을 인정하지 않는 남
자와 소설가의 불합리를 불평했다.

쉽게 잊을 수 없는 에로틱하고 나른한 이미지다. 아주 샛
노란 금발에 완전히 나체인 티치아노의 정부는 한 손으로 겨
우 몸을 가렸다. 저명 작가인 드 공쿠르의 마음을 사로잡고 상
황을 압도하던 루이즈의 힘이 느껴진다. 뿐만 아니라 그녀는
당대의 또 다른 인기 소설가 폴 부르제에게도 "최고의 뮤즈La
muse alpha"였다. 루이즈는 자신의 살롱에 걸 초상화를 사교계 화
가인 카롤루스 뒤랑에게 의뢰했다. 그림 속에서 그녀의 입술은
살짝 벌어져 있고 몸을 휘감은 드레스는 몸매를 그대로 드러낸
다. 이 뮤즈에게는 드라마 같은 일들이 비일비재하게 일어난
다. 나는 그녀가 예술을 사랑하는 청년 샤를을 연인으로 선택
한 이유가 뭘까 궁금하다.

그가 허세를 부리거나 과장된 행동을 하지 않고, 미술사학
자로서 사려 깊은 태도를 보였기 때문일지 모르겠다. 아니면
줄줄이 낳은 아이들과 남편, 두 대가족이라는 무거운 짐을 진
루이즈와 달리, 얽매인 가족이 없던 샤를은 그녀가 기분 전환
이 필요할 때면 언제나 즐겁게 해 줄 수 있는 완벽한 자유의 몸
이었기 때문이었을 수도 있다. 두 연인이 음악, 미술, 시, 그리
고 음악가, 화가, 시인을 좋아하는 공통의 관심사를 가졌던 것
은 분명하다. 루이즈와 샤를은 작곡가인 루이즈의 시동생 알
베르를 동반해 파리 오페라 극장에 다녔고, 좀 더 진보적 성향
인 쥘 마스네의 오페라 초연을 들으러 브뤼셀에도 갔다. 두 사

람 모두 바그너에 열광했는데, 그것은 거짓으로 좋아하긴 어렵지만 함께 나누긴 좋은 열정이었다. 바그너의 오페라는 오페라 극장 박스석의 깊고 푹신한 의자에 앉아서 둘만의 시간을 맘껏 즐기는 기회를 제공했을 것이다. 두 사람은 프루스트가 주최한 아나톨 프랑스의 시 낭송회와 이어지는 소규모 저녁 파티에도 (남편을 동반하지 않고) 같이 참석했다.

그리고 그들은 각자의 컬렉션을 위해 검은색과 금색으로 장식된 일본 칠기˚ 상자들을 함께 구입한다. 그렇게 일본과 사랑을 시작하게 된다.

남편이나 샤를과 다투고 지친 루이즈가 일본 칠기 골동품이 보관된 진열장을 멍하니 들추다 긴 의자 위에 눕는 모습을 상상하면서, 나는 네쓰케에 점점 다가가고 있음을 느낀다. 네쓰케는 점차 주목을 받기 시작했고, 복잡하고 혼란스러운 파리 생활의 일부로서 실제 존재했다.

무심한 파리지앵인 샤를과 그의 연인이 일본 물건들을 어떻게 다루었을지 알고 싶다. 그렇게 낯선 물건을 처음으로 손에 쥐어 본 기분은 어땠을까? 한 번도 접해 본 적 없는 재료로 만든 상자, 컵 혹은 네쓰케를 집어서 이리저리 돌려 보며 무게와 균형을 가늠하고, 구름 사이로 날아가는 황새 모양의 양각 장식을 손가락으로 쓰다듬는 건 어떤 느낌이었을까? 촉감을 언급한 문헌이 어딘가에 있을 거라고 생각한다. 손으로 물건을 집어 든 그 찰나의 순간에 느낀 감정을 누군가는 일기나 편지

˚ 검은 옻칠 바탕에 금가루나 은가루를 뿌려 문양을 넣는 마키에(蒔繪) 기법의 칠기.

에 기록으로 남겼을 것이다. 어딘가에 그 손길의 흔적이 반드시 남아 있을 것이다.

드 공쿠르의 여담은 좋은 출발점이다. 샤를과 루이즈가 일본 칠기를 처음 구입한 곳은 시셸 형제의 상점이었다. 그곳은 지그프리트 빙의 오리엔탈 아트 부티크처럼 수집가를 한 사람씩 별도의 방으로 데려가 우아하게 오브제와 판화를 보여 주는 고급 갤러리가 아니라, 온갖 일본 물건이 넘쳐나는 수렁 같은 곳이었다. 그 양은 실로 압도적이었다. 1874년에 필리프 시셸이 단 한 번의 구매 여행으로 요코하마에서 발송한 물량만 해도 대형 상자 45개, 5000여 점에 달했다. 이 물건들은 열광적인 반응을 얻었다. 여기엔 뭐가 있던가요, 이건 어디서 왔나요? 당신보다 먼저 이 보물을 발견한 다른 수집가들이 있나요?

대량의 일본 예술품은 환상을 불러일으켰다. 드 공쿠르는 일본에서 물건들이 막 도착한 시셸의 상점에서 보낸 하루를 "이렇게 온통 황홀하고 매혹적인 예술품"에 둘러싸여 있었다고 기록했다. 1859년부터 일본 판화와 도자기가 프랑스에서 서서히 확산되기 시작했다. 1870년대 초반에 이르러서는 이런 물건들이 홍수를 이뤘다. 한 작가는 1878년 『가제트』에서 일본 예술에 열광하던 초창기의 분위기를 이렇게 회고했다.

> 새로 도착한 화물의 정보를 항상 파악하고 있었다. 상아, 법랑, 파이앙스, 자기, 청동, 옻칠, 나무 등으로 만든 오래된 골동품들 …… 자수가 놓인 새틴 원단이나 장난감은 상점에 도착하기가 무섭게 바로 화가와 작가

의 작업실로 보내졌다. …… 그 물건들은 …… 화가인 카롤루스 뒤랑, 마네, 제임스 티소, 판탱라투르, 드가, 모네, 그리고 작가인 공쿠르 형제, 필리프 뷔르티, 졸라 …… 여행가인 세르누치, 뒤레, 에밀 기메의 손에 들어갔다. …… 이러한 경향이 유행으로 자리 잡자 일반인 애호가들이 그 뒤를 따랐다.

이보다 더 놀라운 것은 가끔씩 목격되던 다음과 같은 광경이었다.

파리의 길거리, 극장, 교외에서 마주치는 젊은이들의 외모가 우리를 깜짝 놀라게 한다. …… 그들은 윤기가 흐르는 가늘고 긴 검은 머리카락을 뒤로 빗어 넘기고, 그 위에 실크해트나 작고 동그란 펠트 모자를 썼다. 프록코트 단추를 단정하게 채우고, 좋은 신발과 깨끗한 회색 바지를 입고, 우아한 리넨 셔츠 위에 짙은 색 넥타이를 맸다. 넥타이를 고정하는 보석이 지나치게 화려하지 않고, 밑으로 갈수록 통이 넓어지는 바지를 입지 않고, 광이 번쩍거리는 구두를 신지 않고, 너무 가벼운 지팡이를 들지 않았다면, 우리는 아마 그들을 파리 사람으로 착각했을 것이다. 이런 특징들은 그 남자가 재단사에게 본인의 취향을 요구하기보다는, 재단사가 제안하는 대로 따랐음을 나타낸다. 거리에서 마주친 그들을 쳐다본다. 연한 구릿빛 피부에 턱수염은 거의 없다. 간혹 콧수염을 기른 사람들이 있다. …… 커다란 입을 활짝 벌리면 그리스 희극의 가면처럼 정사각형 모양이 된다. 계란형 얼굴에 광대뼈는 둥글고 이마가 튀어나왔다. 작지만 검고 강렬한 눈은 관자놀이를 향해 치켜 올라갔고, 눈빛은 날카롭다. 그들은 일본인이다.

이는 새로운 문화권에 등장한 이방인을 그린 인상적인 묘사로, 정교한 옷차림을 제외하면 이방인이라는 사실을 눈치채기란 어렵다. 지나가던 행인이 다시 한번 쳐다보는데, 너무 완벽하게 변장한 나머지 오히려 정체가 드러난 탓이다.

이 글은 또한 당시 일본과의 만남이 얼마나 낯설었는지를 보여 준다. 1870년대 파리에는 사절단, 외교관, 소수의 귀족이 있긴 했지만 일본인은 극히 드물었다. 그런데 일본 예술은 어디서나 볼 수 있었다. 다들 자포네즈리Japonaiserie* 물건을 손에 넣고 싶어 했다. 샤를이 살롱에서 만나기 시작한 화가, 『가제트』에서 알게 된 작가, 그의 가족, 가족의 지인, 그리고 그의 연인까지 모두가 이 격동의 시대를 살고 있었다. 파니 에프루시는 한 편지에서, 그들 부부가 이에나 광장에 새로 지은 집의 흡연실과 손님용 침실에 쓸 일본 벽지를 사려고 극동의 물건들을 판매하는 마텔가의 세련된 상점 미쓰이로 쇼핑을 갔다고 썼다. 그러니 평론가이고 옷을 잘 입는 예술 애호가이며 수집가인 샤

---

* 일본 예술과 문물을 애호하는 이국 취향.

들이 어떻게 일본 예술품을 안 살 수 있었겠는가.

파리 예술계에서는 예술품 수집을 언제부터 시작했냐가 중요한 쟁점이었다. 초기의 일본 미술 수집가, 소위 자포니스트Japoniste들은 탁월한 안목을 소유하고 취향을 창조하는 사람들이었기에 우위를 점할 수 있었다. 드 공쿠르는 일본이 문호를 개방하기 전에 동생과 함께 일본 판화를 실제로 봤다고, 자연스럽게 주장하고 나섰다. 일본 예술을 일찍 받아들인 이들은 서로 치열하게 경쟁했지만, 각자의 안목에는 공감했다. 하지만 조지 오거스터스 살라가 1878년에 출간한 『다시 찾은 파리Paris Herself Again』에 썼듯이, 초기 수집가들의 집단적인 분위기는 이내 사그라들었다. "자포니즘은 에프루시나 카몬도 가문 같은 일부 예술 애호가에게 일종의 종교가 되었다."

샤를과 루이즈는 "네오 자포니스트" 즉 젊고 부유한 예술계의 후발 주자였다. 통쾌하게도 일본 예술에 대해서는 전문 감식안이 부족했기 때문에, 사람들이 미술사학자들의 해박한 지식에 얽매어 자신의 즉각적 반응과 직감을 혼란스러워 하는 일은 없었다. 새로운 르네상스 시대가 펼쳐지면서, 오래되고 진중한 동양 예술품을 손에 넣을 기회가 찾아왔다. 대량으로 그것도 지금 당장 가질 수 있었다. 아니면 일단 구입부터 하고 나중에 좋아하면 될 일이었다.

일본 오브제는 손으로 잡으면 저절로 알게 된다. 우리가 알아야 하는 것을 촉감이 말해 준다. 촉감은 우리 자신에 대해서도 알려 준다. 에드몽 드 공쿠르는 이렇게 표현했다. "예의 바름, 점잖음, 공손함이라는 관점에서 소위 완벽한 물건들이 여기 손 안에 있다. 이것은 하나의 격언이다. 촉감은 아마추어가 자신을 인식하는 표식이다. 무심한 손길로, 서투른 손길로, 사랑스럽게 감싸지 않는 손길로 오브제를 다루는 사람은 예술을 향한 열정이 없는 사람이다."

이러한 초기 수집가들과 일본 여행자들은 일본 물건을 손으로 만져만 봐도 그것이 '제대로' 된 것인지 아닌지 알 수 있었다. 실제로 미국 화가인 존 라 파지는 1884년에 여행을 떠나면서 "책은 한 권도 들고 가지 말고, 책을 읽지도 말고, 최대한 순수하게 가자."라고 친구들과 약속했다. 아름다움을 느끼는 것만으로 충분했다. 촉감은 일종의 감각적인 순수함이었다.

일본 예술은 멋진 신세계였다. 일본 예술은 사물을 느끼는 새로운 결, 새로운 방식을 알려 주었다. 구입할 수 있는 목판화 화첩들이 많았는데, 그것들은 단순히 벽에 걸어 두는 작품이 아니었다. 일본 예술은 새로운 재료에 눈을 뜨게 된 계기가 되었다. 녹이 두텁게 덮인 청동 조각은 르네상스 시대의 조각보다 훨씬 더 위대해 보였다. 칠기 공예품은 비할 바 없는 깊이와 어둠을 품고 있었다. 방 가운데에 펼쳐 둔 금박 병풍은 빛을 발했다. 모네의 그림 〈기모노를 입은 모네 부인(일본 여인) Mme Monet in a Japanese Dress (La Japonaise)〉에서 카미유 모네가 입은 기모노에는 "몇 센티미터 두께의 금색 자수"가 놓여 있었다. 그리고 서양 미술에서 일찍이 보지 못한 물건, '장난감'이라고밖에 설명할 수 없는 물건이 있었다. '네쓰케'라고 불리는 이 작은 조각은 동물이나 걸인의 모양이고 손에 쥐고 굴릴 수 있었다. 샤를의 친구이자 『가제트』의 편집자인 수집가 루이 공스는 회양목으로 만든 어느 네쓰케를 두고 "매우 풍부하고 매우 단순하고 매우 촉감이 좋다."라고 아름답게 묘사했다. 이렇게 운율적인 표현을 능가하기는 어렵다.

네쓰케는 손에 쥘 수 있고, 응접실과 안방에 색다른 결을 더해 줄 수 있는 물건이었다. 일본 물건들을 찍은 사진을 보면 파리지앵들이 서로 다른 소재를 겹겹이 쌓아 올린 것을 알 수 있다. 예를 들어서 상아 조각을 비단으로 싸고, 비단을 옻칠 식탁 뒤에 걸고, 옻칠 식탁 위에는 자기 그릇을 깔아 놓고, 바닥에는 부채들이 떨어져 있는 식이다.

열정적인 촉감, 손 안에서 느끼는 발견, 사랑스럽게 감기는 물건들, 애정이 담긴 어루만짐. 자포니즘과 촉감의 조합은 어느 누구보다도 샤를과 루이즈에게 유혹적이었다.

그들은 검은색과 금색의 칠기 함 서른세 점을 네쓰케 보다 먼저 수집한다. 칠기 함 컬렉션은 오텔 에프루시에 있는 샤를의 방에 놓일 예정이었다. 그의 다른 소장품인 르네상스 시대의 짙은 자주색 태피스트리와 도나텔로풍의 흰색 대리석 조각상 옆에 전시할 물건이었다. 샤를과 루이즈는 시셀의 혼잡한 보물 창고에서 이 컬렉션을 모았다. 그들이 구입한 것은 유럽의 어느 컬렉션에 견주어도 손색이 없는 뛰어난 17세기 칠기 공예품이었다. 그걸 알아보고 선택했으니 두 사람은 시셀의 상점을 자주 드나드는 단골 고객이었음이 분명하다. 도예가인 나에게 매우 반갑게도, 샤를은 칠기 함 외에 16세기 비젠에서 제작한 뚜껑 달린 석기 항아리 한 점을 가지고 있었다. 비젠은 내가 열일곱 살 때 공부하면서, 단순하고 촉감이 좋은 찻그릇들을 드디어 발견하고 흥분한 바로 그 일본의 도자기 마을이다.

1878년 『가제트』에 실린 장문의 에세이 「트로카데로의 일본 칠기 Les Laques Japonais au Trocadéro」에서 샤를은 파리 트로카데로 궁전에 전시된, 칠기 공예품으로 가득한 대여섯 개의 진열장을 묘사한다. 일본 예술에 대해 쓴 그의 가장 완성도 높은 글이다. 다른 글과 마찬가지로 그는 눈앞에 보이는 대상을 학술적으로 (제작 연대 추정에 많은 노력을 기울인다), 묘사적으로, 마지막에는 서정적으로 차례차례 설명한다.

그는 자포니즘이라는 용어를 "내 친구 필리프 뷔르티가 처음 만들었다."라고 언급한다. 이후 3주 내내, 그러니까 이보다 먼저 자포니즘을 언급한 문헌을 발견하기 전까지, 나는 이 글이 그 용어를 최초로 사용한 인쇄물이라고 생각한다. 나의 네쓰케와 자포니즘이 이렇게 아름답게 연결되어 있다는 사실에 흥분해서 '그럴 줄 알았어!' 하고 속으로 외치며 도서관 정기 간행물 서가에서 가슴 벅찬 행복의 순간을 만끽한다.

샤를은 이 에세이에서 무척 흥분된 어조를 띤다. 마리 앙투아네트가 일본 칠기를 수집했다는 사실을 발견한 그는, 18세기 로코코 문명과 일본 문명 사이의 아름다운 교감을 이끌어 내려고 지식을 동원한다. 그의 글에서 여성, 친밀함, 칠기는 하나로 어우러진 듯하다. 일본 칠기는 유럽에서 보기 드문 것이었다고 샤를은 설명한다. "누구나 선망하지만 손에 넣을 수 없는 이 물건들을 소유하려면, 왕비나 여왕으로 태어나는 행운과 부가 동시에 있어야만 했다." 하지만 지금은 제3공화국 시기의 파리이고, 멀리 떨어진 이질적인 두 세계가 충돌하는 순간이었다. 전

루이즈 카엔 당베르가 소장했던 금색 일본 칠기 함, 1878년, 동판화, 『가제트 데 보자르』.

설적인 희귀성과 기술적인 복잡함으로 인해 제작이 불가능하던 칠기 공예품을, 일본 황족이나 서양 왕비의 소장품이던 그 칠기를 이제 이곳 파리의 한 상점에서 구입할 수 있다. 샤를에게 칠기는 시적 특성을 지닌 대상이었다. 화려하고 이국적일 뿐 아니라 욕망의 이야기를 품고 있다. 루이즈를 향한 그의 열정은 손으로 만지고 싶은 욕망이다. 소유할 수 없다는 점이 칠기를 둘러싼 아우라를 만들어 낸다. 글을 쓰면서도 금발의 루이즈를 향해 손을 뻗는 샤를의 모습이 느껴진다.

그러고 나서 샤를은 상자 하나를 집어 든다. "이 칠기 함 중 하나를 손으로 들어 보자. 아주 가볍고 촉감이 아주 부드럽다. 상자 표면에는 꽃이 활짝 핀 사과나무, 물 위를 나는 신성한 학, 구름 가득한 하늘 아래 굽이굽이 물결치는 산등성이, 흘러내리는 긴 옷을 입은 사람들이 그려져 있다. 커다란 양산 아래 있는 사람들은 우리 눈에는 기괴해 보이지만 우아하고 기품 있는 포즈를 취하고 있다."

그는 이 상자의 이국정서를 이야기한다. 이런 작품을 완성하려면 "완전히 여성스러운 손의 유연함, 끈기 있는 손재주, 그리고 시간의 희생"이 필요한데 우리 서양에서는 불가능한 일이다. 이런 칠기나 네쓰케 혹은 청동 조각은 보고 만지는 즉시 작품 자체가 감지된다. 노동의 흔적을 고스란히 담고 있으면서도 기적적으로 자유롭다.

칠기 함에 그려진 이미지들은 인상주의 회화를 향해 커져가던 그의 애정과 맞물려 있다. 꽃이 만발한 사과나무, 구름이 가득한 하늘, 흘러내리는 긴 옷을 입은 여인의 이미지는 피사로와 모네의 그림 속에서 그대로 튀어나온 듯하다. 칠기, 네쓰케, 판화 등 일본의 물건들은 늘 새로운 감각을 불러일으키는 곳, 일상이 예술이 되는 곳, 만물이 아름다운 꿈결 속에 존재하는 곳이라는 이미지를 환기시킨다.

칠기를 다룬 샤를의 에세이에는 자신과 루이즈의 소장품 일부를 묘사한 동판화 도판들이 수록되어 있다. 특히 나팔꽃 덩굴 문양으로 뒤덮인 루이즈의 금색 칠기 함 내부를 묘사한 부분에서 그의 글은 숨 쉴 틈 없이 장황해진다. 그들의 컬렉션은 "자기의 탐욕을 모두 채울 수 있을 정도로 엄청나게 부유한 어느 아마추어가 충동적으로" 모은 것이다. 그는 이 기묘하고 화려한 자신들의 소장품을 이야기하면서, 본인과 루이즈를 조용히 함께 끌어들인다. 그들은 모두 충동적인 욕망에 이끌리는 탐욕스럽고 변덕스러운 사람이다. 그리고 그들이 함께 수집하는 것은 손으로 발견할 수 있는, "아주 가볍고 촉감이 아주 부드러운" 물건들이다.

두 사람의 컬렉션을 대중에게 공개하는 것은 조심스럽고 관능적인 고백 행위다. 칠기 공예품을 같이 모았다는 것은 곧 그들의 밀회를 공개하는 것이다. 이 컬렉션은 두 사람의 연애와 그들만의 은밀한 접촉의 역사를 간직하고 있다.

『르 골루아』에는 1884년에 열린 샤를의 칠기 컬렉션 전시회 기사가 실렸다. "이 진열장들 앞에서라면 몇 날 며칠이고 보낼 수 있다."라고 필자는 썼다. 나도 동감이다. 샤를과 루이즈의 칠기 소장품들이 어느 박물관으로 사라져 버렸는지 추적할 수는 없지만, 나는 하루 시간을 내서 파리로 돌아가 이에나가에 있는 기메 박물관을 방문한다. 마리 앙투아네트의 컬렉션을 소장한 그곳에서, 은은하게 반짝이는 그 물건들이 미로처럼 반사되는 진열장 앞에 서 있다.

샤를은 검은색과 금색의 대비가 강렬한 이 오브제들을 금색 사보느리 Savonnerie 카펫으로 새로 단장한 몽소가의 자기 응접실로 데려온다. 실크로 정교하게 짜인 이 카펫은 원래 루브르 궁전에 전시할 용도로 17세기에 제작됐다. 양 볼을 잔뜩 부풀린 채 나팔을 부는 네 명의 바람, 그리고 나비와 물결치는 리본으로 뒤덮인 장식 등은 공기에 대한 우화적인 이미지를 묘사한다. 카펫은 응접실 크기에 맞게 잘려 있다. 나는 이 카펫이 깔린 바닥을 가로질러 걷는 상상을 해 본다. 방은 온통 황금빛이다.

5

아이들 과자 한 상자

일본 물건을 조금이라도 구입할 수 있는 가장 좋은 방법은 일본을 직접 방문하는 것이었다. 그 점에서 샤를의 이웃인 앙리 세르누치나 트로카데로 전시회를 주최한 사업가 에밀 기메는 남들보다 한발 앞섰다.

그럴 만한 처지가 못 되는 사람들은 일본 골동품을 파는 파리의 갤러리들을 찾아다녀야 했다. 이런 상점들은 만남의 장소로 잘 알려졌는데 샤를과 루이즈처럼 사교계 불륜 커플을 위한 밀회 장소로 인기가 높았다. 예전에는 이런 커플을 리볼리가에 있는 종크 시누아즈Jonque Chinoise나 그 자매 상점인 비비안느가의 포르트 시누아즈Porte Chinoise에서 볼 수 있었다. 1세대 수집가들에게 일본 예술품을 팔던 이 가게의 주인 마담 드스와는 "뚱뚱한 일본 신상神像처럼 보석에 둘러싸여 앉아 있었다. 그녀는 우리 시대의 거의 역사적인 인물이다." 이제 시셸이 그 자리를 이어받았다.

시셸은 훌륭한 세일즈맨이었지만 호기심 많고 관찰력이 예리한 인류학자는 아니었다. 그는 1883년에 발행된 소책자 『일본 고미술품 수집가의 이야기Notes d'un bibeloteur au Japon』에서 이렇게 썼다. "이 나라는 완전히 새로운 곳이었다. 솔직히 말해서 나는 그들의 일상생활에는 전혀 관심이 없었다. 시장에서 칠기 공예품들을 구하는 것만이 내 유일한 목표였다."

그가 한 일은 이게 전부였다. 1874년 일본에 도착한 직후, 시셸은 나가사키의 한 시장에서 켜켜이 쌓인 먼지 아래 숨겨져 있던 칠기 필기구 상자들을 발견했다. 그는 "한 개당 1달러를 지불했다. 오늘날 이 물건들 중 상당수는 1000프랑 이상의 가격이다." 글에서 밝히지는 않았지만 그가 샤를, 루이즈, 공스 등 파리의 고객들에게 1000프랑이 훨씬 넘는 고가에 판 상자들이 그 물건이었다.

시셸의 글은 이어진다.

당시 일본은 예술품을 헐값에 살 수 있는 보물 창고였다. 도시마다 골동품, 옷감, 저당 잡힌 물건을 파는 가게들이 거리에 즐비했다. 새벽부터 보부상 무리가 문 앞에 모여들었다. '후쿠사(보자기)'를 파는 노점상이나 청동 제품을 파는 상인들은 수레에 물건을 싣고 왔다. '오비(허리띠)'에서 네쓰케를 빼서 흔쾌히 팔겠다는 행인들도 있었다. 쏟아지는 호객 행위에 지쳐 물건을 사고 싶은 마음마저 사라질 지경이었다. 그럼에도 불구하고 이국적인 물건을 파는 이 상인들은 다정한 장사꾼이었다. 그들은 우리의 안내자가 되어 주고, 아이들 과자 한 상자에 대한 보답으로 우리를 대신해 흥정에 나섰다. 그리고 거래가 성사되고 나면 우리를 위해 무희들과 가수의 황홀한 공연으로 끝맺는 성대한 잔치를 벌여 주었다.

일본은 바로 그 과자 한 상자였다. 일본에서 물건을 수집하는 일은 지나친 탐욕을 부추겼다. 시셀은 "일본을 약탈하거나 강간하려는" 충동을 주제로 글을 썼다. 가난한 다이묘大名가 집안의 가보를 내다 팔고, 사무라이가 자신의 검을 팔고, 무희가 몸을 팔고, 지나가던 행인이 네쓰케를 팔았다는 이야기들은 무한한 가능성의 이야기가 됐다. 팔기 위해서라면 누구나 무엇이든 내어 줄 것이다. 일본은 예술적으로나 상업적으로나 성적으로나 모든 면에서 만족감을 채워 주는 일종의 평행 국가로 존재했다.

일본 물건은 알게 모르게 에로틱한 분위기를 풍겼다. 단순히 칠기 함이나 상아 골동품을 구실 삼은 연인들의 밀회만이 아니었다. 일본 부채, 골동품, 기모노는 사적인 만남의 자리에서만 생기 있게 살아났다. 그 물건들은 치장을 하거나 역할 놀이를 할 때, 자신의 이미지를 육감적으로 변신하고 싶을 때 사용하는 소품이었다. 당연히 그 물건들은 샤를의 마음을 사로잡았다. 그는 아름답게 수놓은 비단 캐노피가 달린 공작의 침대를 갖고 있었고, 몽소가에 있는 자신의 집을 끊임없이 재단장했다.

제임스 티소의 〈목욕하는 일본 여인 La Japonaise au bain〉에서는 두꺼운 비단 기모노 하나만 어깨에 두른 알몸의 소녀가 일본식 방의 문턱에 서 있다. 모네가 자신의 아내 카미유를 도발적으로 그린 초상화에서 그녀는 금색 가발을 쓰고, 칼집에서 칼을 뽑아 드는 사무라이가 수놓인 붉은색 기모노를 온몸에 휘감고 있다. 벽과 바닥에 어지럽게 흩어진 부채들은 마치 휘슬러의 그림에 등장하는 터지는 불꽃들처럼 보인다. 이는 예술가의 퍼포먼스와 매우 흡사하고, 프루스트의 소설 『스완네 집 쪽으로』에서 고급 매춘부인 오데트가 기모노 차림으로 응접실에서 스완을 맞이하는 모습과 비슷하다. 일본산 비단 쿠션, 병풍, 등잔 등으로 꾸며진 그녀의 응접실에 가득하던 진한 국화 향기는 일종의 후각적 자포니즘이다.

소유 관계가 뒤바뀐 것 같았다. 이 물건들은 채워지지 않는 욕망을 불러일으키고, 그래서 거꾸로 우리를 소유하고 우리에게 무언가를 요구하는 것 같았다. 수집가들은 물건을 찾아 사냥하고 구매하는 행위의 중독성을 이야기하며, 그 과정이 우리를 광기에 빠뜨릴 수도 있다고 인정한다. "모든 열정 중에서 골동품을 향한 열정이 아마 가장 지독하고 이겨 내기 힘들 것이다. 거기에는 예외가 없다. 고미술품에 미친 사람은 길을 잃은 사람이다. 골동품은 단순한 열정이 아니다. 그것은 광기다."라고 젊은 작가 기 드 모파상은 주장했다.

샤를의 천적인 에드몽 드 공쿠르가 쓴 기이한 책에는 이에 대한 섬뜩하고 자전적인 묘사가 등장한다. 『예술가의 집 La Maison d'un artiste』에서 그는 파리에 있는 자기 집 방을 목공예품, 그림, 책, 오브제까지 하나하나 공들여 자세히 묘사한다. 모든 물건과 그림, 그 위치를 떠올려 보는 것은 함께 살았지만 이제는 고인이 된 자신의 남동생을 추모하는 행위다. 각 300쪽이 넘는 두 권의 책은 드 공쿠르의 자서전이자 여행기인 동시에 집 안 물건들을 빠짐없이 기록한 목록이다. 그의 집은 일본 예술품들로 포화 상태다. 복도에는 일본 비단과 '가케모노(족자)'

가 있다. 정원에도 중국과 일본에서 들여온 크고 작은 나무들을 세심하게 엄선해 놓았다.

그의 컬렉션에는 17세기 일본의 어느 '이국적 고미술품 수집가'가 모아 놓은 중국 미술품도 포함돼 있어 보르헤스를 연상시킨다. 드 공쿠르는 열린 공간에는 그림, 병풍, 족자를 배치하고 오브제들은 진열장 안에 보관해 이 둘 사이에서 무한한 상호 작용이 일어나도록 만들었다.

나는 검은 눈동자를 가진 드 공쿠르가 흰색 실크 스카프를 턱 밑에 두르고 배나무로 만든 진열장 문 앞에 잠시 멈춰 서 있는 모습을 머릿속에 그려 본다. 그는 자신이 소장한 네쓰케 중 하나를 손에 들고서 이 물건 하나하나에 숨겨진, 완벽을 향한 강박적인 노력의 이야기를 들려주기 시작한다.

대개 전문가로 불리는 특출하게 뛰어난 예술가 계급이 제작을 책임지고 …… 하나의 물건 혹은 예술품을 독점적으로 생산한다. 그래서 일본에서는 3대에 걸쳐 오로지 쥐만 조각해 온 예술가 이야기를 자주 듣는다. 이런 전문 예술가들 말고도, 손재주가 좋은 일반인 중에 네쓰케를 조각하는 아마추어들이 있다. 그들은 자신이 사용할 작은 네쓰케를 직접 만들며 즐거움을 만끽한다. 어느 날, 필리프 시셀 씨는 문지방에 앉아 완성 단계에 있는 네쓰케를 조각하는 한 일본 남자에게 다가갔다. 시셀 씨는 그에게 네쓰케가 완성되면 …… 팔 생각이 없느냐고 물었다. 일본인은 웃음을 터뜨리며 앞으로 대략 18개월이 더 걸릴 거라고 대답했다. 그러고는 자신의 허리띠에 달린 다른 네쓰케를 보여 주면서 이걸 만드는 데 몇 년이 걸렸다고 했다. 대화를 이어가던 중 그 아마추어 예술가가 시셸 씨에게 고백하기를, 사실 자신은 "그렇게 오랜 시간을 끌며 작업하지 않습니다. …… 무언가 할 일이 필요했을 뿐이고 …… 특정한 날에만 …… 담배 한두 대를 피우고 나서 기분이 좋고 개운한 날에만 작업을 합니다."라고 했다. 작업을 위한 영감의 시간이 필요하다는 근본 이치를 그에게 알려 준 것이다.

상아, 옻칠, 자개로 만든 골동품은 일본 장인들이 '릴리퍼트lilliputien*의 매력적인 장난감 제작자' 같은 상상력을 지니고 있었음을 보여 주는 것 같았다. 일본인은 몸집이 작아서 물건을 작게 만든다는 건 파리에서 흔히 알려진 이야기였다. 이런 축소 개념은 일본 예술에 야망이 부족해 보인다는 주장의 근거로 종종 제기되었다. 그들은 찰나의 느낌을 공들여 다듬는 데는 탁월하지만, 비극이나 경외감 같은 웅장한 감정 표현에는 취약했다. 그런 이유로 그들에게 파르테논 신전이나 렘브란트가 없는 것이다.

그들이 다룰 수 있는 것은 일상생활과 감정이었다. 키플링은 1889년 일본 여행에서 네쓰케를 처음 봤을 때 이러한 감정

* 『걸리버 여행기』에 나오는 소인국.

에 매료됐다. 그는 일본에서 보낸 한 편지에 이렇게 적었다.

옛 일본의 잔해로 가득한 상점이다. …… 교수는 옥, 청금석, 마노, 자개, 홍옥수가 박힌, 금과 상아로 만든 오래된 옷장을 극찬했다. 하지만 나는 다섯 가지 보석으로 장식된 옷장보다 탈지면 위에 놓인, 꺼내서 갖고 놀 수 있는 단추와 네쓰케가 더 마음에 든다. 안타깝게도 그것을 만든 예술가의 이름을 알 수 있는 단서는 작게 새겨진 일본 글자뿐이라서, 갑오징어를 보고 공포에 질린 노인이라는 작품 개념을 구상하고 크림색 상아로 제작한 사람이 누구인지 알 수 없다. 군인에게 사슴을 잡아 오라 해 놓고, 고기는 내가 먹고 고생은 남이 할 생각에 웃음 짓는 스님. 부패한 흔적으로 얼룩진 해골 위에 조롱하듯이 똬리를 튼 바싹 마른 뱀. 1.3센티미터도 안 되는 키로 물구나무를 서서 보는 이를 무안하게 만드는 익살맞은 오소리. 자기보다 작은 동생을 때리는 뚱뚱한 소년. 방금 전에 농담을 한 토끼. 이렇게 해석할 수 있는 조합들이 수십 개나 있고, 거기에는 웃음, 조롱, 경험 등 사람의 마음을 흔드는 온갖 감정이 담겨 있었다. 나는 대여섯 개의 네쓰케를 쥔 손으로 죽은 조각가의 그림자에 윙크를 보냈다! 그 사람은 이미 오래전에 죽고 없지만, 내가 차가운 활자 속에서 찾아 헤매던 서너 개의 이미지를 이렇게 상아로 조각해서 세상에 남겨 놓았다.

일본인들은 성애물도 만들 줄 알았다. 이런 작품들만 열정적으로 찾아다니며 사냥하는 사람들이 있었다. 드 공쿠르는 시셀의 상점에서 그것들을 구입한 자신의 '방탕함'을 이야기했다. 춘화는 곡예적인 체위나 매춘부와 환상의 생물체가 벌이는 기괴한 행위를 묘사한 판화였다. 드가와 마네는 춘화 사냥에 열심이었다. 문어는 특유의 구불구불한 생김새가 다양한 창의적 가능성을 제공하기에 특히 인기가 많았다. 드 공쿠르는 방금 "외설적인 그림을 모은 일본 화첩"을 하나 구입했다고 기록한다. "이 그림들은 나를 즐겁게 하고, 내 눈은 황홀해진다. …… 폭력적인 선, 예상치 못한 결합, 장신구의 배열, 체위와 복장의 다양한 변주, 그리고 …… 생식기의 아름다운 묘사." 성애적인 네쓰케는 파리의 수집가들 사이에서도 큰 인기를 끌었다. 벌거벗은 소녀를 품에 안은 수많은 문어, 남근 모양의 아주 큰 버섯을 든 원숭이, 터져버린 감 등 다양한 테마가 등장했다.

이 에로틱한 오브제들은 남성의 성적 쾌락을 추구하는 다른 서양 오브제들을 보완했다. 이를테면 한 손에 딱 맞는 작은 크기의 고전적인 청동 누드 조각상 같은 것들이다. 감식가들은 그런 누드 조각상을 서재에 두고서 조형성이며 녹청을 주제로 학문 토론을 벌였다. 에나멜로 만든 작은 코담뱃갑도 수집 대상이었다. 뚜껑을 열면 숨겨져 있던 발기된 파우누스나 깜짝 놀란 님프가 나타나는 코담뱃갑은 숨김과 드러냄을 위한 일종의 작은 무대였다. 이 작은 물건들은 가볍게, 장난스럽게, 또 신중하게 다루고 옮길 수 있도록 진열장 안에 보관했다.

1870년대 파리에서 이 작고 충격적인 물건을 구경하는 것은 절대 놓칠 수 없는 행운이었다. 그리하여 진열장은 위트와 연애 감성이 넘치는 파리의 살롱 생활에서 필수 요소로 자리 잡았다.

6

상감 장식 눈이 달린 여우, 나무 재질

그렇게 샤를은 네쓰케를 구입한다. 총 264점이다.

    상감 장식 눈이 달린 여우, 나무 재질
    연잎 위에 똬리를 튼 뱀, 상아 재질
    산토끼와 달, 회양목 재질
    서 있는 전사
    졸고 있는 하인
    가면을 갖고 노는 아이들, 상아 재질
    강아지와 노는 아이들
    사무라이 투구를 갖고 노는 아이들
    쥐 수십 점, 상아 재질
    원숭이, 호랑이, 사슴, 장어 여러 점과 달리는 말
    승려, 배우, 사무라이, 장인 여러 점과 나무 욕조 안에서 목욕하는 여인
    밧줄로 묶은 장작 다발
    모과
    부러진 나뭇가지에 달린 벌집 위에 앉은 말벌
    나뭇잎 위에 앉은 두꺼비 세 마리
    새끼와 함께 있는 원숭이

사랑을 나누는 연인

누워서 뒷발로 귀를 긁는 수사슴

자수로 장식된 옷을 입고 얼굴 앞에 가면을 든 노能 배우

문어

벌거벗은 여인과 문어

벌거벗은 여인

단밤 세 톨

말을 탄 승려

감

이 외에도 200여 점이 더 있다. 아주 작은 물건들을 아주 많이 모은 컬렉션이다.

한 점씩 낱개로 구입한 칠기 함과 달리, 샤를은 네쓰케를 하나의 완전하고 훌륭한 컬렉션으로 시셀로부터 구입했다.

네쓰케들은 정사각형 비단으로 하나하나 포장되어 톱밥이 깔린 상자에 담긴 후 화물선에 실려, 요코하마를 출발해 희망봉을 거쳐 오는 4개월간의 항해를 마치고 방금 전에 들어온 걸까? 최근 시셀이 부유한 수집가들의 구미를 자극하려고 그것들을 상자에서 꺼내 장식장 안에 넣어둔 걸까? 아니면 샤를이 하나씩 포장을 풀어 보았을까? 그러다가 내가 제일 좋아하는 호랑이 네쓰케를 발견했을까? 호랑이가 대나무 가지 위에서 놀란 표정으로 뒤돌아보는, 18세기 말 오사카에서 상아를 조각해 만든 그 네쓰케를? 아니면 말라빠진 북어 껍질 위에 앉

아 올려다보는 쥐 네쓰케였을까?

　호박琥珀 눈이 달린 놀랍도록 새하얀 산토끼를 보고 첫눈에 반해서 같이 있던 다른 네쓰케까지 모두 사들인 걸까?

　아니면 시셸에게 미리 주문한 걸까? 교토에 사는 어느 약삭빠른 딜러가 최근에 가세가 기운 사람들한테서 1-2년에 걸쳐 사 모은 걸 판 걸까? 나는 자세히 살펴본다. 일본이 쫓기듯 서둘러 문호를 개방한 게 10년 전 일이므로, 서양 시장을 겨냥해서 만든 네쓰케도 아주 드물게 있다. 가면을 손에 들고 능글맞게 웃는 통통한 소년은 분명히 그중 하나이다. 만듦새가 조잡하고 저속하다. 하지만 대다수는 페리 제독이 일본에 도착하기 이전에 만들어졌고, 일부는 그보다 거의 100여 년 앞서 제작된 것들이다. 사람, 동물, 성적 행위, 신화 속 생물체 등 하나의 종합적인 컬렉션에서 기대할 수 있는 대부분의 주제를 다룬다. 몇몇에는 유명 조각가의 서명이 들어가 있다. 누군가 지식이 있는 사람이 수집한 컬렉션이다.

　다른 수집가들이 산더미처럼 쌓인 비단, 판화집, 병풍, 도자기 속에서 이 보물을 발견하기 전에 샤를과 루이즈가 시셸의 상점에 있던 건 그저 우연이었을까? 그녀가 그를 찾아갔을까, 아니면 그가 그녀를 찾아갔을까?

　아니면 루이즈는 다른 곳에 있던 걸까? 다음번에 그녀가 샤를의 방을 찾을 때 깜짝 선물로 보여 주려고 산 걸까?

　변덕스럽고 매력적인 이 젊은 수집가는 네쓰케를 구입하는 데 얼마나 많은 돈을 지불했을까? 얼마 전 그의 아버지 레온이 마흔다섯의 나이에 심장마비로 세상을 떠나 몽마르트에 있는 가족 묘지의 베티 곁에 묻혔다. 그래도 에프루시 가문의 사업은 매우 순항 중이었다. 최근에 쥘은 휴가용 개인 별장을 지으려고 루체른 호반에 있는 땅을 구입했다. 그의 삼촌들은 롱샹에 성을 사서, 에프루시 가문의 색인 파란색과 노란색 물방울무늬로 장식한 경주마들을 길렀다. 네쓰케가 매우 값비싼 물건이었다는 건 분명하다. 하지만 가문의 재산과 더불어 샤를의 개인 재산도 해를 거듭할수록 늘어나고 있었기에, 이 정도 사치는 감당할 수 있었다.

내가 알 수 없는 물건들도 있다. 하지만 샤를이 표면에 옻칠한 듯한 광택이 나는 검은색 나무 진열장을 네쓰케를 보관할 용도로 구입한 것은 확실히 안다. 샤를보다 키가 큰 진열장은 180센티미터가 조금 넘는 높이였다. 정면의 유리문과 측면의 유리 너머로 내부를 들여다볼 수 있었다. 네쓰케들은 뒤에 붙은 거울 속에 무한대로 반사되면서 사라져 갔다. 모두 초록색 벨벳 위에 진열돼 있었다. 상아, 뿔, 회양목 등의 소재는 온갖 다양하고 미묘한 색상의 변주를 보였다. 네쓰케는 짙은 녹색 바탕 위에서 크림색, 밀랍색, 밤색, 금색으로 빛났다.

샤를의 컬렉션 속 또 하나의 컬렉션이 지금 내 눈 앞에 있다.

샤를은 네쓰케를 뒷면에 거울이 달린 검은색 진열장의 초록색 벨벳 위에 놓는다. 이곳이 우리 이야기에서 네쓰케 컬렉션의 첫 번째 안식처다. 그 가까이에는 칠기 함, 샤를이 이탈리아에서 사 온 대형 태피스트리, 금색 카펫 등이 있다.

나는 그가 새로 구입한 물건을 자랑하러 계단을 올라서 왼쪽 방에 있는 형 이그나체에게 가지 않고 배길 수 있었을지 궁금하다.
　네쓰케는 응접실이나 서재에 아무런 보호 장치 없이 둘 수 있는 물건이 아니다. 잃어버리거나 떨어뜨리고 먼지가 쌓이고 깨질 수 있다. 안전하게 보관할 장소가 필요하고, 되도록 다른 자잘한 장식품들과 함께 있어야 바람직하다. 진열장이 중요한 이유가 여기에 있다. 그리고 네쓰케를 찾아가는 이 여정에서 나는 진열장, 즉 유리 장식장의 매력에 점점 더 빠져들었다.
　나는 루이즈의 살롱에서 진열장과 자주 마주쳤다. 진열장이라면 그전에 벨 에포크 양식의 대저택들에서도 봤고, 샤를이 『가제트』에 기고한 전시회 기사와 로스차일드 가문의 소장품 목록에서도 읽은 적이 있다. 그리고 이제 샤를에게도 자기만의 진열장이 있었음을 알게 되면서, 나는 진열장이 단순히 가구의 일부가 아니라 살롱 생활의 일부라는 것을 깨닫는다. 샤를의 수집가 친구가 일본 물건들을 진열장 안에 배열하는 행위를 보고 누군가는 이렇게 묘사했다. "마치 화가가 캔버스 위에 한 획을 긋는 것 같다. 완벽하게 조화롭고 절묘하게 세련되다."
　물건을 볼 수는 있되 만질 수는 없는 것이 진열장의 존재 방식이다. 진열장은 사물을 틀 안에 넣고, 공중에 띄우고, 거리를 두어 보는 이를 애타게 한다.
　그동안 내가 진열장을 제대로 이해하지 못했다는 걸 지금에야 깨닫는다. 도예가로 활동한 처음 20년 동안, 나는 내 도예 작품들을 화랑이나 미술관의 유리 상자 안에서 꺼내 놓으려고 무던히 애썼다. 나는 늘 말했다. 유리 뒤에, 그 밀실에 갇혀 있으면 작품은 죽는다고. 진열장은 일종의 관棺이었다. 해방되려면 사물은 밖으로 나와 정형화된 진열 방식의 보호에서 벗어날 기회를 잡아야 한다. "응접실에서 나와 주방으로!" 나는 일종의 선언문을 썼다. 방해 요소가 너무 많았다. 어느 위대한 건축가가 자신의 경쟁자인 모더니즘 건축가가 지은 유리 집을 보고 한 말처럼 "유리가 너무 많았다."

하지만 박물관의 유리 상자와 달리 진열장은 열어 보는 용도로 사용된다. 그렇게 유리문을 열고 잠시 들여다본 다음, 선택하고 손을 뻗어 집어 드는 순간은 유혹의 순간이다. 손과 사물이 만나는 그 순간에 전율이 흐른다.

샤를의 친구 세르누치는 자신이 소장한 대규모 일본 예술 컬렉션을 몽소 공원 정문 옆 골목에 있는 자택의 파격적으로 새하얀 벽 위에 진열했다. 그로 인해 일본 예술품들이 마치 루브르 박물관에 전시된 것처럼 "불행하게 보인다."라고 한 평론가는 지적했다. 일본 예술을 '예술'로 전시한 것은 일본 예술을 지나치게 진지한 대상으로 만드는 문제를 낳았다. 하지만 언덕 위에 있는 샤를의 응접실은 박물관이 아니라 오래된 이탈리아 물건과 새로운 일본 물건의 기묘한 만남이 이뤄지는 장소다.

샤를의 진열장은 하나의 관문이다.

그리고 네쓰케는 샤를의 살롱 생활에 완벽하게 어울린다. 금발의 루이즈는 일본 물건으로 가득한 자신의 진열장을 열고, 사람들이 구경하거나 만지거나 쓰다듬어 볼 수 있도록 물건을 꺼내 나눠 준다. 이는 일본 물건들이 가벼운 대화나 기분 전환 용도로 쓰였음을 보여 준다. 나는 네쓰케 컬렉션이 샤를의 삶의 방식에 매우 특별한 의미를 더한다고 생각한다. 그것은 일상생활, 더 나아가 이국의 일상생활과도 밀접하게 관련 있는 물건이다. 물론 그 자체로 훌륭하고 지극히 감각적이지만, 샤를이 가진 메디치 침대나 마리 앙투아네트의 칠기 공예품처럼 귀한 것은 아니다. 그것은 만지기 위해 존재하는 물건이다.

    무엇보다도 네쓰케는 여러 가지 다양한 방식으로 사람들을 웃게 만든다. 재치 있고 야하고 음흉하고 익살맞다. 이제 나는 네쓰케가 벌꿀색 저택의 나선형 계단을 올라가 샤를의 응접실 안에 자리 잡았다는 데까지 알고 있다. 그리고 모든 사람이 그토록 사랑하던 이 남자가 네쓰케를 즐길 만큼 충분한 유머 감각의 소유자였다는 사실에 마음이 놓인다. 나는 샤를을 존경하는 데 그치지 않을 것 같다. 그가 좋아질 것 같다.

7

노란색 안락의자

나의 호랑이, 나의 산토끼, 나의 감 등 네쓰케는 샤를의 서재에 자리 잡았고, 그는 그곳에서 뒤러를 주제로 한 책을 마무리하는 중이었다. 젊은 시인 쥘 라포르그가 샤를에게 보낸 장문의 편지에서 자세하게 묘사한 그 방이다.

선생님의 아름다운 책 한 줄 한 줄이 너무나 많은 추억을 떠올리게 합니다. 특히 노란색 안락의자의 색상이 유난히 돋보이는 선생님 방에서 혼자 작업하던 시간들! 그리고 인상주의 화가들의 작품도요! 피사로가 정교한 세필로 견고하게 제작한 부채 그림 두 점. 센강, 전선, 봄날의 하늘을 그린 시슬레의 작품들. 파리 근교에 있는 바지선과 강가의 부랑자를 그린 작품. 꽃이 만발한 사과나무들이 언덕을 뒤덮은 모네의 작품. 그리고 머리가 헝클어진 꼬마 소녀를 그린 르누아르의 작품과 우거진 수풀 속에 앉아 있는 여인, 아이, 검은 개 한 마리, 잠자리채를 그린 베르트 모리조의 작품. 파란색, 초록색, 분홍색, 흰색이 햇살을 받아 반짝이던, 유모와 아기를 그린 모리조의 다른 작품. 그리고 르누아르의 다른 그림들. 파란색 스웨터를 입고 입술을 빨갛

게 바른 파리의 여인. 또 손에 방한용 토시를 두르고 단춧구멍에 옻칠 장미 한 송이를 꽂은 느긋한 여인도 있죠. …… 그리고 어깨가 드러나는 옷을 입고 극장 일등석의 붉은 의자에 앉아 있는 무용수를 노란색, 초록색, 금색, 갈색으로 채색한 메리 카사트의 그림. 긴장한 표정의 무용수들을 담은 드가의 작품. 역시 드가가 그린 뒤랑티의 초상화. 물론, 테오도르 드 방빌의 시가 쓰여 있는 마네의 폴리치넬라Polichinelle 그림도! …… 아! 그곳에서 알브레히트 뒤러의 작품집을 보며 넋을 잃고 빠져들던 꿈처럼 감미로운 시간들, …… 노란 안락의자, 그 노랗디노란 색상이 유난히 돋보이던 당신의 밝은 방!

『알브레히트 뒤러와 그의 데생 작품들Albert Dürer et ses dessins』은 샤를이 정식 출간한 첫 책이고, 그는 이 책을 쓰기 위해 유럽 전역을 '방랑vagabonding'했다. 당시 파리에 갓 도착한 스물한 살의 라포르그는 추천을 받아 샤를의 비서로 일했다. 10년간 연구한 목록, 수정 사항, 노트 등을 부록, 표, 색인으로 정리해 출판할 수 있게 돕는 것이 그의 일이었다. 라포르그의 눈에 비친 샤를은 중국식 가운을 걸치고 고혹적인 분위기에 취하게 만드는 후원자였다.

    나 역시 무척 설렜다. 마네에 관련된 어느 책의 각주에서 우연히 발견하기 전까지, 라포르그가 샤를의 비서였다는 사실을 전혀 몰랐기 때문이다. 라포르그는 비에 젖은 공원 벤치,

아무도 없는 텅 빈 길가의 전선 등 도시 풍경을 노래한 훌륭한 시인이다.

샤를은 더 이상 혈기왕성한 청년이 아니다. 그는 "몽소가의 베네딕트회 수도사이자 신사"가 됐다. 즉 검은색 외투를 입는 학자이자 실크해트를 비스듬히 기울여 쓰는 도시의 산책자였다. 지팡이를 겨드랑이에 끼고 다니는, 예의범절과 자기애가 충만한 사람이다. 모자를 솔로 털어 주는 시종을 거느린 사람이다. 확신하건데, 재킷 주머니에 물건을 넣고 다녀 맵시를 망가뜨리는 일 따위는 결코 하지 않는 사람이다. 여기서 우리는 30대의 샤를을 마주하고 있다. 애인이 생겼고, 『가제트』의 신임 편집자라는 새로운 직책을 맡은 모습을 보니 한층 어른스러워졌음을 알 수 있다. 사교계에서 그는 개인 비서를 둔 미술사학자다. 그리고 이제는 네쓰케뿐만 아니라 그림을 수집하는 컬렉터이기도 하다.

이 방 안에서 그는 활기가 넘치는 모습이다. 그가 입은 외투의 검은색, 실크해트의 검은색, 턱수염에 살짝 비치는 불그스레한 기운 등의 색채는 배경에 있는 환상적인 회화 작품들과 어우러지고, 노란 안락의자의 선명한 색상과 강렬한 대비를 이룬다. 색이 필요할 뿐만 아니라 색을 중심으로 자신의 삶을 꾸려 가는 한 남자의 서재를 생각하면 된다. 그는 몽소가에서는 유대교 랍비처럼 완벽한 검정색 제복을 입고, 서재 문 뒤에서는 이렇게 다른 삶을 산다.

이런 방에서 과연 어떤 연구가 가능했을까?

쥘 라포르그가 샤를을 위해 일하기 시작한 때는 1881년 7

쥘 라포르그, 〈몽소가의 베네딕트회 수도사이자 신사:
샤를과 함께 있는 자화상〉, 1881년.

월 14일부터였다. 그는 이 서재에서 여름 내내 밤잠을 쪼개 가며 일했다. 조금 심하게 말하면, 그는 이 유대인 예술 애호가 밑에서 형편없는 보수를 받았다. 우리는 그의 눈을 통해 샤를이 책을 완성하던 과정을 볼 수 있다. "아름다운 턱수염을 기른 당신의 기념비적 인물을 지지하기 위해, 선생님은 돌을 하나하나 천천히 견고하게 쌓으며 피라미드를 만드셨습니다." 라포르그는 편지 여백에 두 사람이 함께 있는 모습을 낙서로 그렸다. 덥수룩한 머리에 키가 작은 라포르그는 양손을 허리춤에 대고 담배 연기를 구름처럼 내뿜으며 앞장서 걸어간다. 그 뒤로 훤칠하고 당당한 풍채에 전형적인 아시리아인의 얼굴을 한 샤를이 허리를 꼿꼿이 세우고 걷고 있다. 특징을 아주 잘 포착한 그림이다.

  라포르그는 샤를을 존경하고 또 귀찮게 한다. 그는 첫 직장인 이곳에서 자신의 능력을 증명하고 싶어서 안달이다. "몽 소가의 멋쟁이 학자님, 요즘은 무슨 일을 하고 계신가요? 『가 제트』와 『아르Art』에 실린 기사들은 언제나 잘 보고 있습니다. 모네의 〈그르누예르Grenouillère〉, 마네의 〈콩스탕탱 기Constantin Guys〉, 그리고 ······ 모로의 기묘한 고고학을 어떻게 비교하실 계획인지요? 말씀 좀 해 주세요."

라포르그는 "우리의" 방이 자신을 기억하고 있기를 바란 다며 "모네의 그림에게 안부 전합니다. 어느 작품인지는 아시 지요."라는 말로 편지를 끝맺는다. 샤를과 함께 보낸 여름은 그에게는 인상주의와의 만남이자 새로운 시적 언어를 찾는 도전으로 이어진 만남이었다. 그는 '기타Guitare'라는 제목의 일종의 산문시를 써서 샤를에게 헌정했다. 샤를의 서재를 묘사한 글도 산문시 자체라고 할 수 있다. 거기에는 노란색 안락의자, 르누아르 그림 속 소녀의 빨간 입술과 파란색 상의처럼 정확한 색채 표시, 즉 '색의 얼룩'이 혼합돼 있다. 폭주하는 감각과 높은 이상으로 충만한 그의 편지들은, 라포르그가 관객과 스펙터클이 하나로 엮여 있다고 묘사한 인상주의 화풍과 유사하다. "불가역적으로 변화하고, 포착할 수 없고 금세 사라진다."

샤를은 라포르그를 각별히 아꼈다. 파리에서 긴 여름을 보낸 후 그는 이 젊은 시인을 위해 베를린에 일자리를 주선해 주었다. 황후에게 프랑스어로 책을 읽어 주는 일이었다. 샤를의 사교계 인맥은 상당히 넓었다. 그는 라포르그에게 편지를 쓰고 돈을 보내고 조언을 하고 그의 글을 비평하고, 나중에는 책을 출판할 수 있도록 도와주었다. 샤를은 이때부터 라포르그에게서 받은 30통 이상의 편지를 보관하고 있다가, 시인이 결핵으로 요절한 후에 잡지 『라 르뷔 블랑슈 La Revue Blanche』에 게재했다.

그 편지들에서 이 방이 느껴진다. 나는 네쓰케와 함께 여기에 와 보고 싶었다. 그리고 샤를의 저택에 있던 호화로운 가구 목록에서 더 나아가지 못할까 봐 걱정했다. 어떻게 하면 온전히 물건으로만 한 사람의 삶을 조명할 수 있을지 고민했다. 라포르그의 글처럼, 이 방은 예상치 못한 결합과 분열로 넘쳐난다. 그들이 나누던 한밤의 대화 소리가 들리는 듯하고, 드디어 나는 여기에 와 있다.

이 방에 있는 것들은 모두 감정이 한껏 고조된 상태다. 교외 나들이, 젊은 아가씨들, 집시 소녀, 센강에서 수영하는 사람들, 갈 곳 없는 길가의 부랑자, 자수 장식 안에 있는 아름다운 파우누스, 그리고 신기하고 재미있고 만질 수 있는 온갖 네쓰케들까지. 이렇게 자유롭고 나른한 이미지로 가득 찬 공간에서 살아 있는 기분을 느끼지 않기란 어렵다.

8

엘스티르 씨의 아스파라거스

나는 다시 도서관에 와서, 방황하고 있다. 샤를의 『알브레히트 뒤러와 그의 데생 작품들』을 펼치자 그리스도처럼 긴 머리에 수염을 기른 뒤러의 자화상이 나를 바라본다. 그의 시선은 도전적이다. 이렇게 신중하고 유연하게 사고의 흐름을 풀어내고 온갖 표와 목록을 정확하게 편집하는 일이, 바람이 살랑거리는 모네의 여름 풍경화가 저기 벽에 걸린 서재에서 어떻게 가능했을까 하고 나는 한참을 생각했다.

뒤러의 사라진 드로잉들을 추적하는 과정을 생생하게 묘사한 샤를의 문장을 읽으면 그의 목소리가 들리는 듯하다. "우리는 이 위대한 화가의 드로잉이 숨겨져 있다고 의심되는 곳이라면 어디든 찾아다녔다. 해외 주요 도시와 그 주변의 미술관, 파리와 지방에 있는 미술관, 유명한 컬렉션과 잘 알려지지 않은 개인 컬렉션, 초보 수집가와 작품 공개를 원하지 않는 사람의 장식장까지 샅샅이 뒤지고 긁어모아서 전부 조사했다." 샤를은 산책자flâneur이고 살롱에서 여유를 즐기며 경마장과 오페라 극장에 모습을 드러내기도 했지만, 그의 '방랑'에는 진심 어린 치열함이 담겨 있다.

방랑은 그가 사용한 표현이었다. 부지런하고 전문적이기보다는 여가 활동처럼 들리기도 한다. 극도로 부유한 유대인 사교계 명사가 일하는 모습을 보이는 것은 사회 통념에 어긋나는 일이었을 것이다. 그는 '예술 애호가'이고, 방랑이란 은근히 자기비하적인 표현이다. 하지만 연구에 몰두해서 시간 감각을 잃어버리거나 의도와는 다르게 순간적인 충동에 이끌리거나 하는 방식에서는, 탐색의 즐거움이 느껴진다. 이것은 네쓰케를 추적하며 그의 삶을 샅샅이 뒤지고, 다른 사람들이 여백에 남긴 주석을 기록하고 있는 내 행동을 생각하게 만든다. 나는 여러 도서관을 방랑하며 그가 어디에 왜 갔는지 추적한다. 그가 누구를 알았고, 누구에 대한 글을 썼고, 누구의 그림을 샀는지 등의 단서들을 따라가 본다. 파리에 가서는, 여름비가 내리는 파바르가의 샤를의 옛 사무실 앞에 서서 마치 불쌍한 미술사 탐정처럼 누가 나타나기를 기다린다.

그렇게 몇 달이 지나자, 이상하게도 종이 품질을 구별하는 감각이 한층 예민해진다.

그리고 나는 샤를에게 푹 빠지고 말았다. 그는 열정적인 학자다. 옷을 잘 입고 미술사에 능통하고 연구를 향한 집념이 있다. 삼박자를 모두 갖추다니 이 얼마나 위대하고 이례적인 일인가 하는 생각이 든다.

샤를에게는 연구 작업을 해야 하는 아주 특별한 이유가 있었다. 그는 "뒤러의 모든 드로잉은 간단한 스케치라도 특별히 언급해야 할 가치가 있고, 이 거장의 손길이 닿은 것은 어느 하나도 누락해서는 안 된다."라고 믿었다. 샤를은 친밀감이 중요하다는 점을 인식한다. 드로잉을 보면 "예술가가 바로 그 순간에 느낀 생각을 가장 생생하게 파악할 수 있다. 어쩌면 그것은 이 천재 화가가 내키지 않는 인내심을 발휘하며 오랜 시간 공들여 완성한 작품들보다 훨씬 더 진실하고 정직할지 모른다."

이는 드로잉을 표현한 멋진 선언문이다. 잉크 몇 방울이나 연필 몇 획 같은 불안한 순간과 금세 사라지고 마는 반응의 순간을 찬양하는 글이다. 또한 예술에서 오래된 어떤 것과 완전히 새로운 것 사이의 대화를 아름답게 암호화한 주장이기도 하다. 샤를은 자신의 책이 빈에 살던 어린 시절 그가 처음으로 사랑에 빠진 "이 위대한 독일 화가를 프랑스에 널리 알리길" 바랐다. 그리고 이 책은 샤를에게, 다른 시대들이 서로에게 영향을 미쳤다고 주장할 수 있는 정서적, 지적 토대를 제공했다. 뒤러의 스케치는 드가의 스케치와 대화할 수 있었다. 샤를은 그것이 가능하다고 믿었다.

샤를은 자신이 만나던 생존 화가들을 글로 지지하는 대변인이 되어 가고 있었다. 그는 본명과 필명으로 활동하던 비평가였다. 특정 그림의 장점을 논하고, "무용복을 입은 소녀가 지친 모습으로 서 있는" 드가의 〈어린 무용수 Little Dancer〉를 옹호하며 싸웠다. 이제 그는 『가제트』 편집자로서 자신이 추앙하는 화가들의 전시회 비평 글을 의뢰하기 시작했다. 그리고 열렬한 지지자답게 노란색 안락의자가 있는 방에 어울리는 그림들을 사기 시작했다.

샤를이 구입한 첫 작품은 베르트 모리조의 그림이었다. 그는 모리조의 작품을 사랑했다. "그녀는 꽃잎을 팔레트 위에 곱게 빻아서 가볍고 재치 있는 붓놀림으로 조금 무심한 듯 캔버스 위에 펼쳐 바른다. 이러한 조화와 어우러짐, 마무리는 생기

넘치고 섬세하고 매력적인 어떤 것을 만들어 내는데, 우리는 그것을 눈으로 보지 않고 직감하며 …… 한 걸음 떨어져서 보면 뭔가를 구별하거나 이해하기 불가능할 것이다!"

그는 3년 만에 인상주의 작품 마흔 점을 수집했고, 베를린에 있는 사촌인 번스타인 가문을 위해서 스무 점을 더 구입했다. 그는 모리조, 카사트, 드가, 마네, 모네, 시슬레, 피사로, 르누아르의 회화와 파스텔 작품을 구입했다. 샤를은 인상주의 초기 중요작들을 많이 소장한 컬렉터 중 한 명이었다. 그의 방에 있는 모든 벽은 이 그림들로 가득 채워졌을 것이고, 어떤 작품들은 세 점씩 포개져 걸려 있었을 것이다. 메트로폴리탄 미술관의 전시장 벽에 걸린, 양쪽의 다른 그림에서 1.5미터 떨어진 위치에 위아래로 아무것도 없이 홀로 반짝이는 드가의 파스텔 그림은 잊어버리자. 샤를의 방에서 이 파스텔화 〈잡화점의 두 여인 Two Women at the Haberdashers〉(1880)은 도나텔로 조각에 그림자를 드리우고, 다른 반짝이는 그림들에 부딪히고, 네쓰케 진열장에 긁히기도 했을 것이다.

샤를은 인상주의를 위해 선봉에 섰다. 그에게는 용기가 필요한 일이었다. 인상주의 편에 서서 열렬히 지지하는 사람들도 있었지만, 언론과 전통적인 아카데미는 인상주의 화가들을 사기꾼이라며 여전히 공격했다. 저명한 비평가이자 편집자로서 권위가 있었기에 그의 옹호는 상당히 중요했다. 또한 샤를은 형편이 어려운 화가들을 후원해 직접적인 도움을 주었다. "미국인 혹은 젊은 이스라엘 은행가의 대저택"에서 인상주의 그림들을 볼 수 있었다고 필리프 뷔르티는 기록했다. 샤를은 주위의 부유한 지인들을 인도하는 '코끼리 조련사' 역할도 했는데, 독보적인 미학 살롱의 주인인 마담 슈트라우스를 설득해서 모네의 〈수련Nympheas〉 한 점을 구입하게 만들었다.

하지만 샤를은 그 이상의 의미를 지닌 사람이었다. 그는 진정한 대화 상대였고, 화가들의 작업실을 찾아가서 제작 중인 작품을 보고 이젤에 걸려 있는 그림을 샀다. 한 비평가가 말했듯이 "젊은 예술가들에게 맏형 같은 존재"였다. 르누아르는 살롱전에 어떤 그림을 출품하면 좋을지 그와 함께 장시간 상의했고, 휘슬러는 자기 작품 중 하나가 파손됐는지 확인해 달라고 부탁했다. 프루스트는 훗날 샤를을 "미술 애호가"로 묘사한 소설에서 이렇게 썼다. "절반 정도만 그려진 상태에 멈춰 있던 많은 그림이 실제로 완성된 것은, 그의 덕분이었다."

그리고 그는 예술가들의 친구였다. 마네는 샤를에게 보낸 편지에 이렇게 썼다. "오늘이 목요일인데 아직 연락이 없으시군요. 분명 주인이 된 기분을 만끽하고 계시겠지요. …… 자, 이제 가장 좋은 펜을 들고 서둘러 처리해 주세요."

샤를은 마네의 아스파라거스 그림 한 점을 구입했다. 마네는 레몬이나 장미 한 송이가 어둠 속에서 은은하게 빛나는 작고 특별한 정물화들을 그렸는데, 이 작품도 그중 하나였다. 스무 줄기를 짚으로 묶은 아스파라거스 한 다발이었다. 샤를은 작품이 매우 흡족하여, 상당히 높은 가격인 800프랑을 제안한 마네에게 1000프랑을 보냈다. 그 답례로 1주일 후에 샤를은 M이라는 이름이 적힌 작은 캔버스 하나를 받았다. 한 줄기 아스파라거스가 탁자 위에 놓인 그림에는 이런 메모가 동봉돼 있었

에두아르 마네, 〈아스파라거스 한 다발Une botte d'asperges〉, 1880년, 캔버스에 유채, 46×55cm, 발라프 리하르츠 미술관·코르보 재단, 쾰른.

다. "지난번 보낸 다발에서 하나가 빠진 것 같습니다."

샤를의 집을 자주 방문해서 그가 소장한 그림들을 익히 알던 프루스트는 이 일화를 각색해 자신의 작품에서 재연한다. 프루스트의 소설에는 휘슬러와 르누아르를 모델로 한 인상주의 화가 엘스티르가 등장한다. 게르망트 공작이 씩씩거리며 말한다. "그 그림 속에는 아무것도 없었어. 지금 자네가 먹는 것과 똑같은 아스파라거스 한 다발이 전부였지. 나는 엘스티르 씨가 그린 아스파라거스를 삼키지 않겠다고 단호히 거절했네. …… 그는 아스파라거스 한 다발에 300프랑을 요구하더군. 제철이 아닌 걸 고려해서 1루이Louis*면 족한데 말이야. 게다가 약간 질겨 보였어."

* 프랑스 혁명 전에 통용된 금화로 1루이는 약 20프랑에 해당.

샤를이 일하던 서재에 걸린 수많은 그림은 그의 화가 친구들 것이었다. 에드몽 뒤랑티를 그린 드가의 파스텔화를 두고 젊은 작가 조리스카를 위스망스는 이렇게 묘사했다. "서류 더미와 책들 사이로 뒤랑티 씨가 책상에 앉아 있다. 딱 붙이고 있는 가늘고 긴 손가락, 날카롭고 조소하는 듯한 눈빛, 예리하게 탐색하는 표정, 영국 유머 작가의 찡그린 미소⋯⋯." 서재에는 "현대 생활의 화가" 콩스탕탱 기의 작품과 마네가 그린 기의 초상화가 한 점 있었는데, 그림 속에서 기는 헝클어지고 부스스한 머리에 약간 몽롱한 눈빛이다. 샤를은 드가에게서 멜리네 장군과 유대교 수석 랍비인 아스트루크를 함께 그린 2인 초상화를 구입했다. 이들은 1870년 보불 전쟁을 겪으면서 친분을 쌓았고, 드가는 사회적으로 존경 받는 두 명사의 얼굴을 약간 측면에서 그렸다.

　샤를의 파리 생활을 담은 그림들도 있었다. 롱샹 경마장에서 시작하는 경주 장면을 그린 드가의 작품도 그중 하나로, 롱샹은 샤를이 삼촌 모리스 에프루시의 유명 경주마들을 보러 가던 곳이었다. 드가는 자신의 수첩에 '경마-에프루시-1000(프랑)'이라고 적어 놓았다. 그리고 고급 매춘부나 무용수를 그린 그림, 모자 상점의 소파에 앉은 두 아가씨의 뒷모습 그림(2000 프랑), 카페에서 압생트 한 잔을 혼자 기울이고 있는 여인의 그림 등도 있었다.

　샤를이 소장한 작품들은 대부분 전원 풍경화였고, 빠르게 흘러가는 구름과 나무에 스치는 바람 등은 사라져 가는 순간을 향한 그의 감성에 호소했다. 시슬레의 풍경화가 다섯 점, 피사로의 풍경화가 세 점 있었다. 그는 모네에게 400프랑을 주고 버드나무가 있는 들판 위로 흰 뭉게구름이 피어나는 베퇴유의 풍경화 한 점과 같은 마을에서 그린 〈사과나무 Pommiers〉를 구매했다. 그리고 겨울날 이른 아침 센 강변의 깨진 얼음 조각들을 그린 〈얼음 덩어리들 Les Glaçons〉도 구입했다. 프루스트는 그의 초기 소설 『장 상퇴유 Jean Santeuil』에서 이 그림을 다음과 같이 아름답게 묘사했다. "해빙의 날…… 태양, 푸른 하늘, 깨진 얼음, 진흙, 그리고 이 강을 눈부시게 빛나는 거울로 바꾸어 놓은 흘러가는 강물."

라포르그가 기억해 달라고 부탁한 "머리가 헝클어진 꼬마 소녀" 초상화에서도 찰나에 사라지고 순간순간 변화하는 이 느낌을 포착할 수 있다. 〈보헤미안 소녀 La Bohémienne〉에서는 헝클어진 붉은 머리의 집시 소녀가 시골풍 옷을 입고, 뜨거운 햇살 아래 수풀과 나무 사이에 서 있다. 소녀는 분명 풍경의 일부이며, 당장이라도 뛰어나가서 계속 달리려는 듯하다.

샤를은 이 모든 그림이 "일순간 사라지고 시시각각 변하는 대기와 빛 속에서 움직이며, 몸짓과 태도로 살아 있는 존재를 표현한다."라고 썼다. "끊임없이 변동하는 대기의 색채가 지나가는 순간을 포착한다. 각각의 요소가 하나로 녹아들어 불가분의 전체가 되고, 보편적인 조화에 도달하는 빛의 통일성을 이루려면 불협화음을 겪더라도 개별적인 색채는 의도적으로 무시한다."

그는 모네의 유명한 작품 〈라 그르누예르의 수영하는 사람들 Les Bains de la Grenouillère〉도 구입했다.

런던에 돌아와 도서관으로 가는 길에, 나는 내셔널 갤러리에 들러 이 그림을 보며 노란색 안락의자와 네쓰케 근처에 걸려 있던 장면을 다시 상상해 본다. 이곳은 한여름 센 강변에서 인기가 많던 장소다. 수영복을 입은 사람들이 좁은 나무 통로를 따라 햇볕이 내리쬐는 강으로 걸어가고, 수영을 안 하는 사람들은 드레스 차림으로 물가를 향해 걸어간다. 여성의 드레스 자락에는 선홍색 물감 한 점이 찍혀 있다. 전경에는 노 젓는 배들, 라포르그가 말한 "영광스러운 상상 속의 배들"이 어지럽게 떠 있고, 위에는 나무들이 지붕처럼 드리워져 있다. 물결은 수영하는 사람들의 머리와 얽히며 멀리 퍼져 나간다. 이것이 바로 "끊임없이 변동하는 대기의 색채"다. 날씨는 물속에 들어가기 적당할 만큼 따뜻하지만, 물 밖으로 나오기에는 너무 추워 보인다. 이 그림을 보면 살아 있는 기분이 든다.

　일본 물건들과 반짝이는 이 새로운 화풍의 조합은 잘 어울려 보인다. 에프루시 집안에서 자포니즘은 "일종의 종교"였을지 모르나, 이 새로운 예술의 영향을 가장 많이 받은 대상은 샤를의 화가 친구들이었다. 마네, 르누아르, 드가는 샤를과 마찬가지로 일본 판화를 열광적으로 수집했다. 일본 회화의 화면 구성은 세계의 의미를 전혀 다른 방식으로 표현하는 것 같았다. 머리를 긁적이는 행상, 우는 아이를 품에 안은 여인, 왼쪽으로 어슬렁거리는 개 등 현실의 하찮은 단면들 하나하나가 지평선 위의 거대한 산만큼이나 크고 중요한 의미를 지니고 있었다. 네쓰케와 마찬가지로 일상의 삶은 예행연습 없이 흘러갔다. 그림과 글씨를 선명하게, 거의 폭력적으로 결합한 이 이야기 방식은 인상주의 화가들에게 촉매제가 됐다.

인상주의자들은 찰나의 시선과 감탄사로 삶을 분할하는 법을 배웠다. 정형화된 시점이 사라지고, 공중에 매달린 그넷줄로 절단한 듯한 화면이 등장한다. 모자 상점에 있는 여인들의 뒤통수나 파리 증권 거래소의 기둥이 그 예다. 샤를의 서재에 드가가 그린 파스텔 초상화가 걸려 있던 에드몽 뒤랑티는 이런 변화를 목격했다. "인물은 …… 절대로 캔버스 중앙에, 배경의 중앙에 위치하지 않는다. 항상 전신이 나오지 않고, 상체 혹은 무릎 위만 보이거나 세로로 잘린 모습으로 등장한다." 현재 상트페테르부르크의 에르미타시 미술관에 소장된 〈레픽 자작과 그의 딸들 Viscount Lepic and His Daughters〉 혹은 〈콩코드 광장 Place de la Concorde〉으로 불리는 드가의 기묘한 초상화를 보면, 세 명의 등장인물과 개 한 마리가 캔버스를 가로질러 움직이고, 화면 전체에 텅 빈 공간이 기이하게 펼쳐져 있다. 이는 일본 판화의 평면적 시점에서 영향을 받은 것이 분명하다.

네쓰케에서 몇 개의 주제가 반복되는 것처럼 일본 판화에서도 연작의 가능성이 보인다. 예를 들어, 유명한 산을 마흔일곱 개의 시점에서 그린 판화는 각기 다른 방식으로 반복되며 형식적인 회화 요소들을 재해석하는 방법을 제안한다. 건초 더미, 굽이치는 강물, 포플러, 루앙 대성당의 첨탑 등은 모두 이러한 시적 반복을 공유한다. '변주'와 '카프리스 caprice'*의 대가인 제임스 휘슬러는 다음과 같이 설명했다. "어떤 캔버스에서

---

* 광상곡(狂想曲). 휘슬러는 변주, 심포니, 하모니 등 음악 용어를 제목에 자주 썼다.

든 색채는 말하자면 수를 놓듯이 표현돼야 한다. 즉 같은 색상이 마치 자수를 놓는 한 올의 실처럼 일정한 간격을 두고 반복적으로 나타나야 하는 것이다." 초기 인상주의의 옹호자인 졸라는 마네의 회화를 이렇게 평했다. "이 단순한 예술은 일본 판화와 비슷하다고 할 수 있다. 이 그림들은 기묘한 우아함과 아름다운 색채의 조각이라는 점에서 일본 판화와 유사하다." 단순화가 이 새로운 미학의 핵심처럼 보이지만 이는 '색점들 patchiness', 색채의 추상화 또는 반복과 결합한 경우에 한해서만 그렇다.

때로는 비 오는 날의 파리 풍경을 그리는 것만으로 충분했다. 양산 대신 그린 회색 우산의 색점들이 파리를 에도로 바꾸어 놓는다.

자신의 친구들을 주제로 유려하고 정교한 글을 쓸 때, 샤를은 기법과 주제 양면에서 그들이 얼마나 급진적인지 충분히 이해하고 있었다. 인상주의를 비평한 최고의 평론 하나가 생각난다. 인상주의 화가들의 목표는 다음과 같았다.

등장인물을 배경과 구분할 수 없게, 배경의 일부처럼 만든다. 따라서 그림을 감상하려면 적절한 거리를 두고 바라보면서 하나의 전체로 받아들여야 한다. 그것이 이 새로운 화파가 추구하는 이상이다. 그들은 아직 자신들의 고유한 시각적 교리를 터득하지 못했다. 회화 법칙과 규정을 경멸하고, 좋든 나쁘든 즉흥적으로 타협하지 않고, 아무 설명 없이, 긴 말 없이 눈에 보이는 대로 그린다. 진부함을 혐오하기에 신선한 주제를 찾아 극장, 카페, 카바레, 저급한 뮤직홀을 배회하고, 싸구려 무도장의 현란한 조명에도 전혀 놀라지 않았다. 그리고 파리 교외의 센강으로 뱃놀이를 하러 다닌다.

이곳은 르누아르의 명작〈선상 파티의 점심 식사 Luncheon of the Boating Party〉의 배경이 된 장소였다. 그림은 센 강변에 있는 식당 메종 푸르네즈에서 즐기는 한가로운 오후 한때를 보여 준다. 파리에서 기차를 타고 당일치기로 갈 수 있어서 사람들에게 새롭게 인기를 끌던 장소 중 하나였다. 은회색 버드나무 가지 사이로 유람선과 작은 배들이 보인다. 빨간색과 흰색 줄무늬 차양이 눈부신 태양을 막아 준다. 점심 식사를 마친 후 여러 화가, 후원자, 배우로 이루어진 르누아르의 새로운 세계 속에서 모두 친구가 된다. 빈 술병과 먹고 남은 음식이 그대로 있는 식탁을 가운데 두고, 그림 속 인물들은 담배를 피우고 술을 마시고 대화를 나눈다. 여기엔 어떤 규칙도 제약도 없다.

꽃 달린 모자를 쓴 배우 엘렌 앙드레가 술잔을 입술 가까이 올려 든다. 프랑스 식민지 시절 사이공의 시장이던 라울 바르비에 남작은 갈색 중절모를 뒤로 넘긴 채 식당 주인의 젊은 딸과 이야기를 나눈다. 조정 경기 선수처럼 밀짚모자를 쓴 그녀의 오빠는 앞에 서서 식사 자리를 두루 살핀다. 편안한 흰색 러닝셔츠 차림에 뱃놀이용 밀짚모자를 쓴 카유보트는 의자에 두 다리를 벌리고 앉아 젊은 재봉사 알린 샤리고를 바라본다. 샤

르누아르, 〈선상 파티의 점심 식사〉, 1880-1881년, 캔버스에 유채,
130.2×175.6cm, 필립스 컬렉션, 워싱턴 D.C., 1923년 구입.

리고는 르누아르의 연인이자 훗날 그의 아내가 되는 인물이다. 화가 폴 로트는 배우 잔느 사마리에게 애인처럼 팔을 둘렀다. 웃음꽃이 피는 대화와 유혹의 향연이 펼쳐진다.

그리고 샤를이 거기에 있다. 맨 뒤에 실크해트를 쓰고 검은색 정장을 입은, 살짝 등을 돌려서 비스듬히 보이는 남자가 바로 샤를이다. 그의 얼굴은 붉은빛 갈색 수염만 보인다. 그와 이야기하는 라포르그는 유쾌하고 개방적인 표정에 면도를 깔끔하게 안 하고, 챙이 달린 모자와 코듀로이 소재로 보이는 재킷을 입은 시인다운 옷차림이다.

여름 햇살 아래의 선상 파티에 샤를이 정말로 베네딕트회 수도사처럼 시커멓고 두꺼운 옷을 입고 밀짚모자가 아닌 실크해트를 쓰고 갔을지 의심스럽다. 예술 후원자인 샤를이 교복처럼 입고 다니던 복장을 두고 친구들 사이에서 주고받던 농담을 그린 것일 테다. 르누아르는 이렇게 화창하고 자유로운 날에도, 배경이든 한 귀퉁이든 작품 어딘가에는 후원자와 비평가가 필요하다고 시사한다.

프루스트는 이 그림을 다음과 같이 언급했다. "선상 파티에서 실크해트를 쓴 …… 신사는 분명 그 자리에 어울리지 않는 인물인데, 그 점은 엘스티르에게 그가 단골 고객일 뿐 아니라 친구이고 어쩌면 후원자라는 사실을 증명했다."

샤를은 분명 어울리지 않는 사람이지만 그림을 사는 고객이자 친구, 후원자의 자격으로 그 자리에 있다. 샤를 에프루시, 정확히는 샤를의 뒤통수가 미술사에 길이 남게 되었다.

9

심지어 에프루시도 속았다

지금은 7월이고 나는 런던 남부의 내 작업실에 있다. 이곳은 마권 판매소와 카리브해 포장 음식점 사이의 골목에, 자동차 정비소들 가운데 끼어 있다. 동네가 어수선하긴 해도 작업실 공간은 아름답다. 길고 천장이 높은 작업 공간에는 물레와 가마가 있고, 가파른 하얀 계단을 올라가면 책을 보관하는 방이 하나 있다. 나는 이곳에 완성작 중 일부를 진열해 두는데, 지금은 납으로 테두리를 두른 상자 안에 원통형 자기들을 배열한 작품이 전시되어 있다. 초기 인상주의 관련 자료를 쌓아 두고서, 내 네쓰케를 처음으로 수집한 인물에 대한 글을 계속 쓰고 있는 곳도 바로 이 방이다.

이 차분한 공간에서 책과 도자기는 좋은 동반자가 되어 준다. 그리고 내게 작품을 의뢰하려는 고객을 데려오는 곳도 여기다. 후원자인 샤를이 르누아르나 드가와 나눈 우정에 얽힌 자료를 이렇게 많이 읽게 되다니 정말 낯선 기분이다. 그것은 단지 작품 의뢰를 하는 입장에서 의뢰를 받는 입장으로 수직 하강한다는 의미가 아니다. 혹은 그림을 소유하는 입장에서 그림에 대한 글을 쓰는 입장으로 바뀌었기 때문도 아니다. 오랜 세월 도예가로서 활동해 왔기에 나는 작품 의뢰를 받는 것이 지극히 민감한 사안이라는 점을 익히 알고 있다. 물론 감사한 일이지만, 감사는 빚진 느낌과는 다르다. 예술가라면 누구나 궁금해할 질문이다. 자신의 작품을 구입한 사람에게 얼마나 오랫동안 감사한 마음을 간직해야 할까? 1881년 당시 서른한 살이던 이 젊은 후원자와 몇몇 화가의 나이를 고려하면 문제는 한층 복잡했을 것이다. 예를 들어 아스파라거스 다발을 그릴 때 마네의 나이는 마흔여덟 살이었다. 표현의 자유와 자발성을 예술적 신념으로 삼고 타협하지 않는 화가라면 이 문제에 특히나 예민했을 것이다. 샤를이 소장했던 피사로의 그림, 포플러가 산들바람에 흔들리는 그 그림을 보면서 나는 그런 생각이 든다.

르누아르는 돈이 필요했고, 그래서 샤를은 르누아르한테 초상화를 주문해 달라고 고모를 설득했다. 그러고 나서 르누아르는 루이즈를 위한 작업을 시작했다. 두 연인과 화가 사이에 민감한 협상이 이뤄지는 데 긴 여름이 소요됐다. 파니는 샤를이 머물던 에프루시 별장에서 쓴 글에서, 이 협상을 성공적으로 마무리하려고 샤를이 얼마나 애썼는지 모든 과정을 자세히 기록했다. 두 작품이 완성되기까지 많은 노력과 시간이 필요했다. 첫 번째는 루이즈의 큰딸 이렌의 초상화로, 어머니와 같은 붉은색 금발 머리가 어깨를 따라 길게 늘어진 모습이다. 두 번째 그림은 이렌의 동생인 알리스와 엘리자베트를 그린 사랑스러운 초상화다. 두 소녀 역시 어머니를 닮은 금발 머리다. 어두운 자주색 커튼 사이로 뒤쪽의 응접실이 보이고, 그 앞에 선 아이들은 서로 안심시키려는 듯 손을 잡고 있다. 분홍색과 파란색 주름 장식이며 리본이 사탕처럼 달콤하다. 두 작품 모두

1881년 살롱전에 전시됐다. 루이즈가 이 그림들을 얼마나 좋아했는지는 확실히 알지 못한다. 다만 작품이 모두 완성되고 난 후에 그녀는 1500프랑이라는 소박한 금액을 경악할 만큼 뒤늦게 지불했다. 나는 드가가 샤를에게 작품값 지불을 종용하는 메모를 발견했을 때와 비슷한 당혹감을 느꼈다.

  샤를의 다른 화가 친구들은 르누아르가 작품 주문을 받았다는 사실이 몹시 못마땅했다. 특히 드가는 심하게 비난했다. "르누아르 씨, 당신은 진정성이 없군요. 주문을 받아 그림을 그리는 행동은 용납할 수 없습니다. 지금은 금융업자들이 의뢰한 작업을 한다고 들었습니다. 샤를 에프루시 씨를 위한 작품을 연달아 제작한다면서요. 다음에는 부게로 씨와 함께 미를리통에서 전시를 하겠군요!" 불안감은 샤를이 다른 화가들의 그림도 구입하기 시작하면서 더욱 심해졌다. 이 후원자는 새로운 감각을 찾아서 계속 전진하는 것처럼 보였기 때문이다. 바로 이 시점에서 유대인이라는 샤를의 정체성이 그를 의심스럽게 만들었다.

  샤를은 귀스타브 모로의 회화 두 점을 구입했다. 드 공쿠르는 그의 작품을 "금세공인이자 시인이 그린 수채화 같다. 『천일야화』에 나오는 눈부신 광채의 고색창연한 보물들을 물감에 섞어서 그린 듯하다."라고 묘사했다. 모로의 작품들은 색채가 풍요롭고 내용은 고도로 상징적인 고답파 Parnassian 회화이며 주제는 살로메, 헤라클레스, 사포, 프로메테우스 등이었다. 모로의 작품 속 인물은 흘러내리듯 걸친 얇은 천 외에는 거의 옷을 입지 않았다. 풍경은 고전적이고, 폐허가 된 신전으로 가득하며 세부까지 정확하게 고증돼 있었다. 바람이 부는 평원, 얼음 사이로 흐르는 강물, 허리를 구부리고 일하는 재봉사 등을 그린 그림과는 아주 거리가 먼 작품이다.

위스망스는 화제의 소설 『거꾸로』에서 모로의 그림과 마주하며 사는 것이 어떤 느낌인지를 썼다. 더 정확히는 모로의 작품이 자아내는 분위기 속에서 사는 게 어떤 기분인지를 썼다. 소설의 주인공 데 제셍트는 퇴폐주의자인 로베르 드 몽테스키외 백작을 모델로 한 인물이었다. 그는 철저하게 유미주의자의 삶을 추구한 사람으로, 집 안의 세세한 부분까지 세련되게 단장해서 모든 감각적 경험에 자신을 완전히 몰입하게 만들었다. 그 정점은 등껍질에 보석들을 박아 넣은 거북이였다. 거북이는 방을 천천히 기어다니면서 페르시아 카펫의 무늬를 한층 더 화려하게 만들었다. 이 거북이는 오스카 와일드가 파리에서 쓴 일기에 프랑스어로 다음과 같이 기록할 정도로 그에게 강한 인상을 남겼다. "에프루시의 친구 중에 에메랄드가 박힌 거북이를 키우는 사람이 있다. 나도 에메랄드를, 살아 있는 장식품을 갖고 싶다." 유리 진열장의 문을 여는 것보다 이 편이 훨씬 더 좋았다.

데 제셍트의 쇠약해진 삶에는 "끝없는 쾌락으로 그를 가장 황홀하게 만드는 유일한 화가, 귀스타브 모로가 있었다. 데 제셍트는 모로의 걸작 두 점을 구입했고, 밤마다 그중 하나인 살로메 그림 앞에 서서 꿈을 꿨다." 데 제셍트는 격정적인 분위기의 그림에 지나치게 깊이 빠져든 나머지 작품들과 하나가 된다.

샤를이 자신이 소장한 모로의 두 걸작에서 느낀 감정도 이와 비슷하다. 그는 모로에게 쓴 편지에서 그의 작품이 "이상적인 꿈의 색조"를 띤다고 했다. 이상적인 꿈이란 무중력 상태의 환상에 빠져 자기 자신의 경계를 잃어버린 상태다.

그러자 르누아르가 불같이 화를 냈다. "아, 그 귀스타브 모로, 발 하나 그리는 법도 배운 적 없는 화가가 진지한 대접을 받다니…… 보통내기가 아니야. 유대인한테 사기를 치고 황금색으로 그림을 칠할 생각을 하다니 아주 교활한 작자야. …… 심지어 에프루시도 속아 넘어갔어, 분별력 있는 사람이라고 굳게 믿었는데! 어느 날 그의 집을 찾아가면 귀스타브 모로의 작품과 마주치게 생겼군!"

나는 대리석 현관에 들어온 르누아르가 나선형 계단을 올라 이그나체의 방을 지나고 3층에 있는 샤를의 방으로 가는 장면을 상상해 본다. 안내를 받으며 방에 들어선 그의 눈앞에 모로의 〈이아손Jason〉이 보인다. 벌거벗은 이아손은 자신이 죽인 용을 밟고 올라서서 부러진 창과 황금 양모를 들고 있다. 마법의 물약이 담긴 작은 병을 든 메데이아는 이아손의 어깨 위에 다정하게 손을 올리고 있다. 이것은 "꿈, 찰나의 매혹"이며, 라포르그가 말한 "모로의 기묘한 고고학"이다.

어쩌면 르누아르는 모로가 "내 친구 샤를 에프루시에게" 헌정한 〈갈라테이아Galatée〉와 마주쳤을 수도 있다. 위스망스는 이 그림을 다음과 같이 묘사했다. "진귀한 보석들이, 새하얀 몸에 분홍빛으로 물든 가슴과 입술을 가진 갈라테이아가, 마치 성막처럼 휘황찬란한 동굴 안에 잠들어 있다." 노란색 안락의자 주변에는 유독 황금색 물건이 많다. 〈갈라테이아〉는 티치아노의 작품에 어울릴 법한 르네상스풍 액자로 둘러싸여 있다.

그건 "유대인 예술"이라고 르누아르는 썼다. 그는 『가제트』의 편집자인 자신의 후원자가 로스차일드 취향의 물건, 즉 보석으로 장식하고 신화를 그린 이 그림을 모욕적이게도 자기 작품 가까이 걸어 놓은 것에 분개했다. 몽소가에 있는 샤를의 응접실은 "성막 같은 동굴"이 되었다. 그 방은 르누아르를 분노하게 하고, 위스망스에게는 영감을 주고, 낙천적인 오스카 와일드에게까지 깊은 인상을 남겼다. 와일드는 파리에서 쓴 일기에 "글을 쓰려면 나는 노란색 새틴이 필요하다."라고 썼다.

내가 샤를의 취향을 감시한다는 걸 깨닫는다. 나는 황금과 모로 때문에 걱정이 된다. 그리고 폴 보드리의 작품은 더더욱 걱정스럽다. 파리 오페라 극장의 천장을 장식한 그는 새로운 벨 에포크 시대 건물에 바로크 양식의 그림을 그려 넣는 것으로 유명했다. 인상주의자들은 자신들이 혐오하던 아카데미 화가 윌리암아돌프 부게로처럼 보드리의 작품은 겉만 번지르르한 사기라고 욕했다. 보드리는 특히 누드화로 큰 성공을 거뒀다. 지금도 마찬가지다. 기지개를 켠 여인 위로 파도가 밀려오는 보드리의 〈진주와 파도 La Perle et la vague〉 포스터는 미술관 숍의 진열대와 냉장고 자석에서 흔히 볼 수 있을 정도로 매우 인기가 많다. 보드리는 샤를의 가장 절친한 화가 친구였고, 두 사람이 주고받은 편지에는 애정이 가득 넘친다. 보드리의 전기 작가인 샤를은 그의 유언 집행인으로도 지명되었다.

아마도 나는 네쓰케와 더불어 샤를의 방에 있던 그림들을 일일이 계속 찾아봐야 할 것 같다. 그의 그림이 현재 걸려 있는 모든 박물관의 목록을 작성하고, 그 그림이 어떻게 그곳에 소장됐는지 추적하기 시작한다. 마네의 〈롱샹 경마장 Races at Longchamp〉과 장군과 랍비를 그린 드가의 2인 초상화를 보기 위해 시카고 아트 인스티튜트에서 출발해 제라르메르 시립 미술관까지 가려면 시간이 얼마나 걸릴지 가늠해 본다. 오브제와 이미지의 만남을 위해 호박 눈이 달린 하얀색 산토끼 네쓰케를 주머니에 넣고 다녀야 할까 고민해 본다. 커피 한 잔을 마시는 동안, 나는 네쓰케를 계속 들고 다닐 방법과 그 실현 가능성을 진지하게 궁리한다.

내 개인 일정은 사라져 버렸다. 도예가로 활동하는 나의 삶은 잠시 보류되었다. 연락을 바라는 미술관이 있다. 나를 찾는 전화가 오면 조수들은 내가 부재중이라 연락이 닿지 않는다고 대답한다. 네, 큰 프로젝트입니다. 돌아오는 대로 다시 연락드리겠습니다.

대신 나는 익숙해진 파리로 떠나 보드리가 그린 오페라 극장의 천장화 아래 서 있다. 그러고는 곧장 오르세 미술관으로 달려가서 지금은 그곳에 소장된 마네의 아스파라거스 한 줄기와 모로의 작품 두 점을 보며 작품들 간에 일관성이 있는지, 조화를 이루는지, 그가 보던 것을 나도 볼 수 있는지 확인한다. 물론 나는 그럴 수 없다. 샤를은 자기가 좋아한다는 단순한 이유로 작품을 구입했기 때문이다. 그는 일관성을 위해 혹은 자신의 컬렉션에 있는 빈자리를 메우기 위해 작품을 구입하지 않았다. 그는 친구들에게 그림을 사면서 그에 따른 온갖 복잡한 문제를 감수한다.

샤를은 화가들의 작업실 밖에서도 많은 우정을 쌓았다. 토요일 저녁이면 동료들과 함께 루브르 박물관에서 시간을 보냈는데 수집가나 작가는 각자 스케치나 오브제, 작품의 원저작자 문제 등을 하나씩 가져와 토론했다. "어떤 주제라도 가능했다. 단 현학적인 주제는 제외! 우리는 그곳에서 무엇이든 배울 수 있었고, 그 점은 의심할 여지가 없었다! 우리는 루브르 박물관의 아름다운 의자에 앉아서, 유럽에 있는 모든 미술관을 누비며 지치는 줄 모르고 탐험을 했다!"라고 미술사학자인 클레망 드 리는 회상했다. 샤를에게는 자극을 주는 『가제트』의 동료들이 있고, 카몬도 형제와 세르누치처럼 자신의 컬렉션을 기꺼이 보여 줄 이웃 친구들도 있었다.

샤를은 공인이 되어 가고 있었다. 1885년에는 『가제트』의 소유주가 됐다. 루브르 박물관이 보티첼리 작품을 구입하는 데 필요한 기금 모금을 지원했다. 그는 자신의 글을 쓰고 전시 기획도 했다. 1879년에 열린 옛 거장들의 드로잉 작품전, 1882년과 1885년에 개최된 두 차례의 초상화 전시 등을 기획하는 데 일조했다. 물욕이 많고 방랑하던 젊은 시절과는 전혀 다르게 책임감을 가진 철두철미한 모습이었다. 얼마 전에는 예술에 기여한 공로를 인정받아 레지옹 도뇌르 훈장도 받았다. 명사들의 초상화가로 유명한 레옹 보나는 그의 초상화를 그린다.

이렇게 바쁜 삶은 대부분 동료, 이웃, 친구, 젊은 비서, 연인, 가족 등이 보는 공개적인 장소에서 이루어졌다.

아직 친구까지는 아니지만 신인 작가인 프루스트도 그의 집을 정기적으로 방문해, 그가 새로 구입한 보물들을 진열하는 방식이나 사회 전반에 걸친 그의 인맥을 대화 주제 삼아 함께 술을 마셨다. 샤를은 프루스트가 사교계에 굶주려 있다는 걸 익히 알고 있기에, 집주인들이 잠자리에 들어야 하니 자정이 지나면 저녁 초대 자리에서 일어나라고 그에게 충고했다. 옆집에 사는 이그나체는 해묵은 사소한 감정 때문에 그를 "종마 프루스트 Proustaillon"라고 꼬집어 말한다. 사교계의 여러 행사를 나비처럼 이리저리 날아다니던 프루스트에게 걸맞은 절묘한 비유다.

프루스트는 파바르가에 있는 『가제트』 사무실에서도 존재감을 드러냈다. 그는 이곳에서 부지런히 일한다. 후에 소설 『잃어버린 시간을 찾아서』 열두 권에 등장하는 총 64점의 미술 작품은 『가제트』에 실렸던 삽화로, 이 소설에서 시각 이미지는 상당한 비중을 차지한다. 앞서 라포르그가 그랬듯이 프루스트는 예술에 대해 쓴 자신의 초기 원고들을 샤를에게 보내어 혹독한 비평을 받은 후, 첫 작업을 의뢰 받았다. 그것은 러스킨 연구였다. 프루스트가 번역한 러스킨의 『아미앵의 성서 Bible of Amiens』 역자 서문에는 "항상 나에게 친절한 샤를 에프루시 씨에게"라는 헌사가 쓰여 있다.

샤를과 루이즈는 여전히 연인 사이지만, 루이즈에게 또 다른 연인이 있는지 아니면 여러 명의 연인이 있는지는 확실하지 않다. 신중한 성격의 소유자인 샤를은 그 일에 관해 아무런 흔적을 남기지 않았고, 더 이상 알아낼 수 없어서 나는 답답하기만 하다. 나는 라포르그를 시작으로, 샤를의 곁에는 비서라기보다 시종처럼 일하는 나이 어린 남자들이 여럿 있었다는 점에 주목한다. 그리고 노란색 새틴과 모로의 그림들이 환히 빛나는 그의 동굴 같은 방에서 벌어진 일련의 격정적인 관계에 의구심을 품는다. 파리에서는 샤를이 양성애자라는 소문이 떠돌았다.

1889년 봄, 에프루시 가문의 사업은 번창하고 있지만 가족 문제는 상당히 복잡하게 전개된다. 확고한 이성애자인 이그나체는 다른 비운의 독신남들과 어울리며 포토카 백작 부인을 열렬히 흠모했다. 프루스트가 "연약하면서도 위엄 있고 사악하다."라고 묘사한 이 흥미로운 백작 부인은, 가운데 가르마를 타서 검은 머리를 양옆으로 빗어 내렸다. 그녀는 "삶을 향해, 죽음을 향해 À la Vie, à la Mort"라는 모토가 새겨진 사파이어 배지를 착용한 일단의 청년에게 막강한 영향력을 행사했다. 백작 부인이 주최한 '마카베오 Maccabee' 만찬 자리에서 젊은이들은 그녀를 숭배하며 터무니없는 행동을 하겠노라 맹세했다. 마카베오가 유대인 순교자였으니, 백작 부인은 술에 취한 홀로페르네스의 머리를 자른 영웅 유디트가 되는 셈이로구나, 나는 뒤늦게야 깨닫는다. 저녁 만찬 후 모파상이 받은 편지에는 "이그나체가 다른 사람들보다 훨씬 도를 넘어서서 …… 완전히 발가벗고 파리 시내를 활보하려는 기발한 생각을 한다."라고 적혀 있다. 가족들은 요양을 핑계 삼아 그를 시골로 보내 버렸다.

마흔 살이 된 샤를은 이렇게 다양한 세계 사이에서 균형을 유지하고 있었다. 그의 사적인 취향은 공공의 자산이 됐다. 그의 모든 것이 미학적이었다. 샤를은 주문 제작한 작품, 의상, 재킷의 재단까지 꼼꼼히 따지는 유미주의자로 파리에서 명성이 높았다. 오페라 애호가이기도 했다.

기르던 개의 이름이 카르멘일 정도였다.

나는 루브르 박물관의 문서 보관소에서 "몽소가 81번지 C. 에프루시 씨 댁에 사는 카르멘" 앞으로 온 편지 한 통을 발견한다. 그 편지는 창백한 인물과 빛바랜 풍경을 주로 그린 상징주의 화가 퓌비 드 샤반느가 보낸 것이었다.

10

작은 성의 표시

유대인을 싫어한 건 르누아르만이 아니었다. 1880년대 내내 금융 스캔들이 연달아 터지자 사람들은 유대인 신흥 금융가들의 탓으로 돌렸고, 특히 에프루시 가문이 표적이 됐다. 1882년 유니온 제네랄 은행이 파산한 배후에 "유대인의 음모"가 있는 게 아니냐는 의심도 받았다. 가톨릭 계열의 이 은행은 교회와 밀접한 관계를 맺고 있었고, 많은 가톨릭 신자의 소액 예금을 유치했다. 유명한 선동 정치가 에두아르 드뤼몽은 『유대인의 프랑스La France Juive』에 이렇게 썼다.

거대한 작전을 주도하는 세력의 뻔뻔함은 가히 경이롭다. 그들에게 이런 일은 단순한 게임에 불과하다. 미셸 에프루시는 한 회기 동안에 1000만에서 1500만 프랑에 달하는 원유나 밀을 사고판다. 문제는 전혀 없다. 그는 두 시간 동안 증권 거래소의 기둥 근처에 앉아서 왼손으로 턱수염을 무심히 잡고 있다가, 자기 주위에 연필을 들고 모인 서른 명의 중개인들에게 주문을 나눠 준다.

중개인들이 다가와서 미셸의 귀에 그날의 뉴스를 속삭인

다. 유대인 자본가들에게 돈은 하찮은 장난감에 불과하다고, 드뤼몽은 말한다. 그 돈은 장날이면 조심스럽게 은행에 넣어두거나 벽난로 선반의 커피포트 속에 숨겨 둔 돈과는 차원이 다르다.

은밀한 권력과 음모를 연상시키는 강렬하고 생생한 이미지다. 매부리코에 붉은 수염을 기른 자본가들이 증권 거래소 기둥 주변에 모여 서로 귓속말을 주고받는 드가의 그림 〈증권 거래소에서At the Bourse〉를 보는 듯하다. 증권 거래소와 투자자들은 유대교 사원과 환전업자들로 자연스럽게 이어진다.

"이 자들의 삶을 누가 막을 수 있겠는가, 그렇다면 누가 머지않아 프랑스를 황무지로 전락시키고 말 것인가? …… 그는 바로 외국산 밀 투기꾼이자 유대인, 파리 백작의 친구 …… 모든 귀족 동네의 살롱에서 가장 총애를 받는 손님. 바로 에프루시다. 그는 밀을 투기하는 유대인 조직의 우두머리다." 투기, 즉 돈으로 돈을 버는 행위는 유대인 특유의 죄악으로 인식된다. 시오니즘의 옹호자로서 부유한 유대인들에게서 후원금을 모금하는 데 항상 열심인 헤르츨조차도 편지에서 "투기꾼 에프루시"라며 무례하게 불렀다.

에프루시 주식회사는 막강한 권력을 행사했다. 언젠가 증권가에 위기가 닥쳤을 때, 에프루시 형제가 거래소에 모습을 드러내지 않는다는 사실만으로 사람들은 공황에 빠졌다. 러시아의 유대인 학살에 맞서 시장에 곡물을 대량 공급하겠다는 그들의 위협은 또 다른 경제 위기 시기에 신문에 보도되며 심각하게 받아들여졌다. "(유대인들은) …… 최근에 러시아가 유대인 학살을 중단하게 만들며 이 무기의 위력을 확인했다. ……
러시아 국채가 13일 만에 24포인트나 하락했다. '우리 동포를
한 명이라도 건드리면 당신네 제국을 지킬 수 있는 단돈 1루블
도 없을 것'이라고 오데사 출신의 명문가 수장이자 세계 최대
의 곡물상인 미셸 에프루시가 단언했다." 간단히 말해서 에프
루시 가문은 대단히 부유하고 대단히 명성이 높고 대단히 애국
적이었다.

반유대주의 일간지의 편집인인 드뤼몽은 여론을 수렴해서
활자화하는 역할을 했다. 그는 프랑스인들에게 유대인은 한 손
이 다른 쪽 손보다 크다는 식의 유대인 구별법과 유대 민족이 프
랑스에 가하는 위협에 대응하는 방법을 알려 주었다. 그의 저서
『유대인의 프랑스』는 발간 첫해인 1886년에 10만 부가 팔렸고
1914년에는 200쇄를 찍었다. 드뤼몽은 유대인들은 태생적으로
유목민이기에 국가에 대한 의무감이 전혀 없다고 주장했다. 러
시아 시민권자인 샤를과 그의 형제들은 오데사, 빈 그리고 어딘
지 알 수 없는 곳에서 와서 프랑스 돈으로 투기를 하며 프랑스인
들의 고혈을 빨아먹고 제 잇속만 챙긴다고 했다.

에프루시 가문 사람들은 자신들이 당연히 파리에 속해 있
다고 생각했다. 드뤼몽의 생각은 정반대였다. "유럽의 모든
게토에서 토해 낸 유대인들이, 이제 고대 프랑스의 가장 영광
스러운 기억을 간직한 유서 깊은 건물들의 주인 노릇을 한다.
…… 페리에르에도 보드세르네에도 어디를 가나 로스차일드
가문이 있다. …… 프랑수아 1세의 궁전이던 퐁텐블로성에는
에프루시 가문이 있다." 드뤼몽은 이 가족이 "빈털터리 모험

가" 처지에서 급격한 신분 상승을 이루고, 사냥감을 찾아 헤매고, 가문의 문장을 제작한다며 조롱했다. 그리고 에프루시 가문과 그 친구들로 더럽혀진 자신의 조국을 생각하며 분노에 휩싸였다.

나는 드뤼몽의 책, 신문, 수많은 판본의 무수한 팸플릿, 영문판 자료 등을 억지로 읽었다. 내 런던 서재에 있는 파리의 유대인 관련 책자에 누군가 주석을 달아 놓았다. 에프루시 이름 옆에 대문자로 돈밖에 모르는venal이라는 말이 연필로 또박또박 적혀 있다.

이런 글들은 양적으로나 질적으로 매우 다양하고, 그 내용도 대략적인 일반론에서 구체적인 세부까지 극과 극이다. 에프루시 가문은 계속해서 등장한다. 마치 유리 진열장을 열어 놓고 한 사람씩 꺼내 학대하려고 붙들고 있는 것 같다. 나는 프랑스의 반유대인 정서를 아주 일반적인 차원에서 알고 있었지만 이런 특수성에는 구역질이 난다. 이건 그들의 삶을 하루하루 해부하는 것이다.

샤를은 "문학계와 예술계에서 …… 활약하는" 인물로 공개 비난을 받는다. 그는 프랑스 예술계의 권력자지만 예술을 상품으로 취급하는 사람으로 오해받는다. 샤를이 하는 일은 모두 금으로 귀결된다고, 『유대인의 프랑스』 필자들은 말한다. 조국도 국가도 모르는 유대인들은 녹일 수 있고, 옮길 수 있고, 변형 가능한 금을 들고 다니며 사고판다. 심지어 뒤러에 대해 쓴 그의 책도 유대주의 성향을 철저히 검증받았다. 샤를이 어떻게 이 위대한 독일 예술가를 이해할 수 있느냐며 분노한 미술사학자가 있었다. 샤를은 그저 "동쪽에서 온 촌사람", 즉 동양인일 뿐이기 때문이다.

그의 형제와 삼촌들은 혹독한 비난을 받고, 프랑스 귀족과 결혼한 고모들은 잔인하게 조롱을 당한다. 사람들은 프랑스의 모든 유대인 금융 가문 이름을 외워 부르며 저주한다. "로스차일드, 에를랑거, 허쉬, 에프루시, 밤베르거, 카몬도, 스턴, 카엔 당베르 …… 국제 금융계의 일원들." 혈족 사이의 복잡한 근친혼이 무한히 반복되면서 하나의 거대한 거미줄처럼 얽힌 음모의 그림이 완성된다. 그 거미줄은 모리스 에프루시가 프랑스 로스차일드 가문의 수장인 알퐁스 드 로스차일드의 딸 베아트리스와 결혼하면서 더욱 단단해진다. 두 가문은 이제 한 집안으로 여겨진다.

반유대주의자들은 유대인들을 원래 살던 곳으로 돌려보내 그들이 누리는 세련된 파리의 삶을 박탈하려고 한다. 반유대주의 팸플릿 『선한 유대인 Ce Bons Juifs』에는 모리스 에프루시가 친구와 주고받는 가상의 대화가 실려 있다.

"곧 러시아로 떠난다던데 사실인가?"
"이틀이나 사흘 안에 간다네." K 씨가 말했다.
"그렇군!" 모리스 에프루시가 대답했다. "오데사에 가거든 증권 거래소에 가서 우리 아버지에게 내 소식을 좀 전해 주게나."
K 씨는 약속을 하고 오데사에서 업무를 마친 후, 증권 거래소에 가서 아버지 에프루시를 찾는다.

누군가 그에게 말한다. "그분을 만나려면 유대인이어야 합니다."

아버지 에프루시가 도착한다. 길고 지저분한 머리에 끔찍한 외모의 히브리인인 그는 기름때로 온통 뒤덮인 털외투를 입었다.

K 씨는 …… 노인에게 소식을 전하고 자리를 뜨려고 하는데, 갑자기 누군가 그의 옷을 당기는 느낌이 든다. 아버지 에프루시가 하는 말이 들린다.

"저한테 작은 성의 표시를 하는 걸 잊으셨군요."

"작은 성의 표시라니, 무슨 말씀이시죠?" K 씨가 외쳤다.

"잘 아실 텐데요, 선생님." 로스차일드 집안 사위의 아버지가 바닥에 머리를 숙이며 답한다. "오데사 증권 거래소에서는 다들 저를 궁금해합니다. 낯선 사람들이 아무 일 없이 저를 만나러 와서 항상 작은 선물을 주고 가니까요. 그러다 보니 제 아들들은 해마다 1000명이 넘는 손님들을 보내 주는데, 덕분에 제가 먹고사는 데 큰 도움이 됩니다."

에프루시 집안의 가장은 활짝 웃으며 이렇게 말한다. "그 사람들은 언젠가 보상을 받게 되리란 걸 아는 거죠. …… 제 아들들에게요!"

곡물왕 에프루시 가문은 벼락부자라는 멸시를 받기도 하고 후원자로서 환대를 받기도 한다. 어떨 때는 오데사의 곡물상, 기름때 묻은 외투를 입고 손을 뻗는 가부장의 이미지가 떠오른다. 그런가 하면 수백 개의 황금 옥수수 이삭 장식이 달린 티아라를 쓰고 사교계 무도회에 등장하는 베아트리스가 있다. 모리스는 퐁텐블로에 거대한 성 한 채를 갖고 있었는데, 혼인 신고서에 직업을 은행가가 아닌 '지주'라고 적었다. 그건 실수가 아니었다. 유대인에게는 토지를 소유하는 것이 여전히 비교적 생소한 경험이었다. 유대인이 완전한 시민권을 얻게 된 것은 프랑스 혁명 후의 일이었다. 일부 논객들은 유대인은 성인으로서 자격이 없기 때문에 이건 실수라고 주장했다. 『독창적인 제이콥스 씨 The Original Mr Jacobs』라는 장황한 책에서는 에프루시 일가가 어떻게 살았는지 보자면서 이렇게 적었다. "장식품뿐 아니라 온갖 잡동사니를 향한 사랑, 아니 그보다 소유를 향한 유대인의 열정은 때로 유치하기까지 하다."

　에프루시 형제들은 이런 상황에서 어떻게 삶을 이어 갔을지 궁금하다. 어깨를 한번 으쓱하고 말았을까, 아니면 그로 인해 괴로워했을까. 끊이지 않고 들려오는 험담, 돈밖에 모른다는 수군거림, 부글부글 끓어오르는 적개심. 프루스트의 소설 속 화자는 자기 할아버지의 기억을 떠올리며 다음과 같이 말한다. "새 친구를 집에 데리고 올 때마다 할아버지는 오페라 「유대 여인 La Juive」에 나오는 '아, 우리 조상의 하나님이시여'나 '이스라엘아, 너의 사슬을 끊어라' 같은 노래를 흥얼거리기 시작했다. …… 그리고 새 친구의 이름을 들으면 '경계하라! 경계하라!' 하며 외쳤다. 가엾은 그 친구가 자신의 출신을 밝히면 그제야 할아버지는 …… 우리를 쳐다보며 콧노래를 흥얼거렸다. '뭐라고!

이런 겁쟁이 이스라엘 백성을 우리 집에 데려왔단 말이냐?'"

결투가 일어났다. 결투는 불법이지만 다수의 젊은 귀족, 경마 클럽 회원, 군 장교 사이에서 유행했다. 싸움은 대부분 청년끼리의 영역 다툼 같은 사소한 문제였다. 에프루시가 소유한 말을 비하한 『르 스포르 Le Sport』 기사를 발단으로 기자와 싸움이 시작됐고, 미셸 에프루시와 "언쟁을 벌이다가 결국 적대적인 만남으로 이어졌다."

하지만 이러한 분쟁들 중 일부는 파리 사회 내부에서 점점 자라나던 불안한 균열을 드러낸다. 이그나체는 기량이 뛰어난 결투자였지만, 싸우지 않기로 결심한 것은 유대인 특유의 나약함으로 여겨졌다. 미셸과 가스통 드 브르퇴유 백작의 사업 거래가 백작 측에 막대한 손실을 입히고 끝났을 때의 일이다. 사업가인 미셸은 결투까지 할 사안이 아니라고 생각해서 싸움에 응하지 않았고, 백작은 실망했다. 결투를 거절당한 백작이 파리로 돌아왔을 때, "클럽 모임에서 들리는 이야기로는 …… 그는 에프루시와 마주쳤고 …… 잔액이 적힌 어음으로 에프루시의 코를 비틀었다. 어음에 꽂힌 핀이 위대한 곡물상의 커다란 코를 심하게 할퀴었다. 그는 뤼 루아얄 클럽 Rue Royale Club에서 탈퇴하고 파리 빈민들을 위해 100만 프랑을 기부했다." 이 일화는 돈 많고 역겹고 명예도 없는 유대인과 그들의 코를 조롱하는 코미디로 회자된다.

그들이 비난 받을 이유는 없다. 유대인들은 단지 어떻게 처신해야 하는지 모를 뿐이다.

미셸은 명예가 실추된, 그러나 결투에 나서기엔 너무 어린 로스차일드가의 사촌을 대신해서 뤼베르삭 백작과 치열한 결투를 벌였다. 결투는 센강의 그랑드자트섬에서 이루어졌다. "네 번째 공격에서 에프루시는 가슴에 상처를 입었다. 백작의 칼이 갈비뼈를 찌른 것이다. …… 백작은 처음부터 맹렬하게 공격했다. 결투 후 두 사람은 관례적인 악수도 하지 않고 돌아섰다. 백작은 사륜마차를 타고 현장을 떠났고 '유대인 타도!' '군대여 영원하라!' 같은 환호가 울려 퍼졌다."

파리에 사는 유대인이 자신의 이름과 가족의 명예를 지키는 일은 갈수록 어려워졌다.

11

'아주 환한 다섯 시'

1891년 10월에 샤를은 네쓰케를 이에나가의 새집으로 데려갔다. 11번지 집은 몽소가에 있는 오텔 에프루시보다 크고, 창문 위로 늘어뜨린 장식도 항아리 장식도 없는 등 외관은 한결 단정하다. 너무 커서 사실 한눈에 들어오지 않을 정도다. 나는 가만히 서서 그 집을 바라본다. 층과 층 사이의 공간이 더 높고 방들도 큼직큼직하다. 샤를은 홀어머니가 돌아가신 지 3년 만에 형 이그나체와 함께 이곳으로 이사했다. 나는 결과를 운에 맡긴 채 초인종을 누르고, 흔들림 없이 완벽한 미소를 짓는 한 여성에게 내가 이곳에 온 목적을 설명한다. 그녀는 내가 완전히 잘못 알고 있다고 아주 천천히 말한다. 내가 찾는 사람은 여기 산 적이 없고, 지금 이 집은 개인 소유이며, 에프루시 가족은 들어본 적도 없다는 것이다. 그녀는 내가 다시 거리로 돌아갈 때까지 지켜본다.

너무 화가 난다. 에프루시 형제가 살던 집은 1920년대에 철거되고 새 건물이 지어졌다는 것을 1주일 후에 알게 되었다.

이 새로운 동네는 몽소가보다 훨씬 더 웅장하다. 파리에 도착한 지 겨우 20년밖에 되지 않았지만 에프루시 가족은 이제 제법 안정을 찾았다. 미혼인 두 형제가 살던 집은 쥘과 파니의 저택이 자리한 언덕 아래로 275미터 떨어진 곳에 있었다.

창문 위에는 옥수수 이삭을 상징하는 문장이 달렸고, 안뜰로 들어가는 커다란 문 위에는 가문의 이니셜이 새겨져 있었다. 루이즈의 대저택은 길 바로 건너편 바사노가에 위치했다. 최근에 에펠탑이 세워진 마르스 광장의 북쪽 언덕 위 지역이었다. 새롭게 유행하는 장소인 그곳을 사람들은 "예술의 언덕"이라 불렀다.

샤를의 취향은 여전히 변화를 거듭했다. 일본에 심취했던 그의 열정은 서서히 식어 갔다. 1880년대에는 집집마다 일본 예술품들이 가득할 정도로 일본 예찬이 널리 퍼져 있었다. 일본 물건은 집 안 구석구석에 먼지처럼 쌓인 잡동사니로 여겨졌다. 1887년 알렉상드르 뒤마는 "이제 모든 것이 일본산이다."라고 했다. 파리 외곽에 있던 졸라의 집은 일본 오브제들로 도배가 되어 세간의 비웃음을 샀다. 그렇게 주류로 자리 잡고 나니 일본 예술의 고유한 특성을 주장하기는 훨씬 더 어려워졌다. 광고판에 부착된 자전거나 압생트 포스터도 일본 목판화와 비슷했다. 이웃에 살던 기메를 비롯해 일본 예술품을 전문으로 수집하는 컬렉터들이 여전히 존재했고, 중구난방이던 10년 전에 비해 미술사 지식도 훨씬 더 풍부해졌다. 드 공쿠르는 호쿠사이와 우타마로를 연구해 책으로 펴냈고, 지그프리트 빙은 『르 자퐁 아르티스티크 Le Japon artistique』라는 잡지를 발행했다. 하지만 유행을 선도하던 샤를과 그의 친구들 사이에서 일본 예술은 더 이상 종교적 숭배의 대상이 아니었다.

프루스트는 스완의 연인인 고급 매춘부 오데트의 응접실을 묘사하는 장면에서 이 과도기적 순간을 기록한다. "18세기의 침략군 앞에서 동아시아는 점점 더 후퇴하고 있었고 ······ 요즘 오데트는 일본 기모노가 아닌, 와토의 그림에 나오는 것처럼 밝고 하늘거리는 실크 실내복을 입고 단골손님들을 맞이한다."

평론가이자 수집가, 큐레이터인 샤를의 이국취미에 변화가 감지됐다. 어떤 기자는 샤를이 "조금씩 ······ (일본)에서 벗어나 ······ 점차 18세기 프랑스에 관심을 기울이기 시작하고, 최상급 마이센 도자기와 엠파이어 양식의 예술 작품 등을 세트로 수집했다."라고 썼다. 샤를은 새집의 서재 벽에 아이들이 노는 장면을 은실로 짠 태피스트리 한 세트를 걸었다. 그리고 일렬로 쭉 연결된 방들을 만들어 청동 마운트가 달린 엠파이어 양식의 연한 색 가구 세트로 장식하고, 그 위에는 세브르와 마이센 자기로 만든 장식품들을 진열했다. 그 안에는 세심한 리듬이 존재했다. 그런 다음 샤를은 모로, 마네, 르누아르의 그림들을 벽에 걸었다.

프루스트는 소설 속 게르망트 공작 부인의 입을 빌려 이에 나 공작의 저택에서 본 신고전주의 양식 가구에 대한 찬사를 늘어놓는다. "우리의 집에 침입하는 그 모든 것, 안락의자 다리에 웅크리고 앉은 스핑크스, 촛대를 휘감은 뱀 ······ 폼페이풍의 등잔불, 마치 나일강에 떠 있는 것처럼 보이는 작은 배 모양의 침대 등." 한 침대에는 세이렌이 부조로 새겨져 있는데 마치 모로의 그림처럼 보인다고 그녀는 말한다.

새집으로 이사 오면서 샤를은 과시용 침대를 엠파이어 양식의 침대로 바꾼다. 실크 천을 늘어뜨린 폴란드식 침대다.

나는 파리의 헌책방에서 미셸과 모리스가 사망한 후 흩어져 버린 그들의 미술품 컬렉션 일부가 실린 경매 카탈로그를 발견한다. 시계를 사려고 입찰했다가 실패한 어느 딜러가, 경매에 나온 모든 품목의 가격을 카탈로그에 적어 두었다. 한 예로, 황도 12궁을 청동으로 상감한 루이 15세의 천체 시계는 1만 780프랑이다. 도자기, 사보느리사의 카펫, 부셰의 그림, 목공예품, 태피스트리 등 이 모든 물건은 에프루시 가문이 파리 사회에 이질감 없이 정착해야 하는 필요성을 보여 준다. 40대 중반에 접어든 샤를이 엠파이어 양식의 회화와 가구를 선호하는 새로운 취향을 갖게 된 데는 단순히 인테리어를 전체적으로 통일하는 것 이상의 의미가 있음을 나는 깨닫기 시작했다. 그것은 자신이 본질적으로 프랑스 사람이라는 주장이었고, 어딘가에 온전히 소속해 있다는 주장이기도 했다. 어쩌면 이교도적 물건들로 혼잡하던 첫 번째 방들에서 탈피해, 선구자적 취향을 가진 사람으로서 권위 있는 삶을 추구하려는 방법이었을 것이다. 엠파이어 양식은 로스차일드 취향도 유대인 취향도 아니다. 그것은 프랑스인의 취향이다.

나는 네쓰케가 이 공간에서 어떻게 보였는지 궁금하다. 샤를이 네쓰케와 서서히 멀어지기 시작한 것은 바로 이 방들에서다. 몽소가에 있던 그의 방들은 "자신의 고유한 시각적 교리를 습득하지" 못했다. 그저 노란색 안락의자만이 빛을 발하고 있었다. 그곳은 손으로 집어서 만져 볼 수 있는 각종 물건이 모인 공간이었다. 하지만 지금 샤를은 권위 있는 사람으로 더욱 성장하는 중이다. 이제 파리 사람들은 농담처럼 그를 "호화로운 샤를"이라고 부른다. 새로운 방에는 손으로 만질 수 있는 물건들이 많지 않다. 청동 마운트가 달린 마이센 화병들을 들어올려 이리저리 살펴볼 엄두가 감히 나지 않을 것이다. 이곳에 있던 가구들은 샤를이 사망한 후 어느 평론가에 의해 동급 최상의 물건으로 평가받았다. "화려하고, 독창적이며, 약간 차갑다." 차갑다는 표현이 맞다. 나는 자료 조사차 들른 몽소가의 니심 드 카몬도 박물관에서, 엠파이어 양식의 안락의자 팔걸이를 만져 보려고 벨벳 줄 너머로 몰래 손을 뻗으면서 생각한다.

유리 진열장을 열고, 상아로 만든 강아지와 나무 욕조 안에서 비누칠하는 여자아이 중에서 무얼 고를까 망설이며 손을 머뭇거리는 일은 이제 상상하기 어렵다. 과연 네쓰케들이 그 공간에 어울리기나 했을지 모르겠다.

새집에서 에프루시 형제는 성대한 저녁 파티와 연회를 열었다. 그중 하나가 1893년 2월 2일 자 『르 골루아』의 사교계 소식 Mondanités 칼럼에 기록되어 있다. "어제저녁 아주 환한 다섯 시, 샤를과 이그나체 에프루시의 저택에서 마틸드 공주를 위한 파티"가 열렸다. 기사 내용은 다음과 같다.

> 공주 전하는 갈부아 남작을 대동하고 이에나가에 있는 화려한 응접실에 도착하셨고, 그곳에는 파리뿐 아니라 전 세계 상류층 인사들이 200명 이상 모여 있었다.

참석자를 무작위로 적어 보면 다음과 같다.

검은색 새틴 드레스의 오송빌 백작 부인, 역시 검

은색 드레스의 폰 몰트케휘이트펠트 백작 부인, 짙은 파란색 벨벳 드레스의 레온 공주, 검은색 벨벳 드레스의 드 모르니 공작 부인, 검은색 새틴 드레스의 루이 드 탈레랑페리고르 공작 부인, 붉은색과 검은색 드레스를 입은 장 드 가네 백작 부인, 검은색 벨벳 드레스의 귀스타브 드 로스차일드 남작 부인 …… 연한 자주색 벨벳 드레스의 루이즈 카엔 당베르 백작 부인, 녹색빛이 도는 회색 드레스의 에드가르 스턴 부인, 결혼 전 성은 디아즈인, 라일락색 벨벳 드레스의 마누엘 드 이투르베 부인, 검은색 드레스의 제임스 드 로스차일드 남작 부인, 결혼 전 성은 카엔인, 회색 새틴 드레스의 카몬도 백작 부인, 검은색 벨벳 드레스에 모피를 걸친 베노아 메친 남작 부인 등.

　남성들 중 유명 인사는 다음과 같다.

　스웨덴 공사, 오를로프 왕자, 사강 왕자, 장 보르게즈 왕자, 모데네 후작, 포랭 씨, 보나 씨, 롤 씨, 블랑쉬 씨, 샤를 이리아르트 슐룸베르거 씨 등.

　레옹 풀드 부인과 쥘 에프루시 부인이 하객들을 맞는 영예를 안았고, 두 사람은 각각 진한 회색 드레스와 밝은 회색 드레스를 입었다.

　우아한 저택에 찬사가 이어졌다. 특히 루카 델라 로비아가 조각한 미다스왕의 대리석 두상이 놓인 루이 16세풍의 그랜드 살롱과 엠파이어 양식을 가장 순수하게 구현한 샤를 에프루시의 방이 단연 화제였다.

연회장 분위기는 활기가 넘쳤고, 헝가리 집시들이 연주하는 매우 아름다운 음악이 흘러나왔다.

마틸드 공주님은 저녁 7시까지도 이에나가를 떠나지 않으셨다.

에프루시 형제들을 보려고 많은 사람이 참석했다. 그날은 보름달이 뜬 춥고 환한 저녁이었다고 『르 골루아』는 기록했다. 이에나가는 플라타너스가 중앙을 가로질러 늘어선 드넓은 길이다. 나는 파티에 도착한 마차들로 도로가 막히고 집 안에서는 집시들의 음악이 흘러나오는 장면을 상상해 본다. 붉은빛이 도는 금발에 티치아노의 그림 속 여인 같은 루이즈가 자주색 벨벳 드레스를 입고서 남편이 있는 르네상스풍의 대저택까지 언덕길 수백 미터를 걸어 올라가는 모습도 상상해 본다.

이듬해에는 "아주 환한 다섯 시" 파티가 열리기 어려웠을 것이다. 화가 J. E. 블랑쉬의 표현대로 1894년 "경마 클럽에서는 이스라엘 왕자들의 탁자를 치워 버렸다."

드레퓌스 사건의 시작이었다. 이 사건은 이후 12년 동안 프랑스를 뒤흔들어 놓았고, 파리는 두 진영으로 양극화됐다. 프랑스 육군 참모 본부 소속의 유대인 장교 알프레드 드레퓌스가 독일 간첩 혐의로 기소됐다. 휴지통에서 발견된 종이쪽지가 증거로 제시되지만 이는 위조된 것이었다. 육군 참모 본부가 보기에도 증거 조작이 분명했지만, 그는 군법 회의에 회부돼 유죄 판결을 받았다. 드레퓌스는 그의 사형을 주장하며 울부짖는 군중들 앞에서 파면됐다. 거리에서는 장난감 교수대들이 팔려 나갔다. 그는 독방 종신형을 선고받고 악마섬에 유배됐다.

이와 거의 동시에 그의 재심을 청구하는 캠페인이 시작됐고, 이는 반유대주의자들의 격렬하고 폭력적인 반발을 불러일으켰다. 유대인들은 자연적 정의를 전복하는 존재로 여겨졌다. 그들의 애국심은 의심받았다. 그들은 드레퓌스를 지지함으로써 자신들이 무엇보다도 유대인이며, 프랑스는 차선에 불과하다는 사실을 증명한다는 것이었다. 국적은 러시아지만 샤를과 그의 형제들은 전형적인 유대인이었다.

2년 후, 에스테라지 소령이라는 또 다른 프랑스 장교가 조작의 배후에 있다는 증거가 나왔다. 하지만 군사 재판 이틀 만에 에스테라지는 무죄로 풀려나고, 드레퓌스의 유죄 판결은 재확정됐다. 이 사기극을 덮기 위한 증거들이 추가로 위조됐다. 1898년 1월 일간지 『로로르 L'Aurore』에는 에밀 졸라가 대통령에게 보내는 간곡한 호소문 「나는 고발한다……!」가 실렸다. 하지만 드레퓌스는 1899년 법정에 재소환되어 세 번째 유죄 판결을 받았다. 졸라는 명예 훼손으로 유죄를 선고받고 영국으로 망명했다. 드레퓌스가 드디어 모든 혐의에서 벗어난 것은 1906년이 되어서였다.

드레퓌스 지지파와 드레퓌스 반대파 두 진영 간에 극심한 분열이 일어났다. 친구들은 절교하고, 가족은 갈라섰다. 본심을 감춘 반유대주의자들이 유대인들과 어울리던 살롱은 노골적인 적대 분위기로 변했다. 샤를의 예술가 친구들 중에서 가장 극렬한 드레퓌스 반대파는 드가였는데, 그는 샤를은 물론이고 유대인 피사로와도 더는 말을 섞지 않았다. 세잔 역시 드레퓌스의 유죄를 확신했고, 르누아르는 샤를과 그의 "유대인 예술"을 대놓고 적대시했다.

신앙으로 보나 성향으로 보나 에프루시 가문은 드레퓌스 지지파였다. 세간의 주목을 받으며 살아온 까닭이기도 했다. 분란이 과열되던 1898년 봄, 앙드레 지드가 지인에게 받은 편지에는 그 사람이 들은 이야기가 적혀 있다. 이에나가에 있는 에프루시 집 앞에서 한 남자가 자기 아이들에게 교리를 가르치고 있었다. "이 집에 누가 살지?" "더러운 유대인이요!" 교외에서 느지막이 저녁을 먹고 파리 북역에서 집으로 돌아오던 이그나체는 그를 망명 중인 졸라로 착각한 경찰 수사관들에게 미행을 당했다. 드레퓌스 반대파 진영인 『르 골루아』의 1898년 10월 19일 자 신문은 이렇게 보도했다. "다섯 명의 요원이 밤새 감시했다. 오후에는 졸라 씨에게 법원 소환장을 전달하러 프레쿠르 경위가 도착했다. 그는 졸라 씨가 에프루시의 집에 피신해 있다고 믿었고 …… 만약 졸라 씨가 위험을 무릅쓰고 돌아온다면, 경찰의 감시망을 피할 수 없을 것이다."

그것은 가족의 전쟁이기도 했다. 샤를과 이그나체의 조카 파니는 죽은 여동생 베티의 사랑스러운 딸로, 테오도르 레나크와 결혼했다. 고고학자이자 고대 그리스 연구자인 그는 프랑스에서 저명한 지식인 가문 출신의 유대인이었다. 정치인인 그의 형 조제프는 드레퓌스를 변호하는 데 앞장섰으며, 훗날 권위 있는 책 『드레퓌스 사건의 역사 Histoire de l'affaire Dreyfus』를 저술한 장본인이기도 하다. 레나크는 반유대주의자들에게 피뢰침 같은 존재가 됐다. 드뤼몽의 분노도 대부분 이 "가짜 프랑스인의 화신"을 겨냥한 것이었다. '유대인 레나크'는 군사 재판에서 계급을 박탈당하고 졸라의 재판정에서 나오는 길에 구타당했으며, 전국적인 악랄한 비방 캠페인의 공격 대상이 됐다.

샤를을 대하는 파리의 분위기도 달라졌다. 사교계에서 문전박대를 당하고 자신이 후원하던 일부 예술가에게도 배척받았다. 그게 어떤 기분이었을지 생각해 보다가, 나는 프루스트의 소설에 나오는 분노한 게르망트 공작을 떠올린다.

> 스완에 대해서라면 …… 모두 이제 그가 공개적인 드레퓌스 지지파라고 말합니다. 나는 그 사람을 믿지 말아야 했습니다. 미식가, 현실적인 분별력을 가진 사람, 수집가, 고서 감정가, 경마 클럽 회원, 모든 이의 존경을 받는 사람, 유명한 장소들을 두루 아는 사람, 마시고 싶은 최고급 포트와인을 보내 주던 사람, 미술 애호가, 가정적인 남자라고 믿었는데. 아! 실망이 너무 큽니다.

파리에서 나는 기록 보관소들을 배회하고 오래된 여러 저택과 사무실을 오가고, 미술관 안에서 방랑한다. 어느 때는 아무런 목적 없이, 어느 때는 지나치게 목적에 집착한다. 나는 기억 속으로 여행을 떠난다. 내 주머니에는 얼룩무늬 늑대 모양의 네쓰케가 들어 있다. 샤를이 프루스트 소설 속 인물인 스완과 서로 얼마나 얽혀 있는지 발견하는 일은 너무 이상하게 느껴진다.

나는 계속해서 샤를 에프루시와 샤를 스완이 교차하는 장소를 찾아다닌다. 샤를이 프루스트가 작품 속 주인공의 실제 모델로 삼은 두 사람 중 한 명이었다는 사실은 이 여정을 시작하기 전에도 어렴풋이 알고 있었다. 둘 중에 비중이 조금 적은 쪽이라고 했다. 나는 조지 페인터가 1950년대에 출간한 프루스트 전기에서 샤를을 비하하는 발언을 읽고 액면 그대로 받아들인 기억이 있다.("폴란드계 유대인 …… 체격이 건장하고 수염을 길렀으며 못생겼다. 그의 태도는 답답하고 무뚝뚝했다.") 프루스트가 인정한 또 다른 모델은 매력적인 멋쟁이이자 클럽 회원인 샤를 아스였다. 그는 작가도 수집가도 아닌 나이 지긋한 남자였다.

내 늑대 네쓰케의 첫 번째 주인이 스완이면 좋겠다. 스완처럼 추진력 있고 사랑받고 우아한 사람이면 좋겠다. 하지만 샤를이 참고 자료나 문헌의 각주 속으로 사라지는 건 원치 않는다. 내게 샤를은 너무 현실적인 존재가 되었기에 프루스트 연구에 몰두하다 그를 잃어버리게 될까 두렵다. 그리고 프루스트의 소설을 벨 에포크 시대의 수수께끼 시acrostic로 바꾸기에는 내가 프루스트를 너무 좋아한다. "내 소설에는 열쇠가 없다."라고 프루스트는 거듭 말했다.

나는 나의 샤를과 소설 속 가상 인물인 샤를 사이의 공통점을, 그들이 공유하는 삶의 궤적을 간단히 정리해 보려 한다. '간단히'라고 하지만, 막상 써 내려가다 보니 제법 목록이 길어진다.

두 사람 모두 유대인이고 사교계 명사다. 그들은 왕족부터 (샤를은 빅토리아 여왕의 파리 순방을 수행했고, 스완은 영국

왕세자의 친구다.) 살롱을 거쳐 화가들의 작업실에 이르기까지 사교계 인맥이 넓다. 그리고 이탈리아 르네상스 시기의 작품, 특히 조토와 보티첼리를 매우 사랑하는 미술 애호가다. 그들은 모두 15세기 베네치아의 메달리언이라는 난해한 주제의 전문가다. 예술품을 수집하고, 인상주의 화가들을 후원하며, 햇살 아래 즐기는 화가 친구들의 선상 파티에는 어울리지 않는 사람들이다.

두 사람 모두 미술에 대한 논문을 쓴다. 스완은 페르메이르를, 나의 샤를은 뒤러를 주제로 책을 쓴다. 그들은 "해박한 예술 지식을 바탕으로 …… 사교계 여성들에게 어떤 그림을 구입하고 집을 어떻게 꾸밀지 조언한다." 에프루시와 스완은 모두 멋쟁이 신사이고 레지옹 도뇌르 슈발리에 훈장을 받았다. 그들의 삶은 자포니즘을 넘어 엠파이어 양식이라는 새로운 취향에 다다른다. 그리고 드레퓌스 지지파인 두 사람은 신중하게 구축해 온 자신의 삶이 유대인 정체성에 깊이 뿌리내리고 있음을 깨닫는다.

프루스트는 실제와 창작을 교묘하게 엮었다. 그의 소설에는 역사적으로 유명한 인물들이 다수 등장하는데, 예를 들어서 마담 슈트라우스와 마틸드 공주는 실존 인물과 가상 인물을 섞어서 재구성한 것이다. 자포니즘에 열광하던 시절을 뒤로 하고 위대한 인상주의 화가가 된 엘스티르는 휘슬러와 르누아르의 요소를 모두 지니고 있지만, 또 다른 역동적인 힘도 있다. 마찬가지로 프루스트의 인물들은 실제 그림 앞에 서 있는 모습으로 등장한다. 그의 소설에서는 시각 요소가 큰 비중을 차지한다.

조토, 보티첼리, 뒤러, 페르메이르, 모로, 모네, 르누아르의 이름이 언급될 뿐만 아니라, 그림을 감상하는 행위, 그림을 수집하는 행위, 대상을 바라보는 법을 기억하는 행위, 두려움의 순간에 대한 기억 등이 자주 등장한다.

스완은 스쳐가는 사람들의 유사점을 찾아낸다. 오데트에게서 보티첼리의 그림을, 연회장에 있는 하인의 옆모습에서 만테냐의 그림을 발견한다. 샤를도 마찬가지였다. 스위스 산장 정원의 자갈길에서 깨끗하게 세탁한 새하얀 드레스를 단정하게 차려 입고 있던 나의 할머니를, 샤를이 몸을 숙여 그녀의 어여쁜 여동생 머리를 쓰다듬고 르누아르의 그림 속 집시 소녀와 비교한 이유를 짐작이나 하셨을까? 궁금한 마음을 누를 수 없다.

내가 본 스완은 재미있고 매력적인 인물이지만 "자물쇠로 잠긴 옷장처럼" 내성적인 면이 있다. 그는 자신이 사랑하는 물건들을 사람들이 더 생생하게 느낄 수 있도록 세상을 움직인다. 자신의 딸과 사랑에 빠진 소설 속 젊은 화자가 집에 방문했을 때, 스완이 아주 정중하게 맞이하며 자신의 숭고한 컬렉션을 소개하는 장면을 떠올려 본다.

나의 샤를은 그런 사람이다. 어린 친구들에게 책이나 그림을 보여 주려고 끝없이 고민하고, 프루스트에게는 오브제와 조각을 주제로 예리하고 솔직하게 글을 쓰고, 사물의 세계에 생명을 불어넣는 사람이다. 맞다. 그렇게 나는 처음으로 베르트 모리조의 작품을 만나고, 뒤로 물러서 있다가 앞으로 다가가며 그림을 감상하는 법을 배웠다. 그렇게 마스네의 오페라를 듣고, 사보느리사의 카펫을 보고, 일본 옻칠 공예품이 시간을 들여 감상할만한 가치가 있음을 알게 되었다. 샤를의 네쓰케를 하나씩 집어 들고, 나는 네쓰케를 고르는 그의 모습을 상상한다. 그리고 신중한 그의 성격을 생각한다. 샤를은 파리라는 화려한 세계에 몸담고 있지만 러시아 국적을 절대 포기한 적이 없다. 이 비밀스러운 은신처를 언제나 마음에 품고 있다.

아버지를 닮아 샤를은 심장이 약했다. 1899년 드레퓌스가 악마섬에서 다시 소환돼 재심에서 유죄를 선고받을 때, 그의 나이 쉰이었다. 그해에 장 파트리코가 섬세한 동판으로 제작한 초상화 속에서 샤를은 고개를 숙이고 생각에 잠긴 모습이다. 수염은 여전히 단정하게 다듬고, 넥타이처럼 맨 스카프는 진주로 고정했다. 그는 음악에 더 많이 관여하며, 지금은 그레퓔 백작 부인이 운영하는 그랑데 오디션 뮤지컬 협회 Société des Grandes Auditions Musicales의 후원자로 활동한다. "그의 조언이 높이 평가되고, 그가 열정을 다해 일하는 곳"이다. 샤를은 그림 구입을 중단한 지 오래인데, 썰물 때 노르망디 해안에 있는 푸르빌의 바위 절벽을 그린 모네의 작품만은 예외였다. 아름다운 그림이다. 전경에는 흐릿하게 채색된 바위들이 있고, 바다에는 어부들이 세워 놓은 나무 기둥들이 마치 서예처럼 낯설게 보인다. 내 생각에는 오히려 일본적인 느낌이 든다.

샤를은 저술 활동도 서서히 줄여 간다. 하지만 『가제트』에서 맡은 소임은 빈틈없이 해냈다. 편집 방향이 분명하고, "절대 늦는 법이 없고, 모든 기사를 아주 사소한 부분까지 성실하게 살피고, 늘 완벽을 추구했다." 그리고 새로운 필자들을 기쁜 마음으로 영입했다.

1905년 『가제트 드 보자르』 부고 기사에 실린 샤를의 초상화. 장 파트리코, 〈샤를 에프루시의 초상〉, 1899년, 동판화.

루이즈에게는 새 연인이 생겼다. 샤를의 자리를 대신한 사람은 스페인의 알폰소 왕세자로, 루이즈보다 서른 살 연하에 다소 유약한 인상이지만 장차 왕이 될 사람이었다.

새로운 세기가 시작될 무렵, 빈에 사는 샤를의 사촌이 결혼을 하게 됐다. 샤를과 빅토어 폰 에프루시는 어릴 적부터 알고 지냈다. 그때는 온 가족, 전 세대가 한 지붕 아래에서 같이 살았고, 저녁이면 파리로 이사할 계획을 세우며 시간을 보냈다. 샤를은 막내 사촌 동생인 어린 빅토어가 심심해하자 하인들의 얼굴 그림을 그려 주었다. 에프루시 일가는 서로 가깝게 지냈다. 친척들은 파리와 빈에서 열리는 파티에서, 비시나 생모리츠에서 보내는 여름휴가에서, 에프루시 산장에서 열리는 파니의 여름 모임에서 서로 만났다. 그리고 샤를과 빅토어에게는 오데사라는 공통점이 있었다. 그곳은 두 사람이 태어난 도시이자 뒤에서 언급하겠지만 모든 것이 시작된 곳이었다.

파리에 사는 세 형제는 빅토어와 그의 어린 신부 에미 셰이폰 코롬라에게 결혼 선물을 보낸다. 이 부부는 링슈트라세에 있는 거대한 팔레 에프루시에서 신혼 생활을 시작할 예정이다.

쥘과 파니는 그들에게 쪽매붙임marquetry*으로 장식한 아름다운 루이 16세 양식의 책상을 선물한다. 밑으로 갈수록 가늘어지는 책상다리 끝에는 작은 금장 발굽이 달렸다.

이그나체는 폭풍우를 만난 두 척의 배를 그린 네덜란드 대가의 작품을 보낸다. 아마도 평생 헌신하는 관계에 얽매이기 싫어하던 사람이 결혼을 우회적으로 빗댄 농담이었을 것이다.

샤를은 파리에서 특별한 것, 엄청난 물건을 보낸다. 그것은 바로 초록색 벨벳 선반이 달린 검은색 진열장, 그리고 진열장 거울에 반사되는 네쓰케 264점이다.

---

* 나무, 상아, 보석 등을 잘라서 짜 맞추는 세공 기법.

2부

빈
1899–1938

12

포템킨 도시

1899년 3월. 샤를이 빅토어와 에미에게 보내는 후한 결혼 선물은 운송 상자에 조심스럽게 담겨 이에나가를 떠난다. 황금색 카펫, 엠파이어 양식의 안락의자, 모로의 작품들과도 이별이다. 선물은 유럽을 가로질러 링슈트라세와 쇼텐가세가 교차하는 빈의 팔레 에프루시에 도착한다.

    이제 샤를과 함께 걷거나 파리의 실내 장식에 대한 글 읽기를 그만두고, 일간지 『노이에 프라이에 프레세 Die Neue Freie Presse』를 읽으며 세기가 바뀔 무렵 빈의 거리 생활에 집중해야 할 때다. 지금은 10월이고, 나는 샤를과 함께 거의 1년을 보냈다. 드레퓌스 사건 자료를 읽느라 시간이 하염없이 흘러서 예상보다 훨씬 오래 걸렸다. 이 도서관에서는 층을 이동할 필요가 없다. 프랑스 문학과 독일 문학이 나란히 놓였다.

    내 회양목 늑대와 상아 호랑이가 어디로 옮겨 갔는지 걱정된다. 나는 빈으로 가는 표를 예약하고 팔레 에프루시로 향한다.

    네쓰케가 이사한 새집은 터무니없이 크다. 고대 그리스 건축 교과서를 그대로 옮겨 놓은 것처럼 보인다. 여기에 비하면 파리에 있는 에프루시 저택들은 소박하게 느껴질 정도다. 팔레 에프루시는 코린트식 각기둥과 도리아식 원기둥, 항아리 장식과 대들보, 지붕 모서리에 있는 네 개의 작은 탑, 지붕을 떠받

친 여인상 기둥 등으로 장식되어 있다. 1층과 2층은 질감이 거친 석재로 튼튼하게 쌓아 올렸고 3층과 4층은 빛바랜 연분홍색 벽돌로, 5층의 여인상 기둥 뒤편은 석재로 마감했다. 반쯤 흘러내린 긴 드레스 차림의 거대한 그리스 여인상은 정면인 링슈트라세 쪽에 여섯 개, 쇼텐가세 쪽 긴 벽으로 열세 개가 있다. 이 여인들은 마치 서툰 춤을 추며 벽을 따라 한 줄로 서 있는 것 같다. 금장을 입힌 기둥머리와 발코니가 많이 보인다. 나는 금에서 벗어나지 못한다. 건물 외벽에서 화려하게 반짝이는 간판은 비교적 새것이다. 현재 팔레 에프루시는 카지노 오스트리아의 본사 건물이다.

 나는 여기서도 집을 구경한다. 아니, 집 구경을 하려 했지만 지금 이 저택의 맞은편에 있는 지하철역과 그 위 전차 정류장에서 사람들이 쉴 새 없이 쏟아져 나온다. 잠시 멈춰 서서 벽에 기대고 바라볼 만한 장소가 없다. 겨울 하늘을 배경으로 건물의 지붕 선을 바라보며 걷다가 나는 전차 선로에 들어설 뻔한다. 코트를 세 겹 껴입고 방한모자로 얼굴을 덮은, 수염이 덥수룩한 어떤 남자가 내 부주의함을 나무라며 호통친다. 나는 돈을 쥐어 주고 그를 쫓아 버린다. 팔레 에프루시 맞은편에 있는 빈 대학교 본관에서는 시위가 한창이다. 미국의 중동 정책, 탄소 배출, 등록금에 항의하는 세 시위대는 각기 목청을 높이며 사람들의 서명을 받으려 경쟁한다. 가만히 서 있는 게 불가능한 곳이다.

 이 집은 지나치게 커서 한눈에 들어오지 않는다. 너무 많은 공간과 너무 많은 하늘을 차지한다. 집이라기보다는 요새나 망

쇼텐가세에서 포티프 성당 쪽을 바라보며 찍은 팔레 에프루시, 1881년 빈.

루에 가까운 건물이다. 나는 그 규모를 가늠하려 애쓴다. 방랑하는 유대인에게 어울리는 집은 결코 아니다. 하필 이때 안경을 떨어뜨려서 한쪽 다리가 망가지는 바람에, 뭐라도 보려면 손가락으로 안경을 꼭 붙잡아야 한다.

나는 지금 빈에 있다. 프로이트가 살던 아파트에서 작은 공원을 사이에 두고 360미터 정도 떨어진 곳, 내 아버지의 조상들이 살던 집 앞에 서 있다. 그런데 눈이 또렷하게 보이지 않는다. 이 거대한 분홍색 건물을 보려고 안경을 올려 잡으면서 나는 중얼거린다. 험난한 여정일 거라는 내 예감이 현실로 나타났다고 상징적인 의미를 부여한다. 벌써부터 헛발을 짚은 기분이다.

그래서 나는 산책에 나선다. 학생들 사이를 비집고 나와 링슈트라세에 접어든 후에야 자유롭게 움직이며 숨을 돌린다.

곡선으로 휘어진 복잡한 대로라는 점 외에도 링슈트라세는 감탄을 자아낼 만큼 제국적인 규모를 띤다. 어찌나 거대한지 처음 조성됐을 당시 어느 비평가는, 이 거리가 광장공포증이라는 완전히 새로운 신경증을 만들어 냈다고 주장했다. 자신들의 새로운 도시에 맞는 공포증을 고안해 내다니, 빈 사람들은 정말 현명하다.

프란츠 요제프 황제는 빈 주변에 현대적인 메트로폴리스를 건설하라고 명령했다. 중세 도시의 오래된 성벽을 허물고 오래된 해자를 메운 후에, 시청사, 의회 의사당, 오페라 하우스, 극장, 박물관, 대학 등 새로운 건물들이 들어선 거대한 원을 건설할 계획이었다. 순환 도로인 링슈트라세는 구도심을 뒤로한 채 미래를 향해 나아갈 것이다. 그것은 찬란한 문명과 문화가 어우러진 빈을 둘러싼 원이자 하나의 아테네, 즉 웅장한 건물들Prachtbauten이 모여서 꽃 피운 이상적인 장소를 지향했다.

각 건물의 건축 양식은 다르지만 전체적으로는 다양한 이질성이 하나로 통합돼, 유럽에서 가장 거대한 공공 공간이자 여러 공원과 광장으로 조성된 하나의 원을 이루게 될 것이다. 영웅광장, 왕궁정원, 시민정원에는 음악과 시, 연극 분야에서 뛰어난 업적을 남긴 인물을 기념하는 조각상이 세워질 예정이었다.

이런 장관을 완성하기 위해 대규모 건설 공사가 뒤따랐다. 20년 동안 먼지에 먼지, 또 먼지가 휘날렸다. 작가인 카를 크라우스는 빈이 "파괴를 거쳐 위대한 도시가 되어 간다."라고 했다.

황제의 통치를 받으며 제국의 영토 안에 사는 신민들은 마자르인, 크로아티아인, 폴란드인, 체코인, 갈리시아와 트리에스테의 유대인 등 전부 열두 민족이고 공식 언어만 여섯 개, 종교는 다섯 개였다. 그들은 모두 제국-황실 Kaiserlich - königlich, k&k*인 이 나라의 문명을 만나게 될 터였다.

계획은 성공했다. 링슈트라세에서는 이상하게도 걸음을 멈추기 어렵다. 전체를 한눈에 조망할 수 있을 것 같은 기약의 순간은 계속 미뤄진다. 이 새로운 거리에서는 어느 특정한 건물만 돋보이지 않는다. 하나의 궁전이나 성당이 정점을 차지하는 분위기가 아니다. 문명사회의 위대한 면모들이 하나씩 차례로 등장하며 시선을 끊임없이 힘차게 끌어당긴다.

나는 앙상한 겨울나무 사이로 결정적인 한 장면이 나타날 거라고, 내 부러진 안경 너머로 액자 속 그림 같은 장면이 보이는 한 순간이 올 거라고 계속 생각한다. 바람이 나를 스치고 간다.

르네상스 양식으로 새로 지은 빈 대학교 건물을 지난다. 가파른 계단을 오르면 아치형 창문이 양옆으로 늘어선 주랑 현관 portico이 나온다. 벽감마다 학자들의 흉상이 있고, 지붕 위에는 고대 그리스 병정 조각상들이 보인다. 여러 해부학자, 시인, 철학자의 이름이 적힌 금빛 두루마리 장식도 있다.

환상적인 고딕 양식의 시청 건물을 지나 오페라 하우스 쪽으로 걷는다. 박물관들과 당대 최고 건축가인 테오필루스 한센이 설계한 의회 의사당을 지난다. 덴마크 출신인 한센은 아테네에서 고대 그리스 고고학을 공부하고 아테네 학술원을 설계하

* 오스트리아-헝가리 제국.

여 이름을 알렸다. 그는 이곳 순환도로 위에 빌헬름 공작의 링 슈트라세 팔레, 빈 음악협회, 빈 미술 아카데미, 빈 증권 거래소 건물을 차례로 지었다. 그리고 팔레 에프루시도. 1880년대까지 너무 많은 설계 의뢰를 받았기 때문에 다른 건축가들은 한센과 "그의 부하들······ 즉 유대인"이 음모를 꾸몄다고 의심했다.

음모는 없었다. 한센은 고객이 원하는 것을 제공하는 데 탁월한 재능이 있었을 뿐이다. 그가 설계한 의회 의사당 건물은 세부적인 부분까지 고대 그리스 양식으로 지어졌다. 거대한 주랑 현관은 민주주의의 탄생을 말하고, 아테나 조각상은 빈의 수호자를 상징한다. 어디를 둘러봐도 빈을 찬양하는 작은 요소들이 존재한다. 지붕 위에는 고대 그리스 전차가 있다.

사실, 고개를 들어 하늘을 올려다보면 곳곳에 인물 조각상들이 보인다.

계속해서 걸음을 옮긴다. 중간중간에 공원이 있고 간간이 조각상이 등장하는 가운데 일련의 건물이 음악처럼 이어진다. 그 리듬은 링슈트라세의 설립 취지에 맞는다. 1865년 5월 1일 황제 부부의 시가행진으로 공식 개장한 이래, 이곳은 진보의 공간이자 과시의 공간이었다. 합스부르크 황실은 스페인 궁정 의례를 따랐는데, 의전 형식이 엄격하고 복잡한 궁정 행렬이 셀 수 없이 많았다. 매일 시 연대의 행진이 펼쳐졌고 중요 축일에는 헝가리 근위대의 행진이 있었다. 황실 가족의 생일과 기념일에는 축하 행진이, 왕위를 승계할 공주가 태어나거나 장례식 때는 의장대 사열이 있었다. 모든 왕실 근위병은 어깨띠, 모피 장식, 깃털 달린 모자, 견장 등이 서로 다른 제복을 입었다. 빈의 링슈트라세에 있다는 것은 행진하는 군악대와 발소리가 들리는 곳에 있다는 의미였다. 합스부르크 군대는 "세계에서 가장 잘 차려입은 군대"였고 그에 어울리는 무대도 갖추고 있었다.

출발점이 아니라 목적지가 있는 사람처럼 내가 너무 빨리 걷고 있다는 걸 깨닫는다. 이곳은 천천히 걷는 일상 '산책로 Corso'로 만들어진 거리였다. 케른트너 링을 따라 사교계 사람들이 서로 만나고 연애하고 잡담을 나누고 타인의 시선을 끄는 의례적인 산책로였다. 빅토어와 에미가 결혼할 무렵 빈에서는 각종 추문을 그린 삽화집이 유행했는데, 거기에는 구레나룻을 기르고 지팡이를 든 남자가 추근대거나 고급 매춘부가 추파를 던지는 "산책로의 모험 Ein Corso Abenteuer"을 묘사한 스케치가 종종 등장했다. 펠릭스 잘텐의 표현대로 산책로는 "유행을 좇는 기사, 코안경을 쓴 귀족, 바지 주름을 빳빳하게 세운 군인으로 늘 북적거렸다."

이곳은 옷을 차려입고 나가는 곳이었다. 사실 빈에서 가장 화려하게 꾸민 사람들을 볼 수 있는 장소였다. 빅토어와 에미가 결혼하고 샤를의 네쓰케가 도착하기 20년 전인 1879년, 화가 한스 마카르트는 황제의 결혼 25주년을 기념하는 장인들의 행렬을 기획했다. 그는 역사를 환상적으로 해석한 대작들로 선풍적인 인기를 끌었다. 빈의 장인들은 43개의 길드로 나뉘었고, 각 길드는 우화적인 분위기로 장식한 행진용 수레를 끌고 나왔다. 음악가, 전령, 창을 든 병사, 깃발을 든 사람 등이 수레 주변을 떼 지어 에워쌌다. 행렬에 참가한 모든 사람은 르네상스 시대 의상을 입고, 챙 넓은 모자를 쓴 마카르트는 하얀 군마를 타고 이 요란한 행렬을 이끌었다. 르네상스, 루벤스의 그림, 고전주의 등을 조금씩 섞은 이 행사가 링슈트라세와 완벽하게 어울린다는 생각이 든다.

타인의 시선을 의식하게 되는 거대한 공간이란 점에서 세실 블런트 데밀의 영화 같은 측면도 약간 있다. 나는 이곳에 어울리는 관객이 아니다. 젊은 화가이자 건축학도인 아돌프 히틀러는 링슈트라세에 걸맞은 본능적인 반응을 보였다. "아침부터 밤늦게까지 흥미로운 대상을 찾아 이리저리 돌아다녔지만, 내 주된 관심은 언제나 건물이었다. 나는 몇 시간을 오페라 하우스 앞에 서 있기도 하고, 의회 의사당을 몇 시간 동안 바라보기도 했다. 내게는 링슈트라세 전체가 『천일야화』에 나오는 마법 같았다." 히틀러는 부르크 극장, 한센이 설계한 의회 의사당, 팔레 에프루시 맞은편에 있는 빈 대학교 건물과 포티프 성당 등 링슈트라세에 있는 큰 건물들을 전부 그림으로 그렸다. 히틀러는 공간을 어떻게 극적인 연출에 활용할 수 있는지 잘 이해하고 있었다. 그는 이 모든 장식을 다른 방식으로 이해했는데, 즉 '영원한 가치'를 구현한다고 보았다.

이 모든 마법은 급속히 성장하던 금융업자와 산업가 계급에게 건물 부지를 매각해서 비용을 충당했다. 땅은 대부분의 링슈트라세에 대저택인 팔레를 짓는 데 쓰였는데, 그 건물들은 웅장한 정면부 뒤로 일련의 방이 이어지는 형태였다. 사람들은 링슈트라세 쪽으로 난 큰 현관문과 발코니, 창문, 대리석 현관, 천장화가 그려진 응접실이 딸린 위엄 있는 팔레의 주소를 가질 수 있었다. 하지만 생활은 대부분 한 층에서 이뤄졌다. 그 층을 노벨스토크Nobelstock라고 하는데, 주요 응접실이 모두 커다란 연회장을 중심으로 배치된 구조였다. 노벨스토크는 창문 주위에 길게 늘어진 장식이 많아서 쉽게 알아볼 수 있다.

새로 지은 팔레에 사는 사람들 대부분이 최근에 부를 쌓은 가문의 일원이었고, 그 말은 곧 링슈트라세가 사실상 유대인 거리라는 뜻이었다. 나는 팔레 에프루시에서 출발해 리벤, 토데스코, 엡스타인, 셰이 폰 코롬라, 쾨니히스바르터, 베르트하임, 구트만 가문의 팔레를 지나간다. 이 화려한 건물들은 근친혼을 한 유대인 가문들의 출석부이자, 유대인 정체성과 장식이 어우러져 부에 대한 자부심을 드러내는 건축 퍼레이드다.

바람을 등지고 걸으면서 나는 몽소가 주변을 '방랑'하던 때를 생각하고, 졸라의 소설에서 탐욕스러운 부동산업자 사카르의 천박하고 화려한 저택이 주변과 어울리지 않아 거슬리던 장면을 떠올린다. 이곳 빈에서는 팔레의 멋진 외관 뒤에 사는 유대인 거리의 유대인을 두고 미묘하게 다른 의견이 존재한다. 여기서는 흔히들 유대인이 지나치게 동화되고 비유대인 이웃을 너무 잘 흉내 내서, 빈 사람들을 속이고 링슈트라세의 건물 속으로 사라졌다고 말한다.

로베르트 무질의 소설 『특성 없는 남자』에서 나이 든 라인스도르프 백작은 이 사라지는 행위를 진지하게 생각해 본다. 유대인들은 자기 민족의 장식적 전통을 고수하지 않음으로써 빈 사교계를 혼란에 빠트렸다.

이른바 유대인 문제는 유대인들이 히브리어로 말하

고, 자신의 옛 이름을 쓰고, 동부 유럽의 의상을 입기로 마음만 먹으면 흔적도 없이 사라질 것이다. …… 솔직히 최근 빈에서 큰돈을 번 갈리시아 출신 유대인이 티롤 의상을 입고 알프스산양 털로 만든 술 장식 모자를 쓰고서 이슐의 산책로를 돌아다니면 이상하게 보인다. 하지만 그에게 흘러내리는 긴 가운을 입혀 보자. …… 그들이 우리 링슈트라세를 산책하는 모습을 상상해 보자. 여기는 서유럽에서 가장 세련되고 우아한 곳이고 빨간 페즈fez 모자를 쓴 이슬람교도, 양가죽을 걸친 슬로바키아인, 맨발의 티롤인을 볼 수 있는 세계에서 유일한 장소다.

빈의 빈민가인 레오폴트슈타트에 가면 본래 모습 그대로 사는 유대인들을 볼 수 있다. 방 하나에 열두 명이 살고, 물은 나오지 않고, 골목은 소란스럽고, 유대인 고유의 옷을 입고, 자신들의 고유한 은어를 사용한다. 1863년에 세 살배기 빅토어가 오데사에서 빈에 도착했을 때, 빈에 거주하는 유대인은 8000명이 채 되지 않았다. 1867년에 황제는 유대인에게 시민 평등권을 부여함으로써 재산 소유와 교사 임용을 금지하던 마지막 장벽을 무너뜨렸다. 빅토어가 서른 살이던 1890년에는 11만 8000명의 유대인이 빈에 살았는데, 대부분 지난 10년 동안 갈리시아 지방을 휩쓸던 유대인 집단 학살의 공포를 피해 새로 이주한 동유럽 유대인이었다. 보헤미아, 모라비아, 헝가리의 작은 마을에 살던 유대인들은 열악한 생활 조건 때문에 빈으로 왔다. 그들은 이디시어를 사용하고 때때로 카프탄을 입는 등 자신들의 탈무드 유산에 빠져 있었다. 빈에서 대중적으로 인기 있던 어느 신문 기사에 따르면, 이 이민자들은 종교적 살인 의식에 연루됐을 가능성이 있고 매춘, 헌옷 장사, 이상한 바구니를 등에 지고 도시 곳곳에서 물건을 파는 행상 등에 관련된 것이 분명하다.

1899년 빅토어와 에미가 결혼할 당시 빈에는 유대인 14만 5000명이 살았다. 1910년까지 유럽에서 빈보다 유대인 인구가 많은 도시는 바르샤바와 부다페스트뿐이었고, 전 세계에서 유대인이 가장 많은 곳은 뉴욕이었다. 그리고 유대인은 여타 민족과는 달랐다. 새로운 이주민 2세대 가운데 상당수가 주목할 만한 성공을 거두었다. 20세기로 접어들 무렵 작가 야코프 바서만은 다음과 같이 썼다. "빈은 유대인이 공공 영역을 전부 장악한 도시다. 은행, 언론, 연극, 문학, 사회단체 등 모든 것이 유대인의 손안에 있다. …… 나는 많은 유대인이 변호사, 클럽 회원, 속물, 멋쟁이 신사, 노동자, 배우, 언론인, 시인이라는 사실에 놀랐다." 실제로 빈에서 활동하는 금융인의 71퍼센트, 변호사의 65퍼센트, 의사의 59퍼센트가 유대인이었으며 언론인도 절반이 유대인이었다. 위컴 스티드는 합스부르크 제국을 다룬 그의 반유대주의 저서에서 『노이에 프라이에 프레세』는 "유대인이 소유하고 편집하고 집필했다."라고 말했다.

유대인들은 지금은 사라졌지만 한때는 완벽한 건물 정면부를 가지고 있었다. 그곳은 포템킨^{Potemkin} 도시였고 그들은 포템킨에 사는 주민이었다. 러시아 장군 포템킨이 시찰차 방문하는 예카테리나 대제에게 잘 보이려고 나무와 회반죽으로 만든 가짜 도시처럼, 링슈트라세 역시 거대한 허상에 불과하다고 선동적인 청년 건축가 아돌프 로스는 적었다. 그곳은 포템킨스러웠다potemkinisch. 건물 정면부는 건물 자체와 아무 관련이 없었다. 석재는 장식일 뿐, 모두 벼락부자를 위한 사탕발림이었다. 빈 사람들은 "가짜라는 걸 아무도 눈치채지 못하길 바라면서" 이 연극 무대 위에서 사는 삶을 멈춰야 했다. 풍자 작가인 카를 크라우스도 같은 의견이었다. 그것은 "장식에 의한 실생활의 타락"이었다. 더 심각한 문제는 이 과정에서 언어 또한 "재앙에 가까운 혼돈"에 오염됐다는 점이다. "어법은 정신의 장식물이다." 이렇게 장식적인 건물, 장식을 좋아하는 취향, 장식적인 생활이 사람들 주변을 계속 맴돌고 있었다. 빈은 과장과 과시가 넘치는 도시가 되었다.

 이곳은 네쓰케를 보내기에는 무척 복잡한 곳이라고, 나는 해 질 녘 팔레 에프루시로 돌아와 차분해진 마음으로 생각한다. 복잡하게 느껴지는 까닭은 이 모든 장식의 의미를 내가 알지 못해서다. 내 네쓰케들은 회양목이나 상아로 만들어졌다. 그리고 한결같이 단단하다. 포템킨스럽지 않고 회반죽과 풀로 만들지도 않았다. 재미있고 작은 이 물건들이 타인의 시선을 의식하고 허세가 심한 이 도시에서 어떻게 살아남을지 모르겠다.

 그러나 다시 말하지만 실용성을 이유로 네쓰케를 비난할 사람은 아무도 없다. 네쓰케는 분명 장식용으로, 심지어 일종의 마법으로도 여겨질 수 있다. 빈에 도착한 샤를의 결혼 선물이 과연 적절했을지 궁금하다.

13

유대인 거리

네쓰케가 팔레 에프루시에 도착했을 때는 이 집이 세워진 지 30년 가까이 되었을 무렵이다. 파리 몽소가의 오텔 에프루시도 거의 비슷한 시기에 지어졌다. 이 건물 자체가 한 편의 연극이자 박수갈채를 받을 만큼 훌륭한 공연이다. 건축 설계를 의뢰한 사람은 빅토어의 아버지이자 내 할머니의 조부인 이그나체였다.

유감스럽게도 이 책에는 삼대에 걸쳐 세 명의 이그나체 에프루시가 등장한다. 그중에서 가장 어린 이그나체는 도쿄 아파트에 살던, 내 할머니의 동생이기다. 그리고 샤를의 형이자 쉴 새 없이 연애를 하며 결투를 일삼던 파리의 이그나체가 있다. 이곳 빈에서 우리가 만날 사람은 이그나체 폰 에프루시 남작이다. 철십자 훈장 보유자인 그는 황실군 복무 경력을 인정받아 귀족 작위를 받았고, 노르웨이 왕실의 성 올라프 기사단 기사이자 스웨덴과 노르웨이 국왕의 명예 영사였으며, 베사라비아의 황금 양모 기사단 단원이었고, 러시아 월계관 훈장을 받았다.

이그나체는 빈에서 두 번째로 부유한 은행가였다. 링슈트라세에 있는 또 다른 대형 건물 한 채와 은행 건물 단지 전체가 그의 소유였다. 빈에 있는 재산만 그 정도였다. 1899년도 회계 감사 자료를 보면 그의 자산은 330만 8319플로린으로 현재 가

이그나체 폰 에프루시 남작, 1871년.

치로 환산하면 약 1억 달러에 달했다. 자산의 70퍼센트는 주식, 23퍼센트는 부동산, 5퍼센트는 예술품과 귀금속, 나머지 2퍼센트는 금이었다. 정체를 알 수 없는 화려한 직함들만큼이나 엄청난 양의 금을 보유하고 있었다. 위의 재산 목록에 부응하려면 여인상 조각 기둥과 금박 장식을 추가로 설치한 건물 정면부가 필요했을 것이다.

이그나체는 근대 오스트리아의 창건기 Gründerzeit를 이끈 창업자 Gründer 가운데 한 명이다. 그는 부모님과 형 레온과 함께 오데사에서 빈으로 이주했다. 1862년 빈에서 다뉴브강 범람으로 성 슈테판 대성당의 제단 계단까지 물이 차올랐을 때, 제방과 다리를 새로 건설할 수 있도록 정부에 돈을 빌려준 것은 에프루시 가문이었다.

나에게는 이그나체를 그린 드로잉 한 점이 있다. 쉰 살 남짓으로 보이는 그는 옷깃이 넓은 아름다운 재킷을 입고 굵게 매듭지은 넥타이에 진주 장식을 꽂았다. 수염을 기르고 검은 머리를 이마 뒤로 빗어 넘긴 이그나체는 나를 평가하듯 똑바로 쳐다보고, 굳게 다문 입에서는 금방이라도 단호한 말이 튀어나올 듯하다.

그의 아내 에밀리에의 초상화도 있는데, 회색 눈동자의 에밀리에는 긴 진주 목걸이를 목에 칭칭 감아 검정색 실크 드레스 위로 늘어뜨렸다. 역시 무언가를 평가하는 듯한 표정이다. 내가 이 그림을 집에 걸었다가 번번이 내리고 만 이유도, 그녀가 우리 집안 살림을 못 미더운 시선으로 내려다보는 기분이 들어서다. 가족들 사이에서 '악어'로 통하던 에밀리에는 웃을 때마다 매력적인 미소를 지었다. 이그나체가 여러 명의 정부를 두었을 뿐 아니라 에밀리에의 두 여동생과 바람을 피웠다는 걸 헤아리면, 그녀가 웃고 있는 것만으로도 다행이라는 생각이 든다.

건축가로 한센을 선택한 사람은 이그나체였을 거라고 짐작한다. 그는 상징을 효과적으로 사용하는 방법을 정확하게 알고 있었다. 이 부유한 유대인 은행가가 원한 것은 자기 가문의 신분 상승을 극적으로 보여 줄 건물, 다시 말해 링슈트라세에 있는 모든 주요 대형 기관과 어깨를 나란히 하는 집이었다.

1869년 5월 12일에 두 사람의 계약이 체결되고, 8월 말에 시에서 건축 허가를 받았다. 팔레 에프루시 공사에 착수할 무렵 테오필루스 한센은 귀족으로 승격되었다. 이제 그의 이름은 테오필 프라이헤어 폰 한센이고, 그의 고객은 갓 기사 작위를 받은 이그나체 리터 폰 에프루시였다. 시작부터 이그나체와 한센은 건물 높이를 두고 의견 충돌을 일으켰다. 고집 센 두 남자가 이 훌륭한 건축 부지를 어떻게 사용할지 고민하는 동안 설계도는 끊임없이 수정됐다. 이그나체는 말 네 마리가 들어갈 마구간과 "마차 두세 대"를 세워 둘 보관소를 요구했다. 그의 가장 중요한 요구 사항은 집안사람 누구도 사용할 수 없는 오직 자기만을 위한 계단을 만들어 달라는 것이었다. 이 모든 내용은 1871년 건축 전문지 『알게마이네 바우차이퉁Allgemeine Bauzeitung』에 실린 기사에서 멋진 평면도, 입면도와 함께 확인할 수 있다. 팔레 에프루시는 빈을 정면에서 감상할 수 있는 특별 관람석이 되었다. 발코니에서 도시가 내려다보이고 거대한 참나무 대문을 열면 바로 도시로 연결됐다.

 나는 밖에 서 있다. 지금이 내가 선택할 수 있는 마지막 순간이다. 돌아서서 길을 건너 전차를 타고 이 궁전 같은 집과 이야기를 남겨 둔 채 떠날 수 있다. 나는 숨을 들이마신다. 왼쪽 문을 밀고 육중한 참나무 대문으로 들어가니 길고 높고 어두운 복도가 나온다. 머리 위는 금색의 격자무늬 천장이다. 계속 가면 유리로 덮인 5층 높이의 안뜰로 들어선다. 내부 발코니가 거대한 공간에 생기를 불어넣는다. 눈앞에는 무심하게 리라를 연주하는 근육질의 아폴론 등신상이 받침대 위에 서 있다.

 작은 나무 화분들과 안내 데스크가 있다. 내 소개를 하고 여기가 우리 가족이 살던 집이라고 서툴게 설명하며, 문제가 되지 않는다면 건물 안을 좀 둘러보고 싶다고 말한다. "전혀 문제없습니다." 매력적인 남성이 나타나서 무엇을 보고 싶은지 묻는다.

보이는 건 온통 대리석뿐이다. 대리석이 아주 많다는 말로는 설명이 부족하다. 바닥, 계단, 계단 벽, 계단 기둥, 계단 위의 천장, 계단 천장의 몰딩까지 모든 게 대리석이다. 왼쪽으로 돌아 폭이 좁은 가족용 대리석 계단을 올라간다. 오른쪽으로 돌아서면 또 다른 현관이 나온다. 아래를 내려다보니 가문의 설립자인 요아힘 에프루시의 머리글자 JE와 왕관 모양 장식이 대리석 바닥에 새겨져 있다. 현관의 중앙 계단 양옆에는 내 키보다 큰 장식용 촛대가 서 있다. 폭이 좁아서 넘어질 것 같은 계단이 끝없이 이어진다. 검은색 대리석 문틀이 있는 검은색과 금색의 거대한 이중문이 나온다. 나는 그 문을 열고 이그나체 에프루시의 세계로 들어간다.

금으로 뒤덮인 방은 아주아주 어둡다. 벽은 띠 모양의 금색 테두리 패널들로 나뉘어 있다. 거대한 벽난로는 대리석으로 만들었다. 바닥은 기하학무늬 조각을 정교하게 이어 붙인 쪽매널parquet* 마루다. 천장에는 두꺼운 금색 몰딩을 두른 마름모형, 타원형, 삼각형 패널들이 복잡하게 연결되어 있다. 높낮이가 있는 격자 천장은 신고전주의 양식의 복잡한 넝쿨무늬로 장식되었고, 화환과 아칸서스잎 무늬가 화려함을 더한다. 천장화는 오페라 하우스 공연장의 천장 장식으로 찬사를 받은 크리스티안 그리펜케를이 제작했다. 각 방은 고대 그리스 신화를 주

---

* 쪽매붙임과 같은 기법이되 기하학 문양을 사용한다.

제로 꾸몄다. 당구실은 레다, 안티오페, 다나에, 에우로페 등 제우스가 정복한 여성을 그린 그림들로 장식했는데, 알몸의 여인들이 아기 천사들과 벨벳 천에 둘러싸여 있다. 음악실에는 뮤즈를 상징하는 그림들이 있다. 응접실에서는 온갖 여신이 꽃을 흩뿌리고, 작은 응접실 여기저기에는 아기 천사들이 보인다. 식당은 와인을 따르는 님프, 포도 넝쿨, 매달린 사냥감으로 장식되어서 누가 봐도 한눈에 식당인지 알 수 있다. 출입문의 상인방上引枋 위에 있는 아기 천사들은 아무 의미 없는 단순한 장식이다.

 집 안의 모든 것이 아주 밝게 빛난다. 대리석으로 마감한 표면에는 손에 잡히는 게 하나도 없다. 촉각의 부재가 나를 불안하게 한다. 손으로 벽을 쓸어 보니 약간 차갑고 끈적거리는 느낌이 든다. 나는 파리 오페라 하우스에서 목을 길게 빼고 보드리의 천장화를 올려다보며, 벨 에포크 양식 건축에 대한 내 느낌은 어느 정도 정리됐다고 생각했다. 그러나 여기서는 모든 게 훨씬 더 가까이 있고 훨씬 더 개인적이다. 과감한 금색이고, 손에 잡히는 것도 과감하게 생략했다. 이그나체는 무엇을 하려던 걸까? 자신을 비난하는 사람들을 숨죽이게 하려던 걸까?

 커다란 창문 세 개 너머로 광장을 가로질러 포티프 성당이 보이는 연회장에서, 이그나체는 불쑥 어떤 비밀을 드러낸다. 링슈트라세의 다른 저택들은 그리스 신화에 나오는 엘리시온 같은 주제로 연회장을 꾸몄지만, 이곳 천장에는 구약 에스테르기 이야기가 그려져 있다. 페르시아 왕후로 등극한 에스테르가 랍비 예복을 입은 대제사장 앞에 무릎을 꿇은 채 축

복받고, 그 뒤에는 신하들이 무릎을 꿇은 모습이다. 이어서 유대인 병사들이 유대인의 적인 하만의 아들들을 멸하는 장면이 나온다.

아름다운 작품이다. 이것은 지속적이고 은밀하게 자신이 누구인지를 주장하는 방법이다. 연회장은 비유대교 이웃들이 유대인 가정에서 공식적으로 볼 수 있는 유일한 공간이다. 집이 제아무리 크고 집주인이 아무리 부유해도 마찬가지다. 이 작품은 링슈트라세 전체에서 단 하나뿐인 유대인 그림이다. 여기 유대인 거리에 조그만 시온산이 있다.

14

실제 있던 그대로의 역사

온통 대리석으로 만들어진 이 팔레 에프루시는 이그나체의 세 자녀가 자란 곳이다. 아버지가 주신 가족사진 상자 안에는 이들을 찍은 살롱 사진이 한 장 있다. 아이들은 벨벳 커튼과 야자수 화분 사이에 경직된 자세로 서 있다. 맏아들인 슈테판은 잘생겼지만 어딘지 불안해 보인다. 곡물 업무를 익히며 아버지와 함께 사무실에서 하루하루를 보내던 때다. 풍성한 곱슬머리에 얼굴이 길고 눈이 큰 아나는 몹시 지루한 표정이고, 양손으로 쥔 사진첩은 금방이라도 떨어질 것만 같다. 열다섯 살인 아나는 사교춤 수업을 받는 시간 외에는 얼음처럼 차가운 성격인 어머니와 함께 하루 종일 마차를 타고 다른 저택들을 오가며 지낸다. 그리고 내 할머니의 부친인 어린 시절의 빅토어가 있다. 러시아 조상의 이름에서 따와 타샤라는 애칭으로 불리던 그는 벨벳 정장을 입고 벨벳 모자와 지팡이를 손에 든 모습이다. 윤기가 흐르는 까만 웨이브 머리의 빅토어는 긴 오후 시간을 공부방이 아닌 무거운 커튼 아래서 보내는 대신 다른 보상을 받기로 한 듯 보인다.

빅토어의 공부방 창밖으로는 마무리 공사가 한창인 빈 대학교 신축 현장이 내다보인다. 수학적 비율로 늘어선 일련의 기둥은 빈 사람들에게 지식이란 현세적이며 새로운 것이라고 알려준다. 링슈트라세 쪽에 면한 새 저택의 모든 창문에서는 수년간 먼지와 폐허만 보였다. 샤를이 파리의 살롱에서 마담 르메르와 비제 이야기를 나누는 동안, 빅토어는 팔레 에프루시의 공부방에서 독일어 가정 교사인 프로이센 출신의 베셀 선생님과 수업을 한다. 베셀 선생님은 그에게 영어로 쓰인 에드워드 기번의 『로마제국 쇠망사』를 독일어로 번역하게 하고 독일의 위대한 역사학자 레오폴트 폰 랑케의 "실제 있던 그대로의 wie es eigentlich gewesen" 역사관에 입각해 역사가 어떻게 작동하는지 가르쳤다. 역사는 지금도 계속 진행 중이라고 빅토어는 배웠다. 헤로도토스, 키케로, 플리니우스, 타키투스를 지나 여러 제국을 거쳐 오스트리아-헝가리 제국으로, 그리고 비스마르크와 새로운 독일을 향해 역사는 밀밭 사이로 부는 바람처럼 계속 흘러간다.

베셀 선생님은 역사를 이해하려면 오비디우스와 베르길리우스를 반드시 알아야 한다고 가르쳤다. "영웅들이 어떻게 유배를 당하고 패배를 겪고 귀환하는지 반드시 알아둬야 한다." 그래서 빅토어는 역사 수업이 끝나면 베르길리우스의 『아이네이스』를 조금씩 암기해야 한다. 그러고 나서 휴식 시간이 되면 베셀 선생님은 빅토어에게 괴테, 실러, 폰 훔볼트를 가르친다. 빅토어는 독일을 사랑하는 것이 곧 계몽주의를 사랑하는 것이라고 배운다. 독일적인 것은 후진성에서 해방됨을 의미하며 '빌둥Bildung', 즉 문화와 지식, 경험을 향해 나아가는 여정을 뜻한다. 빌둥은 러시아어에서 독일어로, 오데사에서 링슈트라세로, 곡물 무역에서 실러 책 읽기로 이어지는 여정 속에 함축

되어 있다. 빅토어는 자기가 읽을 책을 스스로 사기 시작한다.

가족들도 빅토어는 총명한 아이이니 그에 합당한 교육을 받아야 한다고 생각한다. 샤를과 마찬가지로 빅토어는 장남이 아니기에 커서 은행가가 될 필요는 없을 것이다. 레온의 맏아들 쥘이 그랬듯이 가업을 승계할 준비는 슈테판이 하고 있다. 몇 년 후에 찍은 사진 속에서 이제 겨우 스물두 살인 빅토어는 훌륭한 유대인 학자의 외모를 풍긴다. 턱수염은 말끔하게 다듬고, 적정 체중보다 약간 통통하고, 깃이 높이 올라 온 흰색 셔츠에 검은색 재킷을 입었다. 물론 에프루시 집안 특유의 코를 가졌지만, 가장 눈에 띄는 것은 그가 쓴 코안경이다. 이것은 역사학자를 꿈꾸는 젊은이의 표식이다. 실제로 빅토어는 스승의 가르침대로 역사 속에서 현재의 의미와 진보의 맥락에서 반동 세력을 어떻게 이해할지 등을 주제로 '그의' 카페에서 오랜 시간 담론을 펼칠 수 있다.

모든 젊은이에게는 자기만의 단골 카페가 있고, 각 카페의 분위기는 미묘하게 다르다. 빅토어가 다니는 카페는 호프부르크 왕궁 근처인 팔레 헤르베르슈타인에 있는 그리엔슈타이들이었다. 그곳은 시인 후고 폰 호프만슈탈과 극작가 아르투어 슈니츨러가 결성한 젊은 문인 그룹 청년 빈Jung Wien의 모임 장소였다. 시인 페터 알텐베르크는 자신의 탁자로 우편물을 배달받았다. 카페에는 각종 신문이 산더미처럼 쌓였고, 『브리태니커 백과사전』에 맞서 발행된 독일의 『마이어스 백과사전Meyers Konversations-Lexikon』 전집이 있어서 논쟁을 도발하거나 대응할 때, 또 신문 기사를 쓸 소재를 찾을 때 유용했다. 그리엔슈타이들 카페에서는 높은 천장 아래 앉아 커피 한 잔을 즐기며 글을 쓰거나 혹은 쓰지 않거나, 조간신문인 『노이에 프라이에 프레세』를 읽으면서 석간신문을 기다리는 등 하루 종일 시간을 보낼 수 있었다. 『노이에 프라이에 프레세』의 파리 특파원으로 몽소가의 아파트에 살던 테오도어 헤르츨은 유대인 국가를 세우자는 황당한 주장을 펼치며 이 카페에서 종종 논쟁을 벌이고 글을 썼다. 심지어 카페 종업원들도 커다란 원형 탁자 주변에서 대화에 동참한다는 소문이 돌았다. 풍자 작가인 카를 크라우스의 유명한 표현대로 그곳은 "세계 종말의 실험장"이었다.

카페에서는 현실에서 벗어나 감상적인 태도를 취할 수 있었다. 빅토어의 친구 대다수가 이런 태도를 공유했다. 그들은 부유한 유대인 은행가나 기업가의 아들이었고, 대리석으로 지은 링슈트라세의 대저택에서 자란 세대였다. 그 아버지들은 도시와 철도 건설에 자금을 대고, 부를 축적하고, 유럽 대륙 곳곳으로 가족을 이주시켰다. 이 창업자들의 기대에 부응하기란 어려웠고, 결국 할 수 있는 일은 그저 대화를 나누는 것뿐이었다.

이 아들들은 공통적으로 자신의 미래를 불안해했다. 그들의 앞날에는 명문가의 탄탄대로 인생이 펼쳐져 있고, 가족의 기대에 부응하며 앞으로 나아갈 것이다. 그것은 금으로 장식한 부모님 집 천장 밑에서 살고, 금융인의 딸과 결혼하고, 파티에서 끊임없이 춤을 추고, 장차 오랜 세월 동안 사업에 매진하는 삶을 의미했다. 이는 링슈트라세 스타일, 즉 과시와 자만심, 벼락부자를 뜻했다. 그리고 저녁 식사 후에 당구실에서 아버지

친구들과 당구를 치고, 아기 천사 조각상들의 감시를 받으며 대리석 저택 안에 갇혀 지내는 삶을 의미했다.

이 젊은이들은 때로는 유대인으로, 때로는 빈 시민으로 여겨졌다. 그들이 이 도시에서 태어난 사실은 전혀 중요하지 않았다. 유대인은 누대에 걸쳐 빈에서 살아온 사람에 비해 부당한 혜택을 누렸는데, 유대인 이민자에게 그런 자유를 선물한 것은 바로 빈 시민들이었다. 영국 작가 헨리 위컴 스티드는 이렇게 말했다.

> 영리하고 눈치가 빠르며 포기할 줄 모르는 유대인은 방어력도 경쟁력도 전혀 없는 대중과 정계 모두를 착취하는 자유를 누렸다. 탈무드와 유대교 회당에서 막 나온, 그리하여 법을 주무르고 음모를 꾸미는 일에 능숙한 유대인 침략자가 갈리시아와 헝가리에서 쳐들어와서 모든 걸 자기 뜻대로 이루었다. 그들은 잘 알려지지 않았기에 여론의 견제를 받지 않았고, '국가와 이해관계'가 전혀 없기에 무모했고, 부와 권력을 향해 채워지지 않는 자신의 욕망만 좇았다.

채워지지 않는 유대인의 욕망은 흔한 주제였다. 그들은 스스로의 한계를 몰랐다. 반유대주의는 일상생활의 일부였다. 빈의 반유대주의 양상은 파리의 반유대주의와는 달랐다. 두 곳 모두 반유대주의가 공공연하고도 은밀하게 퍼져 나갔다. 하지만 빈에서는 단지 유대인처럼 보인다는 이유로 링슈트라세를 걷는 행인의 모자를 머리에서 떨어뜨리는 일이 가능했다.(슈니츨러의 소설 『트인 데로 가는 길』에 등장하는 에렌베르크나 『꿈의 해석』에서 프로이트의 아버지도 같은 일을 당했다.) 기차 객실의 창문을 열었다는 이유로 더러운 유대인이라는 욕설을 듣고(프로이트), 자선 위원회 회의 참석을 거부당하고(에밀리에 에프루시), 대학에서는 모든 유대인 학생이 책을 들고 강의실을 빠져나갈 때까지 "유대인은 꺼져라!" 하고 외치는 함성 소리에 강의가 중단되는 일이 벌어졌다.

유대인 박해는 좀 더 일반적인 형태로도 일어났다. 파리의 에두아르 드뤼몽에 필적하는 빈의 게오르크 폰 쇠너러의 최신 선언문을 읽거나, 그가 선동하는 폭력 시위대가 링슈트라세를 따라 휘몰아치는 소리를 창문 아래에서 들을 수 있었다. 쇠너러는 범게르만주의를 주창하며 두각을 나타냈고, "유대인, …… 독일 농부와 장인의 창문이 좁은 집을 …… 두드리는 …… 사람의 피를 빨아먹는 흡혈귀"를 맹렬히 비난했다. 그는 제국의회에서 자신의 범게르만주의 운동이 지금 당장은 성공하지 못하더라도 "언젠가는 응징할 자들이 우리의 시체를 딛고 일어서는" 날이 올 것이며, "유대인을 탄압하는 사람과 그 추종자들의 테러"는 "눈에는 눈, 이에는 이"라는 원칙을 제대로 보여 줄 거라고 단언했다. 부유하고 성공한 유대인이 저지른 부정행위를 응징하는 것은 장인들과 학생들에게 인기가 많았다.

특히 빈 대학교는 독일 민족주의와 반유대주의의 온상이었고, 학생 단체인 부르셴샤프텐Burschenschaften은 유대인을 대학에서 축출하겠다고 선언하며 분위기를 주도했다. 많은 유대인 학생이 탁월한 실력으로 무장한 위협적인 펜싱 선수가 되어야 했던 이유가 여기에 있다. 이에 당황한 학생 단체들은 유대인과의 결투는 존재할 수 없다는 의미의 바이트호펜Waidhofen 원칙을 제정했다. 명예를 모르는 유대인에게 명예로운 사람으로 살기를 기대해서는 안 된다는 내용이었다. "유대인을 모욕하는 일은 불가능하다. 따라서 유대인은 어떠한 형태의 모욕을 받아도 결투를 요구할 자격이 없다." 물론 유대인을 구타하는 일은 여전히 가능했다.

이보다 훨씬 더 위험해 보이는 사람들은 기독사회당을 창당한 카를 뤼거 박사와 흰색 카네이션을 단춧구멍에 꽂고 다니던 그 추종자들이었다. 뤼거는 빈 말씨를 구사하는 온화한 성품의 소유자였다. 그의 반유대주의는 노골적으로 대중을 선동하기 보다는 신중하게 접근하는 것처럼 보였다. 뤼거는 신념보다는 필요에 따라 반유대주의자로 활동했다. "인간의 탈을 쓴 이 맹수들에 비하면 늑대, 표범, 호랑이가 오히려 인간적입니다. …… 우리는 유서 깊은 가톨릭 국가인 오스트리아 제국이 새로운 유대인 제국으로 교체되는 것에 반대합니다. 개인을 향한 증오도, 가난한 자나 소수 유대인을 향한 증오도 아닙니다. 그렇지 않습니다, 여러분. 우리는 유대인의 수중에 있는 억압적인 거대 자본 외에는 그 어떤 것도 미워하지 않습니다." 그 자리에 있어야 할 주인공은 로스차일드 가문과 에프루시 가문으로 대표되는 유대인 은행이었다.

뤼거는 선풍적인 인기를 끌며 1897년에 마침내 빈 시장으로 당선되었는데, "유대인 미끼 전략은 정치에서 우위를 점하게 해 준 아주 훌륭한 선전 수단이다."라고 만족해했다. 이후 뤼거는 자신이 정권을 잡는 과정에서 공격했던 유대인과 타협하는 태도를 취하며 "누가 유대인인지는 내가 결정할 문제"라고 거만하게 말했다. 상당수의 유대인은 여전히 불안에 떨었다. "반유대주의 선동가가 시정을 운영하는 세계에서 유일한 대도시라는 점이 과연 빈의 명예와 이익에 합당한 일인가?" 반유대주의 법안이 제정되지는 않았지만, 뤼거가 20년간 펼친 정치 수사학은 유대인을 향한 편견을 정당화했다.

네쓰케가 빈에 도착한 1899년에 제국 의회에서는 한 의원이 유대인을 총으로 사살하면 포상금을 지급하자고 발언하는 일이 실제로 일어났다. 빈의 주류 사회에 동화된 유대인 사이에서는 이렇게 공분을 살 발언을 두고도, 지나치게 소란을 피우지 않는 편이 최선이라는 정서가 일반적이었다.

나는 반유대주의를 다룬 책들을 읽으며 또 한 번의 겨울을 보내게 될 것 같다.

반유대주의 선동에 제동을 건 사람은 프란츠 요제프 황제였다. "내 제국 안에서 어떤 유대인 박해도 용납하지 않을 것이다."라고 그는 말했다. "이스라엘 사람들의 신의와 충성심을 익히 알기에, 내가 그들을 항상 지키고 보호할 것이다." 당대 가장 유명한 유대교 사제인 아돌프 옐리네크는 이렇게 선언했다. "유대인은 왕조에 철저히 충성하는 오스트리아 백성이다. 그들에게 두 마리 독수리는 구원의 표상이며, 그들의 자유를 상징하는 국기는 오스트리아 색채로 물들었다."

카페에 모인 유대인 청년들은 생각이 조금 달랐다. 그들이 사는 오스트리아는 황제가 통치하는 제국인 동시에 숨 막히는 관료주의 국가였다. 모든 결정은 끝없이 유예되고, 모든 사람이 '제국-황실'을 열망했다. 빈에서는 어디를 가도 합스부르크 제국의 상징인 쌍두 독수리나 요제프 황제의 초상화가 보였다. 가슴에 훈장을 달고 콧수염과 구레나룻을 기른 황제는 시가를 사러 간 가게 창문 너머에서도, 식당 지배인의 책상 위에서도 할아버지 같은 눈빛으로 계속 따라다녔다. 젊고 부유한 유대인인 경우, 빈에서는 대가족 일가친척의 눈을 피해 돌아다닐 방법은 없었다. 무슨 짓을 했다간 자칫 풍자 잡지에 실릴 수 있었다. 빈은 가십과 풍자 화가, 그리고 사촌들로 가득한 곳이었다.

이 진지한 젊은이들은 카페의 대리석 탁자에 둘러 앉아 당대의 본질을 주제로 열띤 토론을 벌였다. 유대인 은행가의 아들인 휴고 폰 호프만슈탈은 시대의 본질을 "다양성과 불확정성"이라고 규정했다. 그는 이 시대가 오직 "다스 글라이텐데das Gleitende", 즉 움직이고 넘어지고 미끄러지는 속성에만 의존하고 있다고 주장했다. "다른 세대가 확고하다고 믿었던 것이 사실은 다스 글라이텐데다." 그 시대의 본질은 변화 그 자체였다. 창건기와 링슈트라세의 장엄하고 견고한 오페라 화음이 아닌, 부분적이고 단편적이며 멜랑콜리하고 서정적인 화음으로 표현되는 어떤 것이었다. 유대인 후두학 교수의 아들로 유복한 삶을 산 슈니츨러는 "안전은 어느 곳에도 존재하지 않는다."라고 말했다.

멜랑콜리는 슈베르트의 「작별Abschied」에서 영원한 죽음에 이르는 몰락과 어울린다. 사랑으로 인한 죽음Liebestod은 멜랑콜리에 대한 하나의 반응이었다. 빅토어의 지인들 사이에서 자살은 끔찍할 만큼 흔한 일이었다. 슈니츨러의 딸, 호프만슈탈의 아들, 루트비히 비트겐슈타인의 형제 세 명과 구스타프 말러의 남동생이 모두 자살했다. 죽음은 속세와 속물근성, 음모와 가십에서 스스로 벗어나 다스 글라이텐데 속으로 표류하는 방식이었다. 『트인 데로 가는 길』에서 슈니츨러는 총으로 자살하는 이유를 "품위, 빚, 삶의 권태로움 때문에, 아니면 그저 허세를 부리다가" 등으로 열거했다. 1889년 1월 30일, 루돌프 황태자가 젊은 연인 마리 베체라를 살해한 후 스스로 목숨을 끊는 사건이 발생하자, 황실에서는 그의 죽음에 자살이라는 표현을 금지시켰다.

분별력 있는 에프루시 집안 아이들은 그렇게까지 극단적인 행동을 하지는 않을 것으로 여겨졌다. 멜랑콜리가 어울리는 곳은 따로 있었다. 카페였다. 그런 감정을 집에까지 끌고 와서는 안 되었다.

대신 다른 것을 집으로 데려왔다.

1889년 6월 25일, 빅토어의 누나로 얼굴이 길쭉하고 미인은 아니지만 매력적인 아나가 파울 헤르츠 폰 헤르텐라이트와 혼인을 앞두고 가톨릭으로 개종했다. 그녀는 수많은 남편 후보자 가운데 가톨릭교도이지만 반듯한 집안 출신의 남작이자 은행가를 선택했다. "폰 헤르텐라이트는 항상 프랑스어를 사용하는 집안이지." 내 할머니는 긍정적인 어투로 말했다. 개종은 비교적 흔한 일이었다. 나는 자이텐슈테텐가세의 유대교 회당 옆에 있는 유대인 공동체 기록 보관소를 방문해 빈에서 활동한 랍비들의 기록을 뒤지며 하루를 보낸다. 그리고 빈에서 태어나고 결혼하고 사망한 모든 유대인의 이름을 찾아본다. 아나의 이름을 찾고 있을 때 기록 보관소 직원이 나타난다. "그분 결혼은 1889년으로 기억해요. 아주 당당하고 자신감 넘치는 서명이에요. 종이가 거의 찢어질 뻔했어요."

그럴 수 있다. 아나는 가는 곳마다 문제를 일으킬 만한 인물이었던 것 같다. 1970년대에 할머니가 아버지에게 그려 준 우리 집안 가계도에는 연필로 쓴 주석들이 있다. 아나에게는 자식이 둘 있었는데, 그녀의 예쁜 딸은 결혼했다가 연인과 함께 동양으로 달아났고, 아들은 "결혼도 하지 않고 아무것도 하지 않았다." 할머니는 "아나" 옆에 "마녀"라고 덧붙였다.

아나가 은행가와 결혼하고 11일째 되던 날, 가업인 은행을 물려받을 유력한 후계자 슈테판이 아버지의 내연녀인 러시아계 유대인 에스티하와 눈이 맞아 도주한다. 그는 왁스를 바른 멋진 콧수염을 기르던 사람이었고, 에스티하는 러시아어만 하고 독일어는 서툴렀다. 이 역시 주석이 달린 가계도에 적혀 있다.

슈테판은 그 즉시 상속권을 박탈당했다. 경제 지원이 끊겼고, 가문 소유의 건물에서 지낼 수 없었고, 집안사람 누구와도 연락할 수 없었다. 그것은 구약 성서에도 나오는 마땅한 추방이었다. 물론 아버지의 애인과 결혼한다는 것은 빈 특유의 정서가 반영된 것이었다. 하나의 죄에 또 다른 죄가 쌓였다. 반역죄 그리고 자식의 도리를 저버린 불효. 내연녀와 언어로 소통이 불가능했다는 점을 어떻게 해석해야 할지 모르겠다.

그건 아버지 혹은 아들 어느 쪽에 불리한 흠일까? 아니면 양쪽 다일까?

절연당한 이 부부는 친구들이 아직 남아 있고 이름도 그대로 쓸 수 있는 오데사로 먼저 갔다. 그다음은 니스였다. 가진 돈이 바닥나자 코트다쥐르를 따라 점점 더 허름한 휴양지로 옮겨 다녔다. 1893년에 오데사의 한 신문에는 슈테판 폰 에프루시 남작이 루터파 복음주의 교회의 신자가 됐다는 기사가 실린다. 1897년까지 그는 러시아 은행에서 외환 거래 업무를 담당하는 출납원으로 일한다. 1898년에는 파리 10구역의 허름한 호텔에서 보낸 편지 한 통이 도착한다. 두 사람에게는 이그나체의 계획을 복잡하게 만들 자식도 후계자도 없다. 빈에서 전보가 오기를 기다리며 예스티하와 남쪽으로 낡은 호텔들을 전전하는 동안에도 슈테판이 멋진 콧수염을 계속 기르고 있었을지 문득 궁금하다.

그리고 빅토어의 세상은 책장을 덮은 책처럼 그대로 멈춰 버렸다.

카페에서 아침 시간을 보내든 말든 상관없이, 빅토어는 거대하고 복잡한 국제 규모의 사업체를 갑자기 책임지게 됐다. 그는 주식이나 페테르부르크, 오데사, 파리, 프랑크푸르트로 보내는 화물들에 익숙해져야 했다. 가문으로서는 엉뚱한 아들에게 귀한 시간을 허비한 셈이었다. 빅토어는 자신에게 기대되는 역할을 하루 빨리 익혀야 했다. 하지만 이건 시작에 불과했다. 결혼을 해서 아이들을 낳아야 했고, 무엇보다 반드시 아들을 낳아야만 했다. 비잔틴 제국의 찬란한 역사를 책으로 쓰겠다는 꿈은 모두 사라지고 말았다. 그는 이제 후계자였다.

빅토어가 코안경을 벗고 눈썹에서 턱까지 손으로 얼굴을 쓸어내리는 신경성 틱 증세를 보이기 시작한 것도 아마 이 무렵이었으리라 짐작된다. 일종의 반사 동작이었다. 그는 생각을 정리하고 있거나 사람들 앞에서 표정을 가다듬는 중이었을 것이다. 아니면 자신의 개인적인 얼굴을 지우고, 그것을 손에 쥐고 있던 것인지도 모른다.

빅토어는 어릴 때부터 보아 온 에미 셰이 폰 코롬라가 열일곱 살이 될 때까지 기다렸다가 청혼했다. 그 부모인 파울 셰이 폰 코롬라 남작과 영국 태생의 이블리나 란다우어는 집안끼리 알던 친구이자 빅토어의 아버지 이그나체의 동업자였고, 링슈트라세에 사는 이웃이었다. 동년배인 빅토어와 이블리나는 절친한 친구 사이였다. 두 사람 모두 시를 사랑했고, 무도회에서 함께 춤을 추거나 셰이 가문의 체코슬로바키아 영지인 쾨베체시로 사냥을 다녔다.

빅토어와 에미는 1899년 3월 7일 빈의 유대교 회당에서 결혼식을 올렸다. 서른아홉 살의 빅토어는 사랑에 빠졌고, 열여덟 살인 에미 역시 사랑에 빠졌다. 빅토어는 에미를 사랑했다. 에미는 어느 예술가를 사랑했는데, 그 남자는 어리고 인형처럼 예쁜 에미뿐 아니라 누구와도 결혼할 생각이 없는 바람둥이였다. 에미는 빅토어를 사랑하지 않았던 것이다.

결혼식 당일 아침 식사를 마치고, 유럽 전역에서 때맞춰 도착한 결혼 선물들을 서재에 모두 모았다. 할머니가 주신 그 유명한 진주 목걸이, 사촌인 쥘과 파니 부부가 보낸 루이 16세 양

22세의 젊은 학자 빅토어, 1882년.

식의 책상이 있다. 이그나체는 폭풍우를 만난 배 두 척이 그려진 그림을 보냈고, 모리스 삼촌과 베아트리스 숙모는 대형 금테 액자에 들어 있는, 이탈리아 화가 벨리니풍의 성모자 그림을 보냈다. 보낸 사람 이름을 확인할 수 없는 커다란 다이아몬드도 있다. 그리고 사촌 샤를에게서 받은, 초록색 벨벳 선반에 네쓰케들이 나란히 전시된 유리 진열장이 있다.

    그런데 6월 3일, 빅토어와 에미의 결혼식이 있고 10주 후에 이그나체가 사망했다. 갑작스러운 죽음이었고, 아무런 전조 증상도 없었다. 그는 한 손은 에밀리에에게, 다른 한 손은 내연녀에게 맡긴 채 팔레 에프루시에서 숨을 거뒀다고 할머니가 말했다. 아들의 아내도 아니고 처제도 아닌, 또 다른 내연녀가 있었던 것이다.

임종 직후 찍은 사진 속에서 이그나체는 입을 굳게 다문 단호한 표정이다. 그는 에프루시 가문의 묘지에 묻혔다. 그곳은 이그나체가 특유의 선견지명으로 빈 공동묘지의 유대인 구역 안에 조성한 도리아 양식의 작은 신전이다. 이그나체는 자신의 아버지이자 집안의 큰 어른인 요아힘의 묘도 이곳으로 이장했다. 아버지와 같은 곳에 묻히고 자손들이 묻힐 자리도 마련해 두다니, 성경에 나오는 아주 전형적인 내용 같다는 생각이 든다. 그는 유언장에서 자신의 시중을 들던 지그문트 도네바움(1380크라운), 집사 요제프(720크라운), 문지기 알로이스(480크라운), 하녀 아델하이트와 에마(각각 140크라운) 등 모두 열일곱 명의 하인에게 유산을 남겼다. 그리고 자신이 소장한 그림들 가운데 조카 샤를에게 줄 그림 한 점을 골라 달라고 빅토어에게 부탁했다. 나는 이 대목에서 문득 뭉클해진다. 40여 년 전 책을 좋아하던 어린 조카와 스케치북을 기억하는 삼촌의 다정한 마음이 느껴진다. 묵직한 금테 액자들 중에서 빅토어가 과연 어떤 그림을 골랐을지 궁금하다.

그렇게 빅토어와 그의 어린 아내가 에프루시 은행을 물려받았다. 빈과 오데사, 상트페테르부르크, 런던, 파리를 연결하는 책임이 막중한 자리였다. 그들이 상속받은 유산에는 팔레 에프루시, 빈의 곳곳에 있는 크고 작은 건물들, 엄청난 양의 예술품, E자 두 개가 새겨진 금제 식기 세트, 열일곱 명의 집안 하인이 포함됐다.

빅토어는 에미에게 자신들의 새로운 거처인 노벨스토크

를 보여 줬다. 에미의 반응은 단순명료했다. "오페라 하우스의 로비 같네요." 부부는 이 저택에서 천장화가 비교적 적고, 문 주변에 대리석도 많지 않은 3층에서 지내기로 결정했다. 이그나체가 쓰던 방들은 가끔 열리는 파티를 위해 남겨 두었다.

이 신혼부부는 발코니에서 링슈트라세의 거리 풍경과 새로운 세기의 풍경을 내려다보았다. 그리고 동냥 그릇 위에 엎드려 잠든 승려, 한쪽 귀를 긁는 사슴 같은 네쓰케들도 새집에서 살게 되었다.

15

'어린아이가 그린 것처럼 커다란 정사각형 상자'

진열장을 어딘가로 옮겨야 한다. 빅토어 부부는 노벨스토크를 이그나체의 추모 공간으로 남겨 두기로 했다. 그리고 빅토어의 어머니 에밀리에는 다행히도 비시에 있는 자신의 대저택으로 돌아가기로 결정했다. 그곳에서는 온천욕을 할 수 있고 하녀들에게 고약하게 굴 수도 있을 것이다. 덕분에 빅토어 부부는 팔레 에프루시의 한 층을 전부 차지한다. 물론 집은 이미 그림과 가구들로 가득 차 있고, 하인도 여럿이다. 그중에는 에미의 새로운 하녀인 빈 출신의 소녀 아나가 있다. 그렇더라도 그곳은 두 사람이 소유한 공간이다.

베네치아에서 긴 신혼여행을 보내고 돌아온 두 사람은 몇 가지 결정을 내려야 한다. 상아로 만든 이 네쓰케들을 응접실에 놓을까? 빅토어의 공부방은 공간이 넓지 않다. 아니면 서재는 어떨까? 서재는 빅토어가 반대한다. 식당 구석에 있는 앙드레샤를 불*의 장식장 옆은? 모든 후보 장소에는 나름의 문제가 있다. 이곳은 파리에 있던 샤를의 방처럼 모든 오브제와 그림을 세심하게 조절해서 배치한, "가장 순수한 엠파이어 양식"의 저택이 아니다. 이 집은 지난 40여 년 동안의 풍족한 쇼핑 경험

---

* 바로크 시대 프랑스의 가구 제작자.

이 축적된 결과물이다.

　아름다운 물건들이 담긴 이 커다란 유리 진열장은 유독 빅토어의 마음을 괴롭힌다. 파리에서 건너온 물건이기 때문이다. 그는 다른 곳, 다른 인생을 떠올리게 하는 이 물건을 집 안에 두고 보길 원치 않는다. 더 근본적인 문제는 빅토어와 에미가 샤를의 선물이 뭔지 정확히 모른다는 점이다. 이 작은 조각품들은 근사하고 재미있고 정교하다. 빅토어가 제일 좋아하는 사촌 샤를이 후한 인심을 베풀어 보낸 것이 분명하다. 하지만 공작석과 금박으로 장식된 시계, 베를린에 사는 친척이 보낸 한 쌍의 지구본, 성모상 등의 선물은 응접실, 서재, 식당처럼 장소를 바로 정할 수 있는데 이 거대한 진열장은 그럴 수가 없다. 너무 특이하고 난해한 데다가 덩치도 상당히 크다.

　눈부신 미모에 멋진 옷을 차려 입은 열여덟 살의 에미는 자기 의사가 분명하다. 빅토어는 결혼 선물을 어디에 둘지 정하는 일을 그녀에게 일임한다.

　옅은 갈색 머리와 아름다운 회색 눈을 가진 에미는 매우 날씬하다. 움직일 때면 일종의 후광이 보이는데, 집 안에만 있는 사람에게 흔치 않은 특징이다. 그녀는 움직이는 자태가 곱다. 날씬한 몸매와 잘록한 허리를 강조하는 드레스를 즐겨 입는다.

　미모의 젊은 남작 부인 에미는 사교 생활을 하느라 여념이 없다. 도시와 시골에 있는 두 집을 오가며 자랐기에 양쪽 생활에 모두 능숙하다. 빈에서 보낸 유년 시절에는 웅장한 신고전주의 양식의 셰이 팔레에서 살았다. 빅토어와 함께 사는 새집에서 도보로 10분 거리에 있는 그 집에서는 몹시 화가 난 표정의 괴테 동상 너머로 오페라 하우스가 마주 보인다. 에미에게는 핍스라는 애칭으로 불리는 매력적인 남동생 필리페와 아직 보모의 손길이 필요한 두 여동생 에바와 게르티가 있다.

열세 살이 될 때까지 에미에게는 온순하고 순종적인 영국인 가정 교사가 있었는데, 그녀는 수업 분위기를 평화롭게 유지하는 데만 관심이 많았다. 그 후로는 아무것도 없었다. 결과적으로 에미는 제대로 된 정규 교육을 전혀 받지 못한다. 사실상 지식이 전혀 없는 분야가 많은데 역사도 그중 하나다. 대화를 하다가 모르는 주제가 나오면 그녀는 특유의 웃음소리를 낸다.

에미가 잘하는 것은 언어다. 영어와 프랑스어를 매력적으로 구사하고 집에서 부모님과 대화할 때도 두 언어를 섞어 쓴다. 또 영어와 프랑스어로 된 동시를 꽤 많이 알고, 루이스 캐럴의 『스나크 사냥 The Hunting of the Snark』과 「재버워키 Jabberwocky」의 중요 구절을 암송할 수 있다. 당연히 모국어인 독일어도 할 줄 안다.

여덟 살 이후로 평일 오후마다 매일 한 시간씩 춤을 배웠던 에미는 이제 훌륭한 춤 실력을 갖췄고, 열정적인 청년들이 무도회에서 가장 좋아하는 파트너로 인기를 누린다. 특히 밝은색 실크 띠를 두른 잘록한 허리 덕분에 인기가 더욱 높다. 에미는 춤을 추듯이 스케이트도 잘 탄다. 그리고 밤늦게 이어지는 저녁 식사 자리에서 부모님의 친구들이 오페라와 연극 이야기를 할 때면 관심을 보이며 미소 짓는 법을 배웠다. 집에서는 사업 이야기를 하지 않는 게 관례였다. 그들의 생활 속에는 많은 친척이 있고, 일부는 젊은 작가 슈니츨러처럼 다소 전위적이다.

에미는 특유의 생기 있는 표정을 지으며 사람들의 말에 귀를 기울인다. 언제 질문을 던져야 할지, 언제 웃어야 할지, 언제 고개를 갸웃거리고 돌아서서 상대가 자신의 목덜미를 바라보게 만들지 알고 있다. 에미에게 반해서 쫓아다니는 남자들이 많았는데, 그중 몇몇은 그녀의 갑작스러운 감정 기복을 경험하기도 했다. 에미는 성격이 상당히 강하다.

빈에서 이런 생활을 누리려면 옷을 잘 입는 법을 알아야 한다. 에미와 불과 열여덟 살 차이인 어머니 이블리나 역시 흠잡을 데 없이 완벽한 옷차림을 하고 다니는데, 오로지 흰색 옷만 입는다. 일 년 내내 머리에서 발끝까지 흰색으로만 입고, 먼지가 많은 여름이면 하루에 옷을 세 번씩 갈아입는다. 에미의 부모는 그녀의 적성을 알아보고 옷에 대한 열정을 키워 주었다. 적성이란 표현으로는 부족한 감이 있다. 남들과 다르게 보이고 싶어서 옷의 일부를 수선하는 등 에미는 매우 진취적이고 전문적인 태도를 취한다.

에미의 어린 시절에는 옷을 차려입을 일이 많았다. 나는 소녀들이 주말 파티에서 옛 거장들의 그림에 등장하는 인물로 분장하고 찍은 사진첩을 발견했다. 에미는 티치아노의 이사벨라 데스테를 따라 벨벳과 모피로 된 옷을 입었고, 다른 친척들은 샤르댕이나 피터르 더 호흐의 그림에 나오는 예쁘장한 하녀로 분장했다. 나는 에미의 사회적 우위에 주목한다. 또 다른 사진에는 결혼식 가면을 쓴 르네상스 시대의 베네치아인으로 분장한 젊고 잘생긴 호프만슈탈과 10대 시절의 에미가 있다. 파티에 참석한 모든 사람이 한스 마카르트의 그림에 등장하는 인물들처럼 차려입은 사진도 있다. 깃털 장식이 달린 챙 넓은 모자를 쓰기에 완벽한 기회였을 것이다.

결혼을 전후해서 에미는 쾨베체시에 있는 셰이 가문의 시골집에서 지냈다. 빈에서 기차로 두 시간 정도 걸리는 이 저택은 아주 크고 아주 평범한 18세기 집이었고(할머니는 "어린아이가 그린 것처럼 커다란 정사각형 상자" 같았다고 했다.) 평원을 배경으로 주변에는 버드나무와 자작나무 숲, 개울이 있었다. 흘러가는 큰 바흐강이 사유지의 경계를 이루었다. 멀리서 폭풍우가 지나가는 모습이 보이지만, 그 소리는 전혀 들리지 않는 풍경이었다. 수영을 하는 호숫가에는 무어 양식의 격자무늬가 투각된 탈의실용 오두막들, 여러 개의 마구간, 그리고 여러 마리의 개가 있었다. 에미의 어머니 이블리나는 고든 세터 종의 사냥개들을 키웠다. 나무 상자에 실려 오리엔트 특급 열차를 타고 도착한 암컷이 첫 사냥개였고, 사유지 안에는 그 큰 기차가 정차하는 작은 정거장이 있었다. 사냥개 중에는 에미의 아버지가 산토끼와 자고새 사냥에 데려가던 저먼 포인터도 있었다. 이블리나는 사냥을 즐겼는데, 출산일이 임박했을 때는 사냥터지기와 산파를 대동해서 자고새 사냥에 나서곤 했다.

쾨베체시에서 에미는 말을 탄다. 사슴을 쫓아다니며 사냥을 하고 개들과 함께 산책한다. 나는 서로 다른 그녀의 두 삶을 하나로 엮으려고 애를 쓰면서 한편으로 약간 당황스럽기도 하다. 세기말 빈에 살던 유대인의 삶을 그려볼 때면 나는 흔히 프로이트, 카페에서 벌어지던 신랄하고 지적인 대화 장면 등을 떠올렸다. 하지만 그런 이미지는 완벽하게 쇄신된다. 많은 큐레이터나 학자와 마찬가지로 나 역시 "20세기의 용광로인 빈"

이라는 주제에 깊이 매료된다. 지금 나는 이 책에서 빈에 해당하는 부분에 와 있고, 말러의 음악을 듣고 슈니츨러와 로스의 책을 읽으며 유대인 감성에 젖어 든다.

내가 상상하는 그 시대의 이미지에는 사슴 사냥을 하거나 사냥감에 따라 어떤 품종의 사냥개를 써야 좋을지 토론하는 유대인의 모습은 확실히 없었다. 점점 늘어나는 사진 파일에 추가할 무언가를 더 찾았다는 아버지의 전화를 받고 나는 당황한다. 아버지는 이 프로젝트를 하면서 자신만의 방랑을 즐기고 계신 듯하다. 점심시간에 내 작업실을 찾아오신 아버지는 슈퍼마켓 봉투에서 작고 하얀 책을 꺼내며 말씀하신다. "이게 뭔지는 잘 모르겠지만 네 '기록 보관소'에 있어야 할 것 같구나."

책은 아주 부드러운 흰색 스웨이드 양장본이고, 책등은 햇볕에 바래고 해어졌다. 표지에는 1878과 1903이라는 연도가 적혀 있다. 우리는 책을 맨 노란색 실크 리본을 풀어 본다.

그 안에는 가족들 한 명 한 명을 펜과 잉크로 그린 열두 장의 카드가 들어 있다. 각각의 카드 가장자리에 은색을 칠한 뒤 분리파Secessionist 문양으로 정성 들여 장식하고, 독일어, 라틴어, 영어로 쓴 4행시나 노래 가사, 시에서 발췌한 구절을 삽입했다. 에미와 남동생 핍스가 파울 남작과 이블리나의 은혼식 기념 선물로 준 그림첩이 분명하다. 흰색 스웨이드는 모자, 드레스, 진주, 부츠에 이르기까지 항상 흰색만 고집하던 어머니를 위한 선택이었을 것이다.

은혼식 기념 카드 가운데 제복을 입은 핍스가 피아노 앞에 앉아 바그너를 연주하는 그림이 있다. 그는 수준 높은 가정 교사들에게 교육을 받았다. 에미는 결코 누리지 못하던 것이었다. 핍스는 예술계와 공연계에 폭넓은 인맥을 쌓고, 유럽의 여러 수도에서 사교계 명사이며, 누나와 마찬가지로 흠잡을 데 없이 세련되게 옷을 입고 다녔다. 이기는 어린 시절 어느 여름에 비아리츠의 한 호텔에서 핍스의 옷방을 구경한 일을 기억했다. "옷장 문이 열려 있었는데, 옷걸이에는 똑같은 정장 여덟 벌이 걸려 있었어. 전부 흰색이었지. 흰색은 주현절epiphany과 천국을 상징하는 색이야."

유대계 독일인 소설가 야코브 바서만이 써서 당시 큰 성공을 거둔 소설에 핍스가 주인공으로 등장한다. 존 버컨의 『39계단』에 나오는 리처드 해니의 중부 유럽 버전이라 할 수 있다. 소설 속에서 미적 감각이 뛰어난 우리의 영웅은 오스트리아 왕세자의 친구이며 무정부주의자들을 제압한다. 그는 인큐내뷸러 incunabula*와 르네상스 미술에 해박하고, 희귀한 보물들을 구해 내며, 모든 사람에게 사랑받는다. 이 책은 열정으로 끈적끈적하다.

그림첩에는 무도회에서 춤추는 에미를 펜과 잉크로 그린 스케치가 있는데, 젊고 날씬한 남성이 몸을 뒤로 젖힌 에미를 이끌며 연회장을 돈다. 호리호리한 이 남자는 확실히 빅토어는 아니고 아마 사촌 가운데 한 명으로 짐작된다. 또 다른 그림에서는 『노이에 프라이에 프레세』를 읽는 파울 셰이가 보이고, 뒤편 깊숙한 곳에 부엉이 한 마리가 그의 의자 위에 앉아 있다.

---

* 1455년경 구텐베르크의 금속활자 발명 이후 초창기에 인쇄된 고서들.

피아노를 연주하는 핍스, 요제프 올브리히의 분리파 그림첩 중에서, 1903년.

스케이트를 타는 이블리나나 줄무늬 수영복 바지를 입은 사람의 다리가 쾨베체시 호수 속으로 사라지는 그림도 있다. 모든 그림에 오드비나 와인, 슈납스 한 병을 조그맣게 그려 넣고, 악보도 몇 소절씩 넣었다.

이 카드들은 요제프 올브리히 스타일로 만들어졌다. 그는 급진적인 빈 분리파 운동의 중심에 있던 예술가이자 빈 분리파 전시관을 설계한 인물이기도 하다. 월계수잎으로 장식한 황금색 돔과 부엉이 부조가 특징인 이 건물은 건축가 요제프의 표현대로 "하얗고 빛나며 성스럽고 순결한" 벽으로 둘러싸인 고요하고 우아한 안식처였다. 매사를 철저하게 따지고 검증하는 빈의 특성상, 이 건물 또한 독설의 대상이 된다. 비아냥거리기 좋아하는 사람들은 이것을 마디Mahdi의 무덤 또는 화장장이라고 비웃고, 가늘고 섬세한 세공이 돋보이는 돔은 '양배추'라고 부른다. 나는 이 빈 분리파 그림첩을 아주 꼼꼼히 살펴보지만 마치 단서가 지워진 퍼즐처럼 그 의미를 도저히 알 수 없다. 왜 오드비였고, 왜 하필 그 음악이었을까? 이 그림첩은 쾨베체시의 시골 생활을 바라보는 도시인의 시선을 보여 준다. 그리고 에미의 세계, 가족의 유머가 넘치는 따뜻한 그 세계를 들여다볼 수 있는 창문이다.

"이런 게 있다는 걸 어떻게 모르실 수가 있어요?" 나는 아버지에게 묻는다. "침대 밑에 있는 여행 가방에 또 뭐가 들어 있는 거예요?"

16

'자유의 집'

빈에서 결혼 생활을 시작한 에미 폰 에프루시에게는 당황할 일이 그리 많지 않았을 것이다. 그것은 어린 시절 집과 걸어서 10분 거리에 있는 곳에서 완전히 다른 집안사람들과 함께 특유의 안정된 리듬으로 살았던 도시 생활이다.

 새로운 리듬은 신혼여행에서 돌아오자마자 시작됐다. 에미가 임신한 것이다. 결혼한 지 아홉 달 만에 나의 할머니 엘리자베트가 태어났다. 얼마 지나지 않아 빅토어의 어머니 에밀리에가 예순넷의 나이로 비시에서 세상을 떠났다. 내가 소장한 초상화에서 에밀리에는 진주를 휘감은 우아하고 근엄한 모습이다. 그녀는 이그나체가 잠들어 있는 거대한 가족묘로 돌아가지 않고 비시에 묻혔는데, 나는 에밀리에가 이 최후의 별거를 미리 계획했던 건 아닌지 궁금하다.

 엘리자베트 다음으로는 3년 터울인 기젤라가 태어나고 그 뒤로 셋째 이그나체, 즉 이기가 태어난다. 이들 남매의 유대인 부모는 빈에서 태어난 아이들에게 어울리는 이름을 신중하게 고심한다. 엘리자베트는 국민의 사랑을 받았던 작고한 황후의 이름을, 기젤라는 황제의 딸인 기젤라 공주의 이름을 따서 지었다. 이기는 아들이어서 이름 짓기가 수월하다. 이그나체 레온은 작고한 그의 할아버지, 부유하고 자식이 없고 파리에 살며 결투를 일삼던 삼촌, 그리고 작고한 종조부 레온의 이름을 물려받았다. 파리의 에프루시 집안에는 딸만 있었다. 다행히도 에프루시 가문에 드디어 아들이 태어난 것이다. 게다가 팔레 에프루시는 육아실과 공부방에서 나는 소리가 다른 방에는 들리지 않을 정도로 아주 넓다.

팔레 에프루시의 하루 일과는 하인들의 움직임에 따라 빨라지기도 하고 느려지기도 한다. 계단을 오르내리는 일이 많다. 옷방에는 뜨거운 물을, 공부방에는 석탄을, 오전용 거실에는 아침 식사를, 서재에는 조간신문을 쉴 틈 없이 들고 나른다. 그리고 뚜껑을 덮은 음식 그릇, 세탁물, 전보, 하루 세 번의 우편물, 지인들의 전갈, 저녁 식사를 위한 촛대, 석간신문 등을 빅토어의 옷방으로 가져간다.

에미의 하녀 아나에게도 규칙적인 리듬이 있다. 아나의 하루는 아침 7시 30분에 따뜻한 물이 담긴 은그릇과 영국산 차를 쟁반에 받쳐 들고 에미의 침실에 가져가는 일로 시작한다. 늦은 밤 에미의 머리를 빗겨 주고 비스킷 한 접시와 물 한 잔을 챙겨 주는 일까지 마쳐야 하루가 끝난다.

팔레의 안뜰에는 제복을 입은 마부가 온종일 사륜마차를 지키고 서 있다. 마차를 끄는 검은색 말 두 마리의 이름은 리날다와 아라벨라. 두 번째 마차가 아이들을 프라터 유원지나 쇤브룬 궁전으로 태워다 주려고 기다린다. 마부들이 대기한다. 문지기 알로이스는 링슈트라세로 향하는 거대한 대문 옆에 서서 문을 열 준비를 한다.

빈은 저녁 파티를 의미한다. 자리 배치를 둘러싼 논의가 끝나지 않는다. 매일 오후면 집사와 시종이 줄자를 들고 다니며 식탁을 정렬한다. 파티 전날까지 오리엔트 특급 열차로 도착한다면 파리에서 오리고기를 사오는 편이 안전할지를 논의한다. 저녁 식사에는 꽃 장식 전문가들이 준비한 작은 오렌지나무 화분들이 한 줄로 늘어서 있는데, 과육을 파낸 오렌지 안에는 파르페를 채워 넣었다. 아이들은 도착하는 손님들의 모습을 문구멍으로 몰래 엿볼 수 있다.

오후 시간에 집으로 온 손님을 맞이할 때면, 차 탁자에는 커다란 은 쟁반 위에 김이 나는 사모바르 은 주전자가 놓인다. 찻주전자, 크림 용기, 설탕 그릇, 그리고 호프부르크 왕궁 근처 콜마르크트가의 제과점 데멜에서 사온 케이크와 샌드위치가 쟁반에 담겨 나온다. 숙녀들은 입고 온 모피를, 군인들은 군모와 검을 현관에 맡긴다. 신사들은 실크해트와 장갑을 가지고 들어와 의자 옆 바닥에 내려놓는다.

한 해도 일정한 리듬에 따라 흘러간다.

1월은 한겨울의 빈에서 벗어날 수 있는 기회다. 아이들은 집에 남겨 두고, 빅토어와 함께 니스나 몬테카를로로 간다. 부부는 카프페라에 새로 지은 분홍색 빌라 일드프랑스(현재는 빌라 에프루시 로스차일드)에 사는 빅토어의 삼촌 모리스와 숙모 베아트리스 에프루시를 방문한다. 그곳에서 프랑스 회화, 프랑스 엠파이어 양식 가구, 프랑스 도자기 컬렉션을 보고 감탄한다. 언덕 일부를 깎아 내고 알람브라 궁전을 본떠 운하를 만드는 정원 보수 공사에 감탄한다. 스무 명의 정원사는 모두 흰색 복장이다.

4월에는 빅토어와 파리에 있다. 아이들은 집에 두고 간다. 두 사람은 이에나 광장의 오텔 에프루시에 있는 파니 집에서 지낸다. 에미는 맘껏 쇼핑을 즐기고, 빅토어는 사무실에서 시간을 보낸다. 파리는 예전 같지 않다.

1905년 9월 30일, 샤를 에프루시가 쉰다섯의 나이로 세상을 떠났다. 그는 『가제트』의 사랑받는 소유주였고, 레지옹 도뇌르 슈발리에 수훈자였으며, 예술가들의 후원자, 시인들의 친구, 네쓰케 수집가, 그리고 빅토어가 가장 좋아한 사촌이었다.

초대장을 받지 못한 사람은 장례식에 참석하지 말아 달라고 정중하게 부탁하는 공고문이 신문에 실렸다. 그의 형제들, 테오도르 레나크, 슈브니에 후작은 눈물을 흘리며 관을 운구했다. 수많은 부고 기사가 그의 '천부적인 섬세함', 올곧은 성품, 예의바름을 칭송했다. 『가제트』에는 그를 추모하는 부고 기사가 검은 테두리로 둘러싸여 게재됐다.

사랑스럽고 선량하며 최고의 지성을 지녔던 샤를 에프루시가 지난 9월 말 갑작스러운 병환으로 사망했다는 소식을 접하고, 그를 아는 모두가 망연자실하고 비통한 심정입니다. 그는 파리 사교계에서, 특히 예술과 문학의 세계에서 수많은 우정을 쌓았습니다. 친구들은 그의 매력과 신뢰감을 주는 태도, 고결한 영혼과 온화한 마음 앞에서 자연스럽게 고개를 숙였습니다. 그의 집 대문을 두드린 사람이라면 누구나 그의 선하고 매력적인 품위를 목격할 수 있었습니다. 그는 젊은 예술가들을 원로들과 똑같이 반갑게 맞았고, 그에게 다가간 모든 이와 친구가 되었음을 일말의 망설임 없이 단언할 수 있습니다.

프루스트는 이 부고 기사를 쓴 기자에게 애도를 표한다. 『가제트』에 실린 그의 추모 기사를 읽으면 "에프루시 씨를 몰랐던 사람들은 그를 사랑하게 될 것이고, 그를 알던 사람들은 추억에 잠기게 될 것이다." 샤를은 에미에게 금 목걸이를 유산으로 주었다. 루이즈에게는 진주 목걸이를 남겼고, 자신의 영지는 그리스 학자와 결혼한 조카 파니 레나크에게 물려주었다.

그리고 충격적이게도 샤를의 형인 이그나체 에프루시 또한 예순의 나이에 심장병으로 숨졌다. 그는 사교계 명사였고, 결투를 일삼았고, 여성 편력이 화려했다. 이른 아침, 볼로뉴 숲에서 러시아식 안장을 올린 회색 말을 타는 모습이 자주 눈에 띄던 완벽한 승마인으로 기억된다. 너그럽고 꼼꼼했던 그는 에프루시 집안의 세 어린이 엘리자베트, 기젤라, 이그나체에게 각각 3만 프랑을 상속했고, 심지어 에미의 여동생인 게르티와 에바에게도 얼마의 유산을 남겼다. 형제는 몽마르트의 가족 묘지에, 오래전 세상을 떠난 부모님과 사랑하던 여동생 곁에 함께 묻혔다.

파리에 다녀오고 나면 어느새 여름이 다가온다. 샤를과 이그나체가 없는 파리는 텅 빈 것처럼 허전하다. 유대인 금융업자이자 박애주의자이며 빅토어와 에미의 절친한 친구 구트만 가족과 함께 7월부터 여름이 시작된다. 자녀가 다섯인 구트만 부부는 엘리자베트, 기젤라, 이기를 빈에서 80킬로미터 떨어진 시골 별장 야이트호프 성으로 몇 주간 초대한다. 빅토어는 빈에 남기로 한다.

8월은 파리에 사는 사촌 쥘과 파니와 함께 스위스의 에프루시 산장에서 보낸다. 아이들과 빅토어도 함께 간다. 하는 일은 거의 없다. 아이들을 조용히 시킨다. 파리 소식을 듣는다. 러시아 제국 국기가 펄럭이는 창고에서 보트를 꺼내, 노를 저을 시종을 데리고 루체른 호수로 나간다. 쥘과 자동차를 타고 루체른에서 열리는 승마대회에 가서 장애물 경기를 관람하고, 후게니에서 아이스크림을 먹는다.

9월과 10월은 쾨베체시에서 아이들과 부모님, 핍스, 여러 친척과 함께 지낸다. 빅토어는 가끔 들러서 며칠씩 있다 간다. 수영, 산책, 승마, 사냥.

쾨베체시에는 에미보다 각각 열두 살, 열다섯 살이 어린 여동생 게르티와 에바를 교육하기 위해 특이한 사람들이 한자리에 모였다. 정통 파리 억양을 알려주는 프랑스인 하녀, 기초 과목인 읽기, 쓰기, 산수를 가르치는 나이 든 남자 교사, 독일어와 이탈리아어를 가르치는 트리에스테 출신의 여자 가정 교사, 그리고 음악과 체스를 담당하는 실패한 피아니스트(미노티 씨)가 그들이다. 에미의 어머니는 아이들에게 영어 받아쓰기를 시키고 셰익스피어 작품을 함께 읽는다. 이블리나가 각별히 아끼는 흰색 스웨이드 부츠를 만드는 빈 출신의 늙은 구두 장인도 있다. 건강이 좋지 않던 그는 요양차 온 쾨베체시에서 햇빛이 잘 드는 아늑한 방을 제공받아 그곳에서 여생을 보내며 이블리나의 부츠를 만들고 개들을 돌본다.

여행가 패트릭 리 퍼모는 1930년대에 유럽을 도보 횡단하다가 쾨베체시에 잠시 머물렀다. 이곳은 온갖 언어로 된 책들이 쌓여 있고 책상에 사슴뿔과 은으로 만든 괴상한 물건들이 어지럽게 널려 있으며, 잉글랜드 성공회 사제관 분위기를 여전히 간직하고 있다고 그는 묘사했다. 서재에서 만난 핍스가 그를 환영하며 완벽한 영어로 말했다. "이곳은 '자유의 집 Liberty Hall'*입니다." 쾨베체시는 아이들이 많은 큰 집에서 풍기는 자급자족적인 감성을 발산했다. 아버지가 주신 파란색 종이 파일에는 색이 누렇게 변한 연극 대본이 하나 있는데, 제1차 세계대전이 발발하기 전 어느 여름에 「대공 Der Grossherzog」이란 제목의 이 연극을 온 친척이 거실에서 함께 공연했다. 두 살 미만의 유아와 개는 관람을 엄격히 금했다.

매일 밤 저녁 식사가 끝나면 미노티 씨가 피아노를 연주한다. 아이들은 '킴의 놀이 Kim's game'**를 한다. 쟁반 위에 놓인 카드 상자, 코안경, 조개껍질 등의 물건을 30초 동안 관찰한 다음 천으로 덮고 기억나는 것을 적는다. 핍스의 권총이 포함돼 오싹했던 적도 있다. 재미없게도 번번이 엘리자베트가 이긴다.

핍스는 전 세계에 있는 자기 친구들을 초대한다.

12월은 빈에서 크리스마스를 보낸다. 유대인이긴 하지만

---

* 손님이 예절을 차리지 않고 자유롭게 지낼 수 있는 집.
** 조지프 러디어드 키플링의 소설 『킴 Kim』에서 주인공이 하는 암기력 놀이.

많은 선물을 주고받으며 크리스마스를 즐긴다.

에미의 삶은 돌이 아니라 호박 속에 굳은 화석 같다. 평범하면서도 특별한 그 시대의 이야기들을 그대로 보존하고 있는 듯하다. 그것은 1년 전에 이 여정을 시작하면서, 피하기로 나 자신에게 다짐했던 이야기들이다. 내가 팔레 에프루시를 맴도는 동안 네쓰케는 아주 먼 곳에 있는 것 같다.

나는 빈의 펜지온 바로네세 호텔에 머물며 체류를 연장한다. 호텔에서 친절하게도 내 안경을 수리해 주었지만, 여전히 세상은 조금 일그러져 보인다. 불안함을 떨칠 수 없다. 런던에 있는 삼촌이 내 작업에 쓸 만한 자료를 찾다가, 엘리자베트 할머니가 팔레 에프루시에서 보낸 어린 시절 이야기를 쓴 열두 쪽짜리 회고록을 발견했다. 나는 현장에서 읽으려고 회고록을 빈에 가져왔다. 무시무시하게 추운 어느 맑은 아침, 그 글을 들고 고딕 양식 창문 사이로 햇빛이 들어오는 첸트랄 카페에 간다. 메뉴판을 든 작가 페터 알텐베르크의 모형이 있고, 모든 게 아주 깔끔하고 세심하게 준비되어 있다. 이곳은 상황이 완전히 틀어지기 전까지 빅토어가 그리엔슈타이들 다음으로 자주 다닌 카페였을 거라고 짐작해 본다.

이 카페, 이 거리, 빈 전체가 하나의 놀이공원이다. 화려하게 반짝이는 빈 분리파 스타일의 세기말 영화 세트장 같다. 멋진 외투를 입은 마부들이 사륜마차를 몰고 다닌다. 카페 점원들은 당시 유행하던 콧수염을 기른다. 어디서나 요한 슈트라우스의 음악이 들리고, 초콜릿 가게에서도 흘러나온다. 나는 이 카페 안으로 말러가 걸어 들어오고 클림트가 논쟁을 시작하는 장면을 계속 상상한다. 오래전 대학생 때 본 재미없는 영화가 자꾸 생각난다. 파리를 배경으로 한 영화였는데, 피카소가 거리를 지나가고 제임스 조이스와 거트루드 스타인이 페르노를 마시며 모더니즘을 두고 토론하는 내용이었다. 그게 바로 내가 지금 처한 문제라는 걸 깨닫는다. 이런저런 상투적인 이미지들이 잇달아 등장하는 것이다. 내가 느끼는 빈은 다른 사람들이 느낀 빈의 모습으로 점점 빈약해져 간다.

유대계 오스트리아 작가 요제프 로트의 소설 열일곱 권을 읽고 있는데, 합스부르크 제국 말기의 빈이 배경으로 등장한다. 『라데츠키 행진곡』에서 트로타가 재산을 예치한 곳이 바로 악명 높은 에프루시 은행이다. 로트는 은행 이름을 'Efrussi'라고 러시아식으로 표기했다. 『거미줄』에서 이그나체 에프루시는 부유한 보석상으로 그려진다. "호리호리하고 큰 키에 늘 검은색 옷과 깃이 높은 코트를 입었고, 개암 열매만 한 진주를 꽂은 검은색 실크 타이가 살짝 드러났다." 그의 아내인 미모의 에프루시 부인은 "귀족 부인이다. 유대인이지만 귀족 부인"이다.

이 소설의 주인공이자 에프루시 집안의 가정 교사로 일하는 냉소적인 비유대교 청년 테오도르는 이렇게 말한다. "다들 편하게 살았다. 그중에서도 에프루시 가족이 가장 편하게 살았다. …… 현관에는 금테 액자 그림들이 걸렸고, 초록색과 금색 제복을 입은 하인이 고개 숙여 인사하며 손님을 안내했다."

현실은 내 손에서 자꾸 빠져나간다. 프루스트 작품에 나오는 샤를처럼, 빈에 살던 내 가족의 삶 역시 책 속에 왜곡되어 담겼다. 에프루시 가문을 혐오하는 감정이 여러 소설에 계속 등장한다.

나는 비틀거린다. 다른 문화에 적응하고 동화된 유대인 가족의 일원이라는 것이 어떤 의미인지 나는 이해하지 못한다. 말 그대로 전혀 이해하지 못한다. 하지만 그들이 어떤 일을 하지 않았는지는 안다. 그들은 절대로 유대교 회당에 가지 않았다. 하지만 그들의 출생과 결혼은 랍비 문서에 기록되어 있다. 그들은 이스라엘 문화협회에 회비를 내고 빈의 유대인 공동체 Israelitische Kultusgemeinde, IKG에 돈을 기부했다. 공동묘지의 유대인 구역에 있는 요아힘과 이그나체의 무덤을 찾아갔을 때, 나는 부서진 철문을 보고 내 돈을 들여서 수리해야 하나 고민했다. 그들은 시오니즘에 별로 관심이 없어 보였다. 에프루시 가문에 기부를 요청하는 편지를 보냈다가 거절당한 헤르츨의 무례한 발언이 기억난다. '투기꾼 에프루시'. 유대인 정체성이 강한 자신들의 가업을 단순히 부끄럽게 여겼기 때문이었을까. 그래서 사람들에게 주목받고 싶지 않았던 걸까. 아니면 이곳 유대인 거리나 파리 몽소가 등 자신들의 새로운 고향에 정착했다는 자신감의 표출이었는지도 모른다. 단지 그들은 다른 유대인들에게 새로운 시온산이 필요한 이유를 이해하지 못했던 것이다.

동화됐다는 것은 그들이 노골적인 편견에 부딪힌 적이 없다는 뜻일까? 사교계에서 자신의 한계를 정확히 파악하고 그 선을 넘지 않았다는 뜻일까? 파리와 마찬가지로 빈에도 승마 클럽이 있었고 빅토어는 그곳 회원이었다. 하지만 유대인은 클럽 임원이 될 수 없었다. 이 점이 그에게 조금이라도 중요한 문제였을까? 결혼한 비유대인 여성은 절대 유대인 가정을 방문해선 안 되고, 연락처를 남겨서도 안 되고, 길고 지루한 오후 시간을 그들과 함께 보내서도 안 됐다. 빈은 결혼하지 않은 비유대인 독신남, 즉 멘스도르프 백작, 루비엔스키 백작, 젊은 몬테누오보 왕자 같은 사람들만 연락처를 남기고 초대받을 수 있는 곳이었다. 하지만 그들도 일단 결혼하고 나면, 저녁 식사가 아무리 훌륭하고 여주인이 아무리 예뻐도 결코 집으로 찾아오지 않았다. 이게 뭐 그리 대수였을까? 이렇게 도를 넘는 무례함이 거미줄처럼 엉켜 있다.

나는 이번 방문의 마지막 날 아침을 유덴가세의 유대교 회당 옆에 있는 빈 유대인 공동체 기록 보관소에서 보낸다. 근처에 경찰들이 서 있다. 최근 총선에서 극우 정당이 전체 투표수의 3분의 1을 얻은 상황이라 유대교 회당은 테러의 표적이 아니라고 아무도 장담할 수 없다. 협박 사례가 워낙 많았기에 방문객은 삼엄한 보안 절차를 통과해야 한다. 드디어 건물 안으로 들어간 나는, 기록 보관 담당자가 줄무늬 서류철들을 하나씩 꺼내 열람대 위에 내려놓는 모습을 지켜본다. 각각의 서류철에는 출생, 결혼, 사망, 개종 등 빈에 살던 모든 유대인의 삶이 충실하게 기록돼 있다.

1899년 빈에는 유대인을 대상으로 하는 고아원, 병원, 학교, 도서관, 신문, 정기 간행물 등이 있었다. 유대교 회당도 스물두 개나 있었다. 그리고 깨닫는다, 내가 그중 단 하나도 알지 못한다는 사실을. 에프루시 가문은 너무나 철저하게 동화된 나머지 이 도시 속으로 사라져 버렸던 것이다.

17

달콤한 어린 아가씨

엘리자베트 할머니의 회고록은 내게 큰 힘이 된다. 1970년대에 당신의 아들들을 위해 쓴 열두 페이지의 이 글은 담담한 문체로 전개된다. "나는 링슈트라세의 모퉁이에 있는 집에서 태어났고, 그 집은 지금도 그 모습 그대로 같은 자리에 서 있다." 그녀는 집안 살림에 대한 세부 설명과 말들의 이름을 알려 주고 팔레 에프루시의 방 하나하나로 나를 안내한다. 드디어 에미가 네쓰케를 숨겨 둔 장소를 알아낼 수 있을 것 같다.

에미가 육아실에서 나와 오른쪽으로 복도를 쭉 따라가면 주방, 설거지실, 식료품 창고, 은 식기 보관실이 있는 안뜰 양옆으로 들어선다. 은 식기를 보관하는 곳에는 하루 종일 불이 켜져 있다. 이어서 집사 방과 남자 하인들의 전용 공간이 나온다. 이 복도 끝은 전부 하녀들의 숙소다. 그곳 창문은 안뜰로만 열리게 되어 있고, 유리 지붕 사이로 스며든 노란빛이 조금씩 들어오긴 하지만 신선한 공기는 들어오지 않는다. 에미의 하녀 아나가 지내는 방은 그 아래 어딘가에 있다.

육아실에서 왼쪽으로 가면 에미의 응접실이 나온다. 벽에는 두툼한 연녹색 비단을 두르고 카펫은 아주 연한 노란색이다. 응접실 가구는 루이 15세 양식으로 상감 세공한 목제 의자와 안락의자들이고, 청동 장식물과 굵은 줄무늬 비단 쿠션이 달려 있다. 자잘한 골동품 세트가 놓인 간이 탁자 몇 개, 그리고 에미가 차를 만드는 복잡한 과정을 시연할 수 있는 큰 탁자가 하나 있다. 한 번도 연주된 적 없는 그랜드 피아노도 있다. 접이식 문이 달린 르네상스 시대 이탈리아 장식장은 안쪽에 채색이 되어 있고 아주 작은 서랍들이 달렸다. 원래 그런 용도가 아니지만 아이들은 서랍을 여닫으며 장난을 친다. 엘리자베트가 아치형 문의 양옆에 있는 작은 나선형 금색 기둥들 사이로 손을 대고 누르면, 작은 비밀 서랍이 톡 소리를 내며 튀어나왔다.

이 방에는 빛이 든다. 은 장식품과 도자기, 광택 나는 목제 가구가 흔들리는 빛에 반사되어 반짝거리고 보리수나무가 그림자를 드리운다. 봄이면 쾨베체시에서 매주 꽃을 보내온다. 그 방은 사촌 샤를의 네쓰케 진열장을 두기에 완벽한 장소지만, 네쓰케는 여기에 없다.

에미의 응접실에서 더 가면 그 층에서 가장 큰 방인 서재가 나온다. 아래층에 있는 이그나체의 방들과 똑같이 검은색과 붉은색으로 벽을 칠했고, 바닥에는 검은색과 붉은색 무늬의 터키산 카펫을 깔았다. 흑단으로 만든 대형 책장들이 벽을 따라 늘어섰고, 담배색의 커다란 가죽 의자와 소파가 여러 개 놓여 있다. 상아로 상감한 흑단 탁자에는 지구본 한 쌍이 올라가 있고 탁자 위로는 대형 청동 샹들리에가 천장에 매달려 있다. 여기는 빅토어의 방이다. 고대 그리스와 로마 역사서, 독일 문학, 시집, 백과사전 등 그의 장서 수천 권이 벽에 가득하다. 어떤 책장은 촘촘한 금색 철망을 씌우고 열쇠로 잠갔다. 그 열쇠는 빅토어가 시곗줄에 매달아 늘 지니고 다닌다. 여기서도 네쓰케 진열장은 보이지 않는다.

　서재에서 나와 계속 가면 식당이다. 식당 벽에는 사냥을 주제로 한 고블랭 태피스트리를 걸었는데, 이그나체가 파리에서 사 온 것이다. 안뜰이 내려다보이는 창문마다 커튼을 쳐서 식당 안은 항상 어두컴컴하다. 금으로 만든 식기 세트가 차려지던 식탁도 이곳에 있었을 것이다. 모든 접시와 그릇에 옥수수 이삭과 에프루시를 상징하는 두 개의 E가 중앙에 새겨져 있고 한껏 부풀어 오른 돛을 달고 황금빛 바다를 항해하는 배 문양이 그려져 있다.

　금제 식기 세트는 분명 이그나체가 생각해 낸 아이디어였을 것이다. 그가 수집한 가구들이 집 안 곳곳에 자리 잡고 있다. 르네상스 시대의 장식장들, 조각이 새겨진 바로크 시대의 함들, 그리고 아래층 연회장 말고는 둘 곳이 없는 불 스타일의 거대한 책상. 이그나체가 수집한 그림들도 여기저기 있다. 옛 거장들의 작품이 많고, 성가족과 피렌체 양식의 성모화가 한 점씩 있다. 바우베르만, 코이프 등 17세기 네덜란드 유명 화가들의 작품과 프란스 할스풍의 그림도 있다. 특히 젊은 여인들 Junge Frauen을 그린 그림이 어마어마하게 많은데, 일부는 한스 마카르트의 작품이다. 무질의 냉소적인 표현을 빌리자면, "벨벳, 카펫, 수호신, 표범 가죽, 작은 장신구, 공작 깃털, 함, 류트"로 에워싸인 공간에 비슷비슷한 드레스를 입고 비슷비슷하게 생긴 젊은 여인들이 그려져 있다. 그림들은 모두 진한 금색이나 짙은 검은색 액자로 장식되었다. 이 그림들 사이에도, 이렇게 화려하고 연극적인 전시에도, 이 보물 창고 안에도, 파리에서 온 네쓰케로 가득 찬 진열장은 없다.

여기에서는 모든 것이, 다시 말해 장엄한 그림과 장식장 하나하나가 유리로 덮인 안뜰에서 쏟아지는 빛을 받으며 움직이지 않는 것처럼 보인다. 무질은 이 분위기를 이해하고 있었다. 오래된 대저택에는 대대로 물려받은 오래되고 아름다운 가구 옆에 흉물스러운 새 가구가 뒤죽박죽 섞여 있다. 그러나 과시를 좋아하는 졸부의 대저택에서는 모든 것이 너무 분명하게 정해져 있다. "가구 사이의 공간을 넓게 벌리거나, 벽에 걸린 그림이 가장 돋보이는 위치 같은 건 거의 인식할 수 없다. 훌륭한 음색의 부드럽고 청아한 메아리는 희미하게 사라져 버리고 말았다."

나는 자신이 수집한 모든 보물과 함께 있는 샤를을 떠올리고, 그 보물들을 계속 움직이게 만든 그의 뜨거운 열정을 느낀다. 샤를은 사물의 세계에 저항할 수 없었다. 그래서 물건을 만지고 연구하고 구입하고 재배치했던 것이다. 네쓰케 진열장을 빅토어와 에미에게 선물하자 샤를의 응접실에는 새로운 물건을 들일 빈 공간이 생겼다. 그는 자신의 방들을 끊임없이 새롭게 변화시켰다.

팔레 에프루시는 그와 정반대다. 회색 유리 지붕으로 덮인 그 집 전체가 하나의 진열장 같다. 아무도 그 안에서 빠져나갈 수 없다.

긴 복도의 양쪽 끝에는 빅토어와 에미가 개인적으로 사용하는 방들이 있다. 빅토어의 옷방에는 벽장과 서랍장, 긴 거울이 있다. 그의 가정 교사였던 베셀 선생님의 실물 크기 석고 흉상도 있다. "그가 무척 사랑했던 베셀 선생님은 프러시아인이고 비스마르크를 비롯해 독일의 모든 것을 열렬히 숭배했다." 이 방에 있는 멋진 물건들 중에서 지금까지 한 번도 언급하지 않은 것은 '레다와 백조'를 그린 이탈리아 회화 작품이다. 그 그림은 상당히 크고 매우 선정적인 내용이다. 엘리자베트는 회고록에 이렇게 적었다. "저녁 외출을 하려고 새로 다린 빳빳한 셔츠와 정장 재킷으로 갈아입는 아버지를 보러 그 방에 갈 때마다, 나는 그 그림을 빤히 쳐다봤다. 아주 큰 작품이었다. 왜 거부감이 드는지 그 까닭은 도무지 알 수 없었다." 소소한 장식품 따위는 이 방에 어울리지 않는다고 빅토어가 이미 설명해 주었다.

에미의 옷방은 복도의 반대편 끝에 있다. 창문 밖으로 링슈트라세를 지나 포티프 성당과 쇼텐가세까지 보이는 구석 방이다. 그 방에는 쥘과 파니 부부가 선물한 루이 16세 양식의 아름다운 책상이 있다. 부드러운 곡선을 그리며 휘어진 책상다리 끝에 달린 오르몰루ormolu 장식의 발굽이 인상적이다. 에미는 부드러운 가죽 안감을 덧댄 책상 서랍에 편지지와 리본으로 묶은 편지 뭉치를 보관한다. 그리고 경첩으로 연결된 삼면 전신 거울이 있어서 옷을 입을 때 자기 모습을 제대로 볼 수 있다. 이 거울은 방의 대부분을 차지한다. 그밖에 화장대와 세면대가 있는데, 세면대에는 은테를 두른 유리 세면기와 그에 어울리게 은 뚜껑이 달린 유리 물병이 놓여 있다.

그리고 드디어 이 방에서 초록색 벨벳 선반이 달린 검은색 칠기 장식장을 발견한다. 이기의 기억 속에 "키 큰 남자만큼 커다란" 그 장식장이다. 에미는 뒷면에 거울이 달린 이 진열장과 사촌 샤를에게 받은 네쓰케 총 264점을 자기 옷방에 갖다 놓은 것이다. 여기가 내 얼룩무늬 늑대가 비로소 안착한 곳이다.

이곳은 여러모로 일리가 있는 장소지만 전혀 말이 안 되는 곳이기도 하다. 옷방에 누가 들어와 본단 말인가? 이 방은 사교 공간이 아니고 살롱도 분명히 아니다. 초록색 벨벳 선반 위에 놓인 회양목 거북이, 감, 목욕통 안에 있는 여자아이를 조각한 작은 상아 네쓰케를 이 방에 보관한다는 것은 에미의 집에서 열리는 파티에 그것들을 설명할 일이 없다는 뜻이다. 빅토어가 네쓰케를 언급할 필요도 없다. 진열장을 여기로 가져온 이유는 창피해서였을까?

네쓰케를 다른 사람의 눈에 띄지 않는 곳에, 마카르트가 말한 호화로운 과시의 공간에서 멀리 떨어진 곳에 두기로 한 결정은 의도적이었을까? 에미는 네쓰케가 마음에 들어서 자기 혼자만 쓰는 방 하나에 모아 둔 걸까? 그렇게 함으로써 링슈트라세 스타일의 압박에서 구하려던 걸까? 금장 가구와 오르몰루가 도열한 에프루시 저택의 연병장에는 곁에 두고 싶은 물건이 별로 없었다. 네쓰케는 친밀한 공간에 어울리는 친밀한 물건이다. 어쩌면 에미는 단순히 문자 그대로, 시아버지 이그나체의 손길이 닿지 않은 물건을 원했던 걸까? 아니면 파리의 멋을 조금 느끼고 싶었던 걸까?

여기는 에미의 방이다. 그녀는 이 방에서 많은 시간을 보냈다. 하루에 옷을 세 번 갈아입었고, 더 자주 갈아입는 날도 있었다. 경마장에 가려고 모자를 쓸 때는, 넓은 모자챙 아래로 구불거리게 만 머리카락을 하나하나 고정하는 데 40분이 걸렸다. 수를 놓은 파티용 드레스 위에 단추가 일렬로 촘촘히 달린 경기병 재킷hussar's jacket을 입으려면 끝없이 오랜 시간이 걸렸다. 파티, 쇼핑, 저녁 식사, 지인 방문, 무도회, 프라터 유원지로 가는 승마 등 목적에 알맞은 옷차림이 있었다. 이 옷방에서 그날 입을 코르셋, 드레스, 장갑, 모자를 까다롭게 고르고, 입었다 벗었다 하기를 반복했다. 어떤 드레스는 몸에 맞게 수선해야 했는데, 무릎을 꿇고 앉은 아나가 앞치마 주머니에서 바늘과 실, 골무를 꺼내 꿰맸다. 에미에게는 모피 옷도 있다. 어떤 사진에서는 옷자락 끝에 흑담비 털이 달린 드레스를 입고 북극여우 털을 목에 둘렀고, 다른 사진에서는 가운 위에 180센티미터가량의 곰 털 스톨을 어깨에 걸쳤다. 아나가 여러 종류의 장갑을 챙겨 오느라 한 시간이 훌쩍 지나기도 했다.

　에미가 옷을 차려입고 외출한다. 1906년 겨울, 에미는 빈의 거리에서 어느 대공과 이야기를 나눈다. 그녀가 대공에게 프림로즈 꽃을 건네자 두 사람은 미소를 짓는다. 에미는 가는 줄무늬 정장을 입었다. 에이 라인 치마에는 폭이 넓은 밑단을 댔는데, 원단 줄무늬 방향을 치마와 엇갈리게 재단했다. 위에는 치마와 한 벌인 짧은 주아브 재킷Zouave jacket을 입었다. 이건 산책용 복장이다. 헤렝가세를 산책할 복장을 갖춰 입는 데 한 시간 반은 걸렸을 것이다. 속바지, 얇은 무명이나 비단으로 만든 긴 속치마, 허리를 조이는 코르셋, 스타킹, 가터벨트, 단추 달린 부츠, 고리 장식으로 여미는 치마, 그다음에는 깃이 높고 앞에 레이스 주름 장식이 달린 블라우스나 팔이 부해 보이지 않도록

에미와 대공, 1906년 빈.

슈미제트chemisette를 입고, 단추 없이 앞이 터진 재킷과 체인이 달린 작은 손가방, 보석, 의상에 어울리는 줄무늬 태피터 리본이 달린 털모자, 흰색 장갑, 꽃으로 단장한다. 향기는 없다. 에미는 향수를 뿌리지 않는다.

옷방 진열장은 1년에 두 번, 봄가을에 열리는 연례행사를 보초병처럼 지켜본다. 그것은 다음 시즌에 입을 의상을 고르는 의식이다. 새로운 옷 디자인을 구경하러 귀족 여성들이 의상실에 직접 가는 일은 없었다. 반대로 옷이 고객들을 찾아 집으로 왔다. 의상실 주인은 검은 정장을 입은 백발의 노신사 슈스터 씨와 함께 파리에 가서 드레스를 골랐고, 커다란 상자에 정성스럽게 포장된 옷들이 도착한다. 통로에 옷상자가 가득 쌓였고 슈스터 씨는 그 옆에 앉았다. 아나가 그 상자들을 하나씩 에미의 옷방으로 옮겼다. 에미가 옷을 입고 나면 슈스터 씨가 방에 들어와 의견을 말했다. "물론 그 사람은 매번 괜찮다고 했지. 그러다 어머니가 특별히 마음에 드는 옷을 다시 입어 보려고 하면, 그 드레스가 확실히 '남작 부인에게 가장 잘 어울린다.'며 호들갑을 떨었어." 그 순간을 기다리던 아이들은 번번이 미친 듯이 웃으며 복도를 따라 육아실로 달려갔다.

에미가 빅토어와 결혼한 직후 응접실에서 찍은 사진이 한 장 있다. 이미 엘리자베트를 임신한 상태였을 텐데 겉으로 티가 나지는 않는다. 마리 앙투아네트처럼 긴 흰색 치마 위에 짧은 벨벳 재킷을 입은 모습이 근엄하면서도 자연스럽다. 길게 늘어뜨린 곱슬머리는 1900년 봄에 유행한 스타일과 일치한다. "헤어스타일은 이전보다 한결 자연스럽다. 앞머리는 내리지 말아야 한다. 우선 머리에 굵은 웨이브를 준 다음, 뒤로 빗어 넘겨 적당한 높이에서 틀어 올린다. …… 머리카락이 이마 위로 몇 가닥 삐져나오는 건 괜찮지만 자연스럽게 말린 형태를 유지해야 한다."라고 어느 기사에 적혀 있다. 사진 속에서 에미는 깃털 장식이 달린 검은 모자를 썼다. 한 손은 대리석 상판이 놓인 프랑스산 서랍장 위에 얹고, 다른 손에는 지팡이를 들었다. 막 옷방에서 내려와 무도회에 가려는 참이었을 것이다. 당당하게 정면을 바라보는 그녀는 자신이 얼마나 매력적인지 아는 듯하다.

이기의 말로는 에미를 흠모하는 남자들이 무척 많았다고 한다. 다른 사람을 위해 옷을 입는 일은 그녀에게 옷을 벗는 것만큼이나 즐거운 일이었다. 에미에게는 결혼 초반부터 여러 명

마리 앙트와네트 복장을 한 에미, 1900년 팔레 에프루시 응접실에서.

의 애인이 있었다.

빈에서는 드문 일이 아니었다. 파리와는 분위기가 약간 다르다. 이곳은 식사를 하면서 이성을 유혹하는 밀실이 식당에 있는 도시다. 슈니츨러의 희곡 「윤무」나 「원무 La Ronde」에도 밀실 장면이 나온다. "'리트호프' 식당의 밀실. 차분하게 가라앉은 편안하고 우아한 분위기. 가스 불이 타오르고 있다. 식탁 위에는 크림 페이스트리, 과일, 치즈 등 먹고 남은 음식들이 있다. 헝가리산 화이트 와인. '남편'은 소파 구석에 등을 기대고 앉아 아바나산 시가를 피운다. '달콤한 어린 아가씨'는 그 옆 안락의자에 앉아 페이스트리에서 생크림을 떠먹으며 즐거워한다." 세기말 빈에서는 "양갓집 청년들을 유혹하며 사는 평범한 소녀", 달콤한 여성süße Mädel을 숭배하는 컬트 현상이 유행한다. 유혹은 끝없이 이어진다. 호프만슈탈이 대본을 쓰고 슈트라우스가 작곡한 오페라 「장미의 기사」는 1911년에 초연되어 폭넓은 인기를 끈다. 의상을 바꿔 입고, 연인을 바꾸고, 모자를 바꾸는 등 모든 것이 일시적인 유희 속에서 펼쳐지는 내용이다. 슈니츨러는 자신의 성생활을 기록한 일기에서, 두 내연녀가 요구하는 대로 맞춰 주다가 난처한 상황에 빠졌다고 털어놓았다.

빈에서 섹스를 빼놓을 수 없다. 길거리는 매춘부들로 북적거린다. 그들은 『노이에 프라이에 프레세』 뒷면에 광고를 낸다. "뭐든지 누구든지 다 만족시켜 드립니다." 카를 크라우스는 자신이 발행하는 잡지 『파켈Die Fackel』에 그 광고문을 인용했다. "여행 동반자 구함. 젊고 사교적임. 기독교 신자. 독신. 합스부르크가세 우편물 보관함의 '뒤집힌 69번지'로 답신 바람." 섹스는 프로이트가 논쟁을 불러일으킨 주제다. 오토 바이닝거는 1903년에 발표해 열광적인 지지를 받은 책 『성과 성격』에서 여성은 태생적으로 부도덕하며 지시를 받아야 하는 존재라고 했다. 클림트의 〈유디트Judith〉, 〈다나에Danae〉, 〈키스The Kiss〉에서 섹스는 황금색으로 빛나지만, 에곤 실레의 뒤틀린 육체에서 섹스는 위태로워 보인다.

빈에서 현대 여성으로 사는 것, 유행의 첨단을 달린다는 것은 가정생활에서 어느 정도 행동의 자유를 누린다는 것을 뜻한다. 에미의 이모와 고모, 사촌 가운데 몇몇은 정략결혼을 했는데, 애니도 그중 한 명이었다. 에미의 사촌인 쌍둥이 형제 헤르베르트와 비톨트 폰 셰이 폰 코롬라의 친부가 한스 빌체크 백작이라는 것은 누구나 아는 사실이다. 미남에 극강의 매력을 지닌 빌체크 백작은 탐험가이며 북극 탐사 원정대의 후원자다. 그는 작고한 루돌프 황태자의 절친한 친구였고, 자신의 이름을 딴 섬을 여러 개 소유했다.

나는 런던으로 가는 귀국 일정을 미뤘다. 드디어 이그나체가 남긴 유언장을 추적 중인데, 그가 재산을 어떻게 분배했는지 알아보고 싶다. 빈의 계보 협회인 아들러 소사이어티Adler Society는 매주 수요일 저녁 6시 이후에 회원들과 회원이 초대한 방문객에게만 개방된다. 사무실은 프로이트가 살던 아파트 옆 건물의 2층으로, 넓은 홀을 지나면 나온다. 나는 몸을 숙여 나지막한 문을 통과해서 역대 빈 시장들의 초상화가 걸린 긴 복도로 들어선다. 왼쪽에는 사망 기록과 부고 기사를 모아 놓은 파일 상자들이 진열된 책장이, 오른쪽에는 영국 귀족 인명록 『디브렛Debrett's』과 유럽 왕족 및 귀족 인명록 『고타 연감 Almanach de Gotha』이 있다. 그밖에 모든 자료와 인물 기록을 보려면 그대로 직진하면 된다. 이제야 사람들이 서류 파일을 옮기고 장부를 복사하며 각자의 작업에 몰두한 모습이 보인다. 계보 협회가 일반적으로 어떤 분위기인지는 모르지만 이곳은 전혀 예상치 못한 웃음소리가 들리고, 알아볼 수 없는 필체 해독을 요청하는 연구자들로 소란스럽다.

나는 에미 폰 에프루시, 결혼 전 성은 셰이 폰 코롬라인 그녀의 1900년경 친분 관계와 관련된 자료를 아주 조심스럽게 요청한다. 가십이 무더기로 나온다. 에미의 100년 전 친분 관계는 비밀이 아니고, 그녀가 교제한 애인들은 모두 공개되어 있다. 누군가는 기병 장교를, 다른 누군가는 헝가리 출신의 난봉꾼 왕자를 언급한다. 남편이나 애인 누구와도 하루를 시작할 수 있게 두 집에 똑같은 옷을 비치하던 그 여자가 에미 에프루시 였을까? 에미의 소문은 지금도 생생하다. 빈 사람들은 비밀이 전혀 없는 것 같다. 내가 영국인임을 뼈저리게 실감한다.

성적 욕구를 주체하지 못한 한 남자의 아들이자 또 한 남자의 형제였던 빅토어가 생각난다. 자기 서재 책상에 앉아 은제 종이칼을 들고 베를린의 서적상이 보내온 갈색 책 꾸러미를 뜯는 빅토어의 모습이 눈에 선하다. 시가에 불을 붙일 때 사용하는 가느다란 성냥을 조끼 주머니에서 꺼내는 모습이 보인다. 웅덩이로 흘러들어 갔다가 다시 빠져나가는 물처럼 밀려 들었다 나갔다 하는 에너지의 흐름이 이 집 안 전체에서 느껴진다. 내가 볼 수 없는 것은 에미의 옷방에서 진열장을 열고 네쓰케를 꺼내는 빅토어의 모습이다. 에미가 아나의 시중을 받으며 옷을 갈아입는 동안, 빅토어가 그 방에 앉아 아내와 이야기를 나누는 부류의 남자였는지조차 확실하지 않다. 두 사람의 대화 주제가 무엇이었는지도 전혀 모르겠다. 키케로였을까? 모자였을까?

매일 아침 출근하기 전, 빅토어가 손으로 얼굴을 쓸어내리며 몸가짐을 다잡는 모습을 상상해 본다. 링슈트라세로 나선 그는 오른쪽으로 돌아 첫 골목에서 쇼텐가세 쪽으로 우회전하고, 다시 첫 골목에서 왼쪽으로 돌아 사무실에 도착한다. 그는 수행원 프란츠를 데리고 다니기 시작했다. 프란츠가 집무실 밖

책상에 앉아 있는 덕분에, 빅토어는 안에서 방해받지 않고 책을 읽을 수 있다. 빅토어가 아름다운 필체로 역사를 기록하는 동안, 은행 업무와 관련된 모든 서류를 정확하게 작성하는 직원들이 있어서 정말 다행이다. 그는 자신의 젊고 아름다운 아내를 사랑하는 중년의 유대인 남성이다.

아들러 소사이어티에 빅토어가 등장하는 가십은 없다.

열여덟 살의 에미를 생각해 본다. 그녀는 링슈트라세 모퉁이에 위치한 유리로 덮인 대저택에 네쓰케 진열장을 새로 설치했다. 19세기 주택의 실내에 있는 한 여성을 묘사한 발터 벤야민의 문장이 기억난다. "그녀는 집의 실내 공간에 너무 깊이 파묻혀 있다. 그 모습은 모든 부속품이 보라색 벨벳 안감 깊숙이 박힌 나침반 상자를 연상시킨다."

18

옛날 옛적에

팔레 에프루시의 아이들에겐 여러 명의 유모와 보모가 있다. 유모들은 빈 출신의 다정한 사람들이고 보모들은 영국인이다. 영국인 보모들은 아침이면 영국식으로 포리지와 토스트를 먹는다. 점심은 푸딩을 곁들여 푸짐하게 먹고 오후에는 빵과 버터, 잼, 작은 케이크가 제공되는 애프터눈 티를 즐기며, 저녁 식사 때는 "규칙적인 배변을 위해" 우유와 과일 조림을 먹는다.

특별한 날에는 아이들도 집에서 열리는 에미의 파티에 참석해야 한다. 엘리자베트와 기젤라는 장식 띠가 달린 빳빳한 모슬린 드레스를 입고, 통통한 편인 불쌍한 이기는 『소공자』에 나오는 주인공처럼 아일랜드식 레이스 깃이 달린 검은색 벨벳 정장을 차려입는다. 크고 푸른 눈을 가진 기젤라는 여자 손님들의 귀여움을 독차지하고, 가족들이 에프루시 산장을 방문할 때면 르누아르 그림에 나오는 소녀처럼 샤를의 작은 집시가 된다. 에미는 어여쁜 기젤라의 초상화를 붉은색 분필로 서툴게 그렸고, 아마추어 사진가인 알베르트 로스차일드 남작은 사진을 찍어 주겠다며 기젤라를 작업실로 초대한다. 아이들은 영국인 보모들과 함께 마차를 타고 링슈트라세보다 먼지가 적은 프라터 유원지로 매일 산책을 나간다. 연한 황갈색 외투를 입고 에프루시 가문의 배지가 달린 실크해트를 쓴 하인 한 명이 그 뒤를 따라 걷는다.

아이들이 엄마를 만나는 시간은 저녁 식사 전 옷을 갈아입을 때와 매주 일요일 아침, 이렇게 두 번으로 정해져 있다. 일요일 아침 10시 30분은 영국인 유모와 가정 교사가 잉글랜드 성공회 교회에서 예배를 드리러 외출하고 엄마가 육아실로 찾아오는 특별한 순간이다. 엘리자베트는 짧은 회고록에 이렇게 적었다. "일요일 아침의 그 신성한 두 시간⋯⋯. 어머니는 서둘러 몸단장을 마쳤다. 바닥까지 내려오는 검은색 치마, 높고 빳빳한 흰색 깃과 흰색 소맷단이 달린 초록색 블라우스, 아름다운 올림머리를 한 매우 간소한 옷차림이었다. 어머니는 사랑스러웠고 고결한 향기가 났다."

엄마와 아이들은 함께 진한 밤색 표지의 무거운 그림책들을 꺼냈다. 에드몽 뒤라크가 삽화를 그린 『한여름 밤의 꿈』, 『잠자는 숲속의 미녀』, 그리고 무시무시한 등장인물이 나오는 『미녀와 야수』가 가장 인기가 많았다. 매년 크리스마스에는 영국 외할머니가 런던에서 주문한 앤드루 랭의 새로운 『동화집』을 받아 보았다. 그 책은 회색, 보라색, 다홍색, 갈색, 오렌지색, 올리브색, 장미색 등 시리즈로 발간되었다. 책 한 권으로 1년을 버틸 수 있었다. 아이들은 「하얀 늑대」, 「꽃이 가득한 섬의 여왕님」, 「마침내 두려움을 알게 된 소년」, 「꽃을 뽑아간 존재」, 「절름발이 여우」, 「거리의 음악가」 등 저마다 가장 좋아하는 이야기를 골랐다.

『동화집』에 실린 이야기 한 편을 큰 소리로 읽는 데 30분이 채 걸리지 않는다. 모든 이야기는 "옛날 옛적에"로 시작한다. 어

기젤라와 엘리자베트, 1906년.

떤 이야기에는 쾨베체시의 자작나무와 소나무 숲처럼 숲의 끝자락에 오두막집이 등장한다. 하얀 늑대가 나오는 이야기는 어느 초가을 아침 사냥터 관리인이 집 근처에서 총으로 잡은 하얀 늑대를 마구간 마당에서 아이들과 사촌들에게 보여 주던 일을 생각나게 한다. 또 아이들이 지나갈 때마다 주둥이를 문지르던, 팔레 셰이의 문 위에 걸린 늑대 머리 청동 조각상도 생각난다.

이야기 속에는 이상한 사람들이 등장한다. 모자와 양팔에 방울새 떼가 달린 새 조련사는, 링슈트라세의 시민정원 정문 앞에서 아이들에게 둘러싸인 어떤 사람과 비슷하다. 잡상인들은 프란첸스링으로 나가는 문 옆에 서 있는, 검은 코트 차림에 단추, 연필, 엽서가 담긴 바구니를 둘러맨 거지를 닮았다. 아버지는 아이들에게 그 사람들을 예의 바르게 대해야 한다고 가르쳤다.

공주가 등장하는 이야기도 많다. 무도회에 가려고 드레스를 입고 티아라를 쓴 공주는 마치 엄마 같다. 많은 이야기에 나오는 마법의 궁전 속 연회장은 크리스마스 때 촛불을 환히 밝힌 아래층 방 같다. 모든 이야기는 "끝"이라는 말과 함께 엄마의 입맞춤으로 마무리된다. 다음 이야기를 들으려면 1주일을 기다려야 한다. 이기는 에미가 훌륭한 이야기꾼이었다고 말했다.

아이들이 정기적으로 엄마를 볼 수 있는 또 다른 시간은 에미가 외출하려고 옷을 갈아입는 동안이다. 이때 아이들은 엄마의 옷방에 들어가도 된다.

에미는 집에서 저녁 만찬을 하거나 오페라 하우스 혹은 파티에 갈 때면, 친구를 초대하거나 방문할 때 입던 평상복을 외출복으로 갈아입었다. 그중에서도 무도회에 갈 때 가장 좋은 옷을 입었다. 긴 의자 위에 드레스를 펼쳐 놓고서 어떤 걸 입을지 전문가인 아나와 한참을 상의했다. 에미의 모습을 묘사할 때면 이기의 눈이 반짝반짝 빛났다. 복도 끝에 있는 빅토어의 방에 오비디우스와 타키투스의 책, 레다 그림이 있다면, 반대편 끝에 있는 에미는 자기 어머니가 계절별로 입던 옷들을 자세히 설명할 수 있었다. 옷 길이가 어떻게 달라졌고, 드레스의 무게와 주름 모양에 따라 움직임이 어떻게 변했고, 저녁 모임에서 어깨에 걸치던 모슬린, 거즈, 툴 스카프가 소재 면에서 어떤 차이가 있는지 등등. 에미는 파리 패션과 빈의 최신 유행을 잘 알고 있으며, 이 둘을 조화롭게 연출하는 방법도 안다. 에미는 특히 모자에 조예가 있다. 황제를 알현할 때는 커다란 리본이 달린 벨벳 모자를, 치맛단에 검은 모피를 댄 일자 드레스를 입을 때는 타조 깃털이 달린 작은 모피 모자를 쓴다. 제일 좋은 모자는 자선 행사에 참여한 유대인 부인들의 작은 무도회에서 쓴, 수국 한 송이가 달린 챙이 아주 넓은 모자다. 쾨베체시에서 에미는 어두운색 마카르트풍 모자를 쓴 자신의 사진엽서를 어머니에게 보낸다. "타샤가 오늘 수사슴 한 마리를 사냥했어요. 감기는 좀 어떠세요? 새로 찍은 제 사진은 마음에 드세요?"

옷 입는 시간에 아나는 에미의 머리를 빗기고, 코르셋 끈을 묶고, 셀 수 없이 많은 고리를 채우고, 다양한 장갑과 숄, 모자를 꺼내 온다. 그동안 에미는 보석을 고르고 커다란 삼면거울 앞에 서 있다.

그리고 그 시간은 아이들이 네쓰케를 갖고 노는 시간이다. 검은색 칠기 진열장의 열쇠를 돌리자 문이 열린다.

19

옛 도시 사람들

아이들은 옷방에서 각자 제일 마음에 드는 네쓰케를 골라 연노란색 카펫 위에서 가지고 논다. 기젤라는 비단 드레스를 부채로 가리고 춤을 추다 멈춘 일본 무용수를 좋아했다. 이기는 사지를 웅크린 채 눈을 부릅뜨고 으르렁거리는, 옆구리에 희미한 점들이 있는 늑대를 사랑했다. 밧줄로 묶은 장작 다발, 동냥 그릇 위에 엎드려 자느라 대머리 정수리만 보이는 거지도 이기가 좋아하는 네쓰케였다. 비늘과 움푹 꺼진 눈밖에 남지 않은 마른 생선도 있는데, 그 위에는 생선을 차지하려는 작은 생쥐 한 마리가 기어다닌다. 생쥐 눈에는 흑옥黑玉을 상감했다. 등뼈가 앙상하고 눈이 튀어나온 미친 노인은 한 손에는 문어를 쥐고 다른 손으로는 물고기를 뜯어 먹는다. 이와 대조적으로 엘리자베트는 얼굴을 추상적으로 표현한 탈을 가장 좋아했다.

상아와 나무로 만든 이 조각품들은 꺼내서 나열할 수 있었다. 쥐 열네 마리를 모두 한 줄로 길게 세우고, 호랑이 세 마리와 거지들은 저쪽에 두고, 어린아이, 가면, 조개껍질, 과일 등을 늘어놓았다.

흑갈색 모과나무부터 밝은 상아색 사슴까지 색상으로 정렬할 수도 있었다. 또는 크기순으로도 가능했다. 가장 작은 네쓰케는 자기 꼬리를 입에 물고 있는 눈이 검게 상감된 생쥐로, 황제 재위 60주년 기념으로 발행된 붉은 자주색 우표보다 조금 크다.

　네쓰케를 전부 뒤섞어 버리는 바람에 누나가 비단 옷을 입은 소녀를 찾지 못한 적도 있다. 아니면 어미 개와 새끼들을 가운데 놓고 호랑이들로 둘러싼 다음, 어미 개를 탈출시키는 놀이를 했다. 나무 목욕통에서 몸을 씻는 여자를 찾고, 홍합 껍데기처럼 생겼는데 열어 보면 벌거벗은 남녀가 있는 네쓰케 같이 훨씬 더 흥미로운 것들도 발견할 수 있었다. 또 누나들은 뱀의 마법에 걸려 종 안에 갇힌 소년 네쓰케를 검고 긴 머리카락으로 빙빙 돌리면서 남동생에게 겁을 주기도 했다.

　아이들이 엄마에게 네쓰케 이야기를 들려주면 엄마는 그 가운데 하나를 골라 이야기를 시작한다. 에미가 선택한 것은 어린아이와 탈 네쓰케다. 에미는 훌륭한 이야기꾼이다.

　네쓰케는 워낙 많아서 그 수를 전부 셀 수 없고, 모두 봤다고 할 수도 없다. 바로 그 점이 거울 진열장 안에 있는 이 장난감들의 핵심이며, 장난감들은 점점 확장된다. 다시 제자리에 넣기 전까지 그들은 하나의 완벽한 세계이며 완벽한 놀이 공간이다. 옷을 다 입고 부채와 솔까지 고른 엄마가 잘 자라고 키스해 주면, 이제 네쓰케를 제자리에 넣어야 할 시간이다.

　그것들은 다시 진열장 안으로 들어간다. 칼집에서 칼을 반쯤 꺼내든 사무라이를 호위병처럼 맨 앞에 놓고, 작은 열쇠를 돌려 진열장 문을 잠근다. 아나는 에미의 목에 두른 모피 모양을 바로잡고 옷소매가 흘러내리자 난리를 친다. 육아 담당 하녀가 와서 아이들을 육아실로 데려간다.

　빈의 이 옷방에서 네쓰케는 장난감에 불과하지만, 다른 곳에서는 꽤 진지한 대접을 받는다. 유럽 전역에서 사람들이 네쓰케를 수집한다. 선구적 수집가들이 구입한 초기 컬렉션들은 파리의 오텔 드루오에서 상당히 높은 가격으로 경매에 부쳐진다. 파리에 자신의 갤러리 메종 드 아르 누보 Maison de l'Art Nouveau를 열고 큰 영향력을 행사하고 있는 딜러 지그프리트 빙은 최상위 고객들 손에 네쓰케를 넘긴다. 그는 고故 필리프 뷔르티 컬렉션(네쓰케 140점), 고 에드몽 드 공쿠르 컬렉션(네쓰케 140점), 고 가리 컬렉션(네쓰케 200점)의 경매 카탈로그에 서문을 쓴 저자이자 전문가다.

　네쓰케의 역사를 다룬 최초의 독일어 책은 1905년 라이프치히에서 출간되었다. 이 책에는 네쓰케를 관리하고 진열하는 방법이 도판과 함께 실렸다. 가장 좋은 관리법은 아예 진열을 하지 않고, 자물쇠와 열쇠로 걸어 잠근 채 가끔씩 꺼내 보는 것이다. 그러나 우리의 관심사를 공유하고 예술에 시간을 바칠 수 있는 친구들이 반드시 필요하다고 작가는 간곡히 말한다. 유럽에서는 불가능한 일이다. 따라서 보이는 곳에 네쓰케를 두고 싶다면, 네쓰케 두 줄이 들어갈 정도의 얕은 유리 진열장을 마련하고 진열장 안쪽에 유리나 초록색 기모 천을 대야 한다. 이런 점을 알지 못했지만, 링슈트라세가 내려다보이는 옷방에 있는 진열장은 알베르트 브로크하우스의 방대하고 권위 있는 책에 수록된 엄격한 지침들을 대부분 충실히 따른다. 그는 다음과 같이 조언한다.

유리 진열장 안에 넣어서 먼지에 노출되지 않게 보관하는 것을 추천한다. 먼지는 틈새에 끼고, 양각된 작품의 결을 거칠게 만들고, 광택을 떨어뜨리고, 조각이 가진 매력을 현저히 감소시킨다. 네쓰케를 골동품이나 장신구, 다른 물건과 함께 벽난로 선반 위에 두면 조심성 없는 하녀가 깨뜨릴 수 있다. 심지어 집에 방문한 어느 숙녀의 드레스 주름 속에 들어가 행방이 묘연해질 수도 있다. 내 네쓰케 하나도 어느 날 저녁에 여행을 다녀왔다. 그 여인은 자기도 모르는 사이에 네쓰케를 지니고 거리를 돌아다니다가 나중에야 발견하고 내게 돌려줬다.

네쓰케를 두기에 여기보다 안전한 곳은 없다. 조심성 없는 하녀는 이 저택에서 오래 버티지 못한다. 에미는 어린 하녀가 쟁반 위에 있는 크림 통을 쏟기라도 하면 불같이 화를 낸다. 응접실에서 광대 조각상을 깨뜨리면 바로 해고다. 옷방에서 가구의 먼지를 떨어내는 일은 다른 하인의 몫이지만, 저녁에 입을 에미의 옷을 꺼내기 전에 아이들에게 진열장을 열어주는 일은 오직 아나만이 할 수 있다.

네쓰케는 이제 살롱 문화의 일부가 아니고, 예리한 재치를 발휘하는 게임의 일부도 아니다. 네쓰케 조각의 완성도나 퇴색한 세월의 흔적을 거론하는 사람도 없다. 네쓰케는 일본과의 모든 연결고리를 잃었고, 자포니즘을 상실했고, 비평가의 관심에서도 멀어졌다. 그것은 진정한 의미의 장난감, 작은 골동품이 됐다. 하지만 아이들의 손 안에서는 그리 작기만 한 물건이 아니다. 여기 이 옷방에서 네쓰케는 에미의 삶에 친밀한 일부가 됐다. 이곳은 그녀가 아나의 시중을 받으며 옷을 벗고, 빅토어나 친구, 애인과 만날 약속을 위해 옷을 입는 공간이다. 여기에는 나름의 문턱이 존재한다.

 네쓰케와 함께 하는 시간이 길어질수록, 그것을 갖고 노는 아이들 모습을 보는 시간이 늘어날수록, 에미는 사람들 앞에 내놓기에는 네쓰케가 너무 친밀한 선물임을 깨닫는다. 에미와 가장 가까운 친구인 마리안느 구트만도 네쓰케를 몇 점, 정확히는 열한 점 갖고 있지만 시골 별장에만 보관한다. 두 사람은 네쓰케를 보며 함께 웃었다. 하지만 이렇게 파격적이고 어떤 면에서는 압도적인 외국 조각품을 빈의 유대인 공동체 귀부인들에게 뭐라고 설명할 수 있단 말인가. 그들은 작고 어두운 리본을 옷에 달고, 갈리시아 지방의 작은 유대인 마을에서 온 소녀들에게 건전한 일자리를 제공하는 일을 돕는다. 그들에게 네쓰케를 설명하는 것은 불가능하다.

 다시 4월이고, 나는 팔레 에프루시로 돌아왔다. 에미의 옷방 창문 밖으로 앙상한 보리수나무 가지가 보인다. 포티프 성당을 지나 베링거가를 따라 걷다가 다섯 번째 골목으로 들어가면 베르가세 19번지, 바로 프로이트 박사의 집이다. 프로이트는 그곳에서 '카실리에 M의 사례'라는 제목으로 에미의 종조모인 아나 폰 리벤의 이야기를 기록한다. '히스테리성 정신병으로 부정' 증상을 보이던 아나는 심각한 안면 통증과 기억 상실을 호소했지만 "치료 방법을 아는 사람이 아무도 없어서"

프로이트를 찾아온다. 5년 동안 그의 치료를 받았는데, 말을 하도 많이 하는 바람에 차라리 글을 써 보라고 프로이트가 설득할 정도였다. 히스테리 연구에서는 아나가 프로이트의 스승인 셈이었다.

글을 쓰는 프로이트 뒤로 골동품 상자들이 즐비하다. 장미목과 마호가니로 만든 비더마이어 양식의 진열장에는 에트루리아 거울, 이집트 풍뎅이 모양 부적, 미라 초상화, 로마 시대의 데스마스크 등이 유리 선반에 있고, 그 주위로 시가 연기가 자욱하다. 이 시점에서 어느새 나에게 아주 특별한 관심사가 된 물건, 즉 세기말의 진열장에 내가 끔찍하게 집착하기 시작했다는 것을 깨닫는다. 프로이트의 책상 위에는 사자 모양의 네쓰케 한 점이 놓여 있다.

내 시간 관리 능력은 심각할 만큼 엉망이다. 나는 아돌프 로스의 책을 읽느라 1주일을 소비했다. 로스는 일본 양식을 "대칭의 포기"로 정의하고, 사물과 사람을 평면화하는 방식에 대해 썼다. 예를 들어 일본인이 "묘사하는 꽃은 압화押花"라고 설명한다. 로스가 디자인한 1900년도 빈 분리파 전시회에는 일본 공예품들이 대거 포함됐다. 빈에서 일본은 피할 수 없는 존재란 생각이 든다.

그러고 나서 나는 논란이 많은 카를 크라우스를 면밀히 살펴볼 필요가 있다고 판단했다. 고서점에서 『파켈』을 한 부 구입했다. 독특한 표지 색상을 실제로 보고 싶었기 때문이다. 스스로 횃불로 불리길 자청한 강력한 풍자 잡지답게 표지는 붉은색이다. 하지만 90여 년의 세월을 견디며 바래진 붉은색이 마음에 걸렸다.

　나는 네쓰케가 빈에 살던 모든 지식인의 세계를 여는 열쇠가 되길 바라는 마음이다. 문헌학자 카조봉처럼 일생을 목록과 각주를 작성하며 살게 될까 봐 두렵기도 하다. 빈의 지식인들은 난해한 사물을 좋아하고, 하나의 대상을 집중해서 관찰하는 데 특별한 즐거움을 느낀다. 매일 밤 에미가 옷을 갈아입고 아이들이 진열장의 문을 여는 그 순간에 아돌프 로스는 소금 그릇 디자인을 고민했고, 크라우스는 신문 광고와 『노이에 차이퉁Die Neue Zeitung』 사설에 실린 한 문구에 집착했고, 프로이트는 말장난에 강박적으로 사로잡혀 있었다. 하지만 에미가 아돌프 로스의 글을 읽지 않았고, "곰 같이 생겨서 하는 짓도 곰 같은" 클림트와 "사기꾼" 말러를 혐오했고, "싸구려" 빈 공방Wiener Werkstätte*에서 만든 물건을 단 하나도 사지 않았다는 사실 또한 부인할 수 없다. 할머니의 회고록을 보면 "어머니는 우리를 전시회에 데려간 적이 없다."라고 적혀 있다.

　1910년 당시에 그 작은 물건, 조각들은 최신 유행이고, 에미는 전형적인 빈 시민이다. 그녀는 네쓰케를 어떻게 생각하고 있을까? 네쓰케는 에미 본인이 수집한 물건도 아니고 추가로 더 수집할 일도 없을 것이다. 에미의 세계에는 손으로 들어서 옮길 수 있는 다른 물건도 당연히 많다. 응접실에 있는 골동품들, 마이센 찻잔 세트, 벽난로 선반 위에 있는 러시아산 은과 공작석으로 만든 장식품들이 그렇다. 에프루시 가문에게 이 네쓰

---

* 빈 분리파 예술가들이 설립한 수공예 공방.

케는 아마추어 수준의 물건이자, 통통한 자고새처럼 머리 위를 맴도는 아기 천사 조각에 어울리는 아기자기한 배경에 불과하다. 베아트리스 에프루시 드 로스차일드 숙모가 카프페라의 별장에 두려고 파베르제에게 주문 제작한 시계들과는 차원이 다르다.

하지만 에미는 이야기를 좋아하고, 네쓰케는 작고 간결하며 상아로 만들어진 이야기다. 에미는 서른 살이다. 링슈트라세 근처의 본가에서 어머니가 동화책을 읽어 주던 때가 엊그제 같은데 벌써 20년이 지났다. 오늘 에미는 『노이에 프라이에 프레세』하단에 실린 문예란의 기사를 읽는다.

신문 상단에는 부다페스트 소식이나 '빈의 주 하느님' 카를 뤼거 시장이 최근 발표한 성명 등 각종 뉴스가 실린다. 신문이 접히는 선 아래가 문예란이다. 아름다운 문장으로 작성된 격조 높은 에세이가 매일 한 편씩 게재된다. 오페라나 오페레타를 소재로 하거나 당시 철거 중인 특정 건물을 다룬 글이 실린다. 문예란은 나슈마르크트 재래시장에서 과일을 팔던 조페를 부인, 가십을 떠벌리고 다니던 아다바이 씨, 포템킨 도시를 거닐던 사람들 등 오래 전 빈에 살았던 평범한 이들을 추억하는 통로가 되기도 한다.

온화하고 자기도취에 빠진 글이 매일 실린다. 데멜에서 파는 페이스트리처럼 달콤한 형용사가 넘치는 섬세한 문장이 꼬리에 꼬리를 물고 이어진다. 이 글을 처음 쓰기 시작한 헤르츨은 문예란 작가들이 "자기애에 심취한 나머지 스스로와 타인을 판단하는 기준을 완전히 상실했다."라고 말했는데, 그런 현상을 눈으로 확인할 수 있다. 그들은 빈을 건성으로 쳐다보는 데도 너무나 완벽하고 해학이 넘친다. 발터 벤야민의 표현을 빌리자면, "감각이라는 독을 정맥 주사처럼 경험에 주입하는 문제⋯⋯ 문예란 저자는 이 문제를 설명한다. 그는 빈 사람들에게 이 도시를 낯설게 만든다." 문예란 저자들은 빈을 완벽하고 감각적인 허구의 도시로 되돌려 놓는다.

나는 네쓰케가 이런 빈의 한 단면이라고 생각한다. 상당수의 네쓰케는 그 자체로 일본판 문예란이다. 일본을 방문한 사람들이 쓴 서정적인 애도의 글에 등장하는 일본인들이 곧 네쓰케다. 그리스계 미국인 기자 라프카디오 헌은 일본인을 소재로 『미지의 일본 견문기 Glimpses of Unfamiliar Japan』, 『정토의 이삭 Gleanings in Buddha Land』, 『그림자 Shadowings』 등의 책을 펴냈다. 그가 쓴 짧은 단상이나 수집한 민담들은 하나하나가 시적 감흥을 불러일으킨다. "이른 새벽에 나온 행상들이 외치는 소리가 들린다. '무 있어요! 순무 있습니다! 순무!' 무를 비롯한 여러 생소한 채소를 파는 상인들이다. '불쏘시개요, 불쏘시개!' 숯불을 지필 가느다란 땔감 조각을 파는 아낙네들의 애절한 외침이다."

에미의 옷방에 놓인 진열장에는 다음과 같은 네쓰케들이 있다. 반쯤 완성된 술통 안에 들어가서 통을 만드는 사람, 땀에 젖은 채 서로 뒤엉켜 구르는 거리의 씨름꾼들, 술에 취해 승복을 벗어 던진 노승, 바닥을 걸레질하는 어린 하녀, 바구니를 열고 쥐를 잡는 사람. 하나를 골라 손에 잡으면 네쓰케는 옛 에도 사람으로 살아난다. 마치 『노이에 프라이에 프레세』 하단에 매일 등장하던, 빈이라는 연극 무대에 올라선 옛 도시

˙ ˙ ˙
사람들처럼 말이다.

 네쓰케들은 에미 옷방의 초록색 벨벳 선반 위에 앉아서 빈이 즐겨하는 일을 하고, 빈에 대한 이야기를 들려준다.

 그리고 이 뜬금없는 분홍색 팔레 에프루시에 사는 아름다운 여인 에미는 창밖 쇼텐가세에 한눈을 팔면서, 허름한 사륜마차를 모는 나이든 마부와 꽃 파는 상인, 학생 이야기를 시작한다. 네쓰케는 이제 유년 시절의 일부이자 아이들 세상 속에 있는 물건이다. 그 세상은 아이들이 만질 수 있는 물건과 만질 수 없는 물건으로 이루어져 있다. 그리고 가끔씩 만질 수 있는 물건과 매일 만질 수 있는 물건이 있다. 영원히 내 것인 물건과 지금은 내 것이지만 장차 동생에게 물려주게 될 물건도 있다.

 아이들은 하인들이 은 제품을 닦는 식기 보관실에 출입할 수 없고 저녁 만찬이 열릴 때는 식당에 들어갈 수 없다. 아버지가 러시아식 홍차를 마시는, 은 받침대가 달린 유리잔에도 절대 손을 대면 안 된다. 할아버지가 쓰시던 물건이기 때문이다. 집에 있는 많은 물건이 할아버지의 것이었지만 그 잔은 특별하다. 프랑크푸르트, 런던, 파리에서 도착한 아버지의 책들은 끈으로 묶인 갈색 포장 꾸러미 채로 서재 탁자 위에 놓인다. 아이들은 거기 있는 날카로운 은제 종이칼을 만져서는 안 된다. 소포에서 뗀 우표들은 나중에 받아서 앨범에 보관한다.

 이 세상에는 아이들이 소리로 듣는 물건이 있는데, 그 소리는 성인의 음정보다 낮게 진동한다. 집으로 찾아온 대고모들 앞에서 꼼짝 않고 앉아 있을 때, 응접실에서는 인어 장식이 달린 녹색과 금색 시계가 내는 초침 소리가 째깍째깍 천천히 들려온다. 마차를 끄는 말들의 발자국 소리가 안마당에서 들리면 공원으로 곧 출발할 시간이라는 뜻이다. 반대로 안뜰을 덮은 유리 지붕에 떨어지는 빗소리는 공원에 갈 수 없다는 것을 의미한다.

일상 풍경 속에서 아이들이 냄새를 맡는 사물도 있다. 아버지가 서재에서 피는 시가 연기 냄새, 어머니 냄새, 점심에 뚜껑 덮인 그릇에 담겨 육아실 앞을 지나가는 슈니첼 냄새. 식당 벽에 걸린 까칠까칠한 태피스트리 뒤에 몰래 숨을 때 맡는 냄새. 그리고 스케이트를 타고 나서 마시는 코코아 냄새. 에미는 가끔 아이들에게 코코아를 만들어 준다. 초콜릿을 도자기 접시에 담아 오면, 아이들은 초콜릿 덩어리를 동전 크기로 잘게 부순다. 그러고 나면 에미가 초콜릿 부스러기를 작은 은제 소스 팬에 넣고 보라색 불꽃 위에서 녹인다. 끈적거리는 농도가 되면 따뜻한 우유를 붓고 설탕을 저어 준다.

마치 렌즈로 들여다보는 것처럼 아주 선명하게 보이는 사물이 있다. 그리고 흐릿하게 보이는 것들도 있다. 뛰어다니며 놀던 복도, 영원히 이어질 것 같던 긴 복도에서 하나씩 스쳐 지나간 금테 액자 그림들, 잇달아 보이는 대리석 탁자들. 안뜰 복도를 따라 한 바퀴 돌면 열여덟 개의 문을 지나간다.

네쓰케는 파리에 있던 귀스타브 모로의 세계에서 빈에 있는 뒤라크의 동화책 세상으로 자리를 옮겼다. 그것들은 자신의 고유한 메아리를 만든다. 그렇게 일요일 아침에 듣는 이야기의 일부가 되고, 『아라비안 나이트』와 『신밧드의 모험』, 『오마르 하이얌의 루바이야트 Rubáiyát of Omar Khayyám』의 일부가 된다. 『천일야화』에 나오는 동화 속 궁전 같은 대저택에서 문지기가 서 있는 참나무 대문을 지나고 안뜰의 긴 계단을 올라가 복도를 따라가면, 옷방 문 너머로 자물쇠가 잠긴 진열장 속에 네쓰케들이 있다.

20

빈 만세! 베를린 만세!

새로운 세기가 시작된 지 14년이 되었다. 엘리자베트도 열네 살이 되어, 어른들의 저녁 식사 자리에 동석하는 진지한 소녀로 자랐다. 엘리자베트는 '사회 저명인사, 고위 공무원, 교수, 고위 장교'인 어른들의 정치 이야기에 귀를 기울이되, 누가 말을 걸기 전에 먼저 입을 열어서는 안 된다고 주의를 받는다. 그녀는 매일 아침 아버지와 함께 은행까지 걸어간다. 그리고 침실에 자신의 서재를 꾸미고 있다. 새 책이 들어올 때마다 연필로 머리글자 EE를 또박또박 써 넣고 번호를 매긴다.

기젤라는 옷을 좋아하는 어여쁜 열 살 소녀다. 아홉 살 소년인 이기는 약간 과체중이고 그래서 남의 시선을 의식한다. 수학에는 소질이 없지만 그림 그리기를 아주 좋아한다.

여름이 다가오자 아이들은 에미와 함께 쾨베체시로 여행을 떠난다. 에미는 자신의 애마인 콘트라를 탈 때 입을 의상으로 주름이 잡힌 검은색 블라우스를 새로 주문했다.

1914년 6월 28일 일요일에 합스부르크 제국의 후계자인 프란츠 페르디난트 대공이 사라예보에서 세르비아 민족주의자 청년에게 암살당한다. 목요일 자 『노이에 프라이에 프레세』는 "이 행위가 초래한 정치적 파장이 지나치게 확대되고 있다."라고 보도한다.

다음 주 토요일, 엘리자베트는 빈으로 엽서를 보낸다.

1914년 7월 4일
사랑하는 아빠,

　다음 학기에 함께 수업할 교수님들을 구해 주셔서 정말 감사해요. 오늘 아침은 무척 더워서 다 같이 호수로 수영하러 갔어요. 그런데 지금은 춥고 비가 올 것 같아요. 게르티 이모, 에바 이모, 비톨트 외삼촌이랑 피스찬에 갔는데 저는 그냥 그랬어요. 토니가 강아지를 아홉 마리 낳았는데 한 마리는 죽었어요. 강아지들에게 젖병으로 우유를 먹여야 해요. 기젤라는 새 옷을 아주 마음에 들어 해요. 천 번의 키스를 보냅니다.
　　　　　　　　　　　　　　　엘리자베트 올림

　7월 5일 일요일, 독일 황제는 세르비아에 대항하는 오스트리아에 지원을 약속하고, 기젤라와 이기는 쾨베체시의 강 풍경이 그려진 엽서를 보낸다. "사랑하는 아빠, 제 드레스는 아주 잘 맞아요. 날씨가 정말 더워서 저희는 매일 수영을 해요. 다들 잘 지내요. 사랑과 키스를 담아, 기젤라와 이기 올림."
　7월 6일 월요일, 쾨베체시의 날씨가 추워져서 아이들은 수영을 하지 않는다. "오늘은 꽃을 그렸어요. 사랑과 키스를 가득 담아, 기젤라 올림"
　7월 18일 토요일, 에미와 아이들이 쾨베체시에서 빈으로 돌아온다. 7월 20일 월요일, 영국 대사 모리스 드 번슨 경은 빈

수영하러 가던 푀베체시의 호수.

주재 러시아 대사가 2주간 휴가를 떠났다고 영국 정부에 보고한다. 같은 날 에프루시 가족은 스위스로 떠나 "기나긴 한 달"을 보낸다.

보트 창고 지붕 위에는 러시아 제국의 국기가 여전히 펄럭인다. 아들이 자라 장차 러시아에서 군 복무를 해야 하는 상황이 걱정된 빅토어는 차르에게 국적 변경을 청원했다. 그해에 빅토어는 프란츠 요제프 1세의 국민이 된다. 당시 여든네 살의 프란츠 요제프는 오스트리아 황제이자 헝가리와 보헤미아 국왕인 동시에 롬바르디아-베네치아, 달마티아, 크로아티아, 슬라보니아, 갈리시아, 로도메리아, 일리리아, 예루살렘의 국왕이었고, 투스카니 대공이자 아우슈비츠 공작이었다.

7월 28일, 오스트리아는 세르비아에 선전 포고를 한다. 7월 29일, 프란츠 요제프 황제는 성명을 발표한다. "나는 어떤 시련이 닥쳐도 언제나 내 왕좌 주위에 단결해서 충성을 바치고, 조국의 명예와 왕권, 국력을 위해서라면 가장 혹독한 희생도 치를 각오가 된 내 백성들을 믿는다." 8월 1일, 독일이 러시아에 선전 포고를 한다. 8월 3일, 독일은 프랑스에 선전 포고를 하고 다음 날 중립국 벨기에를 침공한다. 그리고 모든 패가 던져진다. 동맹이 체결되고 영국은 독일에 전쟁을 선포한다. 8월 6일, 오스트리아가 러시아에 전쟁을 선포한다.

오스트리아 제국에서 통용되는 모든 언어로 작성된 징집 영장이 빈에서 발송된다. 열차가 징발된다. 쥘과 파니 에프루시 부부의 젊은 프랑스 하인들, 도자기를 조심스럽게 다루고 호수에서 노를 힘차게 젓는 그들이 모두 징집된다. 에프루시 부부는 타국에서 발이 묶인다.

에미는 취리히로 달려가서 자신의 연인이자 오스트리아 총영사인 테오필 폰 예거에게 가족이 빈으로 돌아가게 해 달라고 도움을 청한다. 수많은 전보가 오고 간다. 유모, 하녀, 트렁크를 정리해야만 한다. 열차는 만원이고 실어야 할 짐은 너무 많다. 스페인 궁정 의식처럼 정확하고, 매일 아침 10시 30분에 육아실 창문 앞을 행진하며 지나가던 빈의 군대처럼 규칙적이며 한 치의 오차도 없던 k&k 철도 시간표는 순식간에 무용지물이 되고 만다.

이 모든 상황 속에는 잔인함이 있다. 프랑스, 오스트리아, 독일에 흩어져 사는 사촌, 러시아 국민, 영국인 이모 그리고 두려움에 빠진 모든 동족, 모든 영토의 국민, 애국심이 없는 모든 유목민은 어느 한쪽 편에 서게 된다. 한 가족이 동시에 얼마나 많은 편으로 분열될 수 있는 걸까? 군에 징집된 핍스 외삼촌은 옷깃에 아스트라한 모피가 달린 군복을 근사하게 차려입고서 프랑스와 영국의 사촌들에 맞서 싸워야 한다.

빈에서는 전쟁을 열렬하게 지지하는 움직임이 일어난다. 이 전쟁이 오스트리아에 만연한 정치적 무관심과 무감각을 말끔히 씻어 낼 거라고 믿는다. 영국 대사는 이렇게 말한다. "전 국민과 언론은 증오의 대상인 세르비아 민족을 즉각 단호하게 응징하라고 간절히 촉구한다." 작가들도 격앙된 분위기에 동조한다. 토마스 만은「전쟁 중의 생각 Gedanken im Kriege」이라는 에세이를 쓰고, 시인 릴케는「다섯 개의 노래 Fünf Gesänge」에서 전쟁 신의 부활을 찬양하며, 호프만슈탈은 『노이에 프라이에 프레세』에 애국시를 발표한다.

슈니츨러는 전쟁에 반대한다. 그는 8월 5일에 다음과 같이 짧은 글을 남긴다. "세계 대전. 세계의 파멸. 카를 크라우스는 황제에게 '세계의 완전한 종말'을 기원한다."

빈은 축제 분위기였다. 모자에 꽃을 꽂은 젊은이들이 삼삼오오 짝을 지어 신병 모집소로 향한다. 공원에서는 군악대가 음악을 연주한다. 빈에 거주하는 유대인 공동체에도 활기가 넘친다. 오스트리아-이스라엘 연맹의 월간 소식지는 7-8월호에서 다음과 같이 선언한다. "작금의 위험한 시기에 우리는 이 나라의 정당한 시민임을 자부한다. …… 우리에게 자유를 허하신 황제께 아이들의 피와 우리의 재산을 걸고 감사드린다. 우리가 누구 못지않게 선량하고 진정한 시민임을 국가에 증명하고 싶다. …… 이 참혹한 전쟁이 끝나고 나면 앞으로 어떤 반유대주의 선동도 있을 수 없다. …… 우리는 완전한 평등을 주장하게 될 것이다." 독일이 유대인을 해방시킬 거라 믿었다.

빅토어는 생각이 달랐다. 전쟁은 자멸을 초래하는 재앙이었다. 그는 팔레 에프루시의 모든 가구를 천으로 덮고, 하인들은 선급금을 주어 고향으로 돌려보냈다. 가족은 쇤브룬 궁전 근처에 사는 친구 구스타프 스프링거의 집으로 일단 피신시킨 다음, 바트 이슐 인근의 산악 지대에 있는 친척 집으로 보냈다. 빅토어 자신은 역사책들을 챙겨서 자허 호텔에 머무르며 전쟁 경과를 지켜보았다. 은행을 계속 운영해야 하는데, 프랑스(파리 8구의 아르카데가에 있는 에프루시 주식회사), 영국(런던 킹 스트리트의 에프루시 주식회사), 러시아(페트로그라드의 에프루시)와 교전 중인 상황에서는 결코 쉽지 않은 일이었다.

"오스트리아 제국은 이제 끝입니다." 요제프 로트의 소설 『라데츠키 행진곡』에서 라데츠키 백작이 말한다.

> 황제가 눈을 감자마자 우리는 산산조각으로 분열될 겁니다. 발칸 반도가 우리보다 더 강력해질 것입니다. 모든 민족이 저마다 작고 조잡한 국가를 세우고, 유대인들조차 팔레스타인에 왕국을 수립할 것입니다. 빈에서는 민주주의자들의 땀 냄새가 진동해서 링슈트라세에 더는 서 있을 수 없을 정도입니다. …… 부르크 극장에는 유대인 작가의 쓰레기 같은 공연이 올라오고, 헝가리 출신의 변기 제조업자가 매주 한 명씩 귀족 작위를 받습니다. 제가 말씀드립니다. 여러분, 우리가 지금 당장 발포를 시작하지 않으면 모든 게 끝납니다. 제

가 장담하는데 우리 살아생전에 그날이 올 것입니다.

그해 가을 빈에서는 많은 성명이 발표됐다. 전쟁이 본격적으로 진행되자 황제는 오스트리아 제국의 어린이들에게 연설문을 배포한다. "세계 대전 중에 우리의 자애로운 프란츠 요제프 1세 황제 폐하께서 어린이들에게 보내는 편지"가 신문에 실린다. "어린이 여러분은 모든 국민에게 보석 같은 존재이고 우리 미래를 위한 무한한 축복입니다."

6주가 지나도 전쟁이 끝날 조짐이 없자, 빅토어는 자허 호텔에서 집으로 돌아온다. 에미와 아이들도 결국 바트 이슐에서 데리고 온다. 가구에 덮인 천을 걷어 낸다. 육아실 창밖 거리에는 사람들의 움직임이 활발하다. 무질이 일기에 "카페에서 들리는 흉측한 노래 소리"라고 기록한 시위대 학생들의 소리, 행진하는 군인들과 군악대 소리 등 소음으로 시끄럽다. 에미는 아이들 방을 집 안의 더 조용한 곳으로 전부 옮길 생각을 한다. 하지만 그런 일은 일어나지 않는다. 이 집은 가족들이 살기에 불편하게 설계되었다고 에미가 말한다. "우리 모두는 유리 상자 안에 갇혀서 전시되고 있어. 너희 아버지가 노력하시지만, 어쩌면 우리는 길 위에서 살고 있는지도 몰라."

학생들의 구호는 매주 바뀐다. 처음에는 "세르비아는 죽어라!"로 시작한다. 다음 대상은 러시아인들이다. "총 한 방에 러시아인 한 명!" 그다음 차례는 프랑스인들이다. 한 주 한 주 지나면서 시위 구호는 점점 더 요란해진다. 에미는 물론 전쟁도 걱정되지만 이 모든 함성이 아이들에게 미칠 영향을 염려한다.

이제 아이들은 쇼텐가세로 향해 있어서 비교적 조용한 음악실의 작은 식탁에서 식사를 한다.

이기는 집 근처에 있는 쇼텐김나지움에 다닌다. 베네딕토 수도회에서 운영하는 아주 좋은 학교로, 빈 최고 명문으로 꼽히는 두 학교 가운데 하나라고 이기가 내게 말한 적이 있다. 벽에 붙어 있는 이 학교 출신의 유명 시인들 명판이 그 증거다. 선생님은 수도사이지만 학생들은 대부분 유대인이다. 이 학교는 서양 고전을 강조하지만 수학, 대수학, 미적분, 역사, 지리 수업도 이루어진다. 물론 어학 수업도 있다. 하지만 어머니와 말할 때는 영어와 프랑스어를, 아버지와 말할 때는 독일어를 번갈아 사용하는 에프루시 삼 남매에게 어학 공부는 별 의미가 없다. 다만 러시아어는 조금밖에 모르고 이디시어는 전혀 하지 못한다. 아이들은 집 밖에서는 독일어만 쓰라고 주의를 받는다. 발음이 외국어처럼 들리는 모든 상점 간판은 남자들이 사다리를 타고 올라가서 가려 버렸다.

여자아이들은 쇼텐김나지움에 다니지 않는다. 기젤라는 에미 옷방 옆에 있는 공부방에서 여자 가정 교사에게 수업을 받는다. 빅토어와 협상 끝에 엘리자베트는 이제 개인 교사에게 과외 수업을 받게 되었다. 에미는 이 일을 반대하고, 빅토어가 딸을 위해 내린 이 부적절하고 복잡한 결정에 몹시 분노한다. 이기는 응접실에서 에미가 소리를 지르고 도자기로 추정되는 물건이 깨지는 소리를 듣는다. 엘리자베트는 또래 남학생들이 쇼텐김나지움에서 배우는 교과 과정을 성실하게 따라간다. 오후에는 학교 실습실에 가서 학교 선생님과 개인 수업을 할 수 있다. 대학에 가려면 이 학교에서 최종 시험을 통과해야만 한다. 열 살 때부터 엘리자베트는 이 방에서 저 방으로, 그러니까 노란 카펫이 깔린 자신의 공부방에서 프란첸스링 건너편에 있는 빈 대학교 강의실로 반드시 가리라 다짐했다. 집에서 불과 200미터도 안 되는 거리지만, 어린 여자아이에게는 2000킬로미터만큼이나 멀게 느껴졌을 것이다. 그해 빈 대학교에 다니던 9000명이 넘는 재학생 가운데 여학생은 120명에 불과했다. 내가 해 봤지만, 엘리자베트의 방에서는 강의실 안이 보이지 않는다. 하지만 강의실 창문이 보이고, 계단식 좌석과 앞쪽 강단에 기대 선 교수를 상상해 본다. 나는 교수의 강의를 듣는다. 상상 속에서 손이 노트 위로 움직인다.

이기는 쇼텐김나지움을 마지못해 다닌다. 내가 책가방을 메고 직접 확인해 본 건 아니지만, 학교는 집에서 뛰면 3분 거리에 있다. 3학년 때인 1914년에 찍은 학급 사진에는 회색 플란넬 정장에 타이를 매거나 세일러복을 입은 남학생 30명이 책상에 앉아 있다. 창문 두 개가 5층 건물의 중앙에 있는 안뜰을 향해 열렸다. 얼굴을 찌푸리고 장난치는 말썽꾸러기도 한 명 보인다. 선생님은 수도복을 입고 근엄한 표정으로 교실 뒤에 서 있다. 사진 뒷면에는 모든 학생의 서명이 있다. 이름은 죄다 게오르크, 프리츠, 오토, 막스, 오스카 아니면 에른스트다. 이기도 아름다운 이탤릭체로 서명을 했다. 이그나체 v. 에프루시.

교실 뒤쪽 칠판에는 기하학 증명이 빼곡히 적혀 있다. 오늘 학생들은 원뿔의 표면적 구하는 법을 배운다. 이기는 매일 숙제를 안고 집으로 돌아온다. 그는 숙제를 끔찍이 싫어한다. 대수학과 미적분에 약하고 수학을 싫어한다. 그로부터 70년의 세월이 흐른 뒤에도 이기는 수도사 선생님 이름을 전부 기억했고, 선생님들에게 배웠지만 아무 소용이 없던 수업 이야기를 내게 들려줬다.

이기는 노래를 부르면서 집으로 돌아온다.

빈 만세! 베를린 만세!
14일 후에
우리는 페테르부르크에 도착하겠지!

이보다 더 무례한 노래들도 있다. 하지만 그런 노래들은 러시아에서 태어났고 상트페테르부르크를 사랑하는 빅토어의 심기를 불편하게 한다. 물론 지금은 오스트리아 국민이고 빈을 사랑하고 있지만 말이다.

이기에게 전쟁은 병정 놀이를 뜻한다. 이 놀이에서 용감한 군인으로 활약한 아이는 외사촌인 피츠, 즉 마리루이제 폰 모테지즈키다. 저택의 한 구석에는 하인들이 사용하는 계단이 가짜 문 뒤에 숨겨져 있다. 앵무조개 형태의 폭넓은 나선형 계단 136개가 지붕까지 이어진다. 문을 잡아당기니 어느새 여인상 기둥과 아칸서스잎 장식이 발아래 펼쳐지고, 빈 전체가 한눈에 들어온다. 빈 대학교부터 천천히 시계 방향으로 돌아보면 포티프 성당과 성 슈테판 대성당을 지나, 저 멀리 보이는 오페라 하우스, 부르크 극장의 첨탑과 돔형 지붕, 그리고 시청을 거쳐 빈 대학교 건물로 되돌아온다. 아이들은 대담하게 지붕 난간 끝까지 기어올라 가서 유리 지붕 아래로 안뜰을 내려다 볼 수 있다. 아니면 프란첸스링이나 쇼텐가세를 종종걸음으로 걷는, 아주 조그맣게 보이는 시민과 숙녀를 향해 총을 쏠 수도 있다. 딱딱한 종이를 돌돌 말아서 체리 씨를 넣고 훅하고 불면 된다. 바로 밑에 있는 커다란 차양이 설치된 카페는 아이들에게 특히 매력적인 표적이다. 검은색 앞치마를 두른 종업원들이 위를 올려다보며 고함을 지르면 아이들은 재빨리 몸을 숨긴다.

그리고 친척들이 많이 사는 바로 옆집 팔레 리벤스의 지붕 위로 올라갈 수도 있다.

혹은 스파이 놀이를 하며 계단을 따라 둥근 아치형 천장이 있는 지하 저장고로 내려갈 수도 있다. 거기에는 빈 도심을 가로질러 멀리 쇤브룬 궁전까지 연결되는 지하 터널이 있다. 의회 의사당으로도 통한다. 아니면 소문으로만 듣던 또 다른 비밀 터널들로 들어갈 수도 있다. 그물망처럼 얽힌 이 터널들은 링슈트라세에 있는 광고판 뒤로 들어갈 수 있다. 그곳은 하수구의 넝마주이들이 사는 곳이다. 그들은 주머니에서 떨어진 동전이 도로 틈새로 빠지면 그걸 주워 먹고 살고, 그림자처럼 어둡고 은폐된 존재다.

전쟁 중에 에프루시 가족과 식솔들은 각자 나름의 희생을 치른다. 핍스 외삼촌은 베를린에서 독일군 최고 사령부와 제국 간의 연락 장교로 복무하던 1915년에 시인 릴케가 최전방에서 벗어나 행정병으로 일하는 데 결정적인 도움을 주었다. 쉰네 살인 아버지는 병역에서 면제된다. 너무 늙어서 징집 대상이 아닌 요제프 집사를 제외하면 남자 하인들은 모두 사라졌다. 소수의 여자 하인과 요리사 한 명, 그리고 아나만 남았다. 아나가 에프루시 가족과 함께 지낸 지 어느덧 15년이다. 그녀에게는 모든 식구의 요구 사항을 꿰뚫는 능력과 화를 진정시키는 능력이 있는 것 같다. 아나는 모르는 게 없다. 점심 약속 후 집에 돌아와 옷을 갈아입을 때, 자신의 하녀에게 숨길 비밀이란 없다.

그즈음 집은 훨씬 더 조용해졌다. 일요일이면 빅토어는 일자리를 잃은 하인의 친구들을 점심 식사에 초대해서 삶은 고기와 구운 고기를 함께 먹곤 했다. 지금은 그런 일도 없다. 하인들의 숙소는 썰물이 빠지듯 텅 비었다. 말 사육사나 마부, 마차를 끌 말도 없으니 프라터 유원지에 가려면 쇼텐가세의 정류장에서 사륜마차나 전차를 타야 한다. "파티는 없다." 이 말은 실제로 파티가 열리는 횟수가 부쩍 줄고, 분위기도 예전과 다르다는 뜻이다. 무도회 드레스를 입고 나갈 수는 없지만, 그래도 저녁을 먹으러 나가고 오페라 하우스에 가는 건 계속할 수 있다. 엘리자베트는 회고록에서 "엄마는 손님들에게 차만 대접하고 브리지 게임을 했다."라고 적었다. 데멜에서는 여전히 케이크를 판매하지만, 케이크가 많은 집처럼 보여서는 안 된다.

에미는 아직도 매일 저녁마다 정장을 차려입는다. 일상의 규칙을 무너뜨리지 않는 것이 중요하기 때문이다. 해마다 파리에 가서 에프루시 남작 부인을 위해 드레스를 사 오던 슈스터 씨는 이제 없지만, 에미의 취향을 누구보다 잘 아는 아나가 있다. 아나는 최신 잡지를 보며 열심히 연구해서 드레스를 수선하고 옷장 관리에도 뛰어난 솜씨를 발휘한다. 그해 봄에 찍은 에미의 사진 한 장이 있다. 아주 긴 검은 드레스에 하얀색 백로 깃털이 달린 챙 없는 검은색 곰 가죽 모자를 쓰고, 허리까지 내려오는 진주 목걸이를 했다. 사진 뒷면에 적힌 날짜가 아니라면 전쟁 중이었다는 사실이 믿기지 않는다. 이 드레스가 지난 시즌의 것인지 궁금하지만, 내가 그걸 확인할 방법은 없다.

여느 때와 마찬가지로 기젤라와 이기는 저녁이면 에미의 옷방으로 찾아와서 이야기를 나눈다. 에미는 아이들이 진열장을 직접 열어 볼 수 있게 해 준다. 열 살 소녀와 여덟 살 소년은 카펫 위에서 네쓰케를 갖고 노는 유치한 짓은 하지 않는다. 하지만 기분이 좋지 않거나 게오르크 수도사 선생님에게 야단이라도 맞은 날에는, 전과 다름없이 유리 진열장 깊숙이 손을 뻗어 땔감 다발과 강아지 네쓰케들을 찾는다.

거리에는 사람들이 많고 많다. 러시아 군대가 무자비하게 대거 추방한 유대인 난민들이다. 갈리시아 지역에서만 10만 명이 빈으로 왔다. 더러는 기본적인 편의 시설을 갖춘 막사에 수용되어 있지만 가족이 생활하기에는 부적합한 곳이다. 많은 유대인이 레오폴트슈타트로 몰려와 끔찍한 환경에서 생활한다. 많은 이가 거리에서 구걸을 한다. 그들은 쟁반 위에 엽서와 리본을 듬성듬성 올려놓은 행상인이 아니다. 그들은 팔 물건이 아무것도 없다. 빈의 유대인 공동체는 구호 활동을 조직한다.

오스트리아 사회에 많이 동화된 유대인일수록 새로 온 이민자들을 걱정스러운 시선으로 바라본다. 그들의 행동거지는 다소 거칠게 느껴지고 말투와 행색, 관습은 빈 사람들이 지향하는 빌둥에 어울리지 않는다. 그들이 동화에 장애물이 되지 않을까 하는 불안감이 커진다. 요제프 로트는 "동유럽 출신 유대인으로 산다는 건 끔찍하게 힘든 일이다. 빈으로 새로 이주한 동유럽 유대인보다 가혹한 운명은 없다."라고 했다. "그들을 위해서 아무도 나서지 않고 아무것도 도와주지 않을 것이다. 빈의 제1지구에 안전하게 정착한 그들의 친척과 같은 유대인들은 이미 '현지인'이 되어 버렸다. 동유럽 출신 유대인들을 받아들이기는커녕 그들과 엮이는 것조차 원치 않을 것이다." 아마도 이 불안감은 빈에 도착한 지 오래되지 않은 사람들이 최근에 새로 도착한 이들에게 느끼는 감정이었는지 모른다. 그들은 지금도 계속 이동하는 중이다.

거리 모습이 달라진다. 링슈트라세는 한가롭게 산책하는 길이다. 우연한 만남, 카페 란트만 밖에서 가볍게 마시는 커피 한 잔, 큰소리로 나를 부르는 친구들, 연인과의 설레는 밀회 등이 기다리고 있는 곳이다. 밀려드는 인파가 물결처럼 잔잔하게 일렁인다.

하지만 지금 빈에는 두 가지 속도가 있는 듯하다. 하나는 행진하는 군인과 그 뒤를 따라 뛰어가는 아이들의 속도, 그리고 다른 하나는 정지된 속도다. 음식, 담배, 신문을 구하려고 사람들이 상점 앞에서 줄을 선다. 모두가 줄서기anstellen라는 이 새로운 현상을 이야기한다. 경찰은 생필품별로 줄서기가 시작된 날짜를 기록한다. 1914년 가을에는 밀가루와 빵을 사려고 줄을 선다. 1915년 초에는 우유와 감자, 1915년 가을에는 기름이다. 1916년 3월은 커피, 다음 달에는 설탕, 그다음 달에는 달걀이다. 1916년 7월에는 비누다. 그 후에는 모든 생필품 구입에 줄을 서야 한다. 빈은 경직 상태에 빠진다.

도시의 물자 유통도 변화를 겪는다. 물건 사재기가 시작됐다는 이야기가 들린다. 부자들이 집에 식료품 상자를 한가득 쟁여 둔다는 것이다. "커피 하우스 유형"의 인간들이 폭리를 취하고 있다는 소문이 돈다. 유일하게 잘 사는 사람은 식량을 가진 '유형'의 사람들, 즉 농부들뿐이다. 식량을 얻기 위해 점점 더 많은 물건과 이별해야 한다. 가정에서 쏟아져 나온 물건들이 화폐처럼 유통된다. 농부가 빈의 부르주아가 입던 연미복을 입고, 농부의 아내는 비단 드레스를 입고 다닌다는 이야기가 나온다. 농가에는 피아노, 도자기, 골동품, 튀르키예산 카펫이 그득하다. 소문에 따르면 피아노 교사들이 빈을 떠나 새로운 학생들이 있는 시골로 이사한다고 한다.

공원이 달라졌다. 공원 관리인과 청소부의 수가 줄어든다. 링슈트라세 건너편 공원에서 매일 아침 길에 물을 뿌리던 사람은 이제 보이지 않는다. 항상 먼지가 날리던 그 길에 더 많은 먼지가 날린다.

엘리자베트는 곧 열여섯 살이 된다. 빅토어가 서재에 보관할 책을 제본할 때면, 엘리자베트도 자신의 책을 모로코가죽 장정에 대리석 무늬 표지로 제본해서 받을 수 있다. 이는 엘리자베트에게 독서가 갖는 중요성을 보여 주는 통과의례다. 또 이 책은 자기 서재로, 저 책은 아버지 서재로 보내며 자신의 책과 빅토어의 책을 구분하는 동시에 하나로 합치는 방법이기도 하다. 베를린에서 고향을 방문한 핍스 외삼촌은 연극 연출가인 친구 막스 라인하르트가 보낸 편지의 필사를 그녀에게 맡긴다.

열한 살이 된 기젤라는 오전용 거실에서 드로잉 수업을 받기 시작하는데, 그림을 썩 잘 그린다. 아홉 살인 이기는 수업에 들어갈 수 없다. 황실 군대의 군복("보병의 연한 파란색 바지, 창백한 피부의 보스니아 군인이 쓰는 핏빛 페즈")을 익히 알던 그는 보라색 실크로 맨 작은 가죽 수첩에 색색의 군복들을 스케치한다. 네쓰케 진열장의 존재가 잊힌 옷방에서, 에미는 이기를 자신의 드레스 자문가라고 부른다.

그는 드레스를 그리기 시작한다. 남몰래.

이기는 표지에 배가 그려진 8절 크기의 마닐라지 공책에 소설을 쓴다. 날짜는 1916년 2월이다.

어부 잭. 지은이 I.L.E.

바치는 글. 내 소중한 엄마에게 큰 사랑을 담아 이 작은 책을 바친다.

머리말. 이 이야기는 어떤 면에서도 완벽하지 않지만, 내가 생각하기에 잘된 게 딱 하나 있다. 이 책의 등장인물들만큼은 명확하게 묘사했다.

제1장. 잭과 그의 일생. 잭은 그의 짧은 인생을 어부로만 살지는 않았다. 적어도 아버지가 돌아가시기 전까지는……

3월에 IKG는 빈에 사는 유대인에게 공개서한을 보낸다. "유대인 동포 시민 여러분! 우리의 아버지, 형제, 아들은 국방의 의무를 다하고자 영광스러운 우리 군대에서 용감한 군인으로서 피와 목숨을 바쳤습니다. 집에 남은 사람들 역시 그들과 비슷한 의무감으로 사랑하는 조국의 제단에 자신의 재산을 기꺼이 바쳤습니다. 그리고 이제 다시 국가의 부름 앞에서 우리 모두 애국심을 불러일으켜야 합니다!" 빈에 있는 유대인들은 전시 공채에 50만 크라운을 더 기부한다.

소문이 전염병처럼 퍼진다. 카를 크라우스는 다음과 같이 적었다. "소문들을 어떻게 생각하나?/ 걱정되네./ 오스트리아 전역에 소문이 돈다는 소문이 빈에서 파다하네. 소문은 입에서 입으로 전해지고 있지만, 아무도 자네에게 말할 수 없을 거야."

4월에는 우시에치코Uścieczko 전투에서 살아남은 군인들이 휴가를 나와서 빈의 연극 무대에 올라 전투 장면을 재연한다. 실제 사건을 한낱 구경거리로 전락시킨 이 공연에 분노한 크라우스는 전쟁이 갈수록 연극처럼 변해 가는 현실을 비판한다. 문제는 "각 영역이 흐릿해져서 한데 뒤엉켜 흘러가는 것이다." 전쟁 중인 빈에서는 경계가 불분명하다.

이는 에프루시 아이들에게 볼거리가 많아졌다는 것을 의미한다. 집 발코니는 아주 근사한 전망대다.

5월 11일, 엘리자베트는 바그너의 「명가수」를 보러 사촌과 함께 오페라 하우스에 간다. 그녀는 관람한 음악회와 연극을 기록해 두는 작은 초록색 수첩에 오페라가 "신성한 독일 예술"이라고 적는다. 애국심을 강조하며 '독일'이라는 단어에 밑줄 엘리자베트의 오페라·연극 수첩, 1916년.

을 긋는다.

7월에 빅토어는 아이들을 프라터 유원지에서 열린 빈 전쟁 박람회에 데려간다. 가정에서도 전쟁에 힘을 보태기 위해 기획된 이 행사는 국민 사기를 진작하고 성금을 모은다. 가장 인기가 많은 것은 도베르만 품종의 군견들이 평상시 훈련하는 모습을 보여 주는 공연이다. 아이들은 수많은 전시실에 진열된 전리품 무기들을 구경한다. 전투가 벌어진 산악 지대를 사실적으로 재현한 전시를 보면서 이탈리아 국경에서 싸우는 어린 소년들을 상상한다. 팔다리를 잃은 상이군인과 의족을 한 튜바 연주자들이 선보이는 군악대 공연도 있다. 박람회장을 나가는 길에는 군인들을 위해 담배를 기부하는 공간이 마련되어 있다.

실제 참호를 그대로 구현한 전시가 처음으로 열린다. 크라우스가 냉소적으로 기록했듯이 이 전시는 "참호 생활을 놀라울 만큼 사실적으로 보여 준다."라고 홍보된다.

8월 8일, 쾨베체시에 머물던 엘리자베트는 외할머니 이블리나가 1907년 빈에서 처음 출간한 진녹색 시집 한 권을 받는다. 시집에는 할머니가 손녀에게 주는 말이 적혀 있다. "이 오래된 노래들은 내게서 멀어져 버렸단다. 이 노래들이 너에게 울림을 준다면 내게도 다시 울림이 오려나."

빅토어는 은행에서 맡은 바 책임을 다한다. 젊고 유능한 직원들이 모두 전선에 나간 상황에서 생색을 낼 수도 없는 일이다. 그는 애국을 위해서 재정 지원을 아끼지 않는다. 빅토어는 정부가 발행한 전쟁 채권을 대량 매수한다. 그리고 추가로 더 사들인다. 비너 클럽에서 구트만과 다른 친구들이 자기들처럼 스위스로 돈을 옮기라고 조언하지만 빅토어는 그렇게 하지 않는다. 그건 비애국적인 행위다. 저녁 식사 자리에서 그는 손으로 이마에서 턱까지 얼굴을 쓸어내리며 말한다. 어떤 위기가 닥쳐도 준비된 사람에게 기회는 온다.

빅토어는 퇴근 후 서재에서 보내는 시간이 더 길어진다. 그는 빅토르 위고의 말을 인용해 "도서관은 믿음의 행위"를 의미한다고 말한다. 그에게 배송되는 책들이 점점 줄어든다. 페테르부르크, 파리, 런던, 피렌체에서 온 책은 단 한 권도 없다. 그는 베를린의 새로운 서적상이 보낸 책 품질에 실망한다. 빅토어가 서재에서 시가를 피우며 어떤 책을 읽는지 아무도 모른다. 가끔씩 저녁 식사를 차린 쟁반이 서재 안으로 들어간다. 에미와 빅토어 사이는 썩 좋지 않고, 에미가 언성을 높이는 일이 잦아진다.

전쟁이 나기 전에는 해마다 여름이면 사다리, 양동이, 대

걸레를 들고 안뜰 위를 덮은 지붕을 대대적으로 청소했다. 지금은 남자 하인들이 없는 상황이라 안뜰의 유리 지붕 청소를 2년째 하지 못했다. 실내로 들어오는 빛은 그 어느 때보다 잿빛을 띤다.

경계가 불분명해진다. 어린아이에게 애국심이란 절대적인 동시에 혼란스러운 것이기도 하다. 거리와 학교에서는 "영국은 우리를 시기하고, 프랑스는 복수에 목말랐고, 러시아는 약탈한다."는 소리가 들린다. 에프루시 가문을 연결하는 모든 연락망이 두절된 탓에 행동반경은 다달이 줄어든다. 편지를 주고받기는 하지만 영국이나 프랑스에 사는 친척들과 만날 수 없고, 전처럼 여행을 다닐 수도 없다.

여름이 왔지만 루체른에 있는 에프루시 산장에 갈 수 없으므로 가족들은 긴 휴가 내내 쾨베체시에 머문다. 그 말인즉 적어도 제대로 된 음식을 먹을 수 있다는 뜻이다. 산토끼 구이, 사냥한 고기로 만든 파이, 자두 경단 등 휘핑크림을 곁들인 따뜻한 음식이 나온다. 9월에는 사냥 파티가 열리고, 전방에서 총을 쏘던 친척들이 휴가를 나와 자고새 사냥을 한다.

10월 26일, 카를 폰 슈튀르크 총리가 케른트너가에 있는 마이슬 운트 샤튼 호텔의 식당에서 암살당한다. 세간의 관심은 두 가지 사실에 집중된다. 첫째는 암살범인 급진적 사회주의자 프리츠 아들러가 사회민주당 지도자인 빅토어 아들러의 아들이라는 점이다. 둘째는 총리가 버섯 수프, 으깬 순무를 곁들인 소고기, 푸딩을 점심으로 먹었다는 것이다. 사건 당시에는 소다수가 섞인 와인을 마시고 있었다. 에프루시 아이들이 크게 흥분한 이유는 따로 있다. 초여름이면 부모님과 함께 아몬드와 체리가 든 초콜릿 케이크 이슐러 토르테를 먹던 곳이 바로 그 식당이었다.

1916년 11월 21일, 프란츠 요제프 황제가 사망한다.

모든 신문이 검은 테두리를 두른 채 발행된다. "우리의 황제, 카이저 프란츠 요제프 사망. 황제 서거!" 몇몇 신문에는 특유의 의심쩍은 표정을 한 황제의 판화가 실린다. 그날 『노이에 프라이에 프레세』에는 문예란 기사가 없다. 시각적으로 최고의 반응을 거둔 것은 1면을 백지로 비우고 사망 소식만 게재한 『비너 차이퉁Wiener Zeitung』이다. 모든 주간지가 이를 따른다. 남자가 나타나서 깜짝 놀라는 침대 속 소녀의 사진이 실린 『봄베 Die Bombe』만 예외다.

향년 86세로 타계한 프란츠 요제프는 1848년부터 황제로 재임했다. 추운 겨울 날씨에도 빈 전역에서 어마어마한 조문 행렬이 이어진다. 거리에는 군인들이 도열해 있다. 황제의 관은 여덟 마리의 흑마가 끄는 운구차에 실린다. 양쪽으로 훈장을 가득 단 대공들과 모든 황실 근위대 대표가 행진한다. 운구차 뒤로는 새로 즉위한 젊은 황제 카를과 땅에 닿을 만큼 긴 베일을 쓴 그의 아내 치타가 걸어간다. 두 사람 사이에는 흰옷에 검은 띠를 두른 네 살배기 아들 오토가 있다. 장례식은 불가리아, 바이에른, 작센, 뷔르템베르크의 국왕, 50명의 대공과 공작부인, 40명의 왕자와 공주가 참석한 가운데 대성당에서 거행된다. 장례 후 운구 행렬은 호프부르크 왕궁 근처 노이에 마르크트 광장에 있는 카푸치너 성당으로 향한다. 최종 목적지는 황실 묘지인 카이저그루프트다. 묘지에 도착하면 근위대가 문을 세 번 두드리는데, 두 번은 거절당하고 세 번째에 입장하는 드라마 같은 의식을 거친다. 마침내 프란츠 요제프 황제는 아내 엘리자베트와 이미 오래전 자살로 생을 마감한 장남 루돌프 사이에 묻힌다.

에프루시 아이들은 예전에 달콤한 케이크를 먹던 케른트너가의 마이슬 운트 샤덴 호텔에서 부모와 함께 2층 창밖으로 운구 행렬을 구경한다. 날씨가 지독하게 춥다.

빅토어는 37년 전 화가 마카르트가 연출한 거대한 행렬, 깃털 장식이 달린 챙 넓은 모자를 쓴 사람들로 가득하던 광경을 떠올린다. 46년 전에는 그의 아버지가 귀족 작위를 받았다. 프란츠 요제프 황제가 링슈트라세, 포티프 성당, 의회 의사당, 오페라 하우스, 시청, 부르크 극장을 세운 지 어느덧 한 세대가 지났다.

한편 그의 아이들은 황제가 참석했던 다른 모든 행렬을 생각한다. 아이들은 빈과 바트 이슐에서 마차를 탄 황제가 지나가는 모습을 숱하게 봤다. 황제와 함께 마차를 타고 지나가던 그의 정부 슈라트 부인이 장갑 낀 오른손을 살며시 우아하게 흔들던 모습을 기억한다. 마녀처럼 음침한 고모 아나 폰 헤르텐라이트의 집을 다녀와서 가족들끼리 주고받던 농담도 떠올린다. 고모와 그녀의 심문에서 무사히 벗어나면, 다른 사람이 말하기 전에 프란츠 황제가 생전에 자주 하던 말을 반복한다. "정말 좋았습니다, 정말 즐거웠습니다."

12월 초에는 옷방에서 심각한 회의가 열린다. 엘리자베트가 난생처음 자기 드레스를 직접 고르게 된 것이다. 그동안 수많은 드레스를 입었지만 원하는 옷을 스스로 결정하는 건 이번이 처음이다. 옷을 좋아하는 에미와 기젤라, 이기, 그리고 이들을 돌보는 아나까지 모두 손꼽아 기다리던 순간이다. 옷방 화장대 위에 원단 견본 책자가 놓이고, 엘리자베트는 상반신 전체에 거미줄 무늬가 들어간 드레스를 제안한다.

이기는 경악을 금치 못한다. 엘리자베트가 본인이 원하는 드레스를 설명했을 때 방안에 깊은 정적이 흘렀다고, 그로부터 70년이 지난 후 도쿄에서 이기가 회상했다. "누나는 도무지 취향이라곤 없는 사람이었어."

1917년 1월 17일, 물자 부족을 이용해 폭리를 취한 혐의로 기소된 사람들은 그 명단이 신문에 발표되고 거주 지역 게시판에도 공개된다는 새로운 칙령이 반포된다. 비축한 물자를 회수하라는 압력도 있다. 부당 이득을 취한 사람을 칭하는 수많은 표현이 있지만 점차 몇 가지로 압축된다. 사재기 업자, 고리대금업자, 동유럽 유대인, 갈리시아인, 유대인.

3월에 카를 황제는 프란츠 요제프 황제의 서거와 자신의 즉위를 기념하고자 11월 21일을 휴교일로 선포한다.

4월에 에미는 어느 여성위원회가 쇤브룬 궁전에서 개최한 행사에 참석한다. 나라를 지키다 전사한 군인의 아내를 돕고자 조직된 단체다. 그곳에서 정확히 어떤 일이 있었는지는 알 수 없다. 다만 한껏 꾸미고 나온 100여 명의 여성들이 연회장에 모인 아름다운 사진이 한 장 있다. 로코코식 천장 장식과 거울 아래로 여인들이 쓴 모자가 거대한 물결을 이룬다.

5월에는 18만 개의 장난감 병정을 모아 놓은 전시회가 빈에서 열린다. 그해 여름 내내 이 도시에서는 모든 게 영웅적이다. 1년 내내 신문 지면에는 검열관이 삭제한 정보나 논평 기사가 하얀 공백으로 실린다.

복도를 사이에 둔 빅토어의 옷방과 네쓰케가 있는 에미의 옷방은 점점 더 멀어지는 듯하다. 오후 1시에 하는 점심 식사 자리에 에미가 나타나지 않는 날도 있다. 그녀가 없다는 사실을 모두 애써 모른 척하는 동안, 하녀가 식탁에서 빈자리를 치운다. 밤 8시 저녁 식사에서 에미의 자리를 다시 치우는 일도 가끔씩 생긴다.

식량 문제는 점점 더 심각해진다. 빵과 우유, 감자를 사려고 줄을 서기 시작한 지도 2년이 됐고, 이제는 양배추와 자두, 맥주까지 줄을 서서 산다. 살림하는 주부들은 상상력을 쥐어짜야 한다. 크라우스는 알뜰한 게르만족 아내를 다음과 같이 묘사한다. "오늘 우리 집 식단은 아주 풍족했다. …… 온갖 음식이 다 있었다. 우리는 엑셀시오르 제품인 힌덴부르크산 코코아 크림맛 고체 수프로 만든 몸에 좋은 육수, 가짜 콜라비를 곁들인 맛 좋은 가짜 토끼 고기, 파라핀으로 만든 감자 팬케이크를 먹었다."

주화가 바뀐다. 전쟁 전에는 크로네 동전을 금이나 은으로 주조했지만, 3년간 전쟁을 치르고 나서는 구리로 바뀌었고, 올여름부터는 철로 제작하기 시작한다.

카를 황제는 유대계 언론의 전폭적 지지를 받는다. 주간지 『블로흐스 보헨슈리프트 Bloch's Wochenschrift』에 따르면 유대인은

"황제의 가장 충성스러운 지지자이자, 어떠한 조건도 요구하지 않는 유일한 오스트리아 국민"이다.

1917년 여름에 엘리자베트는 가장 친한 친구 파니와 함께 오펜하이머 남작 부인의 시골집이 있는 알트아우제에서 지낸다. 어린 시절을 유럽 전역에서 보낸 파니 뢰벤슈타인은 엘리자베트처럼 여러 나라 언어를 구사한다. 열일곱 살 동갑내기 친구인 두 소녀는 시를 아주 좋아해서 꾸준히 시를 쓴다. 그리고 시인 후고 폰 호프만슈탈과 그의 두 아들, 작곡가 리하르트 슈트라우스가 같은 집에 머문다는 사실에 뛸 듯이 기뻐한다. 다른 손님 중에는 역사가 요제프 레틀리히가 있었는데, 엘리자베트는 60년 후 회고록에 이렇게 썼다. 그 사람은 "오스트리아와 독일의 패배가 임박했다고 전망하여 우리에게 매우 부정적인 인상을 남겼다. 파니와 나는 우리가 결국 승리할 거라는 공식 발표를 그래도 믿었기 때문이다."

10월에 『라이히포스트Reichpost』는 오스트리아-헝가리 제국에 대항하는 국제 규모의 음모가 있다고 주장한다. 레닌과 케렌스키, 노스클리프 경이 모두 유대인이고, 우드로 윌슨 대통령 또한 유대인의 "영향 아래" 움직이고 있다는 내용이다.

11월 21일, 전임 황제의 서거 1주기를 맞아 모든 학교가 휴교한다.

1918년 봄이 되자 상황은 현저하게 어려워진다. 『파켈』에서 크라우스가 언급한 대로 "저명 사교계의 눈부시게 매력적인 주인공" 에미는 그 어느 때보다 밝게 빛난다. 새 애인이 생긴 것이다. 기병대 소속의 젊은 백작인 그는 친하게 지내던 집

안의 아들이자, 쾨베체시에 말을 데리고 자주 놀러 오던 손님이기도 하다. 게다가 외모도 대단히 뛰어나고 나이도 빅토어보다 훨씬 어리다.

그해 봄에는 오스트리아 제국의 학생들을 위한 책 한 권이 출간된다. 『우리의 황제와 황후 Unser Kaiserpaar』는 프란츠 요제프 황제의 장례식에 참석한 새로운 황제 부부와 그 아들을 묘사한다. "황제 부부는 장례식에서 그들의 첫아이를 어머니인 황후가 인도하기로 결정했다. 이 사진은 황제 부부와 국민들 사이에 마법처럼 연대감을 불러일으켰다. 황후의 온화한 자태가 제국의 마음을 사로잡았다."

4월 18일, 엘리자베트와 에미는 비현실적으로 수려한 외모의 배우 알렉산더 모이시가 주연을 맡은 「햄릿」 공연을 보러 부르크 극장에 간다. 엘리자베트는 초록색 수첩에 "내 인생 최고의 감동"이라고 적는다. 서른여덟 살의 에미는 임신 2개월에 접어든다.

집안에 반가운 소식이 들린 것은 그해 봄의 일이다. 에미의 두 여동생이 모두 약혼을 한다. 스물일곱 살인 게르티와 약혼한 티보르는 헝가리 귀족으로, 투로치 데 얼쇼쾨뢰슈테그 에트 투로츠센트미하이라는 긴 성을 가졌다. 스물다섯 살의 에바는 비교적 평범한 성을 가진 바이스 폰 바이스 운트 호르슈텐슈타인 남작, 예뇌와 결혼할 예정이다.

6월에는 파업이 잇달아 발생한다. 이제 밀가루 배급량은 하루에 35그램으로 커피 잔 하나를 겨우 채우는 양에 불과하다. 여성과 아이로 이루어진 대규모 군중이 빵을 실은 트럭을 습격하는 일이 잦아진다. 7월이 되자 우유 공급이 끊긴다. 수유 중인 산모와 만성 질환자를 위해 비축하는 거라고 하지만, 우유를 구하기 어려운 것은 그들도 마찬가지다. 수많은 빈 시민이 도시 외곽에 있는 밭에서 감자를 캐 와서 겨우겨우 연명한다. 정부에서는 배낭을 두고 논쟁을 벌인다. 도시 주민이 배낭을 갖고 다니는 것을 허용해야 하는가? 그렇다면 기차역에서 배낭을 검색해야 하는가?

안뜰에는 쥐들이 산다. 호박 눈이 달리고 상아로 만들어진 쥐는 아니다.

반유대인 시위도 갈수록 늘어난다. 6월 16일, 독일인민회의가 빈에 모여 황제에게 충성을 맹세하고, 범독일 통합이라는 자신들의 목표를 재확인한다. 어느 연사는 문제의 해결책으로, 국가적 아픔을 치유하기 위한 유대인 집단 학살을 제안한다.

6월 18일, 경찰청장은 팔레 에프루시 안뜰에 경관들을 배치하겠다며 빅토어에게 협조를 요청한다. 안뜰에는 휘발유가 없어서 운행하지 못하는 자동차 한 대가 세워져 있다. 만약의 소요 사태에 대비하되, 평소에는 사람들 눈에 띄지 않게 하겠다고 제안한다. 빅토어는 이에 동의한다.

탈영이 급속도로 증가한다. 맞서 싸우기보다 항복을 택하는 합스부르크 군인들이 많아진다. 220만 명의 병사가 전쟁 포로로 잡힌다. 이는 영국군 전쟁 포로보다 열일곱 배나 많은 숫자다.

6월 28일, 엘리자베트는 쇼텐김나지움에서 기말 성적표를 받는다. 종교, 독일어, 라틴어, 그리스어, 지리와 역사, 철학, 물리학 등 일곱 과목은 "매우 우수", 수학은 "우수"한 성적이다. 7월 2일에는 전임 황제의 얼굴 도장이 찍힌 대학 입학 허가서를 받는다. 기존에 인쇄된 "그"라는 글자를 지우고, 파란색 잉크로 "그녀"라고 적혀 있다.

날이 덥다. 에미는 임신 5개월 차고 곧 여름이 다가온다. 태어날 아기는 당연히 사랑을 받으며 귀하게 자라겠지만, 귀찮고 성가신 존재가 될 것이다.

8월의 쾨베체시. 정원을 돌보는 사람은 노인 두 명이고, 긴 베란다의 장미 넝쿨은 제대로 관리되지 않는다. 9월 22일에 기젤라, 엘리자베트, 게르티 이모는 「피델리오」를 보러 오페라 하우스에 간다. 25일에 부르크 극장에서 「힐데브란트」를 관람한 엘리자베트는 객석에서 대공을 봤다고 수첩에 기록한다. 브라질이 오스트리아에 선전 포고를 한다. 10월 18일에는 체코가 프라하를 점령하고 합스부르크 제국의 통치를 거부하며 독립을 선언한다. 10월 29일에 오스트리아는 이탈리아에 휴전을 촉구한다. 11월 2일 밤 10시, 빈 외곽의 포로수용소에서 난폭한 이탈리아 전쟁 포로들이 탈출해 도심으로 몰려온다는 소식이 전해진다. 10시 15분이 되자 좀 더 구체적인 뉴스가 나온다. 탈출한 이탈리아 포로의 숫자는 1만 명 내지 1만 3000여 명에 이르고, 거기에 러시아 포로들까지 합류했다는 것이다. 링슈트라세에 늘어선 카페마다 전령들이 출현해서 경관들에게 당장 경찰 본부로 복귀하라고 명령한다. 많은 사람이 지시에 따른다. 경관 두 명이 오페라를 보고 극장을 나서는 사람들에게 집으로 돌아가 문을 걸어 잠그라고 외친다. 11시, 경찰청장은 빈을 수호하고자 군과 협의한다. 자정 무렵 내무부 장관이 나와서 일련의 보도는 크게 과장된 것이라고 성명을 발표한다. 새벽이 오자 이 모든 것이 한낱 소문에 불과한 것으로 밝혀진다.

11월 3일, 오스트리아-헝가리 제국이 해체된다. 다음 날 오스트리아는 연합군과 휴전 협정을 체결한다. 엘리자베트는 외사촌 프리츠 폰 리벤과 부르크 극장에 가서 「안티고네」를 관람한다. 11월 9일에 독일 빌헬름 황제가 퇴위한다. 11월 12일에는 카를 황제가 스위스로 망명하고 오스트리아는 공화국이 된다. 붉은 깃발과 현수막을 든 군중의 물결이 온종일 팔레 에프루시 앞을 지나 의회 의사당으로 몰려든다.

11월 19일, 에미가 아들을 출산한다.

금발에 파란 눈을 가진 아이의 이름은 루돌프 요제프다. 합스부르크 제국이 몰락한 당시 상황을 생각하면 무척 애잔하고 슬픈 이름이다.

몹시 어려운 시기다. 유행성 독감이 기승을 부리고 마실 우유도 없다. 에미는 건강이 좋지 않다. 이기가 태어난 지 12년, 첫아이를 출산한 지는 18년이 지났다. 전쟁 중에 임신하는 것은 쉬운 일이 아니다. 빅토어는 쉰여덟 살의 나이에 또다시 아버지가 된 현실이 놀랍기만 하다. 아들의 출생을 둘러싸고 놀랍고도 복잡다단한 여러 감정이 교차한다. 엘리자베트는 많은 사람이 루돌프를 그녀의 아이라고 생각한다는 사실에 수치심을 느낀다. 엘리자베트는 열여덟 살이고, 그녀의 어머니와 외할머니 모두 이른 나이에 아이를 낳았다. 소문이 무성하다. 하지만 에프루시 가족은 외견상 평정을 유지한다.

엘리자베트는 회고록에서 당시의 심리적 동요를 짧게 기록했다. "자세한 내용은 거의 다 잊었다. 다만 우리 가족이 겪은 엄청난 불안과 두려움이 유일한 기억으로 남아 있다."

하지만 "그런 와중에도 나는 대학에 입학했다."라고 마지막에 한 문장을 의기양양하게 덧붙였다. 엘리자베트는 탈출했다. 링슈트라세의 한쪽에서 길 건너편 다른 쪽으로 무사히 탈출에 성공한 것이다.

21

말 그대로 제로에 가까운

1918년 빈의 겨울은 유난히 추웠다. 응접실 구석에 놓인 백자 난로가 밤낮으로 계속 불을 피울 수 있는 유일한 난방 수단이었다. 식당, 서재, 침실, 네쓰케가 있는 옷방 등 다른 모든 곳은 차갑게 얼어붙었다. 아세틸렌 램프는 유독한 냄새를 뿜어냈다. 그해 겨울에는 땔감으로 쓸 나무를 숲에서 베는 빈 시민들의 모습을 목격할 수 있었다. 루돌프가 태어난 지 채 보름도 되지 않았을 때, 『노이에 프라이에 프레세』에는 이런 기사가 실렸다. "몇몇 창문 사이로 아주 희미한 불빛이 새어 나올 뿐이다. 도시는 어둠에 잠겼다." 커피는 상상할 수조차 없고, "고기 농축액과 감초 맛이 나는 …… 정체 모를 혼합물밖에 없다. 한결같은 양철 통조림 맛에 익숙해지면, 우유와 레몬을 넣지 않은 차도 마실 만하다." 빅토어는 그런 차는 마시지 않았다.

패전 후 몇 주 동안 이 가족이 겪었을 삶을 상상하니 거리에 휘날리는 종이가 보인다. 빈은 늘 깔끔하게 정돈된 도시였다. 하지만 지금은 포스터, 현수막, 전단지, 그리고 시위가 난무한다. 전쟁이 일어나기 전, 이기는 아이스크림 포장지를 프라터 유원지 자갈길에 흘렸다가 유모에게 야단을 맞고 견장을 단 남자들에게도 연달아 혼났다. 이제 그는 격동하는 이 시끄럽고 번잡한 도시의 쓰레기를 발로 차며 등교한다. 꼭대기에 작은 탑이 달린 3미터 높이의 원통형 광고 간판은 분노에 찬 빈 시민들이 기독교인, 동료 시민, 고통받는 형제자매에게 전하는 편지를 붙이는 장소가 됐다. 이 사연들이 전부 철거되고 나면 새로운 편지들이 곧 그 자리를 채울 것이다. 빈은 불안하고 시끄러웠다.

에미는 갓난아기와 함께 처음 몇 주를 힘겹게 보냈다. 에미와 루돌프는 둘 다 점점 쇠약해져 갔다. 오스트리아가 패전하고 6주 후에 영국 경제학자 윌리엄 베버리지가 빈을 방문해 이렇게 적었다. "아이들이 첫돌을 넘길 수 있도록 어머니들은 수유를 하며 영웅적인 노력을 기울인다. 하지만 이는 산모 본인의 건강을 희생해서 이뤄지고, 노력은 대부분 수포로 돌아간다." 에미와 루돌프를 빈에서 멀리 떨어진 쾨베체시로 보내고 기젤라와 이기도 함께 보내자는 말이 나왔지만, 자동차에 넣을 휘발유가 없고 열차도 대혼란이었다. 결국 그들은 팔레 에프루시에 머무르기로 하고, 링슈트라세 반대편에 있는 그나마 조금 더 조용한 방에서 지냈다.

전쟁이 시작될 때만 해도 이 집은 완전히 노출된 느낌이 들었다. 개인 주택이지만 공공장소에 둘러싸인 탓이다. 지금은 평화가 전쟁보다 더 무섭게 느껴졌다. 누가 누구와 싸우는지 명확하지 않고, 혁명이 일어날지 아닐지도 불분명했다. 징집 해제된 군인과 전쟁 포로는 러시아 혁명과 베를린 노동자 시위에 대한 생생한 경험담을 가지고 빈으로 돌아왔다. 밤에는 무작위로 총을 쏘는 "자유 사격"이 빈번하게 일어났다. 오스트리아의 새로운 국기는 빨간색, 흰색, 빨간색 순인데, 일부 젊은 폭도들은 국기를 찢고 바느질해서 근사한 빨간색 깃발을 만들었다.

옛 오스트리아 제국 각지에서 나라를 잃은 황실 공무원들이 빈으로 몰려왔지만, 자신들이 보고서를 꼼꼼히 작성해 보내던 모든 정부 부처가 문을 닫았다는 사실을 깨달았다. 거리에는 가슴에 훈장을 단 상이군인뿐 아니라 포탄의 충격으로 몸을 심하게 떠는 사람도 많았다. 대위와 소령이 길거리에서 나무 장난감을 파는 장면이 눈에 띄었다. 한편 황실 문양이 수놓인 대량의 리넨 제품이 알 수 없는 경로로 일반 가정에 흘러들고, 황실 안장과 마구가 시장에서 발견됐다. 왕실 보위대가 궁전 지하 창고에 침입해 합스부르크 황실의 와인 저장고에서 느긋하게 술판을 벌였다는 소문도 있었다.

빈 인구는 200만 명이 채 되지 않았다. 한때 5200만 명의 국민을 거느리던 오스트리아 제국은 이제 600만 명의 시민이 사는 약소국가로 전락했다. 빈은 대격변을 감당해 낼 능력이 없었던 것이다. 과연 오스트리아가 독립 국가로서 생존할 수 있을지를 두고 말이 많았다. 여기서 생존은 단순히 경제적인 문제만이 아니라 심리적인 문제도 포함했다. 오스트리아는 자국의 쇠퇴에 어떻게 대처해야 할지 모르는 것 같았다. 1919년에 체결된 생제르맹 조약은 패자에게 무자비하고 가혹한 징벌을 뜻하는 "카르타고식 평화"를 공식화했고, 이는 오스트리아 제국의 해체를 의미했다. 이 조약은 헝가리, 체코슬로바키아, 폴란드, 유고슬라비아의 독립과 슬로베니아, 크로아티아, 세르비아의 독립국 수립을 승인했다. 이스트리아가 떨어져 나가고 트리에스테도 떨어져 나갔다. 달마티아 제도의 여러 섬이 영토에서 잘려 나갔다. 오스트리아-헝가리 제국은 이제 전장全長 800킬로미터에 불과한 오스트리아가 됐다. 징벌적 전쟁 배상금이 있었다. 군대는 3만 명의 자원병으로 재편성됐다. 빈은 쪼그라든 몸에 뇌수종 환자의 머리가 달린 형국이라는 씁쓸한 농담이 돌았다.

이름과 주소를 비롯해 많은 것이 바뀌었다. 시대정신에 따라 황실의 모든 작위는 폐지됐다. 폰, 기사, 남작, 백작, 제후, 공작 등의 호칭은 더 이상 존재하지 않았다. 이전에는 우체국 직원이나 철도 노동자도 자신의 직함에 k&k를 사용할 수 있었지만, 이 관행도 중단됐다. 하지만 직함을 매우 중요시하는 나라답게 오스트리아에는 다른 직함들이 우후죽순으로 생겨났다. 돈 한 푼 없이 가난한 사람일지라도 대학 강사, 교수, 고문, 장학사, 경영학 석사, 학장 등의 직함으로 불리길 기대했다.

거리 이름도 바뀌었다. 합스부르크 황제의 이름을 딴 '비엔나 1구 프란첸스링 24번지'에 살던 폰 에프루시 가족은 이제 합스부르크 황제로부터 해방된 날을 기념하는 '11월 12일의 링가 24번지'에 산다. 에미는 이런 개명 사업이 어딘지 프랑스식이고 결국에는 우리도 공화국 거리에 살게 되는 날이 오겠다며 불평했다.

어떤 상황이 벌어질지 몰랐다. 크로네의 화폐 가치가 폭락하자 새 정부가 황실 소장 예술품을 매각해서 굶주린 빈 시민들에게 식량을 제공할 것이라는 추측이 나왔다. 쇤브룬 궁전은 "해외 차관단에 매각해서 도박장으로 바꾸고", 식물원은 "철거

후 아파트를 건설할" 예정이었다.

경제 붕괴와 함께 "세계 각지에서 목소리가 큰 사람들이 몰려와서 은행, 공장, 보석, 카펫, 예술품, 부동산 등을 사재기 시작했다. 마지막으로 찾아온 사람들은 유대인이 아니었다. 외국에서 고리대금업자, 사기꾼, 위조범이 빈으로 물밀듯이 밀려오고, 그들과 함께 머릿니 해충도 따라 들어왔다." 1925년 작 무성 영화 「기쁨 없는 골목길」은 이 당시를 배경으로 한다. 정육점 밖에서 밤새며 줄을 선 사람들을 자동차 전조등이 훑고 지나간다. "밤새 기다리던 많은 사람이 빈손으로 발길을 돌렸다." 매부리코의 '국제 투기꾼'이 광산 회사의 주가를 떨어뜨릴 음모를 꾸미고, 어느 홀아비 공무원(이보다 더 전형적이고 안쓰러운 빈 시민이 있을까?)은 연금을 몽땅 털어 주식을 샀다가 전 재산을 잃는다. 그레타 가르보가 연기한 그의 딸은 굶주려서 눈이 퀭하고 실신할 지경이지만 카바레에서 일할 수밖에 없다. 잘생긴 적십자사 직원이자 통조림을 가져온 신사가 때마침 이 여인을 구해 준다.

이 시기 빈에서는 반유대주의가 그 입지를 더욱 굳혀 갔다. "역병 같은 동유럽 유대인"에 반대하는 시위대의 고함 소리가 집 안까지 들렸지만, 가족들은 그저 웃어넘겼다고 이기는 기억했다. 의기양양한 군복 차림의 청년 단체나 전통 농민 복장을 한 오스트리아인들의 대규모 거리 행진을 볼 때와 다를 바 없는 웃음이었다. 그런 가두 행진들이 셀 수 없이 많았다.

특히 두려운 것은 폭동이었다. 새롭게 부활한 범독일 학생 조합 부르셴샤프텐과 유대인, 사회주의자 학생들이 빈 대학교

계단에서 야만적이고 잔인한 난투극을 벌였다. 이기는 기젤라와 응접실 창밖으로 유혈이 낭자한 소요 사태를 구경하다가 아버지에게 혼난 적이 있다. 아버지는 새하얗게 질린 얼굴로 화를 내며 "너희가 구경하는 걸 아무한테도 들켜서는 안 돼." 하고 소리쳤다. 그전까지 소리라고는 지르는 법이 없던 아버지였다.

독일-오스트리아 산악회는 "오스트리아의 알프스산에서 유대인을 척결하자."는 구호 아래 모든 유대인 회원을 탈퇴시켰다. 이 산악회는 하룻밤을 지내며 난로에서 따뜻한 커피를 끓여 먹을 수 있는 산장 수백 곳의 이용권을 제공하는 동호회였다.

또래 친구들과 마찬가지로 이기와 기젤라도 초여름이면 산에서 하이킹을 했다. 그문덴까지 기차를 타고 가서 등산 스틱, 침낭, 초콜릿, 커피와 설탕이 담긴 갈색 종이 봉지가 든 배낭을 각자 하나씩 매고 등반을 시작했다. 우유와 딱딱한 빵, 노란 치즈 한 조각 정도는 농부들에게서 얻을 수 있었다. 도시에서 잠시 벗어나니 기분이 상쾌했다. 이기한테 들은 이야기가 있다. "한번은 말이야, 기젤라의 친구와 하이킹을 갔다가 알프스 고산 지대에서 해가 져 버렸어. 날은 이미 추워졌고 멀리 오두막이 하나 보였지. 난로 주위에 학생들이 모여서 시끌벅적하게 떠들고 있었어. 그런데 우리한테 회원증을 보자고 하더니 나가라더군. 유대인들이 알프스산의 맑은 공기를 오염시켰다면서 말이지."

"우리는 괜찮았어." 이기가 말했다. "어둠 속에서 계곡 아래 있는 헛간을 하나 발견했거든. 하지만 우리 친구 프란지는 회원증이 있어서 그 오두막에서 묵었지. 우리는 그 이야기를 다시는 꺼내지 않았어."

반유대주의를 언급하지 않는 것은 가능했지만, 반유대주의를 듣지 않기란 불가능했다. 빈에서는 정치인들이 어떤 말을 할 수 있는지에 대한 정치적 합의가 없었다. 소설가이자 선동가인 후고 베타우어가 1922년에 발표한 작품『유대인 없는 도시: 모레를 주제로 한 소설 The City Without Jews: A Novel about the Day After Tomorrow』은 그런 상황을 보여 주는 실험이었다. 이 소설에서 작가는 전후 빈곤에 시달리는 빈을 이야기한다. 그리고 대중을 단숨에 하나로 묶는 선동적인 정치인의 등장을 묘사한다. 카를 뤼거 박사의 복사판이라고 해도 무방할 카를 슈베르트페거 박사는 이렇게 말한다. "오늘날 왜소해진 우리 조국 오스트리아를 보십시오. 언론이 누구 손에 있습니까? 그 결과, 여론은 또 누구 손에 있습니까? 바로 유대인의 손 안에 있습니다! 암울하던 1914년 이래로 어마어마한 재산을 축적한 사람은 누구입니까? 유대인입니다! 엄청난 규모의 현금 유통을 좌지우지하는 사람, 대형 은행의 은행장 자리에 앉은 사람, 사실상 모든 산업 분야에서 수장 자리에 있는 사람은 누구입니까? 바로 유대인입니다! 우리 극장의 주인은 누구입니까? 유대인입니다!" 독일-오스트리아 연방 총리에게는 해결책이 있다. 해결책은 간단하다. 오스트리아에서 유대인을 추방하면 된다. 혼혈인 자녀까지 포함해서 모든 유대인은 기차를 타고 질서정연하게 추방될 것이다. 빈에 몰래 숨어 지내려는 유대인은 죽음의 고통을 각오해야 할 것이다. "오후 1시에 유대인을 실은 마지막 기차가 빈을 떠나며 기적 소리를 울리고, 오후 6시 …… 오스트리아에 이제 유대인은 없음을 알리는 종소리가 온 교회에서 울려 퍼진다."

이 소설은 가족의 가슴 아픈 이별 장면, 유대인을 태운 열차 문이 닫히는 기차역의 처절한 장면 등을 소름 끼치게 묘사했다. 그리고 도시에 활력을 불어넣던 유대인이 떠난 후, 빈이 생기를 잃고 변방의 소도시로 몰락해 가는 과정을 그렸다. 결국 유대인이 빈으로 다시 돌아오기 전까지 이 도시에는 극장도, 신문도, 가십이나 패션도, 돈도 없다.

베타우어는 1925년에 젊은 나치 당원에게 암살당했다. 재판에서 오스트리아 국가사회당 지도자는 암살자를 옹호하는 변론을 펼치고, 덕분에 국가사회당은 분열된 빈 정치권에서 상당한 명성을 얻는다. 그해 여름, 80명의 젊은 나치 당원들이 "유대인은 물러가라!" 하고 외치며 사람들로 붐비는 한 식당을 습격했다.

이 시절이 참혹했던 원인에는 인플레이션의 영향도 있었다. 이른 새벽에 방크가세의 오스트리아-헝가리 은행 건물 앞을 지나면, 새로운 지폐를 계속 찍어 내는 인쇄기 소리가 들린다는 소문이 돌았다. 은행에서는 잉크가 채 마르지 않은 지폐를 건넸다. 일부 은행가들은 기존 화폐를 전면 개혁하고 새롭게 시작해야 한다고 주장한다. 실링이 새로운 화폐 단위로 거론된다.

"겨우내, 화폐 액면가와 0이 하늘에서 눈처럼 쏟아진다. 수십만, 수백만 개의 눈송이가 하나하나 당신의 손에서 녹아내린다." 빈의 소설가 슈테판 츠바이크는 1919년경 발표한 소설 『우체국 소녀 The Post-Office Girl』에서 이렇게 썼다. "당신이 잠든 사이, 돈이 녹아내린다. 시장에 뛰어가려고 신발을 신는 사이에도(신발의 나무 굽은 부서지고) 돈은 훨훨 날아가 버린다. 당신은 쉬지 않고 움직이지만, 늘 한발 늦는다. 삶은 수학이 된다. 더하기, 곱하기, 도형과 숫자가 미친 듯이 도는 회전, 당신의 마지막 남은 재산까지 낚아채서 탐욕스러운 암흑의 진공 속으로 빨아들이는 소용돌이……."

빅토어는 자신의 진공을 들여다보았다. 쇼텐가세에 있는 사무실 금고에는 각종 증서와 채권, 증권 다발이 수북했지만 모조리 휴지 조각이 됐다. 패전국 국민인 빅토어가 소유한 런던과 파리의 모든 자산, 40년 이상 축적해 온 예금 계좌들, 도심의 사무실 건물, 에프루시 주식회사의 지분 등은 전후 연합국의 징벌적 배상 조건에 따라 몰수됐다. 상트페테르부르크에 보관하던 금, 바쿠 유전의 지분, 오데사의 철도, 은행, 부동산 등 러시아에 있던 재산도 볼셰비키 혁명으로 전부 사라졌다. 단지 막대한 금전 손실에 그친 것이 아니라, 각종 유형의 재산을 한꺼번에 잃게 된 것이다.

게다가 개인적으로는 전쟁이 한창이던 1915년에 샤를의 형이자 에프루시 별장의 주인인 쥘 에프루시가 사망하는 일이 있었다. 오래전부터 빅토어의 상속분으로 약조된 쥘의 막대한 유산은 국가 간의 적대 관계 탓에 프랑스에 사는 사촌들에게 돌아갔다. 엠파이어 양식의 가구 세트도, 강둑 위에 드리워진 버드나무를 그린 모네의 그림도 받지 못했다. "가여운 엄마,

스위스에서 보낸 그 기나긴 저녁 시간들이 모두 헛수고가 되다니." 하고 엘리자베트는 적었다.

전쟁이 발발하기 전인 1914년에 빅토어의 재산으로는 현금 2500만 크라운, 빈 곳곳에 흩어져 있는 몇 개의 건물, 팔레 에프루시, '오래된 그림 100점'에 달하는 미술 컬렉션, 연봉 수십만 크라운 등이 있었다. 현재 가치로 환산하면 약 4억 달러에 상당하는 자산이었다. 팔레의 두 개 층을 5만 크라운에 임대하고 받던 월세 수입도 이제 들어오지 않는다. 또한 오스트리아에 자금을 그대로 남겨 둔 그의 결정은 재앙으로 판명됐다. 오스트리아 국적을 갓 취득한 이 애국자는 1917년 막바지까지 전쟁 채권에 거액을 투자했지만, 그 역시 아무 가치 없는 휴지 조각이 되고 말았다.

빅토어는 1921년 3월 6일과 8일에 걸쳐 오랜 친구이자 금융인인 루돌프 구트만을 만나 위기 대책 회의를 하고 모든 사태의 심각성을 인정했다. 구트만은 독일 은행가 시펠 씨에게 보낸 4월 4일 자 편지에서 "에프루시 은행은 증권 거래소에서 빈 최고의 평판을 받는다."라고 썼다. 에프루시 은행은 여전히 성장 가능성이 있는 탄탄한 회사였고, 발칸반도 전역에 지점을 보유한 아주 좋은 사업 파트너였다. 구트만 가문은 2500만 크라운을, 베를린 은행(도이체 방크의 전신)은 7500만 크라운을 출자해서 에프루시 은행 지분을 인수했다. 이제 빅토어가 보유한 지분은 50퍼센트에 불과했다.

도이체 방크 기록 보관소에는 지분을 두고 고심한 흔적이 역력한 협상 기록, 빅토어와 나눈 대화 내용 보고서, 거래 내

역서 등 이 일과 관련된 문서가 보관돼 있다. 누렇게 변색된 서류 종이를 넘기다 보면 희미하게 떨리는 빅토어의 지친 목소리가 들리는 듯하다. 그의 사업은 "말 그대로 제로 buchstäblich gleich Null"였다.

가문의 유산을 지키지 못한 데서 오는 상실감이 빅토어의 뼛속 깊이 파고 들었다. 유일한 상속인이었지만 물려받은 재산을 모두 잃고 말았다. 그의 세계는 하나씩 문이 닫혔다. 오데사, 상트페테르부르크, 파리, 런던에서 그의 인생은 끝이 났고 유일하게 빈 하나만 남았다. 링슈트라세에 있는 뇌수종에 걸린 듯한 대저택이 전부다.

에미와 아이들, 막내 루돌프는 그렇게 궁핍한 생활을 하진 않았다. 식료품이나 연료를 사려고 물건을 내다 팔아야 할 상황은 아니었다. 그들이 소유한 물건들은 이 거대한 집 전체를 차지했다. 네쓰케는 옷방의 칠기 진열장 안에 그대로 있고, 에미의 화장대에 꽃을 꽂으러 올 때마다 네쓰케 위에 앉은 먼지를 터는 아나도 여전했다. 벽에 걸린 고블랭 태피스트리와 오래된 네덜란드 명화들도 그대로였다. 프랑스 가구는 전과 다름없이 광택이 났고, 시계태엽은 감겨 있고, 양초 심지도 다듬어져 있었다. 세브르 도자기 그릇은 은 식기 보관실 옆 그릇장의 리넨이 깔린 선반에 세트별로 차곡차곡 쌓여 있었다. 돛을 활짝 핀 작은 배와 두 개의 E 문양이 그려진 금제 식기 세트는 금고에 보관돼 있다. 안뜰의 자동차도 그대로였다. 하지만 집에 있는 물건들은 이전보다 움직임이 줄었다. 전복된 세상으로 인해 그들의 삶을 이루는 사물에 일종의 무게감이 실렸다. 과거에는 바쁘게 돌아가는 사교 생활의 흐릿한 금빛 배경에 불과하던 물건들이 이제는 잘 간직하고 소중히 아껴야 할 대상이 됐다. 수를 헤아려 본 적도, 치수를 재어 본 적도 없는 물건들이 마침내 아주 정확하게 집계되기 시작했다.

거대한 상실의 시대였다. 예전에는 모든 게 훨씬 더 좋고 더 풍요로웠다. 어쩌면 이때가 처음으로 향수를 느낀 시기였을 것이다. 물건을 간직하는 것과 물건을 잃어버리는 것이 극과 극의 상반된 개념이 아니라는 생각이 들기 시작한다. 아주 오래전 결투에 입회한 증표로 받은 은제 코담뱃갑을 간직한다. 연인이 선물한 팔찌도 간직한다. 빅토어와 에미는 모든 물건을 간직했다. 모든 서랍은 물건으로 가득 차고, 모든 벽은 그림으로 가득했다. 하지만 빅토어 부부는 수많은 가능성이 펼쳐진 미래를 잃었다. 그렇게 두 사람의 삶은 점점 힘을 잃어 갔다.

빈에는 향수가 짙게 내려앉았다. 에프루시 저택의 육중한 참나무 대문 틈으로 향수가 스며들었다.

22

너는 네 삶을 바꿔야 한다

엘리자베트가 대학에서 보낸 첫 학기는 혼란스러웠다. 심각한 재정난에 빠진 빈 대학교는 오스트리아 전체, 특히 빈의 시 당국에 지원을 호소했다. "즉각적인 지원이 이뤄지지 않으면 결국 빈 대학교는 작은 단과 대학 수준으로 전락할 수밖에 없습니다. 교수진은 박봉에 시달리고 …… 도서관은 운영이 불가능합니다." 어느 객원 교수가 언급했듯이, 교수 연봉으로는 정장 한 벌과 속옷, 아내와 아이가 입을 옷을 사기에도 빠듯했다. 1919년 1월에는 강의실 난방 연료가 떨어져 수업이 취소됐다. 이런 상황에서 새로운 가능성을 추구하는 학문적 분위기가 뜨겁게 피어올랐다. 역설적이게도 이 시기는 연구하기에 더없이 좋은 때였다. 경제학, 이론 물리학, 철학, 법학, 정신 분석학(프로이트와 아들러를 추종하는), 역사학, 미술사학 등에서 오스트리아 혹은 빈 학파가 생겨났다. 각 학파는 치열한 경쟁 속에서 탁월한 성과를 일궜다.

엘리자베트는 철학과 법학, 경제학을 전공으로 택했다. 어떤 의미에서는 매우 유대인다운 선택이었다. 세 전공 모두 교수진에 유대인 비중이 높았다. 법학부 교수의 3분의 1이 유대인이었다. 빈에서 변호사가 된다는 것은 지식인이 된다는 의미였다. 그것은 곧 엘리자베트의 모습이기도 했다. 크레프 드 신

원단으로 만든 흰색 블라우스에 검은 나비넥타이를 맨 평범한 외모에 열정적이고 집념이 강한 열여덟 살의 지식인이었다. 그것은 감정 기복이 심한 어머니와 관계를 완전히 단절하는 방편이었다. 또 팔레 에프루시에서 서서히 되살아나는 가정생활, 다시 말해 육아와 시끄러운 젖먹이 남동생, 소란 등에서 벗어나는 방법이었다.

엘리자베트는 경제학의 대가인 루트비히 폰 미제스 밑에서 공부하기로 결정했다. 빈 대학교 내에서 자유주의자로 알려진 미제스는 사회주의 국가의 비현실성을 강조하며 명성을 쌓아가던 젊은 경제학자였다. 그는 빈의 거리에 있는 공산주의자들의 오류를 입증할 경제적 논점을 찾고자 했다. 그는 자신이 지명한 제자들이 논문을 발표하는 소규모 세미나 모임 privatissimum을 시작했다. 루돌프가 태어난 지 1주일 후인 1918년 11월 26일, 엘리자베트는 '토머스 닉슨 카버의 이자론'을 주제로 첫 발표를 했다. 미제스의 제자들은 그 유명한 자유시장 경제학파의 초석이 된 이 세미나의 열띤 토론을 잊지 못했다. 나는 엘리자베트가 학생 때 쓴 에세이 「인플레이션과 통화 부족」(작은 이탤릭체로 쓴 15쪽 분량), 「자본」(작은 이탤릭체로 쓴 32쪽 분량), 「존 헨리 뉴먼」(38쪽 분량)을 가지고 있다.

하지만 엘리자베트의 열정은 시를 향했다. 그녀는 자신이 쓴 시를 외할머니와 친구 파니 뢰벤슈타인샤르페네크에게 보냈다. 당시 파니는 에곤 실레의 그림을 판매하는 흥미로운 현대 미술 전문 화랑에서 일하고 있었다.

엘리자베트와 파니는 라이너 마리아 릴케의 서정시를 사

랑했다. 릴케의 시가 그들을 사로잡았다. 릴케의 『신시집』 두 권을 외웠고, 다음 시집이 출간되기를 손꼽아 기다렸다. 그의 침묵은 견디기 힘들었다. 릴케는 파리에서 로댕의 비서로 일한 적이 있는데, 전쟁이 끝난 후 두 소녀는 릴케가 쓴 로댕 책을 들고 파리의 로댕 미술관을 찾아가서 그에게 경의를 표했다. 엘리자베트는 당시 느낀 흥분을 책의 여백에 연필로 급히 적어 두었다.

릴케는 당대의 위대한 진보적 시인이었다. 그는 『사물시 Dinggedichte』에서 직설적 표현과 강렬한 관능을 결합했다. "사물은 구체적이고, 예술은 더더욱 구체적이어야 한다. 모든 우연을 제거하고 모호함에서 벗어나야 한다."라고 릴케는 썼다. 그의 시는 사물의 현현顯現, 즉 사물이 생생하게 살아나는 순간으로 충만하다. 예를 들어, 스페인 무용수가 첫 동작을 시작하는 순간을 유황성냥에 불꽃이 타오르는 것에 비유한다. 그의 시는 여름 날씨가 바뀌는 순간, 누군가를 처음 본 것처럼 기분이 좋아지는 순간을 노래한다.

그리고 그의 시에는 위험이 가득하다. "모든 예술은 위험에 빠지고 더 멀리 나아갈 수 없을 만큼 끝까지 견뎌 낸 사람의 결과물이다." 예술가가 된다는 건 그런 거라고 릴케는 인상 깊은 말을 남겼다. "부드럽게 받아들이는 물살 위로 / 불안한 발걸음을 옮기기" 전의 백조처럼 우리는 삶의 경계 위에서 불안정하다.

"너는 네 삶을 바꿔야 한다." 릴케는 그의 시 「고대 아폴론의 토르소」에서 이렇게 썼다. 이보다 더 소름 끼치는 명령이 어디 있을까?

나는 엘리자베트가 아흔두 살의 나이로 세상을 떠난 후에야 릴케가 그녀에게 얼마나 중요한 존재였는지 깨달았다. 두 사람이 나눈 몇 통의 편지가 있다는 풍문을 들었다. 어느 겨울 오후, 팔레 에프루시 안뜰에 있는 리라를 든 아폴론 조각상 앞에 서서 릴케의 시를 떠올리려고 기억을 더듬어 보았다. "맹수의 모피"처럼 반짝이는 대리석이란 구절이었다. 그리고 그 편지들을 꼭 찾아봐야겠다고 다짐한다.

엘리자베트를 릴케에게 소개해 준 사람은 핍스 외삼촌이었다. 전쟁이 발발해 릴케가 독일에 발이 묶였을 때, 핍스가 그를 도운 적이 있었다. 핍스는 릴케를 쾨베체시로 초대하는 편지를 보냈다. "이 집은 항상 당신을 위해 열려 있습니다. '허물없이' 방문해 주시면 저희 가족 모두가 정말 기뻐할 것입니다." 그리고 핍스는 자신이 가장 사랑하는 조카가 몇 편의 시를 보낼 거라고 양해를 구한다. 1921년 여름, 엘리자베트는 극시 「미켈란젤로」를 동봉한 편지를 릴케에게 숨죽여 보내며, 이 시를 그에게 헌정해도 괜찮을지 물었다. 당시 릴케는 『두이노의 비가』를 마무리하던 중이라 답장은 한참 늦어졌다. 이듬해 봄 릴케는 다섯 장짜리 편지를 보냈고, 그렇게 빈에 사는 20대 학생과 스위스에 있는 50대 시인은 편지를 주고받기 시작했다.

첫 서신은 거절로 시작했다. 그는 엘리자베트의 헌정을 거절했다. 가장 바람직한 결과는 시집으로 출간하는 것이며, 그러고 나면 그 책이 "제게 지속적인 연결고리가 되어 줄 겁니다. …… 당신의 '첫 작품Erstling'을 위해 기꺼이 조언자가 되겠습니

시인이자 변호사인 엘리자베트 에프루시 박사, 1922년.

다만, 제 이름은 밝히지 마십시오." 편지는 이어진다. "그렇지만 당신이 쓴 글을 앞으로도 계속 보고 싶습니다." 두 사람은 5년 동안 서로 편지를 썼다. 릴케가 보낸 장문의 편지 열두 통, 60여 쪽에 이르는 그의 시 필사본과 번역본, 다정한 헌사가 담긴 수많은 릴케의 시집이 있다.

 도서관에서 릴케의 작품 전집을 찾아보면 그 대부분은 편지다. 존 베리먼의 핵심을 찌르는 표현을 빌리자면 대개 "작위가 있고 실망한 숙녀들"에게 보낸 것으로 보인다. 젊고 시적 감성이 있으며 남작의 딸인 엘리자베트는 그가 편지를 주고받던 상대들 가운데 예외적 인물이 아니었다. 하지만 릴케는 훌륭한 편지 작가였고, 엘리자베트에게 보낸 편지들은 특히나 훌륭하다. 조언을 해 주고 서정적이며 유쾌하고 진심이 담긴 편지들은 릴케가 말한 "편지 우정"을 증명한다. 그 편지들은 한 번도 번역된 적이 없으며 영국에서 활동하는 릴케 연구자가 최근에야 필사해 갔다. 나는 내 도자 작품들을 한쪽으로 치우고 편지 복사본을 탁자 위에 펼친다. 그리고 독일인 박사 과정 학생과 함께 유려한 운율이 흐르는 이 문장들을 가능한 한 번역해 보려 애쓰며 2주 동안 행복한 시간을 보낸다.

동료인 프랑스 시인 폴 발레리의 작품을 번역하던 릴케는 발레리의 "위대한 침묵", 즉 발레리가 시를 전혀 쓰지 않던 시절의 이야기를 쓴다. 릴케는 방금 완성한 번역본을 편지에 동봉한다. 그는 파리에 대한 이야기를 적었다. 그리고 얼마 전 프루스트의 죽음을 접하며 로댕의 비서로 일하던 파리 시절을 떠올리고, 그곳에 돌아가 다시 공부하고 싶은 마음이 생겼다고 썼다. 프루스트를 읽어 봤냐고 엘리자베트에게 묻고는, 꼭 읽어 보라고 권한다.

또 그는 빈에 있는 엘리자베트의 상황을 매우 조심스럽고 각별하게 살핀다. 릴케는 대학에서 법학을 전공하는 엘리자베트가 시를 쓴다는 반전에 흥미를 느낀다.

하지만 그렇다고 해도 친애하는 친구여, 저는 당신의 예술적 능력을 높이 평가하고 그 점은 걱정하지 않습니다. …… 법학 박사 학위를 받고 당신이 어떤 길을 선택할지 예상할 수 없지만, 그럼에도 저는 당신이 대조적인 두 가지 직업을 가졌다는 점을 긍정적으로 봅니다. 정신의 삶이 다양할수록, 당신의 창조적 영감이 보전될 가능성이 높아집니다. 영감은 예측 불가능하고 내면에서 일어나니까요.

릴케는 엘리자베트가 최근에 쓴 시 「1월의 어느 밤」, 「로마의 밤」, 「오이디푸스왕」을 읽었다. "세 편 모두 좋지만, 저는 오이디푸스에 점수를 더 주겠습니다." 이 시는 외투로 몸을 감싸고 두 손으로 눈을 가린 오이디푸스왕이 유배를 떠나는 모습을 묘사한다. "다른 이들은 성으로 돌아갔고, 모든 불이 하나씩 차례로 꺼졌다." 아버지인 빅토어, 그리고 그가 읽던 『아이네이스』와 함께 보낸 시간이 엘리자베트의 내면에서 강렬한 감정을 불러일으켰다.

엘리자베트는 수업을 마치고 시간이 나면 문학 작품을 읽을 수 있었다. 하지만 릴케는 "히아신스 꽃의 푸른색을 바라봐요. 그리고 봄도!"라고 조언한다. 엘리자베트가 쓴 시와 번역을 읽고 구체적인 조언을 해 준다. "도움이 되는 사람은 용기를 북돋아 주고 보살펴 주는 정원사가 아니라, 전지가위와 삽을 든 사람입니다. 비난을 서슴지 않는 사람이요!" 그는 위대한 작품을 완성하고 나면 어떤 기분이 드는지 자신의 감정을 공유한다. 공중에 붕 뜬 위험한 기분, 마치 둥둥 떠내려 갈 것 같은 느낌이라고 릴케는 쓴다. 편지 곳곳에서 그의 서정적인 면모가 엿보인다.

지긋지긋한 바람이 당신 안으로 파고들지 않는 때가
오면, 당신도 빈에서 봄을 느낄 수 있으리라 믿습니다.

도시는 종종 기대감 속에서 무언가를 느낍니다. 빛에서 창백함을, 그림자에서 예상치 못한 부드러움을, 창문에서 반짝임을 느끼는 것입니다. 도시라서 느끼는 약간의 당혹감이라고 할까요. …… 제 경험상 오직 파리와(순진한 방식으로) 모스크바만이 봄의 자연을 마치 풍경처럼 제 안에 온전히 받아들입니다.

그런 다음 그는 서명을 하고 편지를 끝맺는다. "오늘은 이만 줄입니다. 당신의 편지에 담긴 다정한 마음과 우정에 깊이 감사드립니다. 건강하게 잘 지내세요! 당신의 진정한 친구 RM 릴케."

릴케에게 이런 편지를 받는 기분은 어땠을지 상상해 보자. 아침 식사를 하는 방으로 우편물이 도착하고, 스위스에서 온 편지봉투 위에 오른쪽으로 살짝 기울어지고 동글동글한 그의 필체가 보인다. 식탁 끝에 앉은 아버지는 베를린에서 온 베이지색 도서 목록을 펼쳐보고, 반대쪽 끝에 앉은 어머니는 신문 문예란을 읽고, 남동생과 여동생은 조용히 실랑이를 벌인다. 편지봉투를 뜯어보니 릴케가 보낸 그의 시 「오르페우스에게 바치는 소네트」와 발레리의 시 필사본이 있다. "동화 같은 일이에요. 내가 이 편지를 받았다는 사실이 믿기지 않아요." 그날 밤 엘리자베트는 링슈트라세가 보이는 창가 앞 책상에 앉아 답장을 쓴다.

두 사람은 만날 계획을 세웠다. 릴케는 "짧게 보지 말고, 제대로 진실한 시간을 보냅시다." 하고 편지에 적었다. 하지만 그들은 빈에서는 만날 수 없었고, 파리에서는 엘리자베트가 약속 시간을 잘못 아는 바람에 릴케가 도착하기 전에 떠나야만 했다. 나는 두 사람이 주고받은 전보를 발견한다. 11시 15분, 릴케가 몽트뢰에 있는 로리우스 호텔에서, 파리의 라블레가 3번지에 있는 엘리자베트 에프루시 양에게 보낸 (수신자 부담) 전보다. 40분 후에 엘리자베트가 답신을 하고, 그의 답장은 다음날 아침에 도착한다.

그 후 릴케는 건강 악화로 여행을 할 수 없었고, 요양원에서 치료를 받는 동안 잠시 공백기가 있었다. 사망하기 보름 전에 쓴 편지가 릴케의 마지막 편지가 되었다. 스위스에 살던 릴케의 부인은 엘리자베트가 보낸 편지들을 모아서 나중에 돌려주었다. 엘리자베트는 두 사람이 주고받은 편지들을 한 봉투에 담아 조심스럽게 표시한 뒤 서랍 속에 고이 간직했다. 그 편지들은 이후 그녀의 긴 생애 동안 이 서랍에서 저 서랍으로 자리를 옮겨 다녔다.

핍스 외삼촌은 엘리자베트의 시 「미켈란젤로」를 책으로 만들어 "사랑하는 조카 엘리자베트에게" 선물했다. 베를린의 필경사가 마치 중세 기도서처럼 양피지 위에 시를 옮겨 쓰고 삽화 장식을 그려 넣은 다음, 초록색 천으로 제본한 책이었다. 각 연의 머리글자를 진홍색으로 장식한 릴케의 초기 시집 『성무일도서 The Book of Hours』를 떠올리게 한다. 아버지는 이 책이 있다는 걸 생각해 내고, 찾아서 내 작업실에 가져다주셨다. 지금도 내 책상 위에 놓여 있다. 책을 펼치면 릴케가 쓴 명구가 먼저 나오고, 이어서 엘리자베트의 시가 나온다. '아주 좋은데!' 하고 나는 생각한다. 이 시는 물건을 만드는 한 조각가를 주제로 한 것이다. 릴케의 영향을 제대로 받은 작품이다.

할머니가 여든 살이고 내가 열네 살쯤 됐을 때, 나는 학교에서 쓴 시를 할머니에게 보내기 시작했고, 그러면 꼼꼼한 비평과 함께 추천 도서 목록이 답장으로 왔다. 그 시절의 나는 항상 시를 읽었다. 서점에서 일하는 한 아가씨를 열정적이지만 조용히 짝사랑하고 있었기에, 토요일 오후마다 용돈을 들고 서점에 가서 파버 출판사에서 나온 얇은 시집들을 샀다. 나는 언제나 주머니에 시집을 넣고 다녔다.

할머니의 비평은 직설적이었다. 그녀는 감상적인 것, 다시 말해 '감정적인 부정확성'을 혐오했다. 운율이 맞지 않는 시는 아무 소용이 없다고 생각했다. 그러니까 서점의 검은 머리 아가씨를 생각하며 쓴 내 연작 소네트는 아무 의미가 없는 것이었다. 무엇보다도 할머니는 불분명한 것, 감정에 휩싸여 현실이 모호해지는 것을 가장 경멸했다.

할머니가 돌아가신 후에 나는 시집을 많이 물려받았다. 할머니의 개인 분류 체계에 따르면 릴케의 『성무일도서』는 26번, 릴케가 로댕에 대해 쓴 책은 28번, 슈테판 게오르게의 시집은 EE 36번, 당신의 외할머니가 쓴 시집들은 63번과 64번이다. 나는 그 책들이 소장된 대학 도서관에 가서 할머니가 언제 어떤 책을 읽었는지 확인해 달라고 아버지에게 부탁한다. 할머니가 소장했던 프랑스 시집, 프루스트 책 열두 권, 릴케의 초판본 등을 밤늦게까지 뒤적이며 책의 여백에 적힌 메모, 잊힌 서정시 스크랩, 분실된 편지를 찾는 일에서 이제 손을 놓아야 할 때가

온 것 같다. 솔 벨로의 소설에서 주인공 헨더슨이 책갈피로 꽂아 둔 지폐들을 털며 밤을 새우던 장면이 떠오른다.

뭔가를 발견하게 될 때면, 차라리 몰랐으면 좋았을 걸 하는 후회가 든다. 나는 엘리자베트가 7월 6일 일요일 자 탁상일기 뒷면에 적은 릴케의 시를 발견한다. 기도서처럼 빨간색과 검은색 글씨로 쓰여 있다. 릴케의 『경구집 Ephemeriden』에는 반투명한 용담꽃 한 송이가 책갈피처럼 끼여 있다. 발레리의 시집 『매혹 Charmes』 속에는 빈에 살던 판비츠 씨의 주소가 있다. 『스완네 집 쪽으로』에서는 쾨베체시 별장의 응접실 사진 한 장이 나온다. 나는 빛바랜 책 표지를 감정하고, 주석을 표시하고, 사람들이 관심을 가질 책인지 평가하는 헌책방 주인이 된 듯한 기분이 든다. 할머니의 독서에 무단 침입하는 것 같아서 낯설고 부적절하게 느껴질뿐더러 진부한 행동이다. 나는 살아 있는 진짜 현실을 말라 버린 꽃으로 바꾸고 있는 것이다.

내가 기억하는 할머니는 네쓰케와 도자기 같은 사물의 세계에 그다지 흥미가 없는 분이었다. 아침에 입을 옷을 고민하며 소란을 떠는 일도 질색했다. 말년에 살던 아파트에는 책으로 가득 찬 큰 벽이 있었고, 폭이 좁은 흰색 선반 위에는 강아지 모양의 중국 토기 한 점과 뚜껑 달린 항아리 세 점이 조화롭게 놓여 있었다. 할머니는 내가 도자기 만드는 것을 지지해 주시고, 처음으로 가마를 지을 때는 거액의 수표를 보내 주셨다. 생계를 위해 물건을 만든다는 내 발상 자체가 할머니에겐 신선한 것 같았다. 하지만 할머니가 사랑한 것은 단단하고 형태가 분명하며 살아있는 사물의 세계를 서정적으로 표현한 시였다. 당신의 책에 집착하는 내 모습을 봤다면 무척 싫어하셨을 것이다.

빈의 팔레 에프루시에는 세 개의 방이 나란히 있다. 하나는 엘리자베트가 서재처럼 쓰는 방이다. 그녀는 그곳에 앉아 시와 수필을 쓰고 릴케나 파니, 시를 좋아하는 외할머니 이블리나에게 편지를 쓴다. 다른 쪽에는 빅토어의 서재가, 중앙에는 에미의 옷방이 있다. 그곳에는 커다란 거울, 쾨베체시에서 온 꽃다발이 놓인 화장대, 네쓰케가 보관된 진열장이 놓였다. 이 방은 자주 열리지 않는다.

지금이 에미에게는 힘겨운 시절이다. 나이는 40대 초반이고, 엄마의 손길이 필요한 아이들은 에미를 외면한다. 아이들은 각자 다른 이유로 에미를 걱정시킨다. 옷을 갈아입는 엄마 곁에 앉아서 그날 일을 종알거리던 아이들은 이제 옷방으로 찾아오지 않는다. 아직 어린 막내아들은 상황을 더 복잡하게 만든다. 에미는 중립 지대인 오페라 하우스로 아이들을 데려간다. 1922년 5월 28일에는 이기와 「탄호이저」를 보고, 1923년 9월 21일에는 기젤라와 「토스카」를 보고, 12월에는 온 가족이 「박쥐」를 관람한다.

힘든 시기에 빈에서는 정장을 차려입을 기회가 그리 많지 않다. 여주인을 모시는 하녀는 늘 바쁘기 마련인지라, 아나는 전과 다름없이 여전히 일이 많다. 하지만 에미의 옷방은 이제 그 집 생활의 중심이 아니다. 그곳은 조용하다.

나는 그 방을 상상하며 "진열장 안에 있는 듯 가늘게 떨리는 고요함"이라는 릴케의 표현을 떠올린다.

23

엘도라도 5-0050

성년이 되자 에프루시 삼 남매는 이 도시를 떠난다.

시인 엘리자베트가 가장 먼저 집을 떠난다. 1924년에 법학 박사 학위를 받은 그녀는 빈 대학교가 배출한 최초의 여성 박사 가운데 한 명이다. 그리고 곧바로 록펠러 장학생이 되어 멀리 미국으로 건너간다. 내 할머니는 명석하고 의지가 강한, 존경스러운 분이다. 그녀는 어느 독일 잡지에 미국 건축과 이상주의를 주제로, 현대 철학의 관점에서 마천루의 열정과 욕망을 풀어낸 글을 기고한다. 귀국 후에는 정치학을 공부하러 파리로 간다. 그녀는 빈에서 만난 네덜란드인과 사랑에 빠지는데, 그 남자는 최근에 엘리자베트의 사촌과 이혼했고 어린 아들이 하나 있다.

다음은 아름다운 기젤라 차례다. 기젤라는 알프레도 바우어라는 부유한 유대인 가문의 매력적인 스페인 은행원과 결혼한다. 두 사람의 결혼식은 빈의 유대교 회당에서 열리는데 종교에 무심하던 에프루시 집안사람들은 무엇을 해야 할지, 어디에 서야 할지, 혹은 앉아야 할지 몰라 난감해한다.

이그나체의 야심 찬 천장화와 금으로 장식된 팔레 에프루시의 대연회장에서 신혼부부를 위한 성대한 피로연이 열린다. 기젤라는 무늬 있는 치마에 은색 벨트를 느슨하게 매고 긴 카디건을 걸치거나, 어두운 흑백 원피스에 검은색 비즈 목걸이를 하고 꾸미지 않은 듯 자연스럽게 멋을 부린다. 기젤라는 활짝 웃고, 알프레도는 수염을 기른 미남이다. 이 부부는 1925년에 마드리드로 이주한다.

엘리자베트가 네덜란드 청년 헨드릭 드 발에게 쪽지를 보낸 것은 그 후의 일이다. "금요일에 파리로 온다는 소식을 들었는데 혹시 시간이 되면 만날 수 있을까요?" 하고 묻는다. 연락을 달라고 자신의 전화번호 '고벨리우스 12-85'를 남긴다. 헹크는 키가 크고 머리숱이 살짝 적었다. 회색 바탕에 가는 진회색 줄무늬가 있는 고급 정장을 입고 코안경을 썼으며, 러시아산 시가를 피웠다. 그는 커피와 코코아를 수입하는 상인 집안의 외아들로 암스테르담의 프린센흐라흐트에서 자랐다. 많은 곳을 여행하고 바이올린을 연주하는 매력적이고 아주 재미난 사람이었다. 그리고 시를 쓰기도 했다. 머리를 단정하게 뒤로 올려 묶고, 에프루시 남작의 딸이자 박사라는 직함에 어울리는 동그랗고 검은 테 안경을 쓴 스물일곱 살의 내 할머니는 헹크 같은 남자에게 구애를 받아 본 적이 있기는 할까? 그녀는 그를 열렬히 사랑했다.

나는 빈에 있는 아들러 소사이어티 기록 보관소에서 두 사람의 결혼식 안내장을 발견한다. 우아하게 인쇄된 안내장에는 엘리자베트 폰 에프루시가 헨드릭 드 발과 이미 결혼했다는 소식이 적혀 있다. 한쪽 구석에는 빅토어와 에미의 이름이, 맞은편에는 드 발의 부모님 이름이 있다. 각각 네덜란드 개신교도와 유대인인 내 할아버지와 할머니는 파리에 있는 잉글랜드 성공회 교회에서 결혼식을 올렸다.
　엘리자베트와 헹크는 파리 16구 스폰티니가에 있는 아파트를 구입해서 최신 유행인 아르 데코 양식으로 꾸몄다. 에밀 자크 룰만이 디자인한 안락의자와 카펫, 빈 공방에서 제작한 모던한 금속 조명등, 믿기 힘들 만큼 가벼운 유리 그릇 등이 있었다. 두 사람은 집에 고흐의 그림들을 크게 복제해서 걸고 응접실에는 파니가 일하는 빈의 화랑에서 구매한 에곤 실레의 풍경화 한 점을 걸어 두었다. 그 아파트를 찍은 사진이 두어 장 있는데, 이 부부가 집을 꾸미면서 느낀 온전한 기쁨이 전해진다. 유산으로 상속받은 물건이 아니라 새로운 물건들을 사는 즐거움이었다. 금장식도 없고, 젊은 여인들 그림도 없고, 네덜란드 서랍장도 없다. 가족 초상화도 하나 없다.
　모든 게 순조롭던 시절, 그들은 어린 두 아들과 헹크의 아들 로버트와 함께 이 아파트에서 살았다. 결혼 후에 태어난 두 아들은, 러시아 선조의 이름을 물려받아 외할아버지와 이름이 같은 내 아버지 빅터와 내 삼촌 콘스턴트 헨드릭이다. 아이들은 매일 불로뉴 숲에서 놀았다. 모든 게 순조롭던 시절, 집에는 가정 교사, 요리사, 하녀, 그리고 운전기사까지 있었다. 엘리자베트는 시를 쓰고 『르 피가로』에 글을 기고하고 네덜란드어를 공부했다.
　가끔 비가 오는 날이면 그녀는 튈르리 공원 끝에 있는 죄드폼 미술관에 아이들을 데려갔다. 길고 환한 전시실에서 그들은 한때 샤를 에프루시의 소장품이던 마네, 드가, 모네의 작품들을 감상했다. 그 그림들은 파니 부부가 외삼촌 샤를을 추모하며 미술관에 기증한 것이다. 파니의 남편 테오도르 레나크는 에프루시 가문과 혼인을 맺은 영리한 학자였다. 파리에 친척들이 있긴 하지만 샤를 세대의 어른들은 세상을 떠났고, 그들은 자신이 정착한 이 나라에 선의의 유산을 남겼다. 레나크 가문은 그리스 신전을 그대로 재현한 빌라 케리로스를 프랑스에 기증하고, 파니의 종조모 베아트리스 에프루시 로스차일드는 카프페라에 있는 장밋빛 빌라를 아카데미 프랑세즈에 기부했다. 카몬도 집안은 가문의 소장품들을 기증하고, 카엔 당베르 가문은 파리 외곽의 성 한 채를 기증했다. 유대인 이민 1세대들이 화려한 몽소가에 집을 지은 지 70년이 흘렀고, 그들은 자신들을 받아 준 이 너그러운 나라에 은혜를 갚는다.

종교의 관점에서 보면 엘리자베트와 헹크의 결혼은 흥미롭다. 헹크는 엄격한 집안에서 자랐지만 기독교의 한 분파인 메노파 교도로 개종했다. 검은색 양복과 드레스 차림의 그 가족은 우울하기 짝이 없어 보였다. 유대인으로서 자긍심이 높던 엘리자베트는 기독교 신비주의자의 책을 읽으며 개종을 생각했다. 결혼하려고 편의상 개종한 것도, 이웃들과 어울리고자 한 것도, 가톨릭으로 개종한 것도 아니었다. 엘리자베트는 잉글랜드 성공회로 개종했다. 빈의 포티프 성당 맞은편에서 자란 유대인 소녀가 어떻게 그런 결심을 했는지 모르겠다. 그들은 파리에 있는 잉글랜드 성공회 교회에 다녔다.

영국-네덜란드 무역 회사의 사업이 순조롭지 않던 시절, 헹크는 많은 자산을 잃었다. 거기에는 다른 사람들의 돈도 있었다. 특히 그중 상당액이 엘리자베트의 외사촌이자 어린 시절 친구인 피츠의 재산이었다. 피츠는 프랑크푸르트에서 유망한 표현주의 화가로 활동하며 보헤미안으로 살고 있었다. 이처럼 막대한 금전 손실은 악몽이었다. 운전사와 하녀를 내보내고 집에 있던 가구는 파리의 창고로 보내야 했다. 미로처럼 복잡하게 꼬인 상황을 두고 여러 가지 논의가 오갔다.

헹크의 금전적 무능함은 장인인 빅토어의 무능함과는 성격이 달랐다. 헹크는 숫자를 자유자재로 갖고 놀았다. 그는 숫자 세 열을 대충 훑어보고 나서 다른 한 열을 뺀 다음, 미소 지으며 (정확한) 합계를 만들 수 있었다고 내 아버지는 말한다. 돈으로도 똑같은 재주를 부릴 수 있을 거라고 믿은 게 그의 문제였다. 헹크는 만사가 순조롭게 풀릴 거라 믿었다. 자신의 얇은 악어가죽 담뱃갑이 맞물리듯이 시장이 움직이고, 선박이 항구에 들어오고, 그렇게 큰돈이 다시 돌아올 거라고 믿었다. 한마디로 그는 자신의 능력을 과신했던 것이다.

그렇지만 빅토어는 자신에게 숫자를 통제할 능력이 있다고 믿은 적이 한 순간도 없었다. 자기 아버지 못지않게 금전 감각이 없는 남자와 결혼했다는 사실을 너무 뒤늦게 깨달았을 때, 엘리자베트는 어떤 심정이었을까.

쇼텐김나지움을 졸업한 이기는 집을 떠나는 세 번째 아이가 됐다. 나는 졸업 사진에서 그의 얼굴을 한참 찾다가, 뒷줄에서 더블 재킷을 입은 통통한 청년을 발견한다. 마치 주식 중개인처럼 보인다. 나비넥타이를 매고 손수건을 꽂은 그 청년은 바른 자세로 서는 법과 당당하게 보이는 법을 연습한다. 예를 들어, 서 있을 때 주머니에 한 손만 넣는 게 좋을까 아니면 양손을 다 넣는 게 나을까 고민하는 식이다. 아니면 한 손을 양복 조끼 안에 넣고 사교 클럽 회원 포즈를 취하는 것도 귀엽다고 생각한다.

그는 학업을 마친 기념으로 어린 시절 친구인 구트만 집안 아이들과 자동차 여행을 떠났다. 자동차 업계의 전설적인 명품인 초대형 이스파노 수이자를 몰고, 빈에서 출발해 이탈리아 북부와 리비에라를 거쳐 파리까지 가는 긴 여정이었다. 어느 춥고 맑은 날 어딘가에서 찍은 사진에는, 모직 코트를 단단히 여미고 운전용 모자 위에 고글까지 얹은 채, 차 덮개를 내리고 뒷좌석에 앉은 젊은이 셋이 있다. 앞에는 짐 가방들이 쌓였다. 운전기사는 주변을 서성거린다. 사진 왼쪽으로는 자동차 보닛이, 오른쪽으로는 트렁크가 잘려 나갔다. 마치 깊고 가파른 낭떠러지 사이에서 아슬아슬하게 균형을 잡고 있는 듯하다.

학구적인 사람이라면 엘리자베트 같은 누나가 있다는 사실을 부담스럽게 느꼈을 것이다. 하지만 이기는 학문에 관심이 없었다. 이 무렵에는 집안 형편이 그리 어렵지 않아서 마흔다섯 살의 우아한 중년 부인 에미는 다시 옷을 사들이기 시작한다. 하지만 이기는 일에 몰두해야 하고, 극장에서 영화를 보고 또 보며 오후 시간을 허비할 수 없다. 빅토어와 에미는 그의 미래를 추호도 의심하지 않는다. 이기는 은행에 입사해서 매일 아침 아버지와 함께 출근해야 한다. 그리고 전진하는 작은 범선과 가문의 좌우명 '쿠오드 호네스툼'이 새겨진 방패 모양의 문장 아래 있는 책상에 앉아야 한다. 그 자리는 요아힘에서 시작해 이그나체와 레온으로 이어졌고, 다시 빅토어와 쥘을 거쳐 이제 이기가 물려받을 차례였다. 어쨌든 이기는 에프루시 집안을 통틀어 유일한 청년이었고, 루돌프는 아직 일곱 살밖에 안 된 귀여운 어린애였다.

이기가 숫자에 특출한 재능이 없다는 사실은 완전히 무시됐다. 집안에서는 그를 쾰른에 있는 대학에 보내 재무 공부를 계속시킬 계획이었다. 그러면 매력적인 영화배우와 재혼한 핍스 외삼촌이 그를 가까이에서 보살펴 줄 수 있다는 장점도 있었다. 이기는 집에서 독립한 기념으로 소형 자동차를 선물로 받는데, 차에 탄 모습이 근사해 보인다. 그는 3년 동안 독일어로 강의를 들으며 고난의 시기를 잘 이겨 내고 프랑크푸르트의 한 은행에 취직해 일을 시작했다. 몇 년 후 편지에 담담히 썼듯이 그때의 경험은 "은행 업무 전반을 파악하는 기회가 됐다."

이기는 내게 그 시절 이야기를 거의 하지 않았다. 대공황 시기의 독일에서 유대인 은행원이 된 것은 현명하지 못했다고 말한 게 전부다. 당시는 히틀러가 투표에서 압도적인 지지를 받던 나치 집권기였고, 준군사 조직인 나치 돌격대 회원 수가 배로 늘어 40만 명에 육박하고 도심 거리에서 무력 투쟁이 일상인 시절이었다. 1933년 1월 30일, 히틀러가 총통에 취임했다. 그로부터 한 달 후 의회 의사당 화재 사건이 발생해 수천 명이 '예비 검속'으로 체포됐다. 이때 새로 지은 강제 수용소들 가운데 바이에른주 변방에 있는 다하우 수용소가 가장 컸다.

1933년 7월, 이기는 빈으로 돌아와 에프루시 은행에서 업무를 시작할 예정이었다.

독일에 체류하는 건 현명하지 못한 일이지만, 그렇다고 오스트리아로 돌아가기에 유리한 시기도 아니었다. 빈은 격동기였다. 오스트리아 총리 엥겔베르트 돌푸스는 나치의 압박이 점점 거세지자 의회를 해산했다. 경찰과 시위대 사이에 폭력적인 대치 상황이 벌어지고, 며칠 동안 빅토어는 은행에 출근하지 않고 종일 서재에서 석간신문이 도착하기만을 초조하게 기다렸다.

이기는 돌아오지 않았다. 도망쳤다. 도망친 첫째 이유는 은행이었다. 은행 출입문에 서 있던 수위는 그를 보면 항상 능글맞게 웃었다. 하지만 빈 때문이기도 했고, 더 나아가 가족과도 얽혀 있었다. 아버지, 이기를 반기며 송아지 고기 파이와 감자 샐러드를 만들어 주던 늙은 요리사 클라라, 셔츠를 고르며 호들갑을 떠는 아나, 비더마이어 양식의 침대가 기다리는 자신의 방, 익숙한 긴 복도, 옷방, 아침 6시에 정리 정돈하는 침대보 같은 것들.

이기는 파리로 달아났다. 어느 "삼류 의상실"에서 여성 실내복 드레스를 스케치하는 법을 배우며 일을 시작했다. 작업실에서 재단 기술을 익히며 밤을 지새웠고, 물결치는 초록색 실크 원단을 가위로 자르는 감각을 느끼기 시작했다. 친구네 아파트 바닥에서 네 시간을 자고 일어나 커피를 한 잔 마신 다음 출근해서 스케치 작업을 했다. 15분 만에 점심 식사와 커피를 먹고 돌아와 또 일을 했다.

가난한 이기는 옷을 깨끗하고 맵시 있게 관리하는 요령을 익히고, 옷을 줄이거나 소맷단 수선하는 법을 배운다. 빈에 사는 부모님은 말없이 약간의 용돈을 계속 보내 주신다. 빅토어는 이기가 회사에 합류하지 않는다고 친구들에게 말하는 게 죽도록 창피했을 테다. 대체 이기는 파리에서 무슨 일을 하냐고 누가 물으면 아마 제대로 대답하지 못하고 웅얼거렸을 것이다. 그가 아들에게 연민의 감정을 느꼈을지 궁금하다. 떠나지 않고 제자리를 지킨다는 의미를 에미가 알고 있듯이, 빅토어는 도망가는 것과 도망가지 않는 것의 의미를 잘 알고 있었다.

이기는 스물여덟 살이다. 에미가 그랬듯이 그에게 옷은 천직이다. 밤마다 네쓰케, 아니, 어머니와 함께 옷방에서 드레스를 매만지고 소매나 목 부분의 레이스를 꼼꼼히 살펴보던 그 모든 시간. 기젤라와 하던 옷 입기 놀이, 오래된 드레스들이 담긴 골방의 트렁크, 응접실의 쪽매널 바닥에서 읽던 잡지 『비너 모데 Wiener Mode』 과월 호들. 이기는 군복 바지 모양만 봐도 어느 연대 소속인지 알아맞힐 수 있고, 크레프 드 신 원단을 대각선 방향으로 재단해서 입는 법도 알게 됐다. 막상 자신의 재능이 기대한 만큼 뛰어나지 않다는 사실을 깨달았지만, 일은 이미 시작되었다.

그렇게 9개월의 힘든 시간을 보낸 후 그는 다시 도망친다. 이번에는 뉴욕으로, 패션계로 향했다. 훗날 노인이 된 이기는 그때 뉴욕으로 간 것은 새로운 삶으로 건너가는 일종의 세례식이었고, 어떤 면에서는 자기 자신을 찾아가는 여정이었다고 미소를 지으며 말했다. 이 모든 것이 삼위일체가 되어 아름다운 화음을 이루었다.

처음 도쿄에서 함께 지내던 시절, 이기가 나를 더 근사하게 차려 입히려고 애쓰던 걸 생각하면 어느 정도 알 수 있다. 무덥고 습하던 그 해 6월, 이기의 아파트에서 나는 진지하고 활기가 넘쳤지만 잦은 여행으로 행색이 다소 지저분했다. 그때 나는 옷이 중요한 게 아니라 어떻게 입느냐가 중요하다는 걸 처음 깨달았다. 이기와 그의 친구 지로는 긴자 번화가에 있는 대형 백화점 미쓰코시로 나를 데려가서 여름용 리넨 재킷, 옷깃이 달린 셔츠 등 제대로 된 옷을 여러 벌 사주었다. 내가 입던 청바지와 깃 없는 셔츠는 가정부 나카무라 부인이 가져가서 끝단에 작은 핀을 꽂아 수선하고, 단추도 전부 줄을 맞춰 새로 달았다. 몇몇 옷은 다시 돌아오지 않았다.

한참 후에 도쿄를 다시 방문했을 때, 지로는 이걸 찾았다며 작은 카드 한 장을 내게 건넸다. "I. 레오 에프루시 남작이 파리의 몰리뇌에서 도로시 쿠퇴르사로 자리를 옮겼음을 알립니다." 주소는 뉴욕 5번가 695번지, 전화번호는 '엘도라도 5-0050'이다. 그럴듯한 번호다. 이기에게 패션은 엘도라도였다. 그는 자기 이름에서 '이그나체'를 빼고 대신 레오를 넣었지만, 남작 작위는 그대로 고수했다.

도로시 '쿠퇴르Couteaur'라는 회사 이름은 나보코프의 소설에서 그대로 따온 것으로, '쿠튀르couture'를 조롱하듯이 길게 늘인 발음이다. 이기는 "사선 주름이 잡힌 하늘하늘한 베이지색 크레프 드레스 위에 멋스럽게 걸친" "프리스윙 코트"를 디자인했다. "신상품인 갈색 제비 무늬 실크 크레프 코트의 바탕색도 베이지 색상이다." 온통 갈색이다. 이기는 "지적인 미국 여성을 위한 세련된 드레스"를 주로 디자인했는데, "벨트, 가방, 도자기 장신구, 콤팩트 등 캘리포니아에서 처음 선보이는 멋

> I. LEO EPHRUSSI
> takes pleasure to invite you to see his exclusive
> Paris and New York Lines
> of Smart Accessories
> shown for the first time in California
>
> Studio Huldschinsky
> 8704 Sunset Blvd.
> West Hollywood   Belts, Bags, Ceramic Jewelry
> CR. 1-4066   Compacts, Handknit Suits and Blouses

이기의 초대장, 1936년.

진 액세서리"가 언급된 자료도 있었다. 이는 그가 처한 경제적 어려움 혹은 그의 영리한 통찰력을 보여 준다. 1937년 3월 11일자 『위민스 웨어 데일리Women's Wear Daily』에는 이런 기사가 실렸다. "자개색 새틴 저지 원단으로 만든 고대 그리스풍 드레스, 핀턱 장식이 달린 아주 화려한 빨간색 시폰 소재 코트 등 흥미로운 소재의 조합이 돋보이는 독특한 형태의 이브닝드레스를 선보였다. 코트 위에 거들처럼 착용해서 르댕고트redingote 같은 분위기를 연출할 수 있는 스카프도 있다."

"흥미로운 소재의 조합"이라는 표현이 마음에 든다. 나는 신문에 실린 삽화를 한참 들여다보며 "르댕고트 같은 분위기"를 상상한다.

미국 해군의 신호 깃발에서 착안한 크루즈 웨어 디자인을 발견하고 나서야, 나는 이기가 일에서 얼마나 큰 즐거움을 느꼈는지 알 수 있었다. 햇볕에 그을린 건장한 선원들이 짧은 반바지와 치마를 입은 소녀들을 돛대 위로 깃발처럼 들어 올린다.

소녀들이 입은 옷은 '당신과 개인적으로 연락하고 싶어요', '당신이 위험해질 일은 전혀 없어요', '나는 뜨겁게 불타오르고 있어요', '더는 못 참겠어요' 같은 신호를 보낸다.

당시 뉴욕은 유럽에서 피난 온 가난한 러시아인, 오스트리아인, 독일인으로 북적였고 이기도 그들 가운데 한 명이었다. 빈에서 오던 얼마 되지 않던 용돈은 마침내 바닥이 나고 의상 디자인으로 버는 수입도 변변찮았지만, 이기는 행복했다. 로빈 커티스를 만난 것이다. 골동품 딜러인 그는 이기보다 몇 살 어리고 날씬한 백인이었다. 두 사람은 로빈의 여동생과 함께 어퍼 이스트 사이드의 아파트에서 같이 살았다. 그 집에서 찍은 사진에서 두 남자는 모두 가는 줄무늬 정장을 입었고, 이기는 의자 팔걸이에 걸터앉았다. 뒤로 보이는 벽난로 선반에는 양쪽 집안의 가족사진이 있다. 두 사람이 반바지 차림으로 멕시코와 로스앤젤레스의 해변에서 장난치며 즐거워하는 사진들도 있다. 그들은 연인이었다.

이기는 정말로 도망친 것이었다.

엘리자베트는 빈으로 다시 돌아가는 걸 달가워하지 않았다. 하지만 고객들이 헹크를 실망시키고 계약들이 이행되지 않는 등 재정 상태가 견딜 수 없게 악화되자, 아이들을 데리고 이탈리아 티롤 지방의 아름다운 마을 오베르보젠에 있는 시골집으로 떠났다. 보라색 야생화가 만발한 초원이 펼쳐지고, 축제날에는 드럼 밴드가 화음이 맞지 않는 엉터리 연주를 하는 마을이었다. 아름다운 곳이었고, 맑은 공기는 아이들의 건강에 더할 나위 없이 좋았다. 무엇보다도 파리에 비하면 생활비가 거의 들지 않을 만큼 매우 저렴했다. 아이들은 마을에 있는 학교에 잠시 다니다가 이내 엘리자베트가 직접 가르치기 시작했다. 헹크는 파리와 런던에 머물며 자신이 경영하는 무역 회사의 손실을 만회하고자 애썼다. "우리를 만나러 오실 때면, 아버지는 매우 피곤하니 얌전히 있으라는 말을 들었어." 하고 내 아버지는 회상했다.

엘리자베트는 가끔씩 아이들을 빈으로 데려가서 외할아버지, 외할머니, 이제 10대 소년이 된 루돌프 외삼촌을 만나게 했다. 빅토어는 운전사가 모는 긴 검은색 차의 뒷좌석에 손주들을 태우고 함께 외출했다.

에미는 심장 질환으로 건강이 썩 좋지 않아서 약을 복용하기 시작했다. 이 무렵의 사진을 보면, 에미는 중년의 나이가 무색할 만큼 훨씬 늙어 보인다. 하지만 하얀 깃이 달린 검은색 망토를 입고 희끗한 회색 곱슬머리 위에 모자를 비스듬히 쓴, 여전히 아름다운 옷차림이다. 틀림없이 아나가 잘 보살피고 있었을 것이다. 그리고 한 손은 내 아버지의 어깨 위에, 다른 한 손은 내 삼촌의 어깨 위에 올린 모습이다. 에미는 지금도 여전히 사랑에 빠져 있다.

에미는 아직 할머니가 될 준비가 되지 않았다고 하면서도 『돼지치기 왕자』, 『공주님과 완두콩』 등 한스 크리스티안 안데르센의 동화를 그린 알록달록한 그림엽서들을 내 아버지에게 보낸다. 엽서는 매주 한 장씩 꼬박꼬박 왔고, 짧은 소식이 적힌 수십 장의 엽서에는 "천 번의 입맞춤을 보낸다. 할머니가."라는 문구와 함께 서명이 있다. 에미는 지금도 여전히 이야기하기를 멈추지 못한다.

누나들과 형이 차례로 떠나간 집에 홀로 남은 루돌프는 키가 크고 잘생긴 소년으로 자랐다. 팔레 에프루시의 응접실 문 옆에 걸린 액자 속 사진에서, 그는 승마용 반바지와 군용 외투 차림으로 색소폰을 연주한다. 점점 빈방이 늘어 가던 집에서 그 소리는 메아리로 빛나며 퍼져 나갔을 것이다.

1934년 7월, 엘리자베트는 두 아들과 함께 빈에서 2주를 보냈다. 그 기간에 오스트리아의 나치 친위대가 주도한 쿠데타로 돌푸스 총리가 집무실에서 암살당했다. 이 사건은 나치가 봉기하는 신호탄이었다. 쿠데타는 수많은 희생자를 내며 진압되고 내전의 공포가 팽배한 가운데 신임 총리 쿠르트 슈슈니크가 취임 선서를 했다. 내 아버지는 육아실에서 자다가 일어나 창가로 달려가서, 경적을 울리며 링슈트라세를 덜컹거리고 지나가는 소방차를 본 적이 있다고 기억한다. 아버지에게서 더 많은 기억을 끄집어내려고 물어봤지만(나치 시위대는요? 무장한 경찰은요? 위급 상황은 없었어요?) 별 소득이 없다. 아버지의 기억 속에 1934년의 빈은 소방차가 처음이자 마지막이다.

빅토어는 이제 은행 일을 하는 척 애쓰지 않는다. 그래서인지 아니면 대리인 슈타인하우저 씨의 능력 덕분인지 은행은 순조롭게 돌아간다. 그는 전과 다름없이 매일 은행에 가서 라이프치히나 하이델베르크에서 온 도서 목록들을 찬찬히 살핀다. 인쇄술이 처음 발명된 시기의 희귀 도서, 즉 인큐내뷸러를 수집하고 특히 로마 역사서에 남다른 열정을 보인다. 오스트리아 제국이 몰락한 이후 그 열정은 한층 더 강렬해진다. 빅토어는 수집한 고서들을 쇼텐가세가 내려다보이는 서재의 높은 책장 안에 보관한다. 책장에는 철망 문이 달렸고, 책장 열쇠는 그의 시곗줄에 달렸다. 라틴 역사서 초판본은 특유의 난해한 내용과 비싼 가격 탓에 수집하기 어려운 물건이지만, 그는 제국에 관심이 있다.

빅토어와 에미는 쾨베체시에서 함께 휴가를 보낸다. 하지만 그곳은 에미의 부모님이 돌아가신 후로 이상하리만치 한산해졌다. 마구간에 말은 두어 마리뿐이고, 사냥 안내인들이 줄어들고, 주말이면 성대하게 열리던 사냥도 이제 하지 않는다. 에미는 산들바람을 쐬며 버드나무를 지나 굽이진 강가로 내려간다. 그러고서 아이들과 함께 지내던 시절처럼 저녁 식사 시간에 맞춰 집으로 돌아온다. 심장병이 있기에 걸음걸이는 느릿느릿하다. 수영을 하던 호수는 방치되고, 호숫가에서는 갈대들이 바람에 흔들리며 소리를 낸다.

에프루시 집안 아이들은 뿔뿔이 흩어졌다. 엘리자베트는 알프스 산악 지역에 계속 살지만 스위스의 아스코나로 이사했고, 시간이 날 때마다 아이들을 데리고 빈을 찾는다. 아이들이 오면 아나는 반가워서 호들갑을 떤다. 이기는 크루즈 웨어를 디자인하며 할리우드에서 지낸다. 한편 기젤라와 그 가족은 스페인 내전으로 마드리드를 떠나 멕시코로 이주했다.

1938년에 쉰여덟 살이 된 에미는 미모가 여전하고, 목에 두른 긴 진주 목걸이를 허리까지 늘어뜨렸다. 빈은 생활하기 힘겨울 만큼 혼란스럽지만, 팔레 에프루시 안은 이상할 정도로 아무런 움직임이 없다. 여덟 명의 하인들은 이 정지된 상태를 완벽하게 유지한다. 식당에는 1시에 점심 식사가 차려지고, 또다시 8시에 저녁 식사가 차려진다. 아무 일도 일어나지 않는다. 다만 식사 시간에 나타나지 않는 사람은 에미가 아니라 이제 루돌프다. 그 아이는 항상 집에 없구나 하고 에미가 말한다.

빅토어는 일흔여덟 살이다. 생김새는 그의 아버지와 똑같고, 부고 기사에 실린 사촌 샤를의 초상화와도 닮았다. 나이 들어서 이목구비가 더 커진 스완의 얼굴을 떠올려 본다. 에프루시 집안의 코가 유난히 돋보인다. 나는 턱수염을 단정하게 다듬은 빅토어의 사진을 보다가 내 아버지의 현재 모습과 비슷하다는 걸 깨닫는다. 그리고 나 역시 이렇게 되기까지 과연 얼마나 남았을까 하는 생각에 잠긴다.

빅토어는 불안감에 사로잡혀 매일 여러 개의 신문을 읽는다. 불안한 게 당연하다. 독일은 오스트리아 국가사회당에 몇 년째 노골적인 압박과 은밀한 자금 지원을 계속해 왔다. 히틀러는 오스트리아 총리 슈슈니크에게 나치 당원들을 석방하고 국정에 참여하게 하라고 요구했다. 슈슈니크는 이에 굴복했다. 압박이 점점 더 거세지자 더는 버틸 수 없었던 것이다. 그는 오스트리아가 나치 제국으로부터 독립하는 안건을 3월 13일 국민 투표에 부치기로 결정했다.

3월 10일 목요일, 빅토어는 유대인 친구들과 점심을 먹으러 케른트너 링에 있는 비너 클럽으로 나선다. 집 대문을 나와서 왼쪽으로 450미터쯤 가면 도착하는 곳이다. 그날 오후는 지금 무슨 일이 일어나고 있는 것인지 걱정하며 담배를 피우고 심각한 토론을 벌이다 사라져 버린다. 역사는 빅토어의 편이 아니었다.

3부

빈, 쾨베체시, 턴브리지 웰스, 빈
1938–1947

24

'대규모 행진에 이상적인 장소'

1938년 3월 10일, 국민 투표에 거는 기대가 높았다. 전날 밤 인스부르크에서 오스트리아 총리가 티롤의 옛 영웅이 남긴 말을 인용하며 호소력 있게 연설했다. "사람들아. 때가 되었노라!" 그날은 맑고 화창한 멋진 겨울날이었다. 트럭에서 흩뿌린 전단지와 "네!Ja!"라고 적힌 포스터가 사방에 널렸다. "슈슈니크와 함께 자유 오스트리아로!" 건물 벽과 보도에는 조국전선을 상징하는 흰색 십자가가 칠해졌다. 거리에는 군중이 가득하고, 청년 단체들은 "슈슈니크 만세! 자유 만세!" "죽는 날까지 적-백-적赤-白-赤*"을 외치며 행진했다. 라디오에서는 슈슈니크의 연설이 끊임없이 흘러나왔다. IKG는 총 50만 실링(약 8만 달러)의 거금을 내놓으며 국민 투표 지지 캠페인에 힘을 보탰다. 이 국민 투표는 빈에 사는 유대인들에게 하나의 보루였다.

   3월 11일 금요일 이른 새벽에 빈 경찰서장은 슈슈니크를 깨워 독일 접경 지역에서 병력이 이동한다고 보고했다. 열차 운행이 중단됐다. 그날도 햇살이 환하고 밝은 일요일 아침이었다. 그리고 오스트리아 최후의 날, 즉 베를린에서 최후통첩을 받은 날이었다. 친 히틀러 성향인 아르투어 자이스잉크바르트

---

* 빨간색-하얀색-빨간색으로 구성된 오스트리아 국기를 상징한다.

장관을 후임으로 내세우며 총리 사임을 요구하는 독일의 압박이 거세지자, 빈 정부는 런던, 파리, 로마에 필사적으로 지원을 요청했다.

3월 11일, IKG는 슈슈니크의 선거 운동에 30만 실링을 추가로 지원했다. 여러 종대의 병력이 이미 독일 국경을 넘었고 국민 투표가 연기될 수 있다는 소문이 돌았다.

서재에 있는 커다란 영국제 갈색 라디오의 다이얼에는 여러 나라의 수도 이름이 쓰여 있다. 빅토어와 에미는 서재에서 라디오 방송에 귀를 기울이며 오후를 보낸다. 루돌프도 함께한다. 4시 30분에 아나는 빅토어가 마실 차를 유리잔에 따르고 도자기 접시에 레몬 한 조각과 설탕을 담아 내온다. 에미에게는 영국식 홍차와 심장 약이 담긴 작고 파란 마이센 알약 상자를 가져온다. 열아홉 살의 반항아 루돌프에게는 커피가 준비된다. 아나는 독서대가 놓인 서재 탁자 위에 쟁반을 내려놓는다. 7시 정각에 라디오 빈에서 국민 투표가 연기됐다는 뉴스를 발표한다. 몇 분 후, 나치에 동조하는 자이스잉크바르트 내무 장관을 제외한 내각 전체가 사임한다는 소식이 전해진다.

8시 10분 전에 슈슈니크가 방송을 시작한다. "오스트리아 신사 숙녀 여러분! 오늘 우리는 심각하고 결정적인 상황에 직면했습니다. …… 독일 제국 정부는 연방 대통령에게 최후통첩을 보내, 독일이 지명한 후보를 총리로 임명할 것을 요구했습니다. …… 수락하지 않으면…… 독일군은 즉각 우리 국경을 넘어오겠다고 합니다. …… 이 엄중한 상황에서도 우리는 독일인이 피 흘리는 것을 원하지 않습니다. 우리 군에는 침략이 시작되면 크게 저항하지 말고 후퇴해서, 다음 결정이 내려질 때까지 몇 시간 동안 대기하라고 명령했습니다. 따라서 저는 이 시간부로 총리직을 사임하며, 오스트리아 국민들에게 제 진심 어린 소원을 독일어로 전합니다. 신이여 오스트리아를 지키소서 Gott schütze Österreich." 곧이어 옛 오스트리아 국가인 「신이여 프란츠 황제를 보호하소서 Gott erhalte Franz den Kaiser」가 흘러나온다.

슈슈니크의 사임을 기점으로 상황이 급변한다. 거리에 소음이 물결치고 쇼텐가세에는 함성이 메아리친다. 사람들이 외친다. "하나의 민족, 하나의 국가, 하나의 지도자", "히틀러 만세, 승리 만세". 그들은 절규한다. "유대인을 멸하라! 유대인에게 죽음을!"

갈색 셔츠를 입은 사람들이 홍수를 이룬다. 택시들은 요란하게 경적을 울리고, 거리에는 무기를 든 남자들이 있고, 어찌된 일인지 경찰은 스바스티카swastika, 卐 완장을 찼다. 링슈트라세로 몰려 든 트럭들이 팔레 에프루시와 빈 대학교를 지나 시청을 향해 돌진한다. 트럭에도 전차에도 스바스티카 표시가 붙었다. 청년과 소년들은 트럭과 전차에 매달려 고함을 지르며 손을 흔든다.

그리고 누군가 서재의 불을 끈다. 어둠 속에 있으면 자신들의 모습이 보이지 않을 거라고 생각했을지 모른다. 하지만 그 소음은 집 안으로, 방 안으로, 그들의 폐 속으로 파고든다. 아래쪽 거리에서 누군가 구타를 당한다. 저 사람들은 무슨 짓을 하려는 걸까? 언제까지 이렇게 아무 일 없는 척 버틸 수 있을까?

어떤 친구들은 짐을 싸서 거리로 나가, 열광하는 빈 시민들의 소용돌이를 뚫고 베스트반호프역에 도착한다. 11시 15분에 출발하는 프라하행 야간열차는 9시부터 이미 만석이다. 제복 입은 남자들이 열차 안을 휘젓고 다니며 사람들을 끌어낸다.

11시 15분에는 나치 깃발이 정부 부처 건물들의 난간에서 나부낀다. 밤 12시 30분이 되자 미클라스 대통령이 항복하고 내각을 승인한다. 새벽 1시 8분에 클라우스너 시장이 발코니에 나와서 공표한다. "감동이 벅차오르는 이 축제의 순간, 오스트리아는 자유 국가이며 국가 사회주의를 표방함을 선언합니다."

체코슬로바키아 국경에는 사람과 자동차의 행렬이 길게 이어진다. 지금 라디오에서는 독일 군가인 「바덴바일러 행진곡」과 「호엔프리트베르크 행진곡」이 나온다. 음악 중간중간에 구호들이 끼어든다. 최초의 유대인 상점에서는 유리창이 깨진다.

바로 그 첫날 밤, 거리의 함성이 팔레 에프루시 안뜰로 들어와 벽과 지붕에서 울려 퍼진다. 곧이어 3층으로 올라오는 서른세 개 계단에서 쿵쿵거리는 발소리가 들린다.

사람들이 주먹으로 문을 두들기고, 누군가는 현관 앞 초인종에 기대어 서 있다. 여덟에서 열 명 정도의 무리는 군복 비슷한 옷을 입었다. 몇몇은 스바스티카 완장을 찼고 몇몇은 낯이 익다. 아직 어린 소년들도 있다. 새벽 1시지만 가족들은 아무도 잠들지 않았고 다들 옷을 입고 있었다. 빅토어와 에미, 루돌프는 서재 안으로 떠밀려 들어간다.

첫날 밤, 그들은 온 집을 헤집고 다닌다. 그들 가운데 두어 명이 프랑스 가구와 도자기 세트가 있는 응접실을 발견하자 안뜰 너머로 환호 소리가 들린다. 에미의 옷장을 뒤지는 사람의 웃음소리가 터져 나온다. 누군가 피아노 건반을 쾅쾅 두드린다. 공부방에 들어간 사람들은 서랍을 꺼내고, 책상을 어지럽히고, 구석 선반에서 큰 책들을 밀어 떨어뜨린다. 그들은 서재에 들어와서 지구본을 넘어뜨린다. 이런 발작적인 무질서, 난동, 행패는 약탈과는 거리가 멀다. 근육 스트레칭, 손가락 관절 꺾기, 몸풀기 수준에 불과하다. 복도에 있는 사람들은 이 집 물건들을 확인하고 구경하고 만져 보고 사용해 본다.

그들은 식당에서 약간 취한 듯한 반인반수의 파우누스가 받치고 있는 은 촛대들을, 벽난로 선반에서는 공작석으로 만든 작은 동물상들을, 빅토어의 공부방 책상에서는 은으로 만든 담뱃갑과 지갑에 꽂힌 현금을 가져간다. 응접실에서 정각마다 종소리를 울리던, 분홍색 에나멜과 금으로 장식된 작은 러시아 시계도. 기둥 위에 황금색 돔이 얹힌 서재의 커다란 시계도.

그들은 오랜 세월 이 집 앞을 지나다니던 사람들이다. 창가에서 얼굴을 흘끗 엿보고, 사륜마차가 들어오는 대문을 문지기가 잡고 있을 때면 그 사이로 안뜰을 들여다보던 이들이다. 그 사람들이 결국 집 안으로 들어왔다. 유대인은 이렇게 사는구나, 유대인은 이렇게 우리 돈을 써 댔구나. 방마다 물건이 가득 쌓였고 풍요로움이 넘친다. 이건 소소한 기념품일 뿐이고 우리 몫을 조금 나눠 갖는 것일 뿐이다. 이제 시작에 불과하다.

그들이 마지막으로 도착한 방은 구석에 있는 에미의 옷방, 네쓰케 진열장이 놓인 바로 그 방이다. 그들은 에미가 화장대로 사용하는 책상 위에 놓인 물건을, 작은 거울, 도자기, 은으로 만든 함, 아냐가 화병에 꽂아 둔 쾨베체시에서 보내온 꽃까지 모조리 쓸어버린다. 그리고 책상을 복도로 끌고 나간다.

에미와 빅토어, 루돌프를 벽으로 밀치고, 그들 가운데 세 명이 책상을 들어 난간 아래로 던져 버린다. 나무, 금장식, 쪽매 붙임 장식이 깨지는 소리와 함께 책상은 안뜰에 있는 석재 깃발에 부딪힌다.

파니와 쥘이 파리에서 결혼 선물로 보낸 책상은 떨어지기까지 오랜 시간이 걸린다. 그 소리가 유리 지붕에 반사되어 울려 퍼진다. 부서진 서랍에서 나온 편지들이 안뜰 전체에 흩날린다.

"세상이 다 너희들 것 같지, 이 망할 외국인 새끼들아. 다음은 너네 차례야, 이 빌어먹을 유대인 새끼들아."

이건 야만적이며 공식적으로 승인받지 않은 아리안화 Aryanisation*다. 승인은 필요 없다.

물건 부서지는 소리는 오랜 기다림에 내려진 보상이다. 이 날 밤은 그런 보상들로 충만하다. 오늘이 오기까지 오랜 시간이 걸렸다. 이날 밤은 할아버지 할머니가 손주들에게 들려주던 이야기다. 어느 날 밤에 유대인들이 마침내 그동안 저지른 온갖 악행과 가난한 이들을 착취한 과거를 심판받게 되는 이야기, 거리가 어떻게 깨끗해지고, 어둡던 모든 곳에 어떻게 환한 빛이 비춰질지를 들려주던 이야기다. 그건 가축우리처럼 악취가 진동하는 제 고향을 떠나온 유대인들이 합스부르크 제

---

* 나치가 유대인 재산을 압수해 비유대인(아리아인)에게 양도한 정책.

국의 도시를 더럽게 오염시키고, 우리가 누리던 걸 빼앗아 간 탓이다.

빈 곳곳에서 문이 부서지고 아이들은 부모 뒤, 침대 밑, 찬장 속에 숨는다. 이 소란에서 벗어날 수 있는 곳이라면 어디라도 좋다. 아버지와 남자 형제들은 체포되어 구타당하고 트럭으로 끌려가고, 어머니와 여자 형제들은 강간당한다. 빈 전역에서 사람들은 마땅히 자기 것이어야 했던 것을, 자신의 당연한 권리를 마음껏 누린다.

잠을 잘 수 없는 게 아니다. 잠을 자러 갈 수가 없다. 이들은 가면서, 이 남자들과 소년들은 드디어 떠나면서, 다시 돌아올 거라고 말한다. 모두 그 말이 진심이란 걸 알고 있다. 에미가 착용한 진주 목걸이를 그들이 빼앗아 간다. 반지도 가져간다. 누군가 잠시 멈춰 서더니 가족의 발에 보기 좋게 침을 뱉는다. 그러고는 안뜰에 다다를 때까지 고함을 지르면서 삐걱거리는 계단을 내려간다. 어떤 사람이 달려가 잔해를 걷어차고, 그들은 문을 통과해 집 밖으로, 링슈트라세로 나간다. 코트로 덮은 팔 밑에는 커다란 시계가 숨겨져 있다.

눈이 내린다.

3월 13일 일요일은 예정대로라면 자유, 독일, 독립, 사회주의, 기독교, 통일 오스트리아를 결정하는 국민 투표가 치러져야 하는 날이다. 그날 어스름한 잿빛 새벽에 빈의 거리에서는 이웃들이 무릎을 꿇고 엎드린 채 바닥을 문지르며 청소를 한다. 어린아이와 노인, 링슈트라세의 신문 가판대 주인아저씨, 정통파, 진보파, 경건파, 개혁파, 괴테를 읽고 교양을 신봉하던 노인, 바이올린 선생님과 그 어머니도 포함되어 있다. 그들은 나치 친위대, 게슈타포, 국가 사회주의 독일 노동당(나치당) 당원, 경찰 그리고 오랜 세월 옆집에 살던 이웃 사람들에게 둘러싸였다. 사람들이 야유를 퍼붓고, 침을 뱉고, 고함을 지르고, 구타를 하고, 상처를 입혔다. 슈슈니크의 국민 투표 구호를 빡빡 문질러 씻어 내자, 빈을 다시 깨끗하게 만들자, 빈의 새 출발을 준비하자. 우리는 총통님께 감사한다. 그분은 유대인을 위해 일거리를 창조하셨다.

어떤 사진에서는 반짝이는 재킷을 입은 한 청년이 비눗물 위에 무릎을 꿇은 중년 여성을 감시한다. 행여나 자기 바지가 젖을세라 바짓단을 걷어 올렸다. 이는 모두 더러움과 깨끗함을 구별하는 문제다.

팔레 에프루시는 침략당했다. 그날 아침에 빅토어와 에미는 말없이 서재에 앉아 있다. 그동안 바닥에 떨어진 친척들 사진을 줍고, 깨진 도자기와 쪽매붙임 조각들을 빗자루로 쓸고, 그림을 벽에 바로 걸고, 카펫을 깨끗이 청소하고, 활짝 열린 문을 닫는 사람은 다름 아닌 안나다.

그날 온종일 나치 독일의 공군 편대가 빈의 하늘 위를 저공비행한다. 빅토어와 에미는 어찌할 바를 모른다. 어디로 가야 할지 모른다. 일요일 아침, 국경을 넘어 진격한 첫 독일 군대가 군중의 환호와 꽃다발 속에 도착한다. 히틀러가 어머니의 묘소를 방문하려고 고향인 오스트리아로 돌아온다는 소문이 들린다.

그날은 하루 종일 체포가 이어진다. 체포 대상은 옛 정당을 지지한 모든 사람, 저명 언론인, 금융인, 공무원 그리고 유대인이다. 슈슈니크는 독방에 감금됐다. 그날 저녁에 독일 노동당이 주도하는 횃불 행진이 시내 전역에서 일어난다. 술집에서는 "독일, 모든 것 위에 독일"을 노래하는 군가가 흘러나온다. 히틀러가 린츠에서 출발해 빈에 도착하기까지 여섯 시간이 걸린다. 오래 걸린 이유는 수많은 인파 때문이다.

    3월 14일 월요일, 히틀러가 도착한다. "…… 석양의 그림자가 빈에 내려앉기 직전이었다. 바람이 잦아들고 펄럭이던 깃발들도 엄숙한 축제 분위기 속에 조용해졌다. 위대한 시간은 현실이 됐고, 통일 독일의 총통이 오스트마르크Ostmark*의 수도에 입성했다."

    빈의 추기경은 오스트리아 전국에 종을 울리라고 명령했다. 오후가 되자 팔레 에프루시 맞은편에 있는 포티프 성당 종소리가 울리기 시작하고, 링슈트라세 주위를 행진하는 독일 군대의 발소리에 집이 흔들린다. 스바스티카가 있는 독일 국기와 옛 오스트리아 국기 위에 스바스티카를 그린 깃발이 걸렸다. 보리수나무 위에 올라간 아이들도 있다. 서점 유리창 앞에는 알자스로렌에서 주데텐란트를 지나 발트해와 티롤까지 이어지는, 단일 국가 독일이 포함된 새로운 유럽 지도들이 벌써 진열되었다. 지도의 절반이 독일이다.

    3월 15일 화요일, 이른 시간부터 모이기 시작한 군중들은 일제히 한 방향으로 몰려간다. 쇼텐가세와 팔레 에프루시를 지

---

* 나치 독일에 합병된 직후 변경된 오스트리아의 공식 명칭.

나고 링슈트라세를 따라 호프부르크 왕궁 앞의 영웅광장으로 향한다. 광장과 주변 거리는 20만 명의 사람들로 인산인해다. 조각상 위에도 나뭇가지 위에도 난간 위에도 사람들이 올라가 있다. 하늘을 배경으로 솟은 담벼락 위에도 사람들이 보인다. 11시, 마침내 히틀러가 발코니에 모습을 드러낸다. 그의 목소리는 들리지 않는다. 연설을 시작하려 했지만 열띤 함성 소리가 잦아들 때까지 그는 몇 분간 말을 잇지 못한다. 그 함성은 멀리 쇼텐가세까지 들려온다. 잠시 후 연설이 이어진다. "지금 이 순간, 나는 독일 국민들에게 내 일생일대의 업적을 보고하는 바입니다. 독일 제국의 총통이자 수상으로서, 나의 조국이 독일 제국에 합병되었음을 역사 앞에 선언합니다." 일간지 『노이에 바슬러 차이퉁 Neue Basler Zeitung』은 "히틀러의 입성을 환호하는 광경은 말로 형용할 수 없을 정도다."라고 기록한다.

링슈트라세는 대규모 군중, 가슴 벅찬 가두행진, 제복을 입은 사람들을 위해 만들어졌다. 1908년 당시 학생이던 히틀러는 두 개의 거대한 아치가 추가된 영웅광장의 설계도를 그려 보기도 했다. 이 광장을 건축의 백미, 즉 "대규모 행진에 이상적인 장소"로 여겼다. 오래전 히틀러는 합스부르크 왕가가 주최하던 화려한 행사들을 지켜봤다. 그리고 이제 링슈트라세는 다시 한번 "『천일야화』의 마법에 걸린 장소"로 변신한다. 하지만 그 중에서도 눈앞에서 사람이 끔찍한 괴물로 변하고, 말을 잘못하는 순간 통제 불능의 상태로 바뀌게 되는 이야기이다.

1시 30분에 히틀러는 군인과 트럭의 대규모 행진을 시찰하러 광장으로 돌아오고, 상공에서는 400대의 비행기가 날아다

의회 의사당과 오페라 하우스에서 팔레 에프루시 쪽으로 향하는 링슈트라세 풍경, 1938년 3월 14일 빈.

닌다. 국민 투표, 이번에는 전과 달리 합법적인 국민 투표를 실시한다는 공식 발표가 나온다. "아돌프 히틀러를 우리 총통으로 인정하고, 1938년 3월 13일에 발효된 오스트리아와 독일 제국의 통일에 찬성합니까?" 연분홍색 투표용지에는 '네'를 표시하는 커다란 동그라미와 '아니오'를 표시하는 아주 작은 동그라미가 있다. 이번 투표의 중요성을 빈 시민들에게 선전하는 의미에서, 전차는 붉은색 깃발로 뒤덮고 성 슈테판 대성당에는 붉은색 천을 드리웠다. 오래된 유대인 구역인 레오폴트슈타트는 나치 깃발로 뒤덮였다. 이 합법적인 국민 투표에서 유대인은 투표권이 없다.

공포가 엄습한다. 사람들이 거리에서 연행돼 트럭에 실려

간다. 수천 명의 활동가, 유대인, 문제아가 다하우 수용소로 이송된다. 처음 며칠 동안, 빈을 떠나는 친구들의 전갈과 체포된 사람들을 찾는 절박한 전화가 쇄도한다. 에미의 사촌인 프랭크와 미치 우스터는 이곳을 떠났다. 가장 가까운 친구인 구트만 가족도 13일에 떠나고 없다. 로스차일드 집안도 떠났다. 빅토어의 사업 동료였고 셀 수 없이 많은 저녁 파티에서 함께 어울리던 친구 베른하르트 알트만은 이미 예전에 떠났다. 문밖으로 걸어 나가 모든 것을 남겨 두고 떠나는 것은 상당한 용기가 필요한 일이다.

때로는 돈을 써서 경찰서에서 사람을 빼내는 일도 가능하다. 빅토어는 체코슬로바키아로 국경을 넘어가는 두어 명의 친척들을 도와준다. 하지만 정작 에미와 그는 좀처럼 결정을 내리지 못한다. 친구들은 떠나라고 말한다. 제자리에 몸이 얼어붙은 사람은 빅토어다. 그는 집을, 자신의 아버지와 할아버지가 살던 이 집을 떠날 수 없다. 은행을 버리고 갈 수 없다. 자신의 서재를 두고 떠날 수 없다.

다른 사람들은 이 집을 떠났다. 유대인과 엮이고 싶은 사람이 누가 있을까? 하인들 셋만 남았다. 요리사, 변함없이 남작 부부에게 커피를 내오는 아나, 그리고 문지기 키르히너 씨다. 대문 옆 좁은 방에서 지내는 키르히너 씨에게는 가족이 없다.

독일군 병력이 점점 늘어나면서 도시 풍경은 시시각각 달라진다. 길모퉁이마다 군복을 입은 남자들이 보인다. 현재 통용되는 화폐 단위는 라이히스마르크Reichsmark다. 유대인이 소유한 상점에는 유대인Jude이라고 페인트가 칠해지고, 그곳을 드나들다 발각되는 고객은 공격의 대상이 된다. 군중이 지켜보는 가운데 나치 돌격대는 유대인 형제 네 명이 소유한 대형 백화점 시프만을 조직적으로 약탈한다.

사람들이 하나둘 사라져 간다. 누가 어디에 있는지 파악하는 게 점점 더 어려워진다. 3월 16일 수요일, 핍스의 오랜 친구이자 작가인 에곤 프리델은 집 앞에 도착한 나치 돌격대 대원들이 수위를 취조하는 장면을 보고 자신의 아파트 창문에서 뛰어내린다. 3월과 4월에 유대인 160명이 자살한다. 유대인들은 극단과 오케스트라에서 해고된다. 모든 국가 공무원과 지자체 공무원이 파면되고, 183명의 유대인 교사가 일자리를 잃는다. 유대인 변호사와 검사도 모두 관직에서 해임된다.

이 무렵에는 거친 행동 표출, 유대인 재산 점유, 노상에서 벌어지는 유대인 무차별 폭행이 더욱 냉혹해진다. 수많은 계획이 수립되고 명령이 하달된 사실이 분명해진다. 3월 18일 금요일, 나치 친위대 소속의 젊은 장교 아돌프 아이히만은 빈에 도착한 지 이틀 만에 자이텐슈테텐가세에 있는 IKG를 급습해 독자적인 방식으로 일을 처리한다. 수색 과정에서 이 유대인 단체가 슈슈니크 국민 투표 운동과 연루된 문서는 모조리 압수한다. 이어서 IKG 도서관과 기록 보관소 자체를 압수 수색한다. 아이히만의 관심은 구상 중이던 유대인 문제 연구소에 필요한 최상급 유대교 문헌과 히브리어 문헌을 확보하는 데 있다.

빈에 사는 유대인을 겨냥한 계획이 있음이 분명해진다. 3월 31일부터 유대인 명의의 법인은 공법상 허용되지 않는다. 작은 잉글랜드 성공회 교회의 사제가 유대인들에게 세례를 준다.

개종하면 탈출을 위한 선택지가 더 많아질 수 있을 것이다. 사제관 앞에 사람들이 줄을 선다. 사제는 절박한 사람들을 돕고자 기독교 교리 시간을 10분으로 줄인다.

4월 9일, 히틀러가 다시 빈을 찾아온다. 그의 차량 행렬이 도시를 관통해 링슈트라세에 도착한다. 정오가 되자, 아돌프 히틀러 광장에 있는 빈 시청사의 발코니에 모습을 드러낸 괴벨스가 국민 투표 결과를 발표한다. "위대한 독일 제국의 날을 선포합니다." 오스트리아 국민의 99.75퍼센트가 안슐루스 Anschluss*의 합헌에 찬성표를 던졌다.

4월 23일, 유대인 상점 불매 운동이 선포된다. 같은 날, 팔레 에프루시에 게슈타포가 도착한다.

---

* 1938년에 이루어진 나치 독일과 오스트리아의 병합.

25

'다시없을 기회'

이 시기를 두고 내가 어떤 글을 쓸 수 있을까? 나는 무질이 일기로 남긴 회고록을 읽고 그날과 그다음 날, 또 그다음 날에 찍은 군중 사진들을 본다. 당시 빈에서 출간된 신문을 읽는다. 화요일, 헤르만스키 빵집에서는 아리안식 빵을 굽는다. 수요일, 유대인 변호사들이 해고된다. 목요일, 축구팀 슈바르츠 로트는 비非아리안 출신 선수들을 퇴출한다. 금요일에는 괴벨스가 라디오를 무료로 나누어 준다. 아리아인의 면도날이 판매된다.

 나는 출입국 도장이 찍힌 빅토어의 여권과 가족들이 주고받은 얇은 편지 묶음을 긴 책상 위에 펼쳐 놓는다. 그 편지들을 읽고 또 읽는다. 당시 상황이 어땠는지, 링슈트라세의 집에 앉아 있을 때 빅토어와 에미는 어떤 심정이었는지 알고 싶어서다. 여러 기록 보관소에서 수집한 메모를 정리해 둔 폴더도 있다. 하지만 런던이나 도서관에서는 이 작업을 할 수 없다는 걸 이내 깨닫는다. 그래서 다시 빈으로, 팔레 에프루시로 돌아간다.

 나는 팔레 에프루시의 3층 발코니에 서 있다. 이번에도 네쓰케 하나를 가져왔다. 연한 갈색 밤 세 톨에 작고 하얀 애벌레가 달린, 상아로 만든 것이다. 네쓰케 걱정을 떨치려 하면서도 나는 주머니에 넣어 둔 네쓰케를 계속 빙글빙글 돌린다. 발코니 난간을 꽉 잡고 대리석 바닥을 내려다보며 에미의 화장대가 떨어지던 장면을 상상한다. 아무도 건드리지 않은 채, 진열장 안에 그대로 있던 네쓰케들을 생각한다.

한 무리의 회사원이 링슈트라세에서 들어와 복도를 따라 걸어간다. 회의를 하러 사무실로 들어가는 그들의 대화와 웃음소리가 들리고, 거리에서 나는 희미한 울림도 그들과 함께 집 안으로 들어온다. 이기를 떠올리게 만든 건 바로 그 목소리들이다. 이기가 말하기를, 팔레 에프루시의 대문을 열고 과장된 몸짓으로 고개 숙여 절하며 아이들을 즐겁게 하던 나이 든 문지기 키르히너 씨는, 나치가 쳐들어온 바로 그날 링슈트라세를 향해 대문을 활짝 열어둔 채 홀연히 사라졌다고 했다.

제복을 완벽하게 차려입은 게슈타포 여섯 명이 집 안으로 곧장 걸어 들어온다.

처음에는 제법 예의를 갖춰 시작한다. 유대인 에프루시가 슈슈니크의 선거 운동을 지원했다고 의심할 정황이 있으니 저택을 수색하라는 명령을 받았다는 것이다.

수색. 수색은 다음과 같은 것을 의미한다. 집 안의 서랍을 샅샅이 열어 보고, 찬장의 내용물을 모조리 꺼내고, 장식품을 하나도 빠짐없이 조사한다. "이 집에 얼마나 많은 물건이 있는지, 방은 몇 개고, 서랍은 몇 개인지 아십니까?" 게슈타포는 체계적이다. 그들은 결코 서두르지 않는다. 야만적이지 않다. 응접실 작은 탁자들에 달린 서랍을 뒤지자 서류들이 여기저기 흩어진다. 공부방은 분해된다. 증거를 찾아내려고 인큐내뷸러 자료들을 휩쓸고 편지들을 검사한다. 이탈리아산 수납장의 서랍도 하나하나 꼼꼼히 들여다본다. 서재의 책들은 책꽂이에서 꺼내 확인한 다음 바닥에 던진다. 이불장은 깊숙한 곳까지 손을 넣어 조사한다. 그림들은 벽에서 떼어 내 캔버스 틀을 점검한다. 아이들이 뒤에 숨어 숨바꼭질 놀이를 하던 식당 태피스트리들은 잡아당겨 벽에서 뜯어낸다.

집에 있는 스물네 개의 방과 부엌, 하인들 숙소까지 모두 수색한 후에 게슈타포는 금고, 은 식기 보관실, 그리고 식기들이 세트별로 차곡차곡 쌓인 도자기 창고의 열쇠를 요구한다. 그들은 구석에 있는 골방 열쇠도 필요하다. 그곳에는 모자 상자, 트렁크, 아이들 장난감 상자, 그림책, 오래된 앤드루 랭의 동화책이 보관돼 있다. 빅토어의 옷방에 있는 수납장 열쇠도 요구한다. 빅토어가 에미, 아버지, 옛 가정 교사 베셀 씨와 주고받은 편지들을 넣어 두는 곳이다. 선한 프로이센 사람인 베셀 씨는 빅토어에게 독일인의 가치관을 가르치고 실러의 책을 읽게 한 사람이었다. 그들은 빅토어의 은행 사무실 열쇠도 가져간다.

이 모든 물건, 사물의 세계가 샅샅이 조사되고 기록된다. 그것은 오데사에서 시작해, 휴가를 보내던 페테르부르크, 스위스, 프랑스 남부, 파리, 쾨베체시, 런던 등 세계 각지로 뻗어 나간 한 가족의 지형도였다. 모든 물건과 모든 사건이 조사와 기록의 대상이 된다. 빈에 사는 유대인 가정이라면 누구나 겪는 철저한 조사다.

장시간에 걸친 긴 조사가 끝나고, 형식에 불과한 짧은 상담이 진행된다. 유대인 빅토어 에프루시는 슈슈니크의 선거 캠페인에 5000실링을 기부한 혐의로 기소되어 국가의 적으로 몰린다. 빅토어와 루돌프는 체포되어 어디론가 끌려간다.

에미에게는 집 뒤편에 있는 두 개의 방만 허용된다. 나는 그곳에 들어가 본다. 작고 천장이 높고 아주 어두운 방들이다. 출입문 위에 달린 불투명한 창으로 안뜰에서 빛이 희미하게 들어온다. 주 계단을 사용하는 것도, 이전에 쓰던 방에 들어가는 것도 금지된다. 이제 하인도 없다. 지금 에미가 가진 것은 자신의 옷가지뿐이다.

빅토어와 루돌프가 어디로 끌려갔는지 나는 알지 못한다. 기록을 찾을 수 없다. 엘리자베트 할머니나 이기에게 물어본 적도 없다.

그들이 끌려간 곳은 당시 게슈타포가 압류해서 본부로 사용하던 메트로폴 호텔이었을 가능성이 있다. 홍수처럼 밀려드는 유대인을 수용하던 감금 장소들은 그 밖에도 많다. 유대인은 폭행당하는 건 물론이고, 더 퇴폐적으로 보이도록 면도나 세수도 금지된다. 유대인처럼 보이지 않는 유대인에게 오래전의 모욕감을 상기시키는 것이 중요한 까닭이다. 존엄성을 박탈하고 시계 줄이나 신발, 허리띠를 벗기고, 그래서 한 손으로 바지를 쥔 채 비틀거리게 만드는 이 과정은 모든 유대인을 과거에 그들이 살던 촌락으로 돌려보내는 방법이다. 발가벗겨서 본래 모습으로 돌아가게 만드는 것이다. 그것은 방랑하고, 면도하지 않고, 물건을 등에 짊어진 채 고개 숙여 절하는 유대인이다. 종국에는 율리우스 슈트라이허가 발행하고 빈의 거리에서 판매되는, 타블로이드 신문 『데어 슈튀르머 Der Stürmer』에 실리는 만화 같은 모습이 되고 말 것이다. 그들은 돋보기안경마저 빼앗아 간다.

아버지와 아들은 사흘 동안 빈의 모처에 수감된다. 게슈타포는 서명을 요구한다. 서명이 필요한 문서를 내밀며, 불응하면 당신과 아들은 다하우로 끌려간다고 협박한다. 빅토어는 자신의 재산을 양도하는 서류에 서명한다. 팔레 에프루시와 그 안에 있는 물건들, 그 외 빈에 있는 전 재산, 그의 가족이 성실하게 쌓아온 모든 것, 100년 동안 소유한 물건들을 빼앗긴다. 그런 후에야 두 사람은 팔레 에프루시로 돌아가라고 허락받는다. 그들은 걸어서 열린 대문을 통과하고 안뜰을 가로 질러, 구석에 있는 하인용 계단을 올라 3층에 도착한다. 그곳에 있는 두 개의 방이 이제 그들의 집이다.

4월 27일, 빈 1구 카를 뤼거 박사 링 14번지 건물, 옛 팔레 에프루시가 완전히 아리안화됐다는 공식 발표가 난다. 이 저택은 그 영광을 누린 최초의 집들 가운데 하나다.

에프루시 가족에게 허용된 방 밖에 서서 보니, 안뜰 건너편에 있는 옷방과 서재가 믿을 수 없을 만큼 가까워 보인다. 내 생각에는 집에 있지만 집에서 멀리, 아주 멀리 떨어진 그 순간이 바로 망명의 시작이다.

그 집은 더 이상 그들의 것이 아니었다. 집은 사람들로 가득 찼다. 어떤 이들은 군복을 입었고, 어떤 이들은 정장 차림이었다. 사람들은 방의 수를 세고, 물건과 그림의 목록을 작성하고, 물건을 가져간다. 거기 어딘가에 안나가 있다. 안나는 물건을 포장해 종이 상자나 나무 상자에 넣는 일을 도우라고 명령받았고, 유대인을 위해 일한 과거를 수치스럽게 여기라는 말을 들었다.

　예술품, 골동품, 탁자나 벽난로 선반에 있던 도금한 물건들만이 아니다. 가족의 옷, 에미의 겨울 코트, 집에서 쓰던 도자기 그릇이 담긴 나무 상자, 램프, 우산과 지팡이까지 가져간다. 수십 년에 걸쳐 이 집으로 들어와 서랍과 장롱, 진열장, 트렁크 안에 자리 잡은 모든 물건과 결혼 선물, 생일 선물, 기념품이 이제 다시 집 밖으로 옮겨진다. 이는 하나의 컬렉션, 한 집과 한 가족의 기이한 파멸이다. 호화롭고 웅장한 물건은 빼앗기고, 가족들이 익히 알며 사용하고 사랑하던 물건은 그저 하찮은 사물로 전락하는 균열의 순간이다.

　자산이전관리국은 유대인이 소유한 예술품의 가치를 평가하는 감정 업무 전담 장교들을 임명한다. 그들은 유대인의 집에서 압수한 그림, 책, 가구, 기타 물건을 체계적으로 처분하는 작업을 진행할 것이다. 미술관에서 파견된 전문가들은 어떤 물건의 가치가 높은지 평가한다. 안슐루스가 시작되고 처음 몇 주 동안, 여러 박물관과 미술관은 분주하게 움직이며 콧노래를 부른다. 수많은 편지를 쓰고 복사하고, 목록을 작성하고, 작품 출처와 원작자 관련 문의를 접수하는 업무에 집중한다. 그리고 모든 그림과 가구, 오브제에 등급이 매겨진다. 물건 하나하나에 경쟁적인 관심이 쏟아진다.

　이 문서들을 읽으면서 나는 파리에 있던 샤를을 떠올린다. 미술 애호가로서 열정적이고 부지런하게 물건을 찾아다니고 목록을 작성하던 모습, 학자의 삶. 그리고 자신이 사랑하는 화가들에 관한 지식을 수집하던 그의 방랑, 그의 칠기 함, 그의 네쓰케 컬렉션.

1938년 봄의 빈만큼 미술사학자들의 지식이 유용하게 쓰이고 그들의 의견이 진지하게 받아들여진 시기는 없다. 안슐루스란 모든 유대인이 공직에서 물러난다는 뜻이며, 반대로 적격 후보자들에게는 절호의 기회다. 안슐루스가 시행된 지 이틀 만에, 메달을 관리하던 프리츠 드보르샤크가 빈의 미술사 박물관 관장으로 임명된다. 그는 압수한 모든 예술 작품의 분배는 "매우 다양한 분야에서 …… 소장품을 확장할 수 있는 다시없을 유일한 기회"가 될 것이라고 발표한다.

그의 말이 맞다. 예술품들은 대부분 제국을 위한 기금 마련을 목적으로 판매하거나 경매에 부칠 예정이다. 일부 품목들은 딜러와 다른 물건으로 맞바꾸고, 일부는 총통 히틀러가 자신의 고향 린츠에 설립할 새 미술관에 기증할 것이다. 다른 작품들은 국립 미술관들이 소장할 예정이다. 베를린은 이 상황을 면밀하게 예의 주시한다. "압수한 재산의 사용처는 총통이 친히 결정할 계획이다. 총통은 오스트리아 소도시들이 예술 작품을 소장할 수 있도록 최우선으로 검토하고 있다." 일부 그림, 책, 가구는 나치 지도부의 컬렉션으로 배정된다.

지금 팔레 에프루시에서는 이러한 가치 평가 작업이 진행 중이다. 거대한 보물 창고 같은 이 집의 모든 물건을 샅샅이 끄집어내 조사한다. 수집가들이 하는 일이다. 안뜰의 유리 천장으로 들어오는 흐릿한 빛 아래서, 이 유대인 가족이 소유한 모든 물건을 책임지고 점검한다.

게슈타포는 컬렉션들 이면에 드러나는 취향을 다소 비판

적으로 기록했지만, 에프루시가 소장한 그림 서른 점은 "박물관급" 수준이라고 평가한다. 거장들의 작품 세 점은 곧바로 미술사 박물관의 "회화 전시실"로 이송되고, 여섯 점은 벨베데레 국립 미술관으로 향한다. 거장의 작품 한 점은 딜러에게, 테라코타 두 점과 회화 세 점은 다른 수집가에게, 열 점은 미카엘 광장의 다른 딜러에게 1만 실링에 팔렸다. 이런 일들이 계속 이어진다.

"사무실용으로 적합하지 않은, 예술적이고 수준 높은 작품들"은 미술사 박물관과 자연사 박물관으로 이송한다. "적합하지 않은" 나머지 작품들은 모두 "동산 창고Depot of Moveables"라는 이름의 거대한 보관소로 옮겨지고, 다른 기관들은 이곳에서 원하는 걸 골라갈 수 있다.

빈에서 최상급으로 분류된 회화 작품들은 사진을 찍어서 가죽으로 장정한 열 권의 사진첩에 붙인 다음, 히틀러가 직접 검토할 수 있도록 베를린으로 보낸다.

참조 문서에서 발견한 편지 한 통에는 다음과 같이 쓰여 있다(머리글자는 알아볼 수 없다). "RK 19694 B, 1938년 10월 13일, 베를린에서 작성. 제국 총통 친위대 지휘관이 1938년 8월 10일에 서신과 함께 제출한 문서를 1938년 9월 6일 이곳에서 접수하다. 오스트리아에서 각각 압수 및 격리한 부동산과 예술품 목록 일곱 개, 사진첩 열 권과 카탈로그는 사무실에 보관 중이며 작품 목록과 증명서가 첨부되어 있다." 여기에는 "유대인 루돌프 구트만의 성(그 부지와 숲 포함)", "합스부르크-로트링겐 왕가 소유의 사유지 일곱 곳, 오토 폰 합스부르크 개인 소유의 빌라 네 채와 성 한 곳" 외에도 빈에서 격리한 미술품 목록이 기재돼 있다. 그중에는 "빅토어 V. 에프루시 소유의 57번, 71번, 81-87번, 116-118번, 120-122번"도 포함됐다. "압류 작업은 오스트리아, 나치 친위대, 독일 노동당, 군대, 레벤스보른 Lebensborn* 외 여러 기관의 협조로 진행되었다."

히틀러가 사진첩을 보며 원하는 그림을 고르는 동안, 또 이러한 사안들이 논의되고 압수와 격리의 차이를 고심하는 동안, 빅토어의 서재가 몰수된다. 역사책, 그리스와 라틴어 시집, 오비디우스와 베르길리우스, 타키투스, 영국·독일·프랑스 소설, 아이들이 무서워하는 도레의 삽화가 실린 모로코가죽 장정의 커다란 단테 책, 사전, 지도책, 파리에서 샤를이 보내준 책과 인큐내뷸러. 오데사와 빈에서 구입한 책, 런던과 취리히의 서적상들이 보낸 책, 빅토어가 평생에 걸쳐 읽던 책들은 서가에서 꺼내 분류되고 나무 상자에 담긴다. 못을 박아 닫은 나무 상자들은 안뜰로 이어지는 계단을 따라 운반된 다음 화물 트럭 뒤에 실린다. 누군가가 서류에 알아볼 수 없는 서명을 휘갈겨 쓰고, 트럭은 털털 소리를 내며 시동을 걸고 참나무 대문을 통과해 링슈트라세로 나간 뒤 이내 사라진다.

유대인이 소유하던 서재만 특별 관리하는 특수 기관이 있다. 나는 빅토어 V. 에프루시가 회장으로 있던 1935년도 비너 클럽의 회원 명부를 살펴보다가, 그의 친구 가운데 11명이 개인 서재를 몰수당한 것을 알게 된다.

* 순수 아리아인 혈통 보존을 목적으로 나치가 설립한 기구.

나무 상자들은 국립 도서관으로 옮겨진다. 그곳에서 책들은 여러 사서와 학자에게 맡겨져 선별되고 또 흩어진다. 미술사학자와 마찬가지로, 사서와 학자에게도 바쁜 나날들이다. 어떤 책은 빈에 그대로 남고 어떤 책은 베를린으로 보낼 예정이다. 나머지는 린츠에 건립 예정인 '총통 도서관'에, 그리고 남은 책들은 히틀러의 개인 서재에 소장될 계획이다. 알프레트 로젠베르크 센터에 배정된 책들도 있다. 나치즘의 초기 이론가 로젠베르크는 제국의 실세다. "우리 시대 혁명의 본질은 인종 유형을 자각하는 데 있다." 그는 자신의 책에 웅변조로 적었다. "독일에서 유대인 문제는 마지막 남은 한 명의 유대인까지 위대한 독일 영토를 떠나야만 해소된다." 화려한 수사가 질리도록 넘치는 그의 책들은 수십만 권이 팔렸고, 히틀러의 『나의 투쟁』에 버금가는 인기를 누렸다. 로젠베르크의 주요 임무 가운데 하나는 프랑스, 벨기에, 네덜란드의 "주인 없는 유대인 재산"에서 연구 자료들을 압수하는 일이었다.

이런 일이 빈 전역에서 벌어진다. 유대인들은 출국 허가를 받기 위한 제국 비행세Reichsflucht를 마련하려고 헐값에 물건을 팔아넘기는 처지에 놓이기도 한다. 물건을 그냥 강탈당하기도 한다. 강탈에는 때로 폭력이 동반되고 때로는 아니지만, 공식 언어라는 어두운 그림자가 항상 수반된다. 그것은 서명해야 할 서류, 즉 제국의 합법성에 반하는 활동에 관여했다고 유죄를 인정하는 서류다. 많은 문서 기록물이 있는데, 구트만 부부의 소장품 목록은 여러 장에 걸쳐 이어진다. 게슈타포는 마리안느가 소장한 네쓰케 열한 점을 가져간다. 소년, 강아지, 원숭이,

거북이 등 예전에 마리안느가 에미에게 보여 주던 것들이다.

이런 식으로 사람들을 그들이 지금껏 살아온 곳에서 분리하는 데 얼마나 오랜 시간이 걸릴까? 빈의 경매장 도로테움에서는 경매가 연달아 열린다. 격리된 재산이 날마다 경매된다. 매일 이 물건들은 그것을 싼값에 구매하려는 사람과 자신의 소장품에 추가하려는 수집가의 수중에 들어간다. 알트만 컬렉션 경매는 닷새에 걸쳐 진행된다. 1938년 6월 17일 오후 3시에 시작한 이 경매는 웨스트민스터 종소리가 울리는 영국제 대형 괘종시계로 시작한다. 이 시계는 단돈 30라이히스마르크에 낙찰된다. 경매에 출품되는 물건 수가 하루에 무려 250개에 달한다.

물건들은 이런 식으로 처분된다. 나치 제국의 동쪽 변방인 오스트마르크, 즉 옛 오스트리아에서는 이제 물건을 조심스럽게 다뤄야 한다. 은 촛대는 하나하나 무게를 달고, 포크와 숟가락은 일일이 개수를 센다. 모든 진열장의 문이 열린다. 도자기 인형 바닥에 있는 표시를 모조리 기록한다. 옛 대가의 드로잉 작품 설명에는 학자의 물음표가 달린다. 그림의 치수를 정확하게 측정한다. 이런 작업이 진행되는 동안, 그 물건의 주인들은 갈비뼈가 부러지고 이가 빠진다.

유대인들은 한때 그들이 소유하던 물건보다도 중요하지 않다. 그것은 물건을 잘 돌보고, 아끼고, 선량한 독일인 주인의 품으로 보낼 방법을 찾는 시험이다. 유대인 없이 사회를 운영하는 방법을 고민하는 시험이다. 빈은 다시 한번 "세계 종말의 실험장"이 된다.

빅토어와 루돌프가 감옥에서 풀려난 지 사흘 만에 게슈

타포는 가족의 집을 홍수 및 눈사태 관리국 Amt für Wildbach und Lawinenverbauung 건물로 배정한다. 침실은 사무실이 된다. 저택의 대연회장, 즉 황금과 대리석으로 장식하고 천장화가 그려진 이그나체의 방은 알프레트 로젠베르크 사무실에 이양된다. 히틀러는 로젠베르크를 국가사회당의 모든 지식·사상 교육과 교화를 전담하는 전권 대사로 임명한다.

나는 로젠베르크를 머릿속에 그려 본다. 호리호리하고 말끔한 옷차림의 이 남자는 링슈트라세가 내다보이는 이그나체의 응접실에서 불이 제작한 커다란 책상에 서류를 펼치고 기대어 앉아 있다. 로젠베르크 사무실은 제국의 지식인 동향을 총괄하고 있기에 처리할 업무가 매우 많다. 고고학자, 문인, 학자 모두 그의 공식적인 승인을 받아야 한다. 때는 4월이고 보리수나무에 새싹이 돋아난다. 그의 앞으로 난 세 개의 창문과 선명한 초록색 캐노피 너머로 보이는 것은 빈 대학교에서, 그리고 포티프 성당 앞에 새로 세워진 국기 게양대에서 나부끼는 나치 깃발이다.

로젠베르크는 빈에 새로 마련한 사무실의 자기 자리 위에 이그나체가 소장하던 그림을 설치한다. 페르시아 여왕으로 즉위한 에스테르를 황금색으로 웅장하게 그린 이 작품은 시온을 향한 유대인의 자긍심을 찬양한다. 그리고 그 안에는 빈에 동화하기 위해 바친 이그나체의 일생이 담겨 있다. 로젠베르크의 왼편 위에는 시온의 적들이 멸망하는 그림이 걸린다. 그러나 이제 유대인 거리에 유대인은 단 한 명도 없어야 한다.

4월 25일, 빈 대학교가 다시 문을 열고 기념식을 한다. 무릎까지 오는 가죽바지 차림의 학생들이 정문 계단 양옆으로 도열한 가운데, 지방 장관 요제프 뷔르켈이 도착한다. 대학에 인종 할당제가 도입된다. 유대인은 학생과 교직원의 정원 2퍼센트를 초과할 수 없다. 이제부터 유대인 학생은 허가증이 있어야만 입학할 수 있다. 의과 대학 교수진 197명 가운데 153명이 해임됐다.

4월 26일, 헤르만 괴링이 "부의 이동" 캠페인을 시작한다. 5000라이히스마르크 이상의 자산을 보유한 유대인은 모두 당국에 신고할 의무가 있으며, 신고하지 않을 시 체포된다.

다음 날 아침, 게슈타포가 에프루시 은행에 도착한다. 은행 기록을 조사하는 데 사흘이 걸린다. 36시간 전에 발효된 새로운 법규에 따라, 유대인 소유 기업을 매각할 때는 아리아인 주주에게 우선권이 있으며 할인된 가격으로 양도해야 한다. 그 말인즉, 28년간 빅토어의 동료이던 슈타인하우저 씨에게 유대인 동료의 지분을 인수할 의향이 있는지 묻는다는 뜻이다.

국민 투표가 예정됐던 날에서 불과 6주밖에 지나지 않았다.

제2차 세계 대전 후 어느 인터뷰에서 슈타인하우저는 에프루시 은행에서 자신이 맡은 역할을 말했다. 당연히 그는 은행을 인수했다. "'제국 비행세'를 내려면 그들에게 현금이 필요했습니다. …… 긴급하게 자신들의 지분을 내게 제안했습니다. 현금을 확보할 수 있는 가장 빠른 방법이었으니까요. 에프루시와 빈 시민들이 출국하는 데 필요한 비용은 '완전히 적절'했습니다. …… 50만 8000라이히스마르크였고 …… 물론 여기에 아리안화 세금 4만 라이히스마르크가 추가됐습니다."

그렇게 1938년 8월 12일에 에프루시 주식회사의 사업자 등록이 말소된다. 문서에는 특이하게도 말소됨으로 기록돼 있다. 그로부터 3개월 후 은행 이름이 CA 슈타인하우저 은행으로 바뀐다. 새 이름을 달고 소유주가 비유대인으로 변경된 이 은행의 가치는 유대인이 소유하던 시절보다 여섯 배나 상승한다.

이제 빈에는 팔레 에프루시도, 에프루시 은행도 존재하지 않는다. 에프루시 가문은 이 도시에서 깨끗이 제거됐다.

이번 방문에서 나는 결혼과 관련된 세부 사항을 확인하려고 빈에 있는 유대인 기록 보관소를 찾아간다. 한때 아이히만이 압류했던 곳이다. 혼인 대장을 넘기며 빅토어의 이름을 찾던 중, 그의 이름 위에 찍힌 붉은색 공식 도장을 발견한다. '이스라엘'이라고 찍혀 있다. 모든 유대인은 개명해야 한다는 칙령이 발표됐기 때문이다. 누군가가 빈에 사는 유대인 명부를 샅샅이 뒤져 이름마다 일일이 도장을 찍었다. 남자는 '이스라엘', 여자는 '사라'였다.

내 생각이 틀렸다. 에프루시 일가는 지워진 것이 아니라, 덧씌워진 것이다. 그리고 그 사실 앞에서 나는 결국 울고 만다.

26

'일회용 단수 여권'

빅토어와 에미, 루돌프가 독일 제국의 오스트마르크를 떠나려면 어떻게 해야 할까? 원하면 수많은 대사관이나 영사관 앞에 줄을 서 볼 수 있지만, 대답은 늘 같다. 정해진 인원이 다 찼다는 것이다. 영국에는 난민, 이민자, 가난한 유대인이 넘쳐나서 향후 몇 년은 유대인을 더 받을 수 없다. 줄을 서는 것도 위험한 일이다. 나치 친위대와 지역 경찰, 유대인에게 원한을 품은 사람들이 거리를 돌아다니기 때문이다. 언제든지 경찰 트럭에 실려 다하우로 끌려 갈 수 있다는 두려움에 가슴이 조마조마하다.

각종 기발한 세금과 이민 허가에 필요한 징벌금을 내려면 돈이 충분해야 한다. 1938년 4월 27일에 빅토어 가족은 유대인 재산 신고국Jewish Property Declaration Office에 자신들이 소유한 전 재산을 신고한다. 모든 국내외 자산과 부동산, 사업 자산, 예금, 소득, 연금, 귀중품, 예술품을 신고해야 한다. 그런 다음엔 재무부에 가서 미납된 상속세나 건물세가 없음을 증명하고, 소득과 사업 매출, 연금 관련 증빙 자료를 제출해야 한다.

그리하여 일흔여덟 살의 빅토어는 여러 관공소를 차례대로 방문하며 빈 시내 관광을 시작한다. 한 곳에서는 퇴짜를 맞고, 다른 곳에는 들어가 보지도 못하고, 줄 서서 기다리다 사무실로 들어가면 그 안에서 또 줄을 선다. 책상 앞에 서면 질문이

고함처럼 쏟아진다. 붉은색 인주 위에는 그의 출국 여부를 결정지을 도장이 있다. 빅토어는 세금, 칙령, 규정을 숙지해야 한다. 안슐루스 이후 6주밖에 지나지 않았는데, 책상 너머의 새로운 법령과 새로운 사람들은 다들 주목받고 싶어서 안달이고, 오스트마르크에서 자신의 능력을 증명하려고 혈안이다. 한마디로 아수라장이다.

아이히만은 유대인들을 더 신속하게 처리하고자 프린츠-오이겐-슈트라세에 있는 옛 로스차일드 대저택에 유대인 이민국을 설치한다. 효율적인 조직 운영 방법을 연구한 그에게 상관들은 크게 감탄했다. 이 새로운 관공서는 재산과 시민권을 지참하고 들어간 사람이 몇 시간 후에 달랑 출국 허가서 한 장만 들고 나오는 게 가능한 곳이다.

사람들은 문서의 그림자가 되어 간다. 그들은 서류가 발급되길 기다리고, 해외에서 추천서가 도착하기를 기다리고, 직장에서 발급하는 신원 보증서를 기다린다. 이미 외국으로 나간 사람들에게 간곡히 도움을 요청한다. 돈이나 친족 관계 증명서, 유령 회사 혹은 기관명이 인쇄된 종이에 아무 내용이라도 적은 문서를 보내 달라고 부탁한다.

5월 1일, 열아홉 살의 루돌프는 미국 이민 허가증을 받는다. 친구가 아칸소주 패러굴드에 있는 버티그 면직물 회사에 일자리를 마련해 준 것이다. 옛날 집에는 빅토어와 에미 단 둘이 남았다. 이제 하인들도 아나를 제외하고는 모두 떠났다. 세 사람은 완전히 정체된 상태로 향하던 게 아니라, 이미 그곳에 얼어붙었다. 빅토어는 익숙하지 않은 계단을 따라 안뜰로 내려와 아폴로 상을 지나고, 새로 부임한 공무원과 오래된 세입자의 시선을 피해 대문을 나서고, 근무 중인 나치 돌격대 감시 요원을 지나 링슈트라세에 접어든다. 어디로 가야 할까?

단골 카페, 사무실, 클럽, 친척들 집에는 갈 수 없다. 카페도 사무실도 클럽도 친척도 없다. 야외 벤치에 앉을 수도 없다. 포티프 성당 앞 공원 벤치에는 '유대인 금지'라는 글자가 찍혔다. 자허 호텔에 들어갈 수 없고, 그리엔슈타이들 카페에 갈 수 없고, 첸트랄 카페에 갈 수 없고, 프라터 유원지나 단골 서점, 이발소에 갈 수 없고, 공원을 산책할 수도 없다. 전차도 탈 수 없다. 유대인과 유대인처럼 보이는 사람은 전차에서 쫓겨났다. 영화를 보러 극장에 갈 수 없다. 오페라 극장에도 갈 수 없다. 행여 입장한다 해도, 유대인이 작곡하거나 연주하거나 부르는 음악을 들을 수 없다. 말러와 멘델스존의 음악은 금지된다. 오페라 역시 아리안화됐다. 노이발데그에 있는 전차 종점에는 나치 돌격대 요원들이 상주하면서 유대인이 빈의 숲을 산책하지 못하게 막는다.

빅토어는 어디로 가야 할까? 어떻게 해야 이곳을 빠져나갈 수 있을까?

모두가 떠나려고 안간힘을 쓸 때, 엘리자베트는 빈으로 돌아온다. 네덜란드 여권을 지니고 있기에 유대인 지식인 혹은 반동분자로 체포되는 일은 없을 테지만, 그렇다 해도 대단히 위험한 행동이다. 그리고 엘리자베트는 결코 포기하지 않는다. 부모님의 출국 허가를 처리하고, 게슈타포의 일원인 척하며 특정 공무원과 면담을 하고, 제국 비행세를 납부할 방도를 찾고 관련 부처와 협상한다. 그녀는 새로운 입법자들의 언어에 겁먹지 않는다. 변호사로서 이 문제를 똑바로 해결할 것이다. 상대가 공식적으로 나오면 나 역시 공식적으로 대응하면 된다.

빅토어의 여권에는 출국을 앞둔 그의 사진이 붙어 있다. 5월 13일 자로 "본 여권의 소지자는 이민자입니다."라는 도장과 함께 라페게르스트 박사의 서명이 적혀 있다. 닷새 후인 5월 18일, "일회용 단수 여권Einmalige Ausreise nach CSR" 도장을 받는다. 그날 밤 국경 지역에서 독일군이 이동하고 체코슬로바키아 군대 일부가 동원됐다는 보도가 나온다. 5월 20일, 오스트리아에서 뉘른베르크 법이 발효된다. 독일에서 이미 3년 전부터 시행된 이 법은 유대인을 등급별로 분류한다. 예를 들어 조부모 가운데 세 명이 유대인이면 그 사람은 유대인이다. 유대인은 비유대인과 결혼하거나 성관계를 가질 수 없고, 독일 제국 국기를 게양할 수 없다. 유대인은 45세 미만의 비유대인을 하인으로 고용할 수도 없다.

중년의 비유대인인 아나는 열네 살 때부터 평생 유대인 집안에서 하인으로 일하며 에미와 빅토어, 그들의 네 자녀를 돌봤다. 아나는 빈에 남아야 한다. 새로운 주인을 찾아야 한다.

5월 20일, 빈의 국경 경찰대는 빅토어와 에미에게 최종 출국 허가증을 발급한다.

21일 아침에 엘리자베트는 부모님과 함께 참나무 대문 밖으로 나와 링슈트라세를 향해 왼쪽으로 돌아선다. 역까지는 걸어가야 한다. 각자 짐 가방을 하나씩 들었다. 『노이에 프라이에 프레세』는 그날이 섭씨 14도의 포근한 날씨라고 전한다. 역까지 가는 길은 링슈트라세를 따라 수천 번도 넘게 걷던 길이다. 엘리자베트는 기차역에서 두 사람과 헤어진다. 스위스에 있는 그녀의 아이들 곁으로 돌아가야 한다.

빅토어와 에미는 국경 지대에 도착하지만, 독일의 침공이 임박했다는 공포 분위기 속에서 체코슬로바키아로 가는 일은 거의 불가능하다. 두 사람은 억류된다. '억류'라 함은 다음을 의미한다. 기차에서 내려 대합실에서 몇 시간을 서 있는 동안 수차례 전화가 오가고 서류들이 검토된다. 그다음에 현금 150 스위스프랑과 짐 가방 하나를 빼앗긴다. 그제야 국경 통과 승인이 떨어진다. 그날 밤 늦게 에미와 빅토어는 쾨베체시에 도착한다.

쾨베체시는 여러 나라의 국경과 인접해 있다. 그 점이 쾨베체시의 매력 가운데 하나였다. 이곳은 유럽 전역에서 친구와 가족이 모이기 좋은 만남의 장소이자, 사냥터의 오두막집, 작가와 음악가를 위한 자유의 전당이었다.

1938년 여름의 쾨베체시는 예나 지금이나 변함없이 웅장하면서도 소탈하다. 평원을 가로질러 다가오는 여름 폭풍우와 강변에서 바람에 흔들리는 버드나무를 볼 수 있다. 그 달에 찍은 사진을 보면, 장미꽃은 흐드러지게 피었고 에미는 빅토어에게 몸을 살짝 기댔다. 두 사람이 서로 몸을 맞댄 유일한 사진이다.

이 집은 훨씬 더 허전하다. 네 명의 아이들은 뿔뿔이 흩어졌다. 엘리자베트는 스위스에, 기젤라는 멕시코에, 이기와 루돌프는 미국에 있다. 그들은 매일 우편물을 기다리고, 신문을

빅토어와 에미, 1938년 8월 18일 쾨베체시.

기다리고, 또 기다린다.

국경은 계속 조정되고 체코슬로바키아는 분열 중이며, 쾨베체시는 위험에 너무 가까이 있다. 그해 여름, 체코슬로바키아의 서쪽 국경 지대인 주데텐란트에 위기가 닥친다. 히틀러는 독일인 거주지인 이곳을 독일 제국에 할양하라고 요구한다. 혼란이 가중되고 전쟁 위협은 고조된다. 런던에서는 체임벌린 수상이 유화 전략을 취하며 히틀러의 야망을 채워 주는 척 그를 설득하려 한다.

7월 에비앙에서는 미국을 포함한 32개국이 모여 유대인 난민 문제를 논의하는 국제회의가 9일간 열린다. 하지만 독일을 비난하는 결의안을 가결하지 못했다. 스위스 경찰은 오스트리아 난민 유입을 저지하고자, 국경 검문소에서 유대인을 쉽게 식별할 수 있는 일종의 표식을 도입해 달라고 독일 정부에 요청했다. 독일은 이를 수락했다. 유대인들은 이제 효력이 정지된 여권을 경찰서에 반납해야 하며, 로마자 J가 찍힌 여권을 돌려받는다.

9월 30일 이른 아침에 체임벌린, 무솔리니, 프랑스 수상 에두아르 달라디에는 히틀러와 뮌헨 협정에 서명한다. 전쟁은 피했다. 체코슬로바키아 지도에서 밝게 표시된 지역은 1938년 10월 1일까지 독일에 양도되고, 어둡게 표시된 지역은 국민 투표에 부쳐질 예정이다. 국가가 해체됨에 따라 프라하에 체코슬로바키아 정부는 존재하지 않는다. 이날 체코 국경 수비대가 철수하고 오스트리아와 독일에서 온 난민들에게 추방 명령이 내려진다. 최초의 유대인 박해가 일어난다. 혼란이 발생한다. 이틀 후, 열렬한 환호와 박수 속에 히틀러가 주데텐란트에 입성한다. 6일에는 친 히틀러 성향의 슬로바키아 정부가 수립된다. 새로운 국경은 집에서 불과 22마일 거리에 있다. 10일, 독일은 체코슬로바키아 합병을 완료한다.

빅토어와 에미가 빈을 탈출하려고 링슈트라세를 걸어 기차역으로 향하던 게 불과 넉 달 전의 일이다. 이제 모든 국경에 독일군이 주둔한다.

10월 12일, 에미가 사망한다.

엘리자베트도 이기도 '자살'이라는 단어를 입 밖에 꺼내지 않았다. 두 사람은 모두 이렇게 말했다. 에미는 더 버틸 수 없었다고, 더 먼 곳으로 가고 싶지 않았다고. 에미는 밤에 자다가 세상을 떠났다. 울새 알처럼 파란 도자기 알약 상자에 든 심장약을 과다 복용했다.

문서 파일 안에는 두 번 접힌 에미의 사망 진단서가 있다. 진단서 발급일 당시 체코슬로바키아는 존재하지 않았지만 서류에는 뒷다리로 선 사자가 그려진 5크로네짜리 고동색 체코슬로바키아 공화국 우표가 붙었다. 1938년 10월 12일에 빅토어 에프루시의 아내이자 파울 셰이와 이블리나 란다우어의 딸인 에미 에프루시 폰 셰이가 59세로 사망했다고 쓰여 있다. 사인은 심장 이상이었다. "호적 담당 공무원, 프레데리크 스킵사"라는 서명이 있다. 왼쪽 하단에 손으로 쓴 메모가 보인다. "고인은 독일 제국의 시민이었고, 본 증명서는 제국의 법률을 따른다."

나는 에미의 자살을 생각한다. 독일 제국의 시민이 되고 싶지도, 독일 제국에서 살고 싶지도 않았을 거란 생각이 든다. 일생 동안 완벽한 자유를 누리며 지내던 곳이 또 다른 덫이 되고 말았다는 사실은, 아름답고 유쾌하고 성격이 불같은 에미가 감당하기에 너무 힘겨운 일이 아니었을까.

엘리자베트는 이 소식을 이틀 후에 전보로 들었다. 미국에 사는 이기와 루돌프는 그로부터 사흘 후에 소식을 들었다. 에미는 쾨베체시 인근 작은 마을의 교회에 묻혔다. 빅토어는 혼자가 되었다.

나는 작업실의 긴 탁자 위에 1938년에 쓴 파란색 편지들을 펼쳐 놓는다. 그해 겨울까지 열여덟 통 내외의 편지가 드문드문 오갔다. 대부분은 엘리자베트가 파리에 사는 핍스 외삼촌, 사촌들과 주고받은 것들이다. 다들 어디서 지내는지 묻고, 출국 허가를 받을 방법과 보증금을 마련할 방법을 상의하는 내용이다. 어떻게 하면 빅토어를 슬로바키아에서 탈출시킬 수 있을까? 전 재산이 압류되고 그는 시골 한가운데에 발이 묶였다. 오스트리아 여권의 유효 기간은 1940년까지였지만, 오스트리아는 이제 독립국이 아니므로 여권은 아무 효력이 없었다. 빅토어는 추방당한 신분이었기에 독일 영사관에 독일 여권을 신청할 수 없었다. 체코 시민권 신청 절차를 밟고 있었지만, 그 나라도 사라져 버렸다. 가진 건 그가 빈 시민임을 증명하는 문서와 1914년에 러시아 시민권을 포기하고 오스트리아 시민권을 취득한 내용의 문서가 전부다. 그러나 그건 합스부르크 제국 시대의 일이다.

11월 7일, 한 유대인 청년이 파리 주재 독일 대사관에 들어가 독일 외교관 에른스트 폰 라트를 저격했다. 8일에 유대인 집단 처벌 조치가 발표됐다. 유대인 아이들은 아리안 학교에서 퇴학당하고, 유대인 신문은 폐간됐다. 9일 저녁에 폰 라트가 파리에서 사망했다. 개인의 자발적인 시위를 통제하지 말고 경찰은 철수하라는 히틀러의 결정이 났다.

수정의 밤Kristallnacht은 공포의 밤이다. 빈에서 680명의 유대인이 자살하고 27명이 살해된다. 오스트리아와 독일 전역에서 유대인 회당이 불타고, 상점이 약탈당하고, 유대인은 구타당하고 감옥과 수용소로 끌려간다.

편지들, 얇은 항공 우편 편지들은 갈수록 절박해진다. 스위스에서 보낸 편지에서 핍스는 이렇게 쓴다. "내 서신은 서로 안부를 물을 수 없는 친구와 친척에게 일종의 정보 교환소가 되었다. …… 조만간 유대인 남성은 전부 폴란드에 있는 소위 '보호 시설'로 이송될 거라는 이야기를 믿을 만한 소식통에게 들었고, 그들이 몹시 걱정된다." 핍스는 빅토어가 영국에 입국할 수 있게 해 달라고 친구들에게 선처를 호소한다. 엘리자베트는 영국 정부 당국에 편지를 쓴다.

체코슬로바키아의 급격한 정치 변화에 따라, 특히 현재 거주하는 슬로바키아 상황 탓에 이제 그의 안전을 보장할 수 없습니다. 유대인 주민과 이민자를 겨냥한 불리한 조치들이 이미 독단적으로 시행되었고, 체코슬로바키아 전체가 독일에 종속된 것은 유대인을 향한 '합법적' 조치를 조기 단행하기에 충분한 정당한 구실이 될 것으로 보입니다.

1939년 3월 1일, 빅토어는 프라하에 있는 영국 출입국 관리소에서 '일회용 단수 여권' 비자를 받는다. 같은 날 엘리자베트도 아들들과 함께 스위스를 떠난다. 기차를 타고 칼레에 가서 거기부터 도버까지는 페리를 탄다. 3월 4일, 빅토어가 런던 남부 크로이던 공항에 도착한다. 마중 나온 엘리자베트는 그를 턴브리지 웰스의 마데이라 공원에 있는 세인트 어민스 호텔로 데려간다. 헹크는 모두가 묵을 수 있도록 방을 예약해 두었다.

빅토어는 짐 가방 하나만 들었다. 옷차림은 엘리자베트와 빈의 기차역에서 헤어질 때 입은 그대로다. 엘리자베트는 옛 저택 서재의 책장, 빅토어가 수집한 초기 인쇄 역사서가 보관된 그 책장의 열쇠가 여전히 빅토어의 시곗줄에 달린 걸 알아챈다.

이제 그는 망명자다. 시인과 사상가의 나라였던 그의 고국은 판사와 사형 집행인의 나라가 되어 버렸다.

27

사물의 눈물

빅토어는 턴브리지 웰스에서 내 할머니와 할아버지, 아버지, 삼촌들과 함께 세인트 데이비드라는 이름의 교외 임대 주택에서 살았다. 헤링본 무늬의 벽돌 길은 두 개의 쥐똥나무 울타리 사이에 있는 나무 대문부터 현관 앞까지 이어졌다. 박공지붕이 있는 튼튼한 집이었다. 장미 화단과 채소밭도 있었다. 런던에서 남쪽으로 50킬로미터쯤 떨어진 켄트주의 평범한 마을에 있는 평범한 집이었다. 안전한 곳이었고 약간 따분하기도 했다.

매주 일요일 아침이면 가족들은 찰스 1세 교회에서 예배를 드렸다. 각각 여덟 살, 열 살, 열네 살의 소년들은 학교에서 외국인 억양으로 놀림을 받지 않았다. 그곳 교장 선생님의 엄격한 훈육 덕분이었다. 아이들은 유산탄榴霰彈과 군복 단추를 수집하고, 골판지로 성이나 배를 정교하게 만들며 놀았다. 주말에는 너도밤나무 숲을 산책했다.

평생 요리라고는 해 본 적 없던 엘리자베트는 식사 준비하는 법을 배웠다. 마침 영국에 살던 그녀의 예전 요리사가 잘츠부르크 노케를과 슈니첼의 조리법을 여러 장에 걸쳐 꼼꼼하게 적은 편지를 보내 줬다. "아가씨, 프라이팬을 천천히 기울이세요."

엘리자베트는 생활비를 벌기 위해 이웃집 아이들에게 라틴어를 가르치고, 번역을 해서 마련한 돈으로 8파운드짜리 자전거를 세 아들에게 한 대씩 사줬다. 다시 시를 써보려 해봤지만 여의치 않다는 걸 깨달았다. 1940년에는 소크라테스와 나치즘에 대한 분노를 담은 세 장의 에세이를 미국에 사는 철학자 친구 에릭 푀겔린에게 보냈다. 흩어진 가족들과는 계속 편지를 주고받았다. 기젤라는 알프레도와 아들들과 함께 멕시코에 있었다. 루돌프는 여전히 아칸소의 작은 마을에 살았다. 그는 지역 신문 『패러굴드 솔리폰 Paragould Soliphone』에 실린 자신의 기사를 잘라서 보내 주기도 했다. "루돌프 에프루시는 그의 고국에서는 에프루시 남작으로 불렸다. 키가 크고 잘생긴 이 청년은 색소폰으로 최신 곡들을 자유자재로 연주한다." 핍스 외삼촌과 올가는 스위스에 있었다. 체코슬로바키아를 탈출한 게르티 이모는 런던에 살았지만, 에바 이모와 예뇌 이모부 소식은 여전히 들리지 않았다. 쾨베체시에서 본 게 마지막이었다.

내 할아버지 헹크는 런던으로 통근하며 네덜란드 상선의 현재 위치와 목적지를 확인하는 일을 했다.

빅토어는 집 안에서 유일하게 따뜻한 곳인 부엌 화덕 옆에 의자를 두고 앉아서 시간을 보냈다. 그는 매일 『더 타임스』에서 전쟁 뉴스를 확인하고, 매주 목요일에는 『켄티시 가제트 Kentish Gazette』를 받아 보았다. 그리고 오비디우스의 작품, 특히 유배 시절에 쓴 시집 『비가 Tristia』를 자주 읽었다. 이 시집을 읽을 때는 복받치는 감정을 아이들에게 들키지 않으려고 손으로 얼굴을 가렸다. 그는 블래칭던 로드에 잠깐 산책을 다녀와서 낮잠을 자는 것 말고는 온종일 책을 읽었다. 가끔 시내까지 걸어가서 홀의 헌책방에 들렀다. 존 골즈워디, 싱클레어 루이스, H. G. 웰스의 책이 진열된 서가를 손으로 훑어보면, 서점 주인 프래틀리 씨는 빅토어에게 유독 친절하게 굴었다.

때로는 학교에서 돌아온 아이들에게 아이네이스와 그의 카르타고 귀향 이야기를 들려줬다. 카르타고의 벽에는 트로이 풍경이 그려져 있다. 잃어버린 트로이의 이미지를 마주한 아이네이스는 마침내 눈물을 흘리며 탄식한다. "순트 라크리마에 레룸Sunt lacrimae rerum." 사물의 눈물이 있다. 빅토어가 책을 읽는 동안 아이들은 주방 식탁에 앉아 대수학 문제를 풀고, '연필의 하루'를 주제로 작문을 하고, '수도원의 해산, 승리인가 비극인가?' 같은 글을 노트에 정리한다.

빅토어는 빈에서 팔던, 양복 조끼 주머니에 쏙 들어가는 납작한 성냥을 그리워했다. 예전에 피우던 작은 시가를 그리워했다. 러시아식으로 홍차를 유리잔에 따라 마셨다. 그리고 홍차에 설탕을 듬뿍 넣었다. 한번은 온 가족의 1주일 치 설탕 배급량을 전부 쏟아붓고 휘젓는 바람에 다들 놀라서 입이 떡 벌어졌다.

1944년 2월, 제7군단 사령부 소속 정보 장교인 이기가 미군 군복을 입고 턴브리지 웰스에 나타나자 모두 반가워한다. 어린 시절 영어, 프랑스어, 독일어를 자유자재로 구사하던 능력 덕분에 높은 자리에 오를 수 있었다. 에프루시 형제는 모두 군에 입대하려고 미국 시민권을 취득했다. 루돌프는 1941년 7월 버지니아에서, 이기는 진주만 공습 한 달 후인 1942년 1월 캘리포

노르망디 상륙 작전 당시의 이기, 1944년.

니아에서 시민권을 받았다.

그다음에 가족들이 이기의 소식을 접한 건 연합군이 프랑스에 상륙하고 3주 후인 1944년 6월 27일, 『더 타임스』 1면에 실린 사진에서다. 기사에는 셰르부르에서 항복한 독일 제독과 장군의 사진이 실렸다. 젖은 군용 외투를 걸친 그들의 바로 맞은편에 머리가 살짝 벗겨지기 시작한 I. L. 에프루시 대위와 번듯한 미군 중장 J. 로튼 콜린스가 서 있다. 벽에 붙은 노르망디 지도들과 깔끔하게 정리된 책상도 보인다. 사람들은 이기가 통역하는 콜린스 중장의 말을 경청하려고 몸을 약간 앞으로 기울였다.

1945년 3월 12일, 빅토어가 사망했다. 그로부터 한 달 후에 러시아군이 빈을 해방시켰고, 두 달 후에 독일군 최고사령부가 조건 없이 항복했다. 빅토어는 향년 84세였다. "오데사에서 출생, 턴브리지 웰스에서 사망."이라고 적힌 사망 증명서를 읽으며 나는 한 문장을 덧붙여 본다. '유럽의 중심인 빈에서 살았다.' 채링의 공동묘지에 묻힌 빅토어는 비시에 잠든 그의 어머니로부터 멀리 떨어진 곳에 있다. 빈의 가족 묘지에 있는 아버지, 할아버지와도 멀리 떨어졌다. 도리아식 기둥으로 장식된 그곳은 에프루시 가문이 자신들의 새로운 고향 오스트리아-헝가리 제국에 영원히 뼈를 묻겠다는 자부심으로 조성한 가족 묘지였다. 빅토어의 무덤에서 가장 먼 곳은 쾨베체시다.

종전 직후 엘리자베트는 티보르 이모부로부터 독일어로 타이핑한 긴 편지 한 통을 받았다. 10월에 핍스 외삼촌이 스위스에서 보낸 편지였다. 글자가 비치는 투명한 편지지에는 끔찍한 소식이 담겨 있었다.

그동안 겪은 모든 일을 다시는 떠올리고 싶지 않지만, 예뇌와 에바 소식은 전해야 할 것 같아서 편지를 쓴다. 그 애들이 죽는 순간에 겪었을 고통을 생각하면 끔찍하구나. 예뇌는 코마롬에서 독일로 강제 추방되기 전에 이미 증명서를 손에 넣었어. 고향으로 돌아갈 수 있었던 거지. 하지만 에바를 두고 떠날 수 없었고, 둘이 계속 함께 지낼 수 있으리라 믿었단다. 그렇지만 두 사람은 독일 국경에 도착하자마자 서로 격리됐고, 입고 있던 좋은 옷도 다 뺏겼지. 둘 다 1월에 죽었다.

유대인인 에바는 테레지엔슈타트에 있는 강제 수용소로 끌려가서 발진 티푸스로 사망했다. 유대인이 아닌 예뇌는 노동 수용소로 보내졌다. 그는 탈진으로 사망했다.

티보르는 계속해서 쾨베체시에 사는 이웃 소식을 전하며 가족의 친구들과 내가 전혀 모르는 친척들 이름을 나열한다. 사무, 지베르트 씨, 에르빈 슈트라세 가족, 작고한 야노스 투로크치 씨의 부인, 전쟁 중에 추방되거나 강제 수용소에 끌려간 후 "실종된 그녀의 둘째 아들" 등등. 그는 불타버린 마을, 굶주림, 인플레이션 같은 주변의 참혹한 상황도 적는다. 시골에는 사슴이 한 마리도 남아 있지 않다. 쾨베체시 인근의 타바르노크 영지는 "불타 버리고 아무것도 없다. 다들 떠나고 타폴차니에 할머니 한 분만 남아 계셔. 내가 가진 건 지금 입은 옷이 전부야."

티보르는 빈에 있는 팔레 에프루시에 들렀다고 했다. "빈에는 몇몇 물건이 그대로 있더구나. …… 아나 헤르츠(마카르트)의 초상화는 여전히 그 자리에 있고, 에미의 초상화(안젤리), 타샤의 어머니 초상화(역시 안젤리의 작품으로 짐작됨), 가구 몇 점과 도자기 화병들도 있더라. 너희 아버지와 내 책들은 거의 다 사라졌고, 바서만의 헌사가 적힌 책 등 몇 권만 찾았다." 가족 초상화 몇 점, 저자 사인이 있는 책 몇 권, 가구 몇 점. 그곳에 사람이 있다는 언급은 없다.

1945년 12월, 엘리자베트는 빈으로 돌아가서 누가, 그리고 어떤 물건이 남았는지 확인해 보기로 한다. 어머니의 초상화를 찾아서 집으로 가져오리라 결심한다.

엘리자베트는 그 여정을 소설로 썼다. 책으로 출간되지는 않았다.* 아니, 출판이 불가능하다. 타자기로 작성하고 수정액으로 공들여 고친 261쪽의 원고를 읽으며 내가 내린 평가다. 날 것 그대로의 감정이 읽기에 불편하다. 소설 속에서 엘리자베트는 허구의 인물인 유대인 교수 쿠노 아들러로 등장하며, 안슐루스 때 떠난 후 처음으로 미국에서 빈으로 돌아온다.

이 책은 만남을 주제로 한다. 주인공은 국경 지대의 기차 안에서 여권을 보여 달라는 공무원에게 본능적인 반응을 보인다.

> 그 목소리, 그 억양이 쿠노 아들러의 목구멍 어딘가에 있는 신경을 건드렸다. 아니, 목구멍 저 아래, 들숨과 영양분이 몸속 깊숙이 파고드는 곳, 아마도 명치 부위의 무의식적이고 통제할 수 없는 신경. 그 목소리, 그 억양의 특징은 부드러우면서도 거칠고, 예의 바른 듯하지만 약간 천박하며, 귀에 닿는 느낌은 어떤 돌을 만질 때의 촉감과 같다. 입자가 거칠고 작은 구멍들이 뚫린, 표면에 약간 광택이 도는 활석 같다고 할까. 그건 오스트리아인의 목소리다. '오스트리아 출입국 관리소'의 목소리.

---

* 이 소설은 2013년에 출간됐다. Elisabeth de Waal, *The Exiles Return* (London: Persephone Books), 2013.

추방됐던 교수는 폭격으로 무너진 기차역에 도착해서 방황한다. 불결함, 가난한 주민들의 약탈, 폐허가 된 역사적 건물들에 적응하려고 노력한다. 오페라 하우스, 증권 거래소, 미술 아카데미 등 모든 곳이 파괴됐다. 성 슈테판 대성당은 불타 뼈대만 남았다.

팔레 에프루시 앞에서 교수는 걸음을 멈춘다.

드디어 그는 이곳에 왔다, 링슈트라세에. 오른쪽은 거대한 자연사 박물관, 왼쪽은 의회 의사당의 경사로, 그 너머에는 시청 첨탑이 있다. 정면에는 시민정원과 부르크 광장의 철책이 보인다. 거기에 그가 있었고, 거기에 모든 게 있었다. 한때 가로수가 줄지어 서 있던 보도에는 나무가 전부 사라지고 벌거벗은 나무 둥치 몇 개만 남았다. 그것 말고는 모든 것이 거기 있었다. 그동안 환상과 망상으로 그를 어지럽히던 혼란한 시간이 갑자기 사라지고, 또렷하게 초점이 맞기 시작했다. 그도 진짜고, 모든 게 진짜였다. 논란의 여지가 없는 사실이었다. 그는 그곳에 있었다. 그 자리에 없는 것은 나무뿐이었고, 상대적으로 하찮아 보이는 이 파괴의 흔적이 그를 헤아릴 수 없는 슬픔에 빠트렸다. 미처 예상하지 못한 것이었다. 그는 황급히 길을 건너 공원 정문으로 들어가, 인적이 드문 길의 벤치에 앉아 눈물을 흘렸다.

어린 시절 엘리자베트는 집 앞 보리수나무들이 차양처럼

드리워진 창밖 풍경을 바라보며 자랐다. 5월이면 침실에 보리수나무 꽃향기가 가득했다.

1945년 12월 8일, 그곳을 떠난 지 6년 반 만에 엘리자베트는 옛집에 들어선다. 거대한 대문은 경첩에서 떨어져 나갔다. 현재 이곳은 미국 점령군이 사용하고 있다. 미국 사령부와 자산관리 법률위원회 분과 사무실로 쓰인다. 오토바이와 지프차 여러 대가 안뜰에 주차돼 있다. 지붕을 덮은 유리창은 대부분 박살이 났다. 폭탄이 옆 건물에 떨어지면서 건물 정면부가 심하게 손상됐고, 아이들이 뒤로 숨던 여인상 조각 장식도 무너졌다. 바닥에는 파인 구멍들이 생겼다. 아폴로 조각상은 좌대 위에서 리라를 든 모습 그대로 제 자리를 지키고 있다.

엘리자베트는 서른세 개의 가족 전용 계단을 올라 집 앞에 선다. 문을 노크하자, 버지니아 출신의 매력적인 중위가 안으로 들여보내 준다.

그 집은 이제 방마다 책상과 서류 캐비닛, 속기사가 있는 일련의 사무실이 되었다. 벽에는 각종 목록과 보고서가 압정으로 고정돼 있다. 서재 벽난로 위에 걸린 점령기 시절의 거대한 빈 지도에는 러시아군과 미군, 연합군의 점령지가 각기 다른 색으로 표시돼 있다. 집 안에 담배 연기가 자욱하고, 대화 소리와 타자기 소리가 울린다. 사무실을 두루 안내하던 중위는 엘리자베트에게 관심과 동정 어린 태도를 보인다. 이 모든 공간이 한 가족이 살던 집이라는 사실을 믿지 못하는 눈치다. 미군 사무실은 전에 있던 나치 사무실 위를 떠다니는 것에 지나지 않았다.

벽에는 몇몇 그림이 그대로 걸렸다. 거대한 금테 액자에 든 젊은 여성들 그림, 안개 낀 오스트리아 풍경을 그린 습작들, 그리고 에미와 할머니, 대고모의 초상화 세 점이다. 식탁과 식탁 의자, 책상, 옷장, 침대, 커다란 안락의자 등 무거운 가구들도 여전히 제자리에 있다. 도자기 화병 몇 개도. 아직 남아 있는 물건들은 무작위로 선택된 듯하다. 빅토어의 책상은 여전히 서재에 있다. 바닥에 깔린 카펫도 일부는 그대로다. 하지만 이곳은 여전히 빈집이다. 더 정확히는 비워진 집이다.

골방은 텅 비었다. 벽난로 선반 위에는 아무것도 없다. 은식기를 보관하는 방과 금고도 비었다. 피아노가 없다. 이탈리아 장식장도 없다. 모자이크 장식이 상감된 작은 탁자들도 없다. 서재 책장도 비었다. 지구본도, 시계도, 프랑스 의자들도 사라졌다. 어머니의 옷방에는 먼지가 잔뜩 쌓였다. 그 방에는 문서 캐비닛이 있다.

책상도 거울도 없다. 검은색 칠기 진열장만이 그대로 남아 있지만 그마저도 안은 텅 비었다.

친절한 중위는 도움을 주려고 하고, 엘리자베트가 뉴욕에서 공부했다는 걸 알고 나서는 말이 많아진다. 그가 말한다 "천천히 둘러보면서 찾아보십시오. 우리가 뭘 도와드려야 할지 모르겠습니다." 날이 몹시 춥다. 그는 엘리자베트에게 담배를 건네면서, 지금까지 여기 살고 계신 할머니가 한 분 있는데, 어쩌면 그분이 더 잘 아실 거라고 말한다. 그는 손을 흔들어 상병을 부르더니 할머니를 찾아오라고 보낸다.

그 할머니의 이름은 아나다.

28

아나의 주머니

두 여인이 있다. 한 사람은 나이가 많이 들었고, 젊은 사람도 지금은 머리가 희끗희끗한 중년이다.

두 사람은 전쟁이 끝나고 다시 만난다. 마지막으로 본 것은 8년 전이다.

그들은 예전에 쓰던 방들 가운데 하나, 지금은 서류 정리 하는 소리로 시끄러운 사무실에서 만난다. 아니면 땅이 젖은 안뜰에서 만난다. 내가 알 수 있는 건 각자의 사연을 지닌 두 여인뿐이다.

4월 27일. 안슐루스가 시작되고 6주 후에 문지기 오토 키르히너가 링슈트라세를 향해 대문을 활짝 열어둔 바로 그 날, 게슈타포가 들이닥쳤다. 아리안화의 시작이었다. 그들은 아나에게 이제 유대인을 위해 일할 수 없고, 지금부터는 조국을 위해 일해야 한다고 말했다. 그녀는 자신의 능력을 살려 이전 집주인의 소유물을 분류하고 나무 상자에 포장하는 일을 도왔다. 게슈타포들은 할 일이 많았고 아나는 은 식기를 포장하는 일부터 시작해야 했다.

나무 상자들이 사방에 있었고 게슈타포는 목록을 작성했다. 아나가 물건을 포장하고 나면 그들은 목록에 확인 표시를 했다. 은 식기 다음은 도자기였다. 그녀의 주변 사람은 모두 그 집을 산산조각으로 분해하느라 여념이 없었다. 빅토어와 루돌프가 체포돼 끌려가고, 에미는 집 안 출입을 금지당한 채 안뜰 뒷방에 갇힌 바로 그날의 일이었다.

그들은 은으로 만든 물건들을 가져갔다. "그리고 너희 어머니 보석이랑 옷, 도자기도." 아나가 매주 태엽을 감던 시계(도서실, 거실, 응접실, 남작의 옷방에 있던), 서재의 책, 거실에 있던 사랑스러운 광대 도자기 인형들까지 싹 다 가져갔다. 아나는 에미와 아이들을 위해 챙길 물건이 있는지 살펴보았다.

"값비싼 물건은 하나도 들고 나갈 수 없었어. 그래서 남작 부인님 옷방에서 작은 조각상 서너 개를 슬쩍 챙겼단다. 너희가 어릴 때 가지고 놀던 조그만 장난감들 말이야. 기억하지? 그리고 그 앞을 지날 때마다 몇 개씩 앞치마 주머니에 넣어서 내 방으로 가져갔어. 침대 매트리스 속에 숨겨 뒀지. 그 큰 유리 진열장 안에 있는 걸 전부 꺼내 오는 데 꼬박 2주가 걸렸어. 너도 기억하겠지만 얼마나 많던지!"

"그런데도 그 사람들은 눈치채지 못했어. 아주 바빴거든. 크고 화려한 물건에만 정신이 팔려 있었지. 남작님이 소장하셨던 그림이나 금고에 있던 금제 식기 세트, 거실 장식장, 조각상, 너희 어머니 보석 같은 것들 말이야. 그리고 남작님이 그토록 아끼시던 오래된 책들도. 그 사람들은 조그마한 조각상 따윈 신경 쓰지 않았어."

"그래서 내가 그냥 가져 왔단다. 그러고는 내 매트리스 안에 숨겨 두고 그 위에서 잠을 잤어. 이제 네가 돌아왔으니 돌려

줘야겠구나."

1945년 12월, 아나는 엘리자베트에게 일본 네쓰케 264점을 돌려주었다.

내 네쓰케 이야기에서 이곳이 세 번째 안식처다.

첫 번째는 파리에 있던 샤를과 루이즈의 집, 인상주의 그림들로 가득한 연노란색 방의 진열장이었다. 그다음은 에미와 아이들이 있는 빈이었다. 그곳은 수많은 이야기와 옷 갈아입기, 어린 시절, 환상이 어우러진 세계였다. 그러고는 낯선 이부자리 밑에서 아나와 함께 지냈다.

네쓰케는 그전에도 이곳저곳을 옮겨 다녔다. 일본에서 유럽에 도착하던 때부터 네쓰케는 감정의 대상이었다. 사람들은 그것을 집어 들고, 살펴보고, 손으로 무게를 가늠하고, 다시 제자리에 두었다. 그건 딜러가 하는 일이다. 수집가가 하는 일이고, 어린아이가 하는 일이기도 하다. 하지만 네쓰케가 먼지떨이나 실뭉치와 함께 아나의 앞치마 주머니 속에 있던 걸 생각하면, 지금까지 네쓰케를 그토록 정성껏 보살펴 준 사람이 있었나 싶다. 때는 1938년 4월, 안슐루스 이후 각종 성명이 발표되며 여전히 어수선하던 시절이다. 미술사학자들은 헌신적인 노력을 기울이며 작품 목록을 작성하고, 베를린으로 보낼 게슈타포의 서류철에 사진을 붙인다. 도서관 사서들은 부지런히 도서 목록을 작성한다. 그들은 조국을 위해 예술을 보존한다. 그리고 로젠베르크는 자신이 주장하는 유대인의 동물적 특성 이론을 입증할 유대교 문헌을 본인의 연구소로 가져가려 한다.

모두 열심히 일하지만 아나의 헌신과 성실함에 비할 사람은 아무도 없다. 아나는 네쓰케 위에서 잠을 자면서 그 누구보다 더 정성을 다해 네쓰케를 보살폈다. 아나는 굶주림과 약탈, 화재와 러시아 침공을 견디고 살아남았다.

네쓰케는 작고 단단하다. 이가 빠지거나 깨지기도 어렵다. 세상을 이리저리 굴러다니며 부딪혀도 괜찮게 만들어졌다. "네쓰케는 사용자에게 불편함이 없도록 제작돼야 한다."라고 어떤 안내서는 설명한다. 네쓰케들은 몸을 웅크리고 있다. 발을 몸통 아래로 접어 넣은 사슴, 반쯤 완성된 통 안에 쭈그리고 앉아서 통을 만드는 사람. 개암 열매 주위를 맴도는 생쥐들. 내가 가장 좋아하는 네쓰케는 동냥 그릇을 앞에 두고 꾸벅꾸벅 조는 승려다. 승려의 등은 하나의 곡선을 이룬다. 그것들은 때로 고통을 주기도 한다. 상아로 만든 콩깍지 네쓰케의 끝부분은 칼처럼 날카롭다. 나는 매트리스 안에 있던 네쓰케들을, 일본산 회양목과 상아가 오스트리아산 말 털을 만나는 낯선 매트리스를 떠올려 본다.

촉감은 손가락뿐 아니라 온몸으로 느끼는 것이기도 하다.

아나에게 네쓰케 하나하나는 희미해져 가는 기억에 맞선 저항이다. 하나씩 몰래 들고나온 네쓰케는 새로운 소식에 맞선 저항이고, 추억 속 이야기고, 버텨 나갈 미래다. 여기서 빈 특유의 게뮈틀리히카이트Gemütlichkeit*를 향한 숭배가 견고하고 단단한 장소를 만난다. 게뮈틀리히카이트의 예는 이런 것이다. 감

* 마음에 안정을 주는 아늑하고 편안한 상태.

상적인 이야기에 쉽게 흘리는 눈물, 페이스트리와 크림으로 뒤덮인 모든 것, 행복을 외면하는 멜랑콜리, 아름다운 여자 하인들을 그린 달콤한 그림 등등. 나는 조심성 없는 하인들을 탓하던 브로크하우스 씨를 떠올리며, 그의 행동이 얼마나 잘못된 것인지 생각한다.

여기에 감상이나 향수는 없다. 그보다 훨씬 더 단단한 것, 말 그대로 더 견고한 어떤 것이 있다. 그것은 일종의 신뢰다.

나는 오래전 도쿄에서 아나의 이야기를 들었다. 책장 사이에 설치된 긴 유리 진열장 속에서 조명 아래 놓인 네쓰케를 처음 봤을 때였다. 이기는 내게 진토닉을 만들어 주고 자신은 스카치 소다를 마시며, 지나가는 말처럼 나지막이 읊조렸다. "이 네쓰케들은 숨겨진 이야기였단다." 지금 생각하니 그 말은 이기가 그 이야기를 숨겼다는 게 아니라, 숨겨짐에 얽힌 이야기라는 의미였다.

나는 그 이야기를 알고 있었다. 하지만 빈을 세 번째 방문하기 전까지는 실감하지 못했다. 팔레 에프루시의 안뜰에 서 있던 내게 오스트리아 카지노 직원이 비밀의 공간을 보겠느냐고 물어보던 때까지만 해도 그랬다.

우리는 오페라 계단을 올라갔고, 그 직원이 왼쪽 벽의 패널을 밀었다. 몸을 숙여 통과하자 한 층 전체가 나타났다. 외부로 통하는 창문이 전혀 없는 방들이 연달아 있었다. 링슈트라세에 서서 보면, 거리에서 이그나체의 대연회장이 있는 층까지 시선에 막힘이 없다. 이곳 방들은 위층에 있는 큰 방들과 도면상 위치는 같지만, 그 크기가 압축된 형태다. 안뜰을 향한 작고 불투명한 정사각형 창문들이 있지만, 벽 장식의 일부로 보일 만큼 별 의미는 없다. 이 층을 출입하는 유일한 방법은 중앙 계단에서 대리석 패널로 위장된 비밀 문을 통과하거나, 안뜰 구석에 있는 하인 전용 계단을 이용하는 것뿐이다. 이곳은 하인들의 숙소가 있던 층이다.

아나가 잠을 자던 곳은 현재 사내 카페테리아가 되었다. 평일 점심시간에 붐비는 빈의 한가운데에 서 있던 나는 '이게 아닌데' 하는 감정에 휩싸인다. 내용을 전혀 이해하지 못한 채 책장을 넘기는 내 자신을 깨달았을 때의 그 허탈감. 앞으로 돌아가서 다시 시작해야 한다. 그런데 단어들은 더 낯설게 느껴지고, 머릿속에서 이상하게 들린다.

이 집의 관리 책임자인 그 남자는 자신의 프로젝트에 흥분해서 이렇게 말했다. "빛이 집 안으로 들어오는 방식을 아시겠어요? 오페라 계단에 어떻게 자연광이 들어온다고 생각하세요?" 그래서 우리는 하인 전용인 나선형 계단을 올라가 작은 문을 연다. 그러자 철제 난간과 사다리가 있는 지붕이 한눈에 펼쳐진다. 우리는 여인 조각상 위에 있는 난간을 건너가서 아래쪽을 내려다보며 뭐가 보이는지 확인한다. "맞아요, 채광정採光井들이 숨겨져 있어요." 그는 건물 도면을 펼쳐서 이 집이 이웃집들과 어떻게 연결되는지 보여 준다. 그리고 저장고로 가는 지하 통로가 있어서 정문을 통과하지 않고도 말에게 먹일 사료와 짚여물을 운반할 수 있었다고 설명한다.

이 견고한 집은 전체를 상감 기법으로 장식하고 덧칠하고 젯소를 바르고 페인트칠하고 대리석과 금으로 만들어졌지만 마치 장난감 극장처럼 가벼웠고 건물 정면부 뒤로 숨겨진 공간들이 이어졌다. 포템킨스럽다. 대리석 벽은 인조 대리석, 나무로 엮은 틀, 회벽 반죽으로 만들어졌다.

이 집은 장난감이 숨겨져 있고, 아이들이 지붕 위 난간에서 몰래 장난을 치고, 지하 통로와 저장고에서 숨바꼭질 놀이를 하고, 에미가 받은 연애편지들이 옷장의 비밀 서랍 속에 감춰진 곳이다. 그러나 한편으론 보이지 않는 사람들과 이름 없는 삶을 살던 사람들의 집이기도 했다. 숨겨진 부엌에서 나오는 음식. 숨겨진 세탁실로 사라지는 이불. 층과 층 사이에 끼여 환기가 안 되는 방에서 잠을 자는 사람들.

이곳은 자신이 어느 나라 출신인지 숨길 수 있는 곳이었다. 물건을 숨겨 두는 장소였다.

나는 가족들의 편지 뭉치를 일종의 지도로 삼아 이 여정을 시작했다. 그로부터 1년 넘는 시간이 흘렀고, 숨겨진 물건들은 지금도 계속 발견된다. 잊힌 물건만이 아니었다. 게슈타포가 작성한 목록, 일기, 신문, 소설, 시, 오려 낸 신문 기사. 유언장과 화물 선적 목록. 은행가들의 인터뷰. 파리의 밀실에서 몰래 엿들은 소문, 세기말 빈에서 사촌들을 위해 만든 드레스의 원단 견본. 그림과 가구. 100년 전 파티에 참석한 사람들의 명단도 찾을 수 있다.

황금으로 도배된 내 가문의 발자취는 너무 많이 알고 있지만, 아나의 흔적은 더 이상 찾지 못한다.

아나가 등장하는 글이 없고, 그녀의 삶이 굴절된 이야기도 없다. 에미의 유언장에 기록된 유산도 없다. 아니 유언장 자체가 없다. 양장점 주인이나 상인의 회계 장부에도 아나의 흔적은 보이지 않는다.

　나는 계속 찾아봐야 한다는 의무감에 사로잡힌다. 도서관에서 우연히 발견한 자료들은 나를 앞으로 나아가게 하고, 옆으로 빠지게도 만든다. 샤를의 응접실에 있던, 바람을 묘사한 황금색 카펫의 제작 연대와 팔레 에프루시의 천장화를 그린 화가의 정보를 확인하려다가, 각주 하나와 부록에 실린 주註 하나를 발견한다. 나치가 바사노 거리에 있던 루이즈의 집을 파리의 임시 수용소로 사용했다는 사실을 알게 된다. 나는 숨을 쉴 수가 없다. 온통 황금색 석재와 구불거리는 소용돌이 문양으로 가득한 그녀의 집은 쥘과 파니 부부의 집 맞은편이자, 샤를이 마지막까지 살던 집에서 한 골목 떨어진 곳에 있었다. 그 집은 드랑시 강제 수용소의 부속 기관 세 곳 가운데 하나로 쓰였다. 그곳에서 유대인 수감자들은 로젠베르크의 특수 부대가 독일 제국 관리들을 위해 약탈한 가구와 물건을 분류하고 청소하고 수리했다.

　그리고 루이즈 카엔 당베르의 두 딸을 그린 르누아르의 초상화, 샤를이 르누아르에게 자금을 마련해 주려고 오랜 시간 걱정하며 애쓴 그 그림 속에서 파란 드레스를 입은 여자아이가 강제 추방돼 아우슈비츠에서 사망했다는 끔찍한 내용이 주석의 괄호 안에 적혀 있다. 또 파니와 테오도르 레나크 부부의 아들인 레온과 그 아내 베아트리체 카몬도, 두 자녀도 추방됐다는 사실을 알게 된다. 이 가족은 1944년 아우슈비츠에서 사망했다.

오래전, 금빛 언덕에 살던 이 유대인 가족에게 쏟아지던 온갖 독설과 악랄한 저주는, 파리에서 뒤늦게 참혹한 꽃을 피웠다.

여기, 이 집에서 나는 난감해진다. 네쓰케들이 아나의 주머니와 매트리스 속에서 살아남은 것은 분노할 일이다. 나는 그 사실이 상징주의에 빠지는 걸 견딜 수가 없다. 네쓰케는 은신처에 숨어서 전쟁을 버티고 살아남았건만, 숨어 있던 그 많은 사람은 왜 살아남지 못했을까? 사람과 장소, 사물을 하나로 엮는 작업을 더 이상 계속할 수 없을 것 같다. 이런 이야기들이 나를 자유롭게 한다.

거의 30년 전 일본에서 이기를 처음 만나 네쓰케 이야기를 들은 이후로 계속 찾던 것이 있다. 프레스코 벽화 속 인물 주변에 공간이 있듯이, 아나 주위에는 공간이 있다. 그녀는 유대인이 아니었다. 아나는 에미가 결혼했을 때부터 줄곧 에미를 위해 일했다. "아나는 언제나 그 자리에 있었어."라고 이기는 말하곤 했다.

1945년에 아나는 네쓰케를 엘리자베트에게 돌려주었다. 그리고 엘리자베트는 감, 상아로 만든 수사슴, 생쥐들, 쥐잡이꾼, 자신이 여섯 살 때 좋아하던 가면 등을 포함한 네쓰케 전부를 가죽 소재의 작은 서류 가방에 넣어서 영국으로 가져왔다. 네쓰케들은 파리의 응접실이나 빈의 옷방에 있던 커다란 진열장을 가득 채울 만큼 넓은 공간을 차지하지만, 반대로 아주 좁은 공간에도 쏙 들어간다.

나는 아나의 성도 모르고 그녀가 어떻게 됐는지도 알지 못한다. 물어볼 수 있었는데 그때는 물어볼 생각을 하지 못했다. 아냐는 그냥 아냐였다.

29

'모두 공개적이고 공식적이며 합법적으로'

엘리자베트는 네쓰케가 들어 있는 작은 서류 가방을 집으로 가져왔다. 이제 영국이 집이었다. 하지만 언젠가는 가족을 데리고 빈으로 돌아가서 살게 될 거라고 믿어 의심치 않았다. 미군에서 제대하고 일자리를 찾던 이기도 같은 마음이었다. 하지만 빈으로 돌아가는 것은 극소수의 유대인에게만 허락된 일이었다. 안슐루스 당시 오스트리아에는 18만 5000명의 유대인이 살았다. 그들 가운데 다시 돌아온 사람은 4500명뿐이었다. 6만 5459명의 오스트리아 유대인이 목숨을 잃었다.

아무도 책임지지 않았다. 전후에 수립된 새로운 오스트리아 민주 공화국은 1948년에 나치 당원의 90퍼센트를 사면했고, 1957년에는 나치 친위대와 게슈타포까지 포함한 사면을 단행했다.

망명자들의 귀환은 남아 있던 사람들에게 공격으로 느껴졌다. 빈으로 귀환하는 내용이 담긴 내 할머니의 소설을 읽고 나는 할머니의 심정을 이해할 수 있었다. 엘리자베트의 소설에서 특히 인상 깊은 대목은 대질 장면이다. 유대인 교수는 왜 다시 돌아왔는지, 오스트리아에 어떤 기대를 품고 있는지 추궁받는다. "당신은 조금 일찍 떠나기로 선택한 거군요. 그러니까 내 말은, 당신은 해임되기 전에 자진해서 사표를 내고 이

나라를 떠났다는 겁니다." 핵심적이고 의미심장한 질문이 나온다. "무엇을 바라고 돌아왔습니까? 우리한테서 뭘 빼앗으러 돌아온 겁니까? 고소인 신분으로 돌아온 건가요? 우리를 괴롭히려고 돌아왔습니까?" 그리고 이러한 질문들 뒤에서 목소리가 떨린다. "당신들의 전쟁이 우리가 겪은 전쟁보다 더 참혹했을까요?"

살아남은 이들이 나치에게 약탈당한 재산을 반환받는 일은 쉽지 않았다. 엘리자베트는 소설에서 이 어색한 장면을 묘사한다. 수집가 카나키스는 "그의 의자 맞은편 벽에 걸린, 무거운 액자에 든 어두운 그림 두 점을 알아보았다. 그의 눈가에 희미한 미소가 스쳤다."

"정말 저 그림들을 아십니까?" 새 주인이 감탄한다. "저 그림들은 사실 E 남작이라고, 당신 가족과 친분이 있던 신사분의 소장품이었습니다. 어쩌면 예전에 그분 집에서 그림을 봤을 수도 있겠군요. 안타깝게도 E 남작은 외국에서 돌아가셨습니다. 아마 영국일 겁니다. 유가족은 그분의 재산을 추적해서 되찾은 다음 경매로 모두 처분했습니다. 아무래도 현대식 집에 그런 구식 물건들은 아무 쓸모가 없었겠지요. 저는 경매에서 그림들을 구입했습니다. 이 방에 있는 다른 물건들 역시 마찬가지입니다. 이해하시겠지만 모두 공개적이고 공식적이며 합법적으로 이루어졌습니다. 이런 시기에는 수요가 많지 않으니까요."

"사과하실 필요 없습니다, 박사님." 카나키스가 대답한다. "좋은 가격에 사셨다니 축하합니다."

"모두 공개적이고 공식적이며 합법적으로"라는 말은 엘리자베트가 앞으로 반복해서 듣게 될 말이었다. 그녀는 재산을 몰수당한 이들에게 그것을 반환하는 일은, 전쟁으로 산산조각 난 사회의 우선순위 목록에서 최하위에 있음을 깨달았다. 유대인 재산을 부당 취득한 사람 가운데 많은 이가 현재 신생 오스트리아 공화국의 존경받는 시민이다. 정부 역시 1938년에서 1945년까지 오스트리아가 피점령국이었다는 이유로 배상을 거부했다. 오스트리아는 전쟁의 주체가 아니라 "최초의 희생자"가 되었다.

"최초의 희생자"인 오스트리아는 자국에 해를 끼치는 세력에 맞서 대항해야 했다. 변호사이자 전후 오스트리아 대통령을 지낸 카를 레너 박사는 이 문제에 분명한 입장을 취했다. 그는 1945년 4월, 이렇게 썼다.

> 유대인에게서 약탈한 재산의 배상은 …… 피해자 개개인이 아니라 공동 배상 기금에 해야 한다. 망명자들의 갑작스러운 대규모 귀환 사태를 방지하려면 이러한 대책 수립과 다음과 같은 예측 가능한 후속 조치들이 필요하다. …… 여러 이유로 각별히 주의를 기울여야 하는 상황이다. …… 기본적으로 국가가 유대인에게 손해를 배상할 책임을 지지 않도록 해야 한다.

1946년 5월 15일, 나치의 인종 차별주의를 악용한 모든 거래를 무효로 간주한다는 법안이 오스트리아 공화국에서 통과되면서 이제 길이 열리는 듯했다. 하지만 그 법은 이상하리만큼 강제력이 없었다. 아리안화 강제 정책에 따라 재산이 매각된 경우에는 해당 재산을 다시 구매하라는 요청을 받기도 한다. 오스트리아 문화유산으로서 중요성을 인정받은 예술 작품은, 돌려받는다 해도 해외 반출이 금지됐다. 그렇지만 작품을 미술관에 기증하면 그보다 가치가 떨어지는 다른 예술품의 반출 승인이 바로 나오기도 한다.

어떤 작품을 돌려주고 어떤 작품은 돌려주지 않을지를 결정하는 과정에서, 정부 기관은 가장 공신력 있는 문서를 참고했다. 철저하기로 악명 높은 게슈타포가 작성한 문서들이었다.

빅토어의 장서 압류와 관련된 파일에는 그의 서재가 게슈타포의 손에 넘어갔다는 기록이 있다. 그러나 "장서의 전체 내역을 자세히 설명한 기록은 없다. 다만 인수인계 서류에 큰 상자와 작은 상자 각각 두 개, 그리고 회전 책장 한 개에 들어 있던 내용이 언급된 것으로 보아 수량은 그리 많지 않았을 가능성이 있다."

그리하여 1948년 3월 31일, 오스트리아 국립 도서관은 책 191권을 빅토어 에프루시의 상속인들에게 반환한다. 책장 두어 개에 빼곡히 들어가는 191권의 책은 그의 서재에 있던 수백 미터에 이르는 책들 가운데 극히 일부에 불과하다.

일은 그렇게 흘러간다. 에프루시 씨가 작성한 기록들은 어디에 있습니까? 빅토어는 죽은 후에도 여전히 추궁당한다. 책과 함께 한 그의 일생은 머리글자를 알아볼 수 없는 문서 하나로 사라져 버린다.

또 다른 파일은 미술품 컬렉션의 압류에 대한 내용이다. 여기에는 두 미술관 관장들이 주고받은 편지가 포함돼 있다. 그들은 게슈타포가 정리한 작품 목록을 참고해 에프루시가 소장한 그림의 이력을 분석해야 했다. "빈 1구, 뤼거링 14번지에 사는 은행가 에프루시. 이 목록은 특별히 가치가 높은 미술품 컬렉션이 아니라 부잣집 벽에 걸린 장식품으로 구성돼 있다. 화풍을 봤을 때 1870년대 취향에 따라 수집한 것이 분명하다."

편지에는 영수증 대신, "판매되지 않았고, 절대 팔 수도 없던 그림들뿐이다."라는 의견이 적혀 있다. 실제로 할 일이 별로 없다는 의미가 함축된 문장이다.

이 편지들을 읽으면서 나는 어이없는 분노를 느낀다. "은행가 에프루시"라는 표현이 게슈타포가 편히 부르던 "유대인 에프루시"와 너무 유사해 거슬리긴 했지만, 미술사학자들이 "은행가 에프루시"의 취향과 벽 장식을 좋아하지 않았다는 사실은 중요하지 않다. 내가 화가 난 건 과거를 은폐하려는 의도로 기록 보관소를 사용한 방식 때문이다. "이 그림은 거래 영수증이 없고, 우리는 서명을 판독할 수 없다." 하지만 불과 9년 전의 일이고 그 거래는 당신들의 동료가 주도했다. 빈은 작은 도시다. 전화 몇 통이면 해결될 문제였다.

내 아버지의 유년 시절은 편지를 쓰고 또 쓰던 엘리자베트로 방점이 찍혔다. 할머니는 가족의 재산을 돌려받을 수 있다는 기대가 희박해지는 와중에도 계속 편지를 썼다. 청구인의 요청을 기각하려고 유사 법률 조치를 내세우는 행태에 분노했다. 어찌 됐든 그녀는 변호사였다. 무엇보다도 네 명의 남매들은 실제로 경제 형편이 어려웠고, 유럽에 있던 유일한 사람이 엘리자베트였다.

그림이 한 점씩 반환될 때마다 팔아서 돈을 나눠 가졌다. 1949년에 돌려받은 고블랭 태피스트리는 팔아서 학비로 썼다. 전쟁이 끝나고 5년 후에 팔레 에프루시가 엘리자베트에게 반환됐다. 여전히 4개국 군대가 점령하고 있던 도시 빈에서 전쟁으로 훼손된 저택을 팔기에 썩 좋은 시기가 아니었다. 집은 겨우 3만 달러에 팔렸다. 그 일이 있고 나서 엘리자베트는 단념했다.

1952년에 빅토어의 예전 사업 파트너이자 오스트리아 은행 협회 회장이 된 슈타인하우저 씨는, 그가 아리안화한 에프루시 은행의 역사를 알려 달라는 질문을 받았다. 이듬해인 1953년은 에프루시 은행이 빈에서 창립된 지 100주년이 되는 해였다. "전혀 아는 바 없음." 그가 서면으로 답했다. "예정된 기념행사 없음."

에프루시 가문의 상속인들은 재산 반환 청구권 포기에 동의하는 조건으로 5만 실링을 받았다. 당시 시세로 약 5000달러에 상당하는 금액이었다.

나는 재산 반환에 대한 이 모든 것에 지친다. 어떤 물건의 행방을 추적하느라 인생을 허비하고, 이 모든 원칙, 편지, 법규에 시달리다 기운이 바닥날 수 있다는 생각이 든다. 자기 집 응접실에 있던 시계, 미끄러지듯 뒤엉킨 인어 장식 받침대가 달린 그 시계가 지금은 남의 집 벽난로 선반 위에서 종을 울리는 장면이 보인다. 경매 카탈로그를 펼치니 강풍에 휩싸인 두 척의 배 그림이 눈에 들어오고, 어느새 장면이 바뀌어 대문 앞 계단에서 보모가 목도리를 둘러 주고 링슈트라세로 산책할 준비를 하던 어린 시절로 돌아간다. 숨 한 번 고르는 짧은 찰나에 한 사람의 인생을, 한 디아스포라 가족의 무너진 삶을 돌이켜 볼 수 있다.

가족은 예전처럼 한자리에 다시 모일 수 없었다. 엘리자베트는 턴브리지 웰스에서 편지를 쓰고 소식을 전하고 조카들의 사진을 보내 주며 나름대로 가족의 중심 역할을 했다. 종전 후 헹크는 런던에서 유엔 구호 협회라는 좋은 직장을 구해 일을 시작했고, 가족의 형편은 전보다 여유가 생겼다. 기젤라는 멕시코에 있었다. 생활고를 겪던 그녀는 가족을 부양하느라 청소부로 일했다. 루돌프는 군에서 제대하고 버지니아에 살았다. 그리고 이기 본인의 표현을 옮기자면, 패션이 이기를 "포기했다." 이기는 드레스 만드는 일을 다시 마주할 수 없었다. 1944년 프랑스에서 참전한 전투 경험으로 인해 빈에서 파리를 거쳐 뉴욕까지 이어지던 한 가닥 실이 끊어졌기 때문이다.

이기는 세계적인 곡물 수출 기업인 번지 Bunge에서 일했다. 본의 아니게 오데사에 있던 조상의 뿌리로 돌아간 셈이었다. 그는 첫 발령지인 벨기에령 콩고의 레오폴드빌에서 더위와 야만성에 치를 떨며 기나긴 1년을 보냈다.

1947년 10월, 이기는 인사 발령 기간 중에 영국을 방문했다. 콩고로 다시 돌아가거나 일본에서 근무하라는 제안을 받았지만 어느 곳도 내키지 않았다. 그는 턴브리지 웰스로 가서 엘리자베트와 헹크, 조카들을 만나고 처음으로 아버지의 묘소를 찾았다. 그러고 나서 자신의 앞날을 결정할 계획이었다.

저녁 식사를 마친 후였다. 아이들은 숙제를 마치고 잠자리에 들었다. 엘리자베트가 작은 서류 가방을 열어 그에게 네쓰케를 보여 줬다.

뒤엉킨 생쥐들, 눈에 보석이 박힌 여우. 조롱박을 감싸 안은 원숭이. 이기가 좋아하던 얼룩무늬 늑대. 이기와 엘리자베트는 네쓰케를 몇 개 꺼내서 부엌 식탁 위에 올려놓는다.

"우리는 아무 말도 하지 않았어." 이기가 내게 말했다. "우리가 어머니 옷방의 노란 카펫에 앉아서 마지막으로 함께 네쓰케를 본 게 30년 전의 일이었지."

"일본으로 가야겠어." 그가 말했다. "네쓰케들을 일본으로 다시 데려갈 거야."

4부

도쿄
1947-2001

30

죽순

1947년 12월 1일, 이기는 도쿄의 미국 극동사령부 본부(GHQ, FEC)가 발급한 일본 입국 허가증 4351호를 수령했다. 그로부터 엿새 후 그는 연합국이 점령한 그 도시에 도착했다.

하네다 공항을 출발한 택시는 도로의 움푹 파인 구덩이를 피해 가며 방향을 틀고, 알록달록한 몸뻬를 입고 도시를 향해 터벅터벅 걸어가는 여인들과 아이들, 자전거를 피해 가며 운전했다. 도쿄는 낯선 풍경이었다. 맨 처음 눈에 들어온 것은 판잣집의 붉게 녹슨 양철 지붕, 그 위에 마치 흘러가는 붓글씨처럼 사방으로 주렁주렁 길게 늘어진 전깃줄과 전화선이었다. 그리고 잠시 후, 남서쪽에 우뚝 솟은 후지산이 겨울 햇살 속에 모습을 드러냈다.

미군은 3년 동안 도쿄를 폭격했지만 1945년 3월 10일의 공습은 대재앙이었다. 소이탄 화염이 벽처럼 솟아오르며 "하늘을 불길로 뒤덮었다." 이 폭격으로 10만 명이 사망하고 약 41제곱킬로미터에 이르는 도심이 파괴됐다.

한 줌의 건물을 제외한 모든 건물이 쓰러지고 불에 타 잿더미가 됐다. 폭격에 살아남은 건물들은 회색 바위 성벽과 넓은 해자로 둘러싸인 황궁, 석재나 콘크리트로 지은 소수의 건물, 상인 가문이 귀중품을 보관하던 창고, 그리고 제국 호텔이었다. 1923년에 프랭크 로이드 라이트가 설계한 이 호텔은 여러 연못과 콘크리트 사원으로 이루어진 환상적이고 대담한 건축물로, 자포니즘을 아스테카 문명 양식으로 약간 변형한 스타일이었다. 이 건물은 1923년의 관동 대지진 때도 살아남았는데 겉만 살짝 손상됐을 뿐 대체로 온전했다. 일본 국회 의사당, 일부 정부 부처, 미국 대사관, 황궁 맞은편의 상업 지역 마루노우치에 있는 사무실 건물들도 마찬가지였다.

점령군 당국은 모든 건물을 징발했다. 신문 기자 제임스 모리스(훗날 잰 모리스)는 1947년에 쓴 여행기 『불사조 잔 The Phoenix Cup』에서 이 생경한 풍경을 기록했다. "마루노우치는 잿더미, 건물 잔해, 녹슨 깡통이 넘실거리는 일본 바다 한가운데 있는 미국의 작은 섬이다. 건물 사이를 걷다 보면, 미군 라디오 방송국에서 흘러나오는 시끄러운 음악 소리에 고막이 찢어질 것 같다. 그리고 비번인 미군들이 가장 가깝고 편한 벽에 기대어 생각에 잠긴 모습을 볼 수 있다. …… 마치 덴버에 와 있는 듯한 착각이 든다."

이곳 마루노우치에서 가장 규모가 큰 다이이치 빌딩에 맥아더 장군의 총사령부가 있었다. 연합군 최고 사령관(SCAP)인 그는 '양키 다이묘'였다.

이기가 일본에 도착하기 2년 전, 천황은 항복 선언을 방송했다. 그는 높고 가녀린 목소리, 황실 밖에서는 사용하지 않는 발음과 어휘로 "장차 제국이 겪어야 할 고난은 물론 심상치 않다."라고 경고했다. 그로부터 몇 달 만에 도쿄는 점령군에 익숙해져 버렸다. 미국은 일본인의 정서를 배려하며 통치하겠다고 다짐했다.

도쿄 주재 미국 대사관에서 찍은 맥아더 장군과 천황의 사진은 양국 관계를 분명하게 보여 준다. 카키색 군복을 입은 맥아더는 노타이에 군화를 신었다. 뒷짐 지고 선 그의 모습은 주간지 『라이프』의 표현대로 "덩치 크고 훈장 없는 미국 군인"이다. 그 옆에는 천황이 있다. 몸집이 왜소한 그는 관례에 맞춰 검은색 정장에 윙 칼라 셔츠와 줄무늬 넥타이를 단정하게 차려 입었다. 배려와 매너는 이제 협상의 대상이라고, 이 사진은 말한다. 일본 언론은 사진 발표를 거부한다. 연합군 최고 사령관은 이를 반드시 공개하라고 지시한다. 사진을 촬영한 다음 날, 천황의 부인이 맥아더 장군의 부인에게 황궁에서 직접 키운 꽃으로 만든 꽃다발을 보낸다. 그리고 며칠 후에는 황실 문양이 새겨진 칠기 함을 보낸다. 조심스럽고 불안한 의사소통이 선물과 함께 시작된다.

이기가 탄 택시는 황궁 맞은편의 테이토 호텔에 그를 내려 주었다. 일본 입국에 필요한 서류와 체류 허가를 발급받는 것도 어려웠지만, 도착해서 숙소를 구하는 일 또한 쉽지 않았다. 당시에 파괴되지 않고 영업 중인 호텔은 단 두 곳이었고 그중 하나가 테이토 호텔이었다. 군인 신분이 아닌 외국인 거주자의 공동체는 규모가 아주 작았다. 외교관과 언론인을 제외하면 이기 같은 소수의 기업인과 몇몇 학자가 드물게 있을 뿐이었다. 이기가 도착할 무렵, 도쿄에서는 도조 히데키와 비밀경찰의 수장인 다나카 류키치를 비롯한 전범들의 재판, 즉 극동 국제 군사 재판이 막 시작되고 있었다. 서구 언론의 보도에 따르면 도조는 "사무라이 특유의 섬뜩한 독선"을 지닌 인물이었다.

연합군 최고 사령관은 칙령들을 계속 발표했는데, 시민 생활의 사소한 부분부터 일본 통치 방식에 이르기까지 내용이 다양했다. 그리고 이러한 칙령에는 미국 정서가 반영돼 있었다. 맥아더는 지난 15년간 부흥한 국수주의와 깊이 연루된 일본의 민족 종교 신토를 정치에서 분리하기로 결정했다. 그리고 산업과 상업을 장악한 거대 재벌의 해체를 추진했다.

> 천황은 국가 원수의 지위에 있다. …… 그의 의무와 권능은 새로운 헌법에 의거하여 행사되며, 헌법이 정하는 바에 따라 인민의 기본적 의사에 대해 책임을 진다. …… 국가의 주권적 권리인 전쟁을 폐기한다. …… 일본의 봉건 제도는 폐지된다. …… 화족華族의 수여는 이후 어떠한 국민적 또는 공민적 정치권력을 포함하지 아니한다.

맥아더는 이 밖에도 일본 역사상 최초로 여성에게 참정권을 부여하고 공장의 노동 시간을 하루 열두 시간에서 여덟 시간으로 단축했다. 일본에 민주주의가 도래했다고 연합군 최고 사령관은 발표했다. 국내외 언론은 검열의 대상이었다.

도쿄에 주둔한 미군은 자국의 신문과 잡지를 읽고 초소에서는 미국 라디오 방송이 흘러나왔다. 미군을 대상으로 한 유흥업소(RAA)*와 허가된 만남의 장소들이 있었다. (어느 미국 아나운서의 말을 빌리면, "서양 이브닝드레스를 어설프게 흉내 낸" 복장의 아가씨들로 가득한 '오아시스 오브 긴자'가 그런 곳이었다.) 열차에는 점령군을 위한 전용 객실이 따로 있었다. 연합군이 징발하여 이름을 '어니 파일'**로 바꾼 극장에서 군인들은 영화나 연극을 관람하고, 도서관과 "여러 개의 대형 휴게실"을 찾았다. 점령군만 출입 가능한 상점과 수입 상품점(OSS), 피엑스(PX)에서는 미국과 유럽의 식품, 담배, 술, 가정용품 등을 판매했다. 그런 곳에서는 미국 달러나 군납 증서, 군표(MFS)만 취급했다.

이 나라 일본은 피점령국이었기에 모든 게 대문자 약어로 표기되었고, 그래서 패전국 국민과 이방인 모두에게 그 의미가 불투명했다.

이 낯선 패전국 도시에서 과거의 도로명은 지워지고, 거리는 이제 A대로나 10번가 같은 새로운 이름으로 불렸다. 맥아더 장군이 탄 1941년산 검은색 캐딜락은 흰색 헌병 지프차들의 호위를 받으며 출근길 거리를 휩쓸고 지나갔다. 그 옆에는 석탄이나 나무를 연료로 태우며 매연을 뿜어내는 일본 승합차와 트럭, 움푹 파인 구덩이에 빠져 꼼짝 못하는 삼륜 택시 '바타바타'가 있었다. 우에노역 앞에는 이산가족과 해외에서 귀환한 군인을 찾는 전단지가 여전히 붙어 있었다.

---

* 특수위안시설협회(特殊慰安施設協). 일본 정부가 설립한 주일 미군 전용 매춘 시설.
** 제2차 세계 대전 종군 기자로 퓰리처상을 수상한 미국인.

극심한 빈곤에 시달리던 시절이었다. 도시의 60퍼센트가 파괴됐다는 것은 손에 잡히는 대로 아무 자재나 써서 다시 지은, 금방이라도 무너져 내릴 것 같은 집들이 사방에 천지라는 뜻이었다. 미군은 점령기의 처음 18개월 동안 거의 모든 건축 자재를 징발했다. 그것은 또한 노동자들이 변두리에 있는 임시 숙소에 살면서 끔찍하게 붐비는 기차를 몇 시간씩 타고 힘들게 도시를 오가야 한다는 의미였다. 새 옷을 장만한다는 건 생각조차 못하는 일이었다. 퇴역한 남자들이 계급장을 뗀 군복을 그대로 입고, 여자들은 밭에서 일할 때 입던 헐렁한 바지인 몸뻬를 입고 다니는 광경을 종전 후 한동안 흔히 볼 수 있었다.

연료도 충분하지 않았다. 사람들은 추위에 떨었다. 대중목욕탕은 수온이 떨어지기 직전 한 시간 동안 요금을 할인했다. 사무실은 난방이 거의 되지 않았지만 직원들은 "서둘러 퇴근하지 않았는데, 딱히 할 일이 없었기 때문이다. 웬만한 사무실에는 겨울철 난방 시설이 나름 갖춰져 있어서 그 안에 머무는 한 온기를 유지할 수 있었다." 어느 혹독한 겨울에는 석탄 절약 차원에서 기관차의 경적을 울리지 않겠다고 철도 관계자가 발표한 적도 있다.

무엇보다 식량이 부족했다. 쌀을 구하기 위해 동이 트기도 전에 붐비는 기차를 타고 시골로 물물 교환을 떠나야 했다. 농부들이 돈을 30센티미터 높이로 쌓아 둔다는 소문이 돌았다. 도쿄의 기차역 주변에 형성된 노천 암시장에서는 무엇이든 매매와 물물 교환이 가능했고, 군인들은 그 광경을 무심하게 바라봤다. 우에노역 근처 시장에는 미군 부대에서 빼돌리거나 맞

바꾼 물건을 취급하는 아메요코 거리가 있었다. 특히 미군 담요가 인기가 많았다. "나무에서 낙엽이 떨어지기 시작하면 일본인들은 식량을 구하기 위해 입고 있던 기모노를 하나씩 벗어서 팔았다. 그들은 자신의 비참한 처지를 일컬어 '다케노코', 즉 껍질이 한 겹씩 벗겨지는 죽순에 빗대었다." '시카타가나이仕方がない'는 이렇게 역경에 직면한 상황에서 하는 말이다. '다른 방법이 없다.'는 뜻으로 '어쩔 수 없으니 불평하지 말자.'는 의미가 깔려 있었다.

암시장에 스팸, 리츠 크래커, 럭키 스트라이크 등 수많은 미제 물건을 공급한 사람들은 주로 팡팡걸pan pan girl*이었다. 그들은 "하르피이아이harpies 같은 불결한 족속으로 ······ 먹고 살기 위해 군인들과 어울려 다니는 어린 여자들이다. ······ 낮에는 피엑스에서 구한 싸고 예쁘장한 옷을 입고서 시끄럽게 웃고 떠들며 거의 예외 없이 껌을 씹고 돌아다닌다. 그렇지 않으면 떳떳하지 못한 방법으로 취득한 물건을 과시하면서 기차나 버스에 탄 배고픈 시민들의 화를 돋운다."

팡팡걸과 일본 사회에서 그들이 갖는 의미를 두고 많은 논의가 있었다. 미군에 대한 두려움이 지나치게 컸던 탓에, 팡팡걸은 절대다수 일본 여성의 품위를 지키는 데 필요한 희생양으로 여겨졌다. 이는 팡팡걸이 바른 립스틱, 그들이 입는 옷, 공공장소에서 키스하는 행동 등에 대한 공포와 맞물려 있었다. 점

---

* 매춘부를 칭하는 중국어 '팡팡눌랑(伴伴女郞)'과 영어 '걸(girl)'의 합성어. 미군을 상대로 매춘하는 여자를 뜻한다.

령군이 들여온 키스는 관습에서 해방됨을 상징하는 것이었다.

　동성애자를 위한 게이 바도 있었다. 1950년대 초반에 연재된 미시마 유키오의 소설 『금색禁色』에서 게이 파티 gei pati 라고 불린 공간이다. Gei라는 로마자 표기로 보아 이미 흔히 사용하던 단어임을 짐작할 수 있다. 히비야 공원은 만남의 장소로 유명했다. 신뢰하긴 어렵지만 지금 나에게는 미시마가 유일한 안내자다. "그는 어둡고 축축한 화장실의 전등불 속으로 들어갔고, 친구들 사이에서 '오피스'로 불리는 곳을 발견했다. (도쿄에는 네다섯 개의 주요 오피스가 있다.) 그곳은 서류 대신 윙크, 인쇄물 대신 간단한 몸짓, 전화 대신 통신 부호로 무언의 의사소통이 이루어지는 사무실이었다."

　사업가 기질도 필요했다. 이 젊은 세대를 가리켜 일명 "아프레게르 après-guerre"*, 줄여서 아프레 Apure 세대라고 불렀다. 아프레는 "댄스홀에 자주 들락거리고, 대리인을 고용해서 시험에 합격하고, 비정통적인 방법으로 돈벌이를 하는 대학생들"이었다. 여기서 핵심은 미국식 삶의 표준을 성취하려는 열망만큼이나 비정통적인 그들의 생존 방식이었다. 그들은 업무 방식과 관련된 기존의 규범을 무너뜨렸다. "전후에는 지각이 일반화되었다."라고 어느 일본 평론가가 아프레 세대를 표현했다. 그들은 직장에 지각하고 시험에 부정한 방법을 쓰는 사람들이며, 무일푼으로 돈을 벌 수 있는 사기꾼으로도 통했다. 사기꾼이 입고 다니는 알로하셔츠, 나일론 벨트, 고무창이 달린 신발을 일본

---

* '전쟁 이후'라는 뜻의 프랑스어로, 제2차 세계 대전 직후의 세대를 가리킨다.

황실의 세 가지 신성한 보물에 빗대어 "삼종신기三種神器"라는 반어적인 이름으로 불렀다. 패전 후 여러 해 동안 「100만 엔 모으는 법」, 「맨손으로 백만장자가 되는 법」 등의 기사와 함께 젊은 남성 독자층을 겨냥한 새로운 잡지들이 쏟아져 나왔다.

1948년 여름, 도쿄에서 최고 인기곡은 「도쿄 부기우기」였다. 거리의 확성기에서도 나이트클럽의 광고에서도 이 노래가 울려 퍼졌다. "도쿄 부기우기/리듬이 들썩들썩/마음이 욱신욱신/두근두근." 언론에서는 이 노래를 가스토리, 즉 퇴폐 문화의 시작으로 보았다. 저속하고 경솔하고 향락적이고 무한한 이 문화가 우리를 압도할 것이라고 했다.

거리에는 상점들이 즐비하다. 길거리에는 흰옷을 입은 참전 용사들이 나사를 푼 양철 의족이나 의수를 앞에 내려놓고 자신이 참전한 전투 목록을 적은 팻말을 내건 채 구걸한다. 아이들은 사방으로 떠돌아다닌다. 만주에서 발진 티푸스로 부모를 잃은 사연을 지닌 전쟁고아들이 동냥을 하고 물건을 훔치며 활보한다. 학교에 다니는 아이들은 '쪼꼬레또'나 '시가레또' 혹은 『일본어·영어 회화 교재』의 첫 페이지에서 배운 문장을 큰 소리로 외친다.

땡큐!
땡큐 오플리!
하우 두 유 두?

아니면 듣고 외운 대로 따라 한다. "상큐! 상큐 오푸리! 하우

데이 두?"

파친코 가게의 소리는 수천 개의 작은 쇠구슬이 파친코 기계에서 폭포처럼 쏟아지는 불협화음이다. 1실링이면 구슬 스물다섯 개를 살 수 있고, 손재주가 좋으면 구슬을 집어넣으며 형광등 불빛 아래서 몇 시간이고 앉아 있을 수 있다. 담배, 면도날, 비누, 통조림 등 경품으로 받은 물건을 가게 주인에게 되팔아 구슬 한 컵을 새로 받으면 몇 시간 더 아무 생각 없이 보낼 수 있다.

거리의 삶은 이러하다. 술집 앞 보도 위에는 얇은 검은색 양복과 모직 셔츠에 얇은 넥타이를 맨 직장인들이 술에 취해 뻗어 있다. 사람들은 길거리에서 소변을 보고 침을 뱉는다. 당신의 키나 머리색을 지적한다. 어린아이들이 날마다 당신을 따라다니면서 '가이진, 가이진', 즉 '외국인, 외국인'이라고 입버릇처럼 부른다. 그러나 도쿄 거리의 이면에는 시각 장애인 안마사, 다다미 만드는 사람, 채소 절임 장수, 앉은뱅이 노파, 승려 등 또 다른 삶이 있다. 상인들은 돼지고기와 피망 꼬치, 황토 빛깔 차, 통통한 밤 과자, 절인 생선, 김 과자 등을 판다. 숯불 화로에서 생선 굽는 냄새가 풍긴다. 거리의 삶이란 온갖 냄새와 소음뿐 아니라 구두닦이 소년, 꽃 파는 사람, 떠돌이 예술가, 술집 호객꾼에게 시달리는 걸 의미한다.

외국인은 일본 현지인과 친교를 맺을 수 없었다. 일본인의 가정집을 방문하거나 식당에 가는 것도 허용되지 않았다. 하지만 거리에서는 시끄럽고 북적거리는 세상의 일원이었다.

이기는 상아로 만든 승려, 장인, 거지가 가득한 작은 서류

가방을 가지고 있었지만 이 나라에 대해서는 아무것도 알지 못했다.

31

코다크롬

이기는 일본에 도착하기 전까지 일본을 다룬 책을 단 한 권밖에 읽지 못했다고 했다. 경유지인 호놀룰루에서 구입한 『국화와 칼: 일본 문화의 유형』이었다. 이 책은 문화인류학자 루스 베네딕트가 미국 전시 정보국의 위촉을 받아 각종 신문 기사와 번역 문헌, 전쟁 포로 인터뷰 등 수집한 자료를 바탕으로 썼다. 이 책의 논조가 명료한 이유는 아마도 베네딕트가 일본을 직접 경험하지 않았기 때문일 것이다. 저자는 자기 책임을 상징하는 사무라이의 검, 그리고 꽃 속에 숨겨진 철사로 아름다운 모양을 유지하는 국화 사이에 존재하는 일본인의 이중성을 단순 명쾌하게 설명한다. 일본인의 문화는 죄책감이 아니라 수치심의 문화라는 그녀의 유명한 이론은 도쿄 중심부에서 일본의 교육, 법률, 정치 생활 등의 틀을 마련하던 미국 장교들에게 엄청난 반향을 일으켰다. 베네딕트의 책은 1948년에 일본어로도 번역되어 대단한 인기를 끌었다. 당연한 결과였다. 미국인들이 자기 나라 일본을 어떤 시선으로 보았을지 너무나 궁금했던 것이다. 그리고 한 여성이 바라본 일본의 모습도.

    글을 쓰는 지금 내 앞에는 이기가 읽던 베네딕트의 책이 펼쳐져 있다. 연필로 꼼꼼하게 적은 그의 메모는 느낌표가 대부분인데, 자기 수양과 어린 시절을 설명한 마지막 장에서 70쪽을 남겨 두고 중단된다. 아마 그 부분에서 비행기가 착륙했나 보다.

이기의 첫 번째 사무실은 삭막하고 넓은 도로가 즐비한 마루노우치의 상업 지역에 있었다. 도쿄의 여름은 상상을 초월할 정도로 더웠는데 그의 기억에는 1947년 첫 겨울의 추위만 생생하게 남았다. 작은 숯불 화로 히바치가 사무실마다 하나씩 있었지만 희미한 온기를 전할 뿐이었다. 그럴 가능성은 있지만 몸을 충분히 데워 주지 못한다. 화로를 코트 안에 품지 않는 이상 효과를 기대할 수 없다.

바깥은 밤이다. 비상계단 너머로 사무실에 불이 환하게 켜져 있다. 젊은이들은 흰색 셔츠 소매를 두 번 걷어 올리고 타자기 위에 고개를 숙인 채 일본의 기적을 만드느라 여념이 없다. 서류 사이로 담배와 주판이 널려 있다. 직원들은 회전의자를 사용한다. 불투명한 유리창과 (당시로선 보기 드문) 전화기 한 대가 놓인 사무실에서, 서류 뭉치를 들고 선 이기의 모습은 잘 보이지 않는다.

정각 5시 직전, 이기가 복도를 지나 사라지면 직원들의 하루 일과는 끝난다. 그는 면도에 필요한 뜨거운 물을 준비하려고 사무실 전기 곤로에 주전자를 데운다. 외출하기 전에 반드시 면도하는 습관이 있다.

이기는 도쿄 속 덴버 같은 호텔 생활이 싫어서 몇 주 만에 주택으로 이사했다. 그의 첫 번째 집은 도쿄 남동쪽의 센조쿠 호숫가에 있었다. 호수라기보다는 연못에 가까웠는데, 정확히 말하면 작은 영국식 연못이 아니라 헨리 데이비드 소로가 살던 곳처럼 커다란 연못이라고 했다. 겨울에 이사를 왔기에 정원과 연못 주변의 벚나무에 대해서는 듣기만 했을 뿐, 다가올 봄에 어떤 풍경이 펼쳐질지 마음의 준비를 하지 못했다. 벚꽃이 흐드러지게 만발할 때까지 몇 주에 걸쳐서 그의 눈앞에 드라마가 펼쳐졌다. 마치 망막에 눈부신 흰 구름이 덮인 것 같았다고 그는 회상했다. 전경과 배경의 구분이 사라지고 거리감도 상실한 채 둥둥 떠다니는 듯했다.

그토록 오랜 세월을 여행 가방 한두 개에 든 물건으로만 살아온 이기에게 이곳은 첫 집이었다. 마흔두 살인 그는 그동안 빈, 프랑크푸르트, 파리, 뉴욕, 할리우드, 프랑스와 독일 전역의 군인 숙소, 레오폴드빌 등지에서 살았지만 자기 집 문을 닫게 된 경험은 일본에서 맞은, 해방되고 가슴 벅찬 이 봄이 처음이었다.

1920년대에 지어진 이 집은 팔각형 모양의 식당과 호수가 내려다보이는 발코니가 있어서 칵테일파티를 하기에 완벽하다. 거실에서 나와 커다랗고 평평한 바위 너머로 내려가면, 가지치기로 모양을 다듬은 소나무와 진달래나무가 심긴 정원이 나온다. 돌들이 무심한 듯 신중하게 배열된 테라스와 이끼 정원도 있다. 이 집은 일본의 젊은 외교관 가와사키 이치로가 묘사한 집과 비슷했다. "전쟁 전에는 대학교수나 육군 대령도 이런 집을 짓고 살 수 있을 만큼 경제적 여유가 있었다. 하지만 지금은 유지비가 너무 비싸서 집주인이 집을 팔거나 외국인에게 임대할 수밖에 없다."

나는 도쿄에 있는 이기의 첫 번째 집을 찍은, 작고 모서리

센조쿠에서 열린 여름 파티, 1951년 도쿄.

가 둥근 코다크롬kodachrome* 사진 한 뭉치를 보고 있다. "일본 도시 계획가들은 구역 설계를 전혀 고려하지 않았다. 노동자들이 사는 허름한 판잣집이 백만장자의 궁궐 같은 저택 바로 옆에 붙은 경우가 허다하다." 여기도 마찬가지다. 판잣집을 나무나 종이가 아닌 콘크리트로 재건축하는 공사가 좌우에서 진행 중이다. 이 동네는 다시 시작하고 있다. 절, 신사, 재래시장, 자전거 수리점이 들어서는 중이다. 도로라기보다는 골목에 가까운 길 끝에 상점들이 모여 있고, 그곳에 가면 줄지어 진열된 통통한 흰 무와 양배추 외에 다른 것도 살 수 있다.

주머니에 손을 넣고 서 있는 이기의 사진과 함께 현관 계

* 1935년에 코닥사가 발매한 세계 최초의 실용적인 컬러 필름.

단 앞에서부터 시작해 보자. 초록색 실크 넥타이에 꽂힌 넥타이핀이 빛에 반사되어 반짝거린다. 그는 제법 건장해진 모습이고 늘 그렇듯이 재킷 윗주머니에 손수건을 꽂았다. 사무실에서 같이 일하는 젊은 친구들은 그를 따라서 재킷 주머니의 손수건과 넥타이를 매치하기 시작했다. 오늘 그는 브로그 구두를 신었다. 영국의 지주 계급처럼 보이기도 한다. 양옆에 가지치기 한 소나무와 녹색 기와지붕이 없으면 영국 코츠월드에서 찍은 사진이라고 해도 믿겠다. 이제 긴 복도를 따라 집 안으로 들어가서 왼쪽으로 돌면 요리사 하네다 씨가 나온다. 그는 흰색 복장을 갖춰 입고 머리에는 요리사 모자를 자랑스럽게 쓰고서 최신 가스레인지에 기대어 서 있다. 카메라 플래시 때문에 두 눈을 감았다. 사진 속 유일한 음식은 하인즈 케첩 한 병뿐이다. 눈부시게 청결한 흰색 법랑과 대비되는 코다크롬 특유의 선홍색이 돋보인다.

다시 복도로 나와서, 노 가면 아래 열린 출입문을 통과해 거실로 들어선다. 거실 천장은 나무판자로 마감되었다. 모든 조명등이 켜져 있다. 어두운색에 소박하고 선이 단아한 한국 가구와 중국 가구 위에 오브제들이 진열되어 있다. 그 옆에는 편안하고 낮은 소파, 보조 탁자, 램프, 재떨이, 담뱃갑 등이 보인다. 축원의 의미로 한 손을 들고 있는 교토산 목조 불상이 한국 반닫이 위에 놓였다.

대나무 바에는 상당히 많은 양의 술이 진열돼 있는데, 어떤 술인지는 전혀 알아볼 수 없다. 이곳은 파티를 위해 만들어진 집이다. 무릎을 꿇은 어린아이들, 기모노를 입은 여자들, 그리고 각종 선물이 있는 파티. 검은색 정장을 입은 남자들이 작은 탁자에 둘러앉아 위스키를 마시며 시끌벅적 이야기꽃을 피우는 파티. 소나무 가지를 잘라 천장에 매달아 놓는 신년 파티, 벚나무 아래서 즐기는 파티, 시적인 낭만에 젖어 반딧불을 구경하는 파티 등등.

이곳에서 수많은 친목이 이뤄진다. 일본인, 미국인, 유럽인이 친구가 되고 가정부 복장을 갖춰 입은 가네코 부인이 스시와 맥주를 내온다. 이곳 역시 자유의 집이다.

이곳은 또한 화려하고 위풍당당한 집이다. 하지만 이기가 어린 시절에 살던 팔레 에프루시처럼 온갖 물건이 잡다한 분위기는 전혀 아니다. 금색 병풍, 족자, 회화, 중국 도자기로 꾸며진 이 집의 극적인 인테리어가 네쓰케의 새 보금자리로 탄생했다.

이 집의 중앙, 이기의 삶 중심에 네쓰케가 있다. 이기는 네쓰케를 보관할 용도로 유리 진열장을 특별히 디자인했다. 진열장 안쪽 벽에는 연한 파란색 국화 무늬가 그려진 종이를 발랐다. 264점의 네쓰케는 다시 일본으로 돌아왔을 뿐만 아니라 응접실에 다시 모습을 드러낸다. 이기는 네쓰케들을 세 개의 긴 유리 선반 위에 진열했다. 진열장에는 매립 등이 설치되어 있어서 해 질 무렵 네쓰케들은 크림색, 회색이 도는 흰색, 아이보리 등 미묘하고 다양한 색조로 빛났다. 밤이 되면 그 빛이 방 전체를 밝혀 주었다.

이곳에서 네쓰케는 일본 정체성을 되찾았다.

네쓰케는 이제 낯설지 않다. 여기 사람들이 먹는 음식인 조개, 문어, 복숭아, 감, 죽순 등을 놀랍도록 정확하게 묘사하고 있다. 부엌문 옆에 쌓인 장작 다발은 매듭으로 묶여 있는데, 그 모습이 소코가 조각한 네쓰케와 똑같다. 절 연못가에서 서로의 단단한 등껍질 위로 느릿느릿 기어오르는 거북이들은 도모카즈의 네쓰케 그대로다. 마루노우치의 사무실로 가는 출근길에 호랑이는커녕 승려나 보부상, 어부를 만나는 일은 없겠지만, 기차역 가판대에서 국수를 파는 남자는 실망한 쥐잡이꾼 네쓰케와 똑같이 찡그린 표정을 짓고 있다.

　네쓰케는 같은 방의 맞은편에 있는 일본 족자며 금박 병풍 그림들과 이미지를 공유한다. 이 방에 있는 물건들은 네쓰케와 대화를 나눈다. 샤를의 방에 걸렸던 모로나 르누아르의 그림, 에미의 화장대 위에 놓였던 은과 유리로 만든 향수병과는 다르다. 네쓰케는 언제나 손으로 집어서 만질 수 있는 사물이었지만, 이제는 손쉽게 접할 수 있는 사물이라는 또 다른 세계의 일부가 되었다. 재료가 친숙할 뿐 아니라(상아와 회양목은 매일 사용하는 젓가락의 재료다) 그 형태 또한 생활 속에 깊이 스며 있다. 네쓰케의 한 종류인 '만주' 네쓰케는 매일 차와 곁들여 먹는, 앙금을 넣어 만든 작고 동그란 모양의 달콤한 과자에서 유래한 명칭이다. 일본에서는 어느 곳을 다녀오든 작은 선물인 '오미야게'를 사오는데 만주도 그중 하나다. 만주는 밀도가 높고 의외로 묵직하지만 집을수록 조금씩 늘어난다. 만주 네쓰케를 집어 들었을 때 엄지손가락에 전해지는 감각도 이와 비슷하다.

　이기의 일본인 친구들 중 많은 사람이 네쓰케를 다루기는 커녕 본 적조차 없었다. 지로는 사업가인 할아버지가 결혼식과 장례식 때 짙은 회색 기모노를 입던 것을 기억했다. 기모노의 목과 소매, 소맷동에는 다섯 개의 상징적 문양이 있고, 엄지발가락 부분이 갈라진 흰색 버선에 나막신의 일종인 '게다'를 신었다. 허리에는 폭이 넓은 허리띠 '오비'를 두르고 단단하게 매듭을 묶었는데, 그 끈에 쥐로 보이는 동물 모양의 네쓰케가 달려 있었다. 하지만 네쓰케는 그로부터 80여 년 전, 그러니까 남성의 기모노 착용을 권장하지 않던 메이지 시대 초기에 일상에서 자취를 감췄다. 파티가 열리는 이기의 집에는 위스키 술잔과 아삭아삭한 초록색 풋콩이 담긴 접시가 탁자 위에 흩어져 있고, 그때 진열장 문이 열렸다. 사람들은 또다시 네쓰케를 손으로 집어 들어 감탄하고, 서로 돌려 보며 감상했다. 그러고 나서 친구들이 네쓰케에 대해 설명해 준다. 그해는 1951년, 십이지로 토끼의 해였기에 가장 새하얀 상아로 만든 토끼 네쓰케를 골라 손에 들었다. 이건 파도를 가르며 달리는 옥토끼라서 달빛을 받아 더욱 환히 빛나는 거라고 누군가 설명했다.

이렇게 사교적인 방식으로 네쓰케를 다룬 적은 파리에 있던 샤를 에프루시의 응접실에서가 마지막이었다. 그곳에서 에드몽 드 공쿠르, 드가, 르누아르 등 뛰어난 안목을 가진 당대의 인물들이 모여 에로틱한 타자성과 새로운 예술 사이에서 대화를 나눴다.

이제 고향 일본으로 돌아온 네쓰케는 서예, 시, 샤미센처럼 할아버지 할머니와 나누던 추억 속의 이야기다. 이기의 파티에 초대받은 일본 손님들에게 네쓰케는 잃어버린 세계의 일부이고, 전후의 암울한 생활로 그 상실감은 한층 더 고통스럽게 다가왔다. 과거에는 이렇게 풍요로운 시절이 있었단다 하고 네쓰케가 꾸짖는 듯하다.

네쓰케는 여기서도 새로운 형태의 자포니즘이 되고 만다. 1950년대에 발행된 국제주의 디자인 잡지들은 현대 가정에 일본풍 인테리어를 접목한 스타일에 주력했는데, 이기의 집이 바로 여기에 해당했다. 일본을 연상할 수 있는 대표 이미지로는 불상, 병풍, 새롭게 유행하기 시작한 민예품인 투박한 시골 항아리 등이 있었다. 『아키텍처럴 다이제스트 Architectural Digest』에는 이런 일본 물건들과 더불어 금박으로 장식된 현관, 온통 거울로 뒤덮인 벽, 실크 원사로 도배된 벽, 거대한 판유리 창문, 추상 회화 등으로 장식된 미국 저택 사진들이 가득하다.

귀화한 미국인이 사는 이 도쿄 주택에는 일종의 벽감에 해당하는 '도코노마'가 있다. 일본 전통 가옥에서 중요한 공간인 도코노마는 다듬지 않은 목재로 기둥을 세워서 집 안의 다른 공간들과 구분한다. 족자와 일본 사발 옆에 놓인 바구니에는 야생화가 단정하게 꽂혀 있다. 벽에는 이기가 가장 좋아하던 젊은 화가로, 창백한 표정의 사람과 말을 즐겨 그린 후쿠이의 일본 현대 회화들이 걸렸다. 한편 일본 예술과 프루스트, 제임스 서버, 수북이 쌓인 미국 범죄 소설들에 이르기까지 이기의 방대한 장서가 책장을 가득 채우고 있다.

일본 예술품 사이에 빈의 팔레 에프루시에서 가져온 그림도 몇 점 있다. 1870년대 가문의 전성기에 이기의 할아버지가 수집한 그림들이다. 이그나체가 중동 지방을 여행할 때 후원한 어느 화가가 그린 아랍 소년의 인물화 한 점. 오스트리아의 자연을 그린 풍경화 두어 점. 유유자적하는 소들을 묘사한 작은 네덜란드 회화 한 점은 저택의 복도 뒤편에 걸렸던 것이다. 식당 찬장 위에는 어두컴컴한 숲속에서 장총을 든 군인을 그린 멜랑콜리한 작품이 있는데, 이것은 예전에 대작인 〈레다와 스완〉, 베셀 선생의 흉상 조각과 함께 복도 끝에 있는 이기 아버지의 옷방에 걸렸던 그림이다.

엘리자베트가 빈으로부터 반환받은 소수의 작품은 이기의 일본 족자 옆에 함께 있다. 이 또한 형제애의 일환이라 할 수 있다. 일본 안의 링슈트라세 스타일인 것이다.

이 사진들은 생생하다. 행복한 감정이 사진 속에서 번져 나온다. 이기는 어딜 가나 사람들과 잘 어울리는 사교적인 능력의 소유자였다. 전쟁 중에 폐허가 된 벙커에서 동료 군인들과 함께 강아지를 데리고 노는 스냅 사진도 있다. 그는 일본에서, 이 집의 절충된 환경 속에서, 일본인과 서양인 친구들을 폭넓게 사귀었다.

좀 더 편리한 위치인 아자부의 정원이 딸린 아름다운 새집으로 이사하면서 이기의 행복은 어느 정도 타협을 거쳐야 했다. 외교관들이 밀집한 외국인 거주지 아자부가 싫었지만, 높은 곳에 자리한 그 집은 방이 서로 연결돼 있고 앞에 펼쳐진 정원에는 하얀 동백꽃이 만발했다.

그의 젊은 친구 스기야마 지로를 위해 별도의 아파트를 짓기에 충분할 만큼 큰 집이었다. 두 사람은 1952년 7월에 처음 만났다. "마루노우치 빌딩 앞에서 옛 동창을 우연히 만났는데, 그 친구가 자기 상사인 레오 에프루시를 소개해 줬어. …… 그리고 2주가 지난 어느 날, 레오가 전화를 해서 같이 저녁을 먹자고 식사 초대를 했지. 나는 이기를 항상 레오라고 불렀단다. 우리는 도쿄 회관의 옥상 정원에서 바닷가재 테르미도르를 먹었어. …… 레오의 소개로 나는 미쓰이사의 전신인 스미토모사에 취직하게 되었단다." 그리고 두 사람은 이후 41년 동안 함께했다.

당시 스물여섯 살의 지로는 가냘픈 체격과 잘생긴 외모에 영어가 유창했고, 재즈와 브람스의 음악을 좋아했다. 두 사람이 처음 만난 때는 지로가 미국 대학교에서 장학금을 받으며 3년간 유학하고 돌아온 직후였다. 점령군 행정부가 발행한 그의 여권에는 제19번이라고 도장이 찍혀 있었다. 그는 미국에서 어떤 취급을 당할지 불안해하던 마음과 "회색 플란넬 정장에 흰색 옥스퍼드 셔츠를 입고 미국으로 떠나는 어느 일본 소년"이라고 표현한 신문 기사를 회상했다.

지로는 도쿄와 나고야의 중간에 있는 도시 시즈오카에서 옻칠 나막신을 만드는 상인 집안의 다섯 남매 중 셋째로 태어났다. "우리 집안에서는 옻칠을 한 최고급 게다를 만들었지. 할아버지 도쿠지로는 게다를 팔아서 큰돈을 벌었어. …… 커다란 일본 전통 가옥에서 우리 가족과 가게에서 일하는 일꾼 열 명이 같이 살았어. 그 사람들 모두 자기 방이 있었지." 부유한 사업가 집안 출신인 지로는 열여덟 살이던 1944년에 도쿄로 상경해서 와세다 대학교 예비 학교에 입학했고, 곧이어 대학 본교로 진학했다. 너무 어려서 전쟁에 나가 싸우지 못한 그는 도쿄가 초토화되는 모습을 옆에서 지켜봤다.

　나의 일본인 삼촌 지로는 이기와 마찬가지로 오랫동안 내 인생의 일부였다. 우리는 그의 도쿄 아파트 서재에 함께 앉았고, 지로는 이기와 함께 보낸 초기 시절 이야기를 해 주었다. 두 사람은 금요일 저녁이면 도시를 벗어났다. "하코네, 이세, 교토, 닛코 등 도쿄 근교에서 주말을 보내거나, 료칸과 온천에 머물며 좋은 음식을 먹곤 했지. 이기의 자동차는 검은색 지붕이 달린 노란색 드소토 컨버터블이었어. 숙소에 짐을 내려놓고 레오가 제일 먼저 하고 싶어 하던 건 근처의 골동품 가게들을 찾아가는 일이었어. 중국 도자기, 일본 도자기, 가구……." 주중에는 퇴근 후에 만나곤 했다. "그는 '시세이도 레스토랑에 가서 소고기 카레라이스나 게살 고로케를 먹자.'고 했지. 아니면 제국 호텔 바에서 만나기도 했어. 집에서는 파티를 자주 열었어. 손님들이 모두 돌아가고 나면 축음기에 오페라를 틀어 놓고 늦은 밤까지 둘이서 위스키를 마시곤 했단다."

　두 사람의 삶은 코다크롬이었다. 일본 알프스의 먼지 자욱한 도로 위에서 말벌처럼 반짝이는 노란색과 검은색 자동차가, 새하얀 접시 위에 놓인 게살 고로케의 핑크색이 눈에 선하다.

　두 사람은 함께 일본 곳곳을 여행했다. 어느 주말에는 강송어 요리로 유명한 여관을 찾아갔고, 가을에는 빨간색과 금색 장식 행렬로 북적거리는 일본 전통 축제 마쓰리를 구경하러 바닷가 마을로 떠나기도 했다. 우에노 공원의 미술관에서 열리는 일본 미술 전시회를 보러 갔다. 유럽 미술관에 소장된 인상주의 작품들을 선보이는 최초의 순회전도 갔는데 미술관 입구에서

내해에서 배를 탄 이기와 지로, 1954년 일본.

정문까지 관람객 줄이 길게 늘어서 있었다. 피사로의 작품을 보고 나온 두 사람의 눈에 도쿄는 비 내리는 파리처럼 보였다.

하지만 그들이 함께하는 삶의 중심에 자리하고 있던 건 음악이었다. 흔히 '다이쿠第九'로 불리는 베토벤 교향곡 제9번은 전쟁 중에 대단한 인기를 끌었다. 대합창단이 「환희의 송가」를 부르는 그 곡은 연말이면 연주되는 단골 레퍼토리가 됐다. 미군 점령기에 도쿄 교향악단은 군 당국으로부터 소정의 후원을 받았고, 군대에서 신청한 곡들로 프로그램을 구성했다. 1950년대 초반에는 일본 전역에 지역 교향악단이 생겨났다. 책가방을 멘 학생들 손에 바이올린 가방이 들려 있었다. 외국 교향악단들이 방문하기 시작했고 지로와 이기는 로시니, 바그너, 브람스 등의 음악회를 부지런히 보러 다녔다. 두 사람은 오페라 「리골레토」를 함께 관람했다. 이기는 「리골레토」가 제1차 세계대전 중 빈에서 어머니와 함께 본 첫 오페라였고, 마지막 막이 내릴 때 어머니가 눈물을 흘렸다고 회상했다.

그렇게 이곳은 네쓰케의 네 번째 안식처가 된다. 전후의 도쿄, 가지치기한 동백나무 화단이 내다보이는 어느 응접실에 있는 진열장이다. 늦은 밤 큰 소리로 울려 퍼지는 구노의 「파우스트」 선율이 네쓰케를 휘감는다.

32

이걸 어디서 구했습니까?

미국인의 출현은 일본이 또다시 약탈당하는 나라로 전락했음을 의미했다. 이 나라에는 사쓰마 화병 한 쌍, 기모노, 옻칠과 금박으로 장식한 일본도, 모란꽃 병풍, 청동 손잡이가 달린 함 등 매력적인 물건들이 가득했다. 일본 물건은 아주 싸고 아주 풍족했다. 1945년 9월 24일, 피점령국 일본을 특집으로 다룬 『뉴스위크』의 첫 번째 기사 제목은 「양키들, 기모노 사냥을 시작, 게이샤가 안 하는 것을 배우다」였다. 이 직설적이고 수수께끼 같은 헤드라인에는 기념품과 여자들이 함께 등장해 일본을 단적으로 설명한다. 그해 말 『뉴욕 타임스』는 「한 선원, 흥청망청 쇼핑에 나서다」라는 제목의 기사를 실었다. 미군 병사들은 가진 돈을 담배, 맥주, 여자에 쓰고 나면 달리 살 것이 없었다.

어느 성공한 아프레게르는 요코하마 부두에 작은 환전소를 열고, 처음 부임한 미군 병사들에게 달러를 엔화로 바꿔 줬다. 또 미국산 담배를 사서 되팔기도 했다. 하지만 가장 결정적인 그의 세 번째 사업은 "값싼 일본 골동품을 판매하는 일이었다. 그는 폭격으로 폐허가 된 지역에서 청동 불상, 놋 촛대, 향로 등을 주워다 팔았다. 그 당시 대단히 진기한 물건이던 이 동양의 골동품들은 속담대로 호떡처럼 불티나게 팔렸다."

무슨 물건을 사야 할지 어떻게 알았을까? 모든 병사가 "일본 꽃꽂이, 향 피우기, 결혼, 의복, 다도, 가마우지 낚시 등의 전투 과목을 한 시간씩 의무적으로 들어야 했다."라고 존 라세르다는 1946년에 출간한 『차를 마시러 온 정복자: 맥아더 치하의 일본The Conqueror Come to Tea: Japan under MacArthur』에서 냉소적으로 언급했다. 좀 더 진지한 사람들을 위해 일본 예술과 공예품을 소개하는 안내서들이 새로 발간됐는데, 휴지처럼 얇은 회색 종이에 인쇄되어 있었다. 일본 관광청은 "지나가는 관광객과 일본에 관심 있는 외국인들에게 다방면에 걸쳐 일본 문화의 기초 지식을 제공하고자" 안내 책자를 발간했다. 거기에는 『일본의 꽃꽂이 예술Floral Art of Japan』, 『히로시게Hiroshige』, 『기모노(일본의 옷)Kimono (Japanese Dress)』, 『일본의 차 문화Tea Cult of Japan』, 『분재(미니어처 나무 화분)Bonsai (Miniature Potted Trees)』 등이 포함되어 있었다. 그리고 물론 『네쓰케: 일본의 미니어처 예술Netsuke: A Miniature Art of Japan』도.

요코하마 부두에서 골동품을 파는 상인부터 절 앞에 앉아 흰 천을 깔고 칠기 공예품을 파는 행상에 이르기까지, 일본 물건 파는 사람을 어디서든 어렵지 않게 만날 수 있었다. 모든 것이 오래된 물건이었고, 아니면 오래된 물건이라는 딱지가 붙어 있었다. 게이샤, 후지산, 등나무가 그려진 재떨이나 라이터 혹은 행주를 살 수 있었다. 일본은 일련의 스냅 사진이나 엽서였고, 분홍색 벚꽃이 솜사탕처럼 수놓인 비단 같았다. 나비 부인과 핑커톤, 진부함을 피하려다 뒤죽박죽이 된 진부함. 하지만 '다이묘 시대의 이국적인 유물'은 손쉽게 구할 수 있었다. 주간지 『타임』은 「엔화와 예술 Yen for Art」이라는 기사에서 수준 높은 일본 미술품을 수집한 하우지 형제를 언급했다.

일본에 파견된 수많은 미국 군인은 거의 예외 없이 기념품을 잔뜩 사들였다. 하지만 손이 닿는 가까운 곳에 수집가의 천국이 있다는 사실을 깨달은 미국인은 소수에 불과했다. …… 하우지 형제는 엔 달러 환율이 15엔에서 360엔까지 치솟으며 요동치던 인플레이션 시기에 재빠르게 순조로운 출발을 했다. 하우지 형제가 엔화 지폐를 긁어모으고 있을 때, 전후 세금에 허덕이던 일본인 가정에서는 오랫동안 소중히 간직해 온 예술품들을 하나씩 처분하며 '양파 껍질' 같은 삶을 살았다.

양파 껍질과 죽순. 두 단어는 연약함, 부드러움, 눈물을 상징하는 이미지였다. 또한 옷을 벗는 이미지이기도 했다. 이는 자포니즘 열풍이 처음 휘몰아치던 시절, 파리에서 필리프 시셀과 공쿠르 형제가 열의에 들떠서 말하고 또 말하던 이야기들과 유사했다. 즉 어떤 물건이든 사람이든 돈으로 살 수 있다는 이야기였다.

비록 타국에서 살고 있지만 이기는 여전히 에프루시 집안 사람이었다. 그 역시 물건을 수집하기 시작했다. 지로와 함께 여행을 다니며 당나라 시대의 활처럼 등이 굽은 한 쌍의 말, 헤엄치는 물고기가 그려진 청자색 접시, 15세기 청화 백자 등 중국 도자기를 사들였다. 진홍색 모란꽃이 그려진 금색 병풍, 안

개 낀 산수화 족자, 초기 불상 등 일본 미술품도 구입했다. 럭키 스트라이크 담배 한 갑을 살 돈으로 명나라 시대 도자기 그릇을 살 수 있었다고, 이기는 양심에 가책을 느끼듯이 말했다. 그는 그 명나라 도자기를 내게 보여 주었다. 부드럽게 톡톡 두드리면 아주 맑고 영롱한 소리가 울린다. 우윳빛 유약 아래로 파란색 모란꽃이 그려져 있다. 이 물건을 팔 수밖에 없던 사람은 누구였을까.

네쓰케가 '소장 가치가 있는 물건'으로 주목을 받게 된 시기는 연합국 점령기였다. 일본 관광청이 1951년에 발간한 네쓰케 안내 책자에는 "일본 요코스카에 주둔하던 미국 함대의 전 사령관이자 열성적인 네쓰케 전문가 베톤 W. 데커 해군 소장으로부터 귀한 도움을 받았다."라고 적혀 있다. 30년 넘게 발행된 이 안내서는 네쓰케를 가장 명쾌한 시각에서 설명한다.

> 일본인들은 본래 타고난 손재주가 뛰어나다. 이 정교한 솜씨는 작은 사물을 선호하는 일본인의 성향에서 비롯한 것일 수 있다. 작은 섬나라에 사는 그들에게는 대륙적 기질이 없기에 자생적으로 발전했을 것이다. 아주 어릴 때부터 사용법을 익혀 젓가락으로 식사하는 습관 또한 일본인의 손재주가 뛰어난 이유 중 하나로 꼽을 수 있다. 이러한 특수성은 일본 미술의 장점이자 단점으로 작용한다. 일본인은 스케일이 크거나 심오하고 본질적인 것을 만들어 내는 능력이 부족하다. 하지만 정교한 기술과 꼼꼼한 실행으로 작업을 마무

리하는 데 천부적인 재능을 발휘한다.

일본 물건을 거론하는 방식은 파리에서 샤를이 네쓰케를 처음 구입한 이후로 80년 동안 전혀 달라지지 않았다. 네쓰케가 여전히 사랑받는 이유는 조숙한 어린아이들이 공통적으로 지닌 긍정적인 특성, 꼼꼼함과 마무리 능력 덕분이었다.

어린아이에 비교되는 것은 씁쓸한 일이다. 특히 맥아더 장군이 공개적으로 그런 발언을 했을 때 더욱 가슴 아프게 다가왔다. 한국 전쟁 당시 불복종했다는 이유로 트루먼 대통령에게 해임된 맥아더는, 1951년 4월 16일 도쿄를 떠나 하네다 공항으로 향했다. 『뉴욕 타임스』는 이렇게 보도했다. "헌병대 오토바이 대열의 호위를 받으며 …… 떠나는 길에는 미군, 일본 경찰, 일본인이 줄지어 서 있었다. 학생들은 수업을 중단하고 도로에 나와 줄을 섰다. 우체국, 병원, 정부 부처의 공무원에게도 참석할 기회가 주어졌다. 도쿄 경찰은 약 23만여 명의 시민들이 맥아더의 출국을 지켜봤다고 추정했다. 조용한 군중들은 …… 겉으로 어떤 감정의 기색도 드러내지 않았다." 맥아더는 귀국 후 열린 미국 상원 청문회에서, 마흔다섯 살의 앵글로색슨 성인과 비교하면 일본인은 열두 살짜리 어린 소년에 불과하다고 말했다. "그곳에는 기초 개념을 이식할 수 있습니다. 그들은 태초의 상태에 가깝기 때문에 새로운 개념을 유연하게 수용할 것입니다."

7년간의 점령기 끝에 해방된 나라 일본에게는 공개적이고 국제적인 굴욕으로 느껴지는 발언이었다. 전후 일본은 상당한 재건을 이뤘는데, 미국의 원조에 힘입기도 했지만 대부분은 자국 기업의 기술에 기반했다. 예를 들어 소니는 1945년의 폭격으로 폐허가 된 니혼바시의 백화점에서 라디오 수리점으로 시작했다. 이 회사는 젊은 과학자들을 고용하고 암시장에서 재료를 구입해 가며 신제품을 잇달아 개발했다. 1946년에는 전기 온열 방석을, 이듬해에는 일본 최초의 테이프 리코더를 출시했다.

1951년 여름에 도쿄의 대표적인 쇼핑 거리 긴자를 걷다 보면, 상품으로 꽉 찬 상점들을 차례대로 지나쳤을 것이다. 일본은 현대 세계로 도약하고 있었다. 또 길고 좁은 장인들의 공방에서는 짙은 색 그릇과 컵, 전통 직조 공예가가 만든 쪽빛 원단 두루마리 등을 선반에 쌓아둔 모습도 볼 수 있었을 것이다. 1950년에 일본 정부는 옻칠, 염색, 도예 등의 분야에서 숙련된 기술을 보유한 나이 든 장인들에게 연금과 명예를 부여하는 중요무형문화재 제도를 도입했다.

행위적이고 직관적이고 말로 표현하기 힘든 쪽으로 사람들의 취향이 바뀌었다. 먼 외딴 마을에서 만들어진 것이라면 무엇이든 '전통적인' 물건이 되고 '고유한' 일본 상품으로 홍보됐다. 이즈음 일본 관광 사업이 시작되고 일본 철도청에서는 소책자들을 발간했다. 『기념품을 찾는 사람들을 위한 추천 상품』에는 "집으로 가져갈 기념품을 사지 않았다면 아직 여행은 끝나지 않았습니다."라고 쓰여 있다. 집에 돌아올 때는 적당한 오미야게, 즉 선물을 들고 가야 한다. 그것은 설탕 절임, 과자, 경단 같은 지역 특산물이나 차 한 상자, 절인 생선일 수 있다. 또 수공예품, 종이 한 묶음, 도예촌에서 만든 찻그릇, 자수품일 수도 있다. 그렇지만 선물은 붓글씨로 쓴 상표를 달고 종이와 끈으로 포장되어야 하며, 반드시 해당 지역의 특색을 담고 있어야 한다. 전국의 지역별 특산물이 표시된 일본 지도도 있다. 오미야게를 하나도 사오지 않는다는 건 어떤 의미에서 여행 자체에 정면 도전하는 행동이다.

네쓰케는 메이지 시대와 일본 개항기에 속한 유물이었다. 그 당시 지식 체계 속에서 이것은 기술이 지나치게 과한 물건으로 오히려 폄하됐다. 자포니즘, 다시 말해 일본을 서양에 마케팅하는 듯한 다소 진부한 기운을 풍겼기 때문이다. 네쓰케는 지나치게 정교했다.

하지만 어느 승려가 수십 년에 걸쳐 통달한 경지를 단 4초 만에 일필휘지로 써 내려간 작품처럼, 아무리 많은 서화 작품을 본 사람도 '용이 된 기요히메가 승려 안친이 숨어 있는 종을 휘감은' 작은 상아 네쓰케를 보면 감탄을 금치 못했다. 작품의 아이디어나 구성이 아니라, 이토록 작은 물건에 오랜 시간 집중할 수 있다는 점에 놀라는 것이다. 다나카 민코는 어떻게 이 작디작은 구멍 사이로 종 안에 승려를 조각해 넣을 수 있었던 걸까? 네쓰케는 미국인 사이에서 매우 인기가 많았다.

이기는 일본의 『월 스트리트 저널』인 『니혼게이자이 신문』에 자신의 네쓰케 컬렉션 소개 글을 일본어로 기고했다. 네쓰케와 함께한 어린 시절 빈에서의 추억, 그리고 나치의 감시 아래 하녀의 주머니 속에 숨어 탈출한 네쓰케 이야기가 실렸다. 네쓰케가 일본으로 다시 돌아온 사연도 있었다. 유럽에서 삼대에 걸친 세월을 보내고 일본으로 귀환할 수 있었던 것은

이기의 집에 있던 네쓰케 진열장, 1961년 도쿄 아자부.

행운이었다. 이기는 네쓰케 책을 쓴 저자이자 우에노에 있는 도쿄 국립 박물관의 오카다 유즈루 씨에게 자신의 네쓰케 컬렉션을 봐 달라고 부탁했다고 한다. 불쌍하게도 오카다 씨는 저녁마다 외국인 집들을 찾아가서 서양인이 수집한 골동품을 보며 매번 미소 지어야 했을 것이다. "이유는 모르겠지만 그 사람은 나와 만나는 걸 탐탁하게 여기지 않았다. 탁자 위에 늘어놓은 약 300여 개의 네쓰케를 지긋지긋하다는 듯 대충 훑어봤다. …… 오카다 씨는 네쓰케 중 하나를 집어 들었다. 그러더니 두 번째 네쓰케를 돋보기로 유심히 들여다보기 시작했다. 마지막으로 세 번째 것을 한참 살펴보고 나더니 갑자기 자리에서 벌떡 일어나 내게 물었다. 이걸 어디서 구했습니까?"

네쓰케는 대표적인 일본 미술품이었다. 오카다 씨가 있는 우에노 공원의 도쿄 국립 박물관에는 싸늘한 냉기가 도는 수묵화 전시실 안에 딱 한 개의 네쓰케 진열장이 놓여 있었다. 비록 지금은 유행이 지났을지 모르지만 네쓰케는 손으로 느낄 수 있는 진정한 조각품이었다.

요코하마를 떠난 지 90여 년 만에 처음으로, 지금 누군가가 네쓰케를 집어 들고 그 작품을 만든 사람을 알아본 것이다.

33

진정한 일본

1960년대 초반, 이기는 '도쿄 장기 체류자' 신분이 되었다. 3년 임기로 일본에 파견된 유럽인과 미국인 동료들은 모두 떠나갔다. 이기는 점령군을 배웅했다. 그는 도쿄에 그대로 남았다.

일본어 과외를 받아서 이제는 정확하고 아름답고 유창한 일본어를 구사했다. 외국인들은 일본어로 간단한 사과의 표현 몇 개만 겨우 더듬더듬 말할 수 있어도 놀라운 실력이라며 칭찬받았다. 조즈데스네. '참 잘하시네요!'라는 뜻이었다. 어눌하기 짝이 없고 장음과 단음의 사용조차 엉망인 내 일본어 실력도 칭찬을 받았던지라, 그 말이 어떤 의미인지는 이해한다. 그러나 이기가 심각한 대화를 나누는 것을 들은 적이 있기에 나는 그의 뛰어난 일본어 실력을 익히 알고 있다.

그는 도쿄를 사랑했다. 스카이라인이 점점 변화하는 도쿄의 모습을 사랑했다. 1950년대 말에 파리의 에펠탑을 본떠 만든 붉은색 도쿄 타워가 건설됐고, 연기가 자욱한 닭꼬치 포장마차 골목 뒤로 최신 아파트 단지가 솟아올랐다. 재생 능력을 발휘하는 이 도시에서 그는 동질감을 느꼈다. 새롭게 다시 시작할 수 있는 이 기회는 하늘이 주신 것만 같았다. 1919년의 빈과 1947년의 도쿄 사이에는 묘한 상관관계가 있다고 이기는 말했다. 밑바닥까지 떨어져 보지 않으면, 어떻게 해야 뭔가를 이

룰 수 있는지 알 수 없고 또 자신이 이룬 것을 제대로 평가할 수도 없다. 항상 다른 사람 덕분이라고 생각하며 살게 될 것이다.

어떻게 이곳에 오래 계실 수 있었어요? 다른 외국인들이 이기에게 반복해서 묻던 질문이었다. 맨날 똑같은 일을 계속하는 게 지겹지 않으세요?

이기는 도쿄에 사는 외국인 생활의 매력을 이렇게 말했다. 아침 식사를 마치고 가정부와 요리사에게 할 일을 알려 준 다음, 여덟 시간의 따분한 업무를 끝내고 오후 5시 30분이 되면 첫 번째 칵테일을 마신다. 일본에서 사업을 하는 사람이라면 자기 사무실을 갖고 사람들과 어울려 사교 생활을 해야 한다. 때로는 너무 오랜 시간 지루하기 짝이 없는 데다 비용은 많이 드는 게이샤 파티에 참석해야 하는 일도 있어서, 이기는 레오폴드빌을 떠나온 것을 후회했다. 매일 밤 그는 말끔하게 면도를 하고 고객들과 술을 마셨다. 1차는 검은색 마호가니와 벨벳, 위스키 사워, 피아노 연주자가 있는 제국 호텔의 바였다. 아메리칸 클럽, 프레스 클럽, 인터내셔널 하우스에서도 술을 마셨다. 그다음엔 2차로 또 다른 술집에 갔다. 일본을 방문했던 영국 시인 D. J. 엔라이트는 바 르누아르, 바 랭보, 라 비 앙 로즈, 수 레 트와 드 도쿄 등 자기가 좋아하던 술집 이름을 열거했다. 그중에서도 라 페스트를 최고로 꼽았다.

쉬는 날에는 일하지 않는 여덟 시간을 때워야 한다. 뭘 해야 할까? 신주쿠의 키노쿠니야 서점에 가서 새로 나온 서양 소설이나 잡지를 볼까, 아니면 전쟁 전에 출간된 성직자들의 전기가 30년째 서가에 꽂혀 있는 마루젠 서점에 가 볼까? 아니면 백화점 꼭대기 층에 있는 아무 카페나 갈까?

외국에서 손님들이 찾아온다. 반갑게도 1960년에 엘리자베트가 3주 동안 방문한다. 하지만 손님들을 데리고 가마쿠라에 가서 대불을 구경하고 닛코의 삼나무 숲속에 있는 붉은색 옻칠과 금으로 장식된 동조궁을 구경하는 것도 한두 번이다. 교토의 절이나 닛코의 신사, 가마쿠라 대불로 올라가는 계단 주변에는 각종 기념품, 소원을 적은 부적, 지역 특산물 등을 파는 가판대들이 즐비하다. 금각사 옆에 있는 다리 근처에는 "사진을 찍어 드립니다."라고 써 놓은 상인들이 빨간 우산 아래 앉아 있다. 그리고 그 옆에는 개량 기모노를 입은 소녀가 얼굴에 새하얗게 분을 바르고 머리에는 빗을 꽂은 채 억지웃음을 짓고 있다.

가부키 공연을 몇 번이나 참고 볼 수 있을까? 아니 그보다 더 심한, 장장 세 시간에 걸친 가면극 노는? 뜨거운 물에 가슴까지 몸을 담그는 상상만으로도 두려운데 과연 온천을 자주 갈 수 있을까?

영국 문화원에서 주최하는 시인 초청 강연을 듣거나 백화점에서 열리는 도자기 전시회에 가거나 일본 전통 꽃꽂이(이케바나)를 배울 수도 있을 것이다. 이런 이국적인 환경에서 여성으로 산다는 것은 자신의 취약한 지위를 인식하는 일이다. 엔라이트가 썼듯이, 일본에서 새롭게 각광받는 다도처럼 "굴욕적일 만큼 '단순화된' 공예 숭배 현상" 중 하나를 배워 보라고 권유받는다.

왜냐하면 그래야만 진정한 일본을 접할 수 있다고 여겼기 때문이다. "이 나라에서 손길이 닿지 않은 본연의 것을 보려면 노력해야 한다." 1955년 도쿄에서 한 달을 보낸 후 절망에 빠진 어느 여행자가 이렇게 썼다. 사람의 손길이 닿지 않은 본연의 모습을 접하려면 도쿄에서 벗어나야 한다는 의미다. 일본은 도시의 소음이 사라지는 곳에서 시작한다. 그것은 이전까지 어떤 서양인도 가 본 적 없는 이상적인 장소로 간다는 뜻이다. 이로 인해 진정한 체험을 찾으려는 경쟁이 점점 더 치열해진다. 타인과 비교하는 이런 감수성이야말로 문화적 우월감이다. 하이쿠를 쓰시나요? 수묵화를 하십니까? 도예를 하세요? 명상은요? 특별히 선호하는 녹차가 있나요?

진정한 일본을 접하는 것은 일정에 달렸다. 만약 2주의 시간이 있다면 교토와 가마우지 낚시를 구경하는 당일치기 여행, 아니면 도자기 마을로 당일치기 여행, 장인과 함께 하는 다도 체험이 가능하다. 만약 한 달의 여유가 있다면 남쪽의 규슈 지방을 방문할 수 있다. 1년이면 책을 한 권 쓸 수 있다. 실제로 수십 권의 책이 쏟아져 나왔다. 이상한 나라 일본! 과도기를 겪는 나라. 사라져 가는 전통. 오래된 전통. 일본 필수 상식. 일본의 사계절. 근시안의 일본인. 디테일을 향한 일본인의 사랑. 일본인의 손재주. 일본인의 자급자족. 일본인의 유치함. 불가사의한 일본인 등등.

4년간 일본 황태자의 미국인 가정 교사였던 엘리자베스 그레이 바이닝이 『황태자의 창문 Windows for the Crown Prince』를 쓴 것도 "과거의 적군에게 마음을 빼앗겨 버린 미국인들이 수많은 일본 관련 서적을 발간하는" 유행에 따른 것이었다. 윌리엄 엠프슨, 사셰버럴 시트웰, 버나드 리치, 윌리엄 플로머 등 영국인이 쓴 여행기들도 있었다. 『신발을 벗는 것이 좋습니다It's Better with Your Shoes Off』(일본의 실생활을 알려 주는 만화) 외에 『이것이 일본인이다The Japanese Are Like That』, 『일본 입문서An Introduction to Japan』, 『타오르듯 뜨거운 땅This Scorching Earth』, 『일본의 도예가A Potter in Japan』, 『일본의 사군자Four Gentlemen of Japan』 등의 책들이 출간됐다. 『부채 뒤에서Behind the Fan』, 『병풍 뒤에서Behind the Screen』, 『가면 뒤에서Behind the Mask』, 『비단 허리띠의 다리Bridge of the Brocade Sash』처럼 제목이 비슷비슷한 책들도 쏟아져 나왔다. 한편 『가케모노: 전후 일본 스케치Kakemono: A Sketch Book of Post-War Japan』에서 아너 트레이시는 "포마드를 발라 머리가 끈적끈적한 청년과 야한 화장을 한 아가씨가 어울려 빙글빙글 춤을 추는데, 그들의 우매한 얼굴 표정"이 혐오스럽다고 표현했다. 엔라이트는 자신만큼은 일본에 살았지만 일본을 다룬 책을 쓰지 않는 소수의 선택받은 사람이 되겠다는 야망을 품었노라고, 본인의 저서 『이슬의 세계The World of Dew』 서문에서 비꼬며 말했다.

일본을 주제로 글을 쓴다는 것은 아름다운 (동양의) 뺨에 얼룩진 (서양의) 립스틱에 본능적인 거부감을 드러냄을 의미한다. 근대화가 이 나라를 어떻게 망가뜨렸는지 보여줘야 하는 것이다. 그게 아니면 우스꽝스럽게 표현하려고 시도한다. 예를 들어 1964년 9월 11일 자 『라이프』 일본 특집호 표지에는 전통 복장을 갖춰 입은 게이샤가 볼링장에서 공을 던지는 사진이 실렸다. 새롭게 미국화된 이 나라는 19세기 말부터 일본에서 만들어 먹던 하얀 식빵의 밋밋한 맛과 금잔화보다 더 샛노랗고 비누처럼 미끌미끌한 가공 치즈의 맛이 난다. 이것은 일본 장아찌나 무, 초밥 안에 든 고추냉이 등의 톡 쏘는 맛과 비교된다. 그러면서 우리는 80여 년 전 여행자들의 관점을 고스란히 이해할 수 있다. 서정적인 몰락을 탄식하는 라프카디오 헌에 우리 모두가 한마음으로 공감하는 것이다.

그리고 바로 그 점에서 이기는 달랐다. 그는 점심에 검은색 칠기 도시락을 열고 붉은 찬합에 가지런히 담긴 쌀밥과 매실 절임, 생선을 먹었을 것이다. 하지만 밤에는 도시바, 소니, 혼다의 네온사인이 휘황찬란한 긴자 사거리의 식당에서 지로와 그의 일본 친구들과 어울려 샤토브리앙을 먹었다. 그러고는 데시가하라 히로시 감독의 영화를 한 편 보고 집으로 돌아와 네쓰케 진열장 문을 열고 축음기에 스탠 게츠를 틀어 놓고 위스키를 마셨다. 이기와 지로의 삶은 또 다른 종류의 진정한 일본이었다.

20여 년간 파리, 뉴욕, 할리우드, 군대 등지에서 실패와 상대적 고난의 세월을 겪은 후, 이기는 이제 빈보다 도쿄에서 더 오랜 시간을 살았고 소속감을 느끼기 시작했다. 그는 이 세계에서 능력 있는 사람이었고, 자수성가했고, 본인과 친구들을 부양하기에 충분한 돈을 벌었다. 그는 자신의 형제자매는 물론 조카들에게도 도움을 베풀었다.

1960년대 중반, 루돌프는 결혼해서 다섯 아이를 키우고 있었다. 기젤라는 멕시코에서 유복하게 살고 있었다. 턴브리지 웰스에 사는 엘리자베트는 매주 일요일 9시 30분이면 아침 예배를 드리러 단정하게 코트를 입고 교구 교회로 걸어가는 모습이 완벽한 영국인처럼 보였다. 은퇴한 헹크는 『파이낸셜 타임스』를 읽으며 지낸다. 그들의 두 아들도 잘 지내고 있다. 나의 아버지는 잉글랜드 성공회에서 사제 서품을 받고, 성공회 목사의 딸이자 역사학자인 여성과 결혼해 노팅엄에 있는 대학의 교목이 되었다. 두 사람에게는 나를 포함한 네 명의 아들이 있다. 런던에서 성공한 변호사로 활동 중인 내 삼촌 콘스턴트 헨드릭(헨리)은 영국 의회 법률 사무소에 일하며 결혼해서 두 아들을 두었다. 빅터 드 발 목사와 그의 남동생 헨리는 전문직 영국인이고 집에서도 영어를 사용하는데, R 발음을 살짝 굴릴 때만 유럽 대륙 출신이라는 티가 난다.

이기는 사업가로 변신했다. 아버지로부터 인정받을 만한 남자가 됐다고 마음 아파하며 말한 적이 있다. 돈을 잘 모르는 내가 보기에, 이기는 그의 아버지인 빅토어와 비슷한 점이 많다. 두 사람은 성공한 거물 사업가이지만, 회계 장부 사이에 시집 한 권을 감춰 두고 책상 뒤에 살짝 숨어 하루 일과가 끝나기만을 손꼽아 기다리는 그런 류의 사람이다. 하지만 참담한 몰락을 잇달아 초래한 그의 아버지와 달리, 사실 이기는 돈을 관리하는 능력이 탁월했다. 그가 1964년에 취리히의 스위스 은행 본부장에게 보낸 비공개 기밀 서한 사본이 『아바나의 사나이 Our Man In Havana』속에 책갈피처럼 끼워져 있었다. 타자기로 적은 내용은 다음과 같다. "저로 말씀드리자면, 일본에서 맨손으로 사업을 시작해 지난 몇 년간 연매출 1억 엔 이상의 기업으로 성장시켰습니다. 저희 회사는 일본 도쿄와 오사카에서 사무소를 운영하며 고용 직원 수는 45명입니다. 저는 부사장 겸 일본 매니저입니다." 당시 1억 엔은 상당히 큰 금액이었다.

결국 이기는 은행가가 되었다. 그의 할아버지 이그나체가 빈의 쇼텐가세에 은행을 설립한 지 100년 만의 일이었다. 스위스 은행의 도쿄 지사장이 된 이기는 내게 여기가 세계 최고의 은행이라고 설명해 주었다. 이번에는 소나무 가지와 붓꽃 꽃꽂이 화병이 놓인 프런트에 비서가 앉아 있는 제법 넓은 사무실을 구했다. 6층 창문의 서쪽으로는 크레인과 안테나로 뒤덮인 도쿄의 새로운 풍경이, 동쪽으로는 황궁의 소나무가, 아래로는 오테마치까지 늘어선 노란색 택시 행렬이 내려다보였다. 어느덧 이기도 나이가 들어갔다. 1964년 선여덟 살의 그는 짙은 회색 정장에 넥타이를 단단히 조여 매고, 빈에서 찍은 졸업 사진처럼 한 손을 주머니에 넣고 있었다. 머리숱이 점점 줄어들었고, 이기는 자신의 상태를 충분히 인지하고 있었기에 머리를 뒤로 빗어 넘기는 일은 삼갔다.

한편 서른여덟 살의 미남인 지로는 CBS에서 미국 TV 프로그램을 일본에 수입하는 일을 새로 시작한 참이었다. "그리고 일본 NHK 신년 음악회에 빈 연주단을 초청하는 일을 책임지고 있었지." 지로는 말했다. "반응이 정말 뜨거웠어! 일본 사람들이 빈 음악과 슈트라우스를 얼마나 사랑하는지 자네도 알지? 그들은 택시에서 이기에게 '어느 나라에서 오셨어요?' 하고 물었어. '오스트리아 빈이요.' 하고 대답하면 라라라라 흥얼거리며 「아름답고 푸른 도나우강」을 부르기 시작했지."

1970년에 두 사람은 도쿄에서 남쪽으로 110킬로미터쯤 떨어진 이토반도에 땅을 사서 작은 별장을 하나 지었다. 사진을 보니 저녁이면 술 한잔할 수 있는 베란다도 있다. 눈앞에 펼쳐진 대지는 대나무 담장으로 둘러싸였고 멀리 바다가 희미하게 보인다.

그들은 가까운 친구의 가족 묘지가 있는 절에 자신들의 묏자리를 마련했다. 이기는 그곳에 묻히기로 정했다.

그리고 1972년, 두 사람은 다카나와에 있는 좋은 위치의 신축 아파트로 이사했다. "히가시긴자, 신바시, 다이몬, 미타"라고 지하철 안내 방송이 나온다. 그다음 역인 '센가쿠지'에서 내려 언덕을 올라 다카나와 황족 저택의 담장 옆 조용한 길을 걸어 집으로 향한다. 도쿄인데도 아주 조용한 곳이다. 한번은 두 사람이 돌아오길 기다리며 맞은편 녹색 난간에 걸터앉아 있었는데, 그 한 시간 동안 할머니 두 분과 노란색 빈 택시 한 대만 내 앞을 지나갔다.

대형 아파트는 아니었지만 살기엔 매우 편리했다. 이기와 지로는 노후를 내다보고 준비해 두었다. 각각 별개의 현관문을 사용했지만, 두 집은 옷방을 사이에 두고 연결되었다. 이기는 현관 한쪽 벽에 거울을 달고 반대편에는 정사각형 금박 장식을 줄지어 붙였다. 앉아서 신발을 벗을 수 있는 작은 의자, 그리고 기억도 나지 않을 만큼 오래전 교토에서 구입한 수호 불상이 놓여 있었다. 빈에서 가져온 그림들 일부는 지로의 아파트로 옮기고, 지로의 일본산 도자기 몇 점은 이기의 진열장에 자리 잡았다. 작은 제단에는 에미의 사진과 지로의 어머니 사진을 나란히 두었다. 온갖 재킷이 가득 걸린 이기의 옷방에서는 다카나와 황족 저택의 정원이 내려다보였다. 진열장이 있는 거실에서는 저 멀리 도쿄만이 보였다.

이기와 지로는 베네치아, 피렌체, 파리, 런던, 호놀룰루 등지로 함께 휴가를 떠났다. 1973년에는 빈을 방문했다. 이기로서는 1936년에 떠난 후 처음으로 돌아온 것이었다.

이기는 자신이 태어난 팔레 에프루시 앞으로 지로를 데려간다. 두 사람은 부르크 극장과 자허 호텔, 이기의 아버지가 자주 다니던 오래된 카페에도 간다. 일본으로 돌아온 이기는 두 가지 결정을 내린다. 그 두 결정은 서로 연결되어 있다. 첫째는 지로를 자신의 양자로 입양하는 것이다. 그렇게 지로는 에프루시 스기야마 지로가 된다. 둘째는 미국 시민권을 포기한 것이다. 기차역에서 링슈트라세를 찾아가서 어릴 적 살던 집 앞의 부러진 보리수나무를 보던 엘리자베트 할머니의 사연이 문득 떠올랐다. 그래서 이기에게 빈으로 돌아가서 오스트리아 국적을 회복하게 된 이야기를 자세히 물었다. "닉슨을 도저히 참을 수 없었어." 그게 전부였다. 그러고 이기는 지로와 눈을 맞추며 전혀 상관없는 이야기로 화제를 돌렸다.

한 장소에 소속된다는 것은 어떤 의미인지 의문이 든다. 샤를은 파리에서 러시아인으로 살다 죽었다. 빅토어는 그것이 잘못된 일이라고 했다. 그리고 본인은 빈에서 러시아인으로 50년을 살다가 오스트리아인이 되었고, 그다음에는 독일 제국의 국민이었다가 마지막에는 무국적자였다. 엘리자베트는 영국에서 지낸 50년 동안 네덜란드 시민권을 유지했다. 오스트리아인이었던 이기는 미국인이 되었다가 그 후에는 일본에서 오스트리아인으로 살았다.

한 장소에 동화하더라도 어디론가 떠날 곳이 필요하다. 항상 여권을 소지하고 다닌다. 어떤 것은 비밀로 간직해야 한다.

34

광택에 대하여

이기가 네쓰케 밑면에 작은 번호표를 붙인 시기는 아마 1970년대 무렵이었을 것이다. 그는 네쓰케의 전체 목록을 작성하고 감정 평가를 받았다. 놀랍게도 그 가치가 매우 높았다. 그중에서 호랑이 네쓰케가 으뜸이었다.

네쓰케를 만든 조각가들이 마침내 자신의 이름을 회복한 순간이다. 그들은 가족이 있는 사람으로, 특정한 풍경 속의 장인들로 살아나기 시작한다. 이제 이야기는 그들을 중심으로 펼쳐진다.

19세기 초 기후에는 도모카즈라는 이름의 조각가가 살았는데, 그는 동물 모양의 네쓰케를 만드는 솜씨가 아주 뛰어났다. 어느 날 대중목욕탕에 갈 것처럼 가벼운 옷차림으로 집을 나선 그가 사나흘 동안 깜깜무소식이었다. 그의 신변에 무슨 일이 생긴 것은 아닌지 가족과 이웃들이 심히 걱정하던 중에 그가 불쑥 돌아왔다. 그리고 자신이 사라진 이유를 설명했다. 사슴 네쓰케를 조각하기로 마음을 먹고 산속 깊은 곳으로 들어갔다가, 사슴들이 사는 모습을 관찰하는 데 몰두한 나머지 그동안 먹는 것조차 잊고 지냈다는 것이다. 그는 산속에서 관찰한 것을 바탕으로 바라던 작품을 완성했다고 전해진다. …… 네쓰케 하나를 만드는 데 한 달, 심지어 두 달이 걸리는 경우도 드물지 않았다.

내 진열장에는 네 마리의 작은 거북이가 서로서로 등 위를 기어오르는 네쓰케가 있다. 이기가 작성한 목록에서 번호를 찾아보니 도모카즈가 만든 작품이다. 카페 마키아토색을 띤 회양목으로 만들었다. 아주 작은 이 네쓰케를 손안에서 굴리면, 미끄러운 거북이들이 서로 위에 올라타려고 발버둥 치면서 둥글게 이어지는 형태가 느껴진다. 손에 들고 보면 이 사람은 거북이를 실제로 보고 만들었다는 것을 알 수 있다.

이기는 네쓰케 컬렉션을 보러 온 학자나 딜러가 제기한 질문들을 노트에 기록해 놓았다. "사람들은 왜 작품에 서명이 있으면 문제가 간단해진다고 생각하는 걸까? 서명은 미로처럼 복잡하게 뒤얽힌 문제들의 시작에 불과하다. 글씨체에서 권위가 느껴지는가 아니면 머뭇거림이 느껴지는가? 이 글자는 몇 획으로 이루어져 있는가? 글자를 감싸는 테두리가 있는가? 만약 그렇다면 테두리는 어떤 모양인가? 이 글자들을 다른 식으로 읽는 방법은 또 없을까?" 그중에서 내가 가장 좋아하는 것은 학문적으로 심오한 다음의 질문이다. "위대한 조각가와 악필 서명 사이에는 어떤 상관관계가 있는가?"

이 질문들에 답을 내릴 수 없기에 나는 표면에 남겨진 세월의 흔적patination*을 살펴본다. 그러고 나서 관련 문헌을 읽었다.

서양인들에게 광택의 차이는 단지 재료나 작업 방식의 문제로 보일 수 있다. 하지만 사실 광택 내기는 최상급의 네쓰케를 만드는 데 매우 중요한 제작 과정이다. 광택 내기는 다양한 재료를 삶고 건조하고 문지르는 일련의 작업으로 이뤄지며, 그 재료와 성분은 비법으로 전수된다. 매끄럽고 고운 광택을 내려면 사나흘 동안의 고된 인내와 정성이 필요하다. 젊은 도요자쿠의 작품에 보이는 두텁고 진한 갈색 광택은 곱기는 하지만 독보적일 만큼 탁월하지는 않다.

그러다 나는 단바 유파의 젊은 조각가 도요카즈가 제작한, 노란색 뿔로 눈을 만들어 넣은 호랑이 네쓰케를 꺼낸다. 이 조각가는 나뭇결이 곱고 치밀한 회양목을 사용해서 동물의 움직임을 생생하게 포착하는 작업으로 명성이 높았다. 내 호랑이 네쓰케는 줄무늬 꼬리를 채찍처럼 등 위로 말아 올린 모습이다. 나는 하루 이틀씩 이걸 갖고 다니다가, 한번은 멍청하게도 런던 도서관 5층 서가(전기 K-S 코너)에서 노트에 올려 두고 커피를 마시러 나간 적이 있다. 하지만 내가 돌아왔을 때, 호랑이는 짙은 갈색의 찡그린 얼굴에 이글거리는 눈을 부릅뜬 채 여전히 제자리에 있었다.

* 시간이 흐르면서 변색되거나 녹슬고 형태가 마모되는 등 세월의 깊이가 더해진 상태.

그는 전적으로 위협적인 존재다. 도서관의 다른 이용자들을 쫓아 보낸 것이다.

종결부

도쿄, 오데사, 런던
2001–2009

35

지로

나는 다시 도쿄로 돌아왔다. 지하철역에서 나와서 이온 음료를 파는 자판기를 지나 걸어 올라가는 길이다. 지금은 9월이고 도쿄에는 몇 년 만에 와 본다. 자판기들이 새로 바뀌었다. 도쿄에는 천천히 바뀌는 것들도 있다. 은색 고층 아파트 옆에는 빨래를 널어놓은 허름한 목조 가옥들이 그대로 있다. 스시 식당에서는 X 부인이 계단을 청소하고 있다.

언제나 그랬듯이 나는 지로의 집에 머문다. 80대 초반인 지로는 바쁘게 지낸다. 여전히 오페라나 영화를 보러 다닌다. 지난 몇 년간 도자기 교실에 다니며 찻사발과 간장 종지를 만들기도 했다. 이기가 세상을 떠나고 15년이 흘렀지만 지로는 이기의 아파트를 그대로 보존하고 있다. 펜들은 여전히 펜대에 꽂혀 있고, 데스크 패드도 그대로 책상 한가운데 놓였다. 바로 이곳에 지금 내가 있다.

나는 준비해 간 녹음기를 지로와 이리저리 만지작거리다 이내 포기하고, 뉴스를 보며 술을 마시고 토스트와 파테를 먹는다. 사흘간 이곳을 방문한 목적은 지로에게 이기와 함께 한 나날들을 자세히 물어보고, 네쓰케 이야기에서 혹시 내가 잘못 기억한 건 없는지 확인하기 위해서였다. 두 사람의 첫 만남 이야기라든지 둘이 처음으로 같이 살던 동네 이름 등을 정확히 알고 싶었다. 한 번쯤은 필요한 대화였지만 형식적으로 느껴지지 않을까 걱정이 된다.

시차 적응을 못해 새벽 3시 30분에 눈을 뜬다. 커피를 내려 마신다. 이기의 책장을 손으로 훑어보며 읽을거리를 찾는다. 빈에서 가져온 오래된 동화책들, 프루스트 옆에 있는 렌 데이턴 전집 등등. 『아키텍처럴 다이제스트』의 오래된 과월 호 몇 권을 꺼낸다. 크라이슬러나 시바스 리갈 위스키의 매력적인 광고가 실려 있어서 내가 좋아하는 잡지다. 그런데 1966년 6월 호와 7월 호 사이에서 아주 오래된 서류들이 든 편지봉투 하나를 발견한다. 러시아어로 쓰여 있고 공문서로 보인다. 나는 제자리에서 맴돈다. 예상치 못한 편지봉투를 더 이상 감당할 자신이 없다.

팔레 에프루시의 복도 끝, 빅토어의 서재에 걸려 있던 그림들과 이기가 1950년대 교토에서 구입한 붓꽃이 그려진 금색 병풍을 바라본다. 꽃잎 문양이 음각으로 새겨진 오래된 중국 도자기 그릇 하나를 골라서 들어 본다. 음각 문양이 초록색 유약을 머금고 있다. 30년 가까이 보아 온 물건인데도 변함없이 좋은 느낌이다.

이 방 전체가 너무나 오랜 세월 동안 내 삶의 일부였기에 나는 이곳을 거리를 두고 객관적으로 볼 수가 없다. 여기서는 파리의 몽소가와 이에나가에 있던 샤를의 방, 빈에 있던 에미의 옷방에서 그랬던 것처럼 물건의 목록을 작성할 수 없다.

새벽녘에야 잠이 든다.

지로가 맛있는 아침 식사를 차려 준다. 우리는 향 좋은 커피와 파파야, 긴자의 베이커리에서 사 온 초콜릿 빵을 먹는다. 그런 다음 심호흡을 한번 한다. 지로는 종전일이던 1945년 8월 15일에 무슨 일이 있었는지 처음으로 이야기하기 시작한다. 가벼운 늑막염에서 회복 중이던 그는 심심하던 차에 친구를 만나러 도쿄에 왔다. 오후에 이즈행 기차를 타고 집으로 돌아가던 길이었다. "기차표 구하기가 쉽지 않았지. 기차 안에서 친구와 떠들다가 화려한 색깔 옷을 입은 여자들을 봤어. 믿기지가 않았지. 원색을 본 게 아주 오래전 일이라서 말이야. 그러다가 몇 시간 전에 항복 선언을 했다는 뉴스를 들었어."

네쓰케의 역사를 찾아 헤맨 그간의 여정, 내 모든 방랑 이야기를 지로와 함께 나눈다. 파리와 빈에서 내가 찍은 사진들을 같이 보고, 지난주 신문에서 오려 낸 기사 하나를 그에게 보여 준다. 뚜껑을 열면 다이아몬드가 박힌 수탉 장식이 나오는, 핑크색과 금색으로 장식된 파베르제 달걀Fabergé egg에 대한 기사다. 이기의 종조모인 베아트리스 에프루시 드 로스차일드가 주문 제작했던 그 작품이 러시아 미술품 경매 사상 역대 최고가를 갱신했다는 소식이다. 마침 우리는 이기의 예전 아파트에 있고, 지로는 오랜만에 진열장을 열고 손을 뻗어 네쓰케 하나를 꺼낸다.

그러더니 오늘 밤에는 외출하자고 제안한다. 맛있다고 들은 새로운 레스토랑에 가서 저녁을 먹고 영화도 한 편 볼 거라고 한다.

36

천체 관측기, 평판 측량기, 지구본

지금은 11월이고 나는 오데사에 가야 한다. 이 여정을 시작하고 거의 2년 동안 모든 곳을 다녔지만, 에프루시 가문이 시작된 이 도시만은 가 보지 못했다. 흑해를 보면서 연안 항구에 있는 곡물 창고들을 상상하고 싶다. 그리고 샤를과 증조할아버지 빅토어가 태어난 집에 들어가 본다면 이해할 수도 있을 것 같다. 내가 무엇을 이해하게 될지는 확실하지 않다. 그들은 왜 떠나야 했을까? 떠난다는 건 무슨 의미일까? 나는 가문의 출발지를 찾아가는 것이다.

나는 동생 토머스를 만난다. 막내지만 형제 중에 키가 제일 큰 토머스는 캅카스 지역에서 분쟁 전문가로 활동하고 있다. 몰도바에서부터 다섯 시간 동안 택시를 타고 달려왔다. 동생은 오데사에 살던 에프루시 집안의 역사를 수년간 연구해 왔고, 러시아어를 할 줄 안다. 그리고 국경에 대해서는 익숙한 나머지 심드렁하다. 입국 심사에서 억류된 토머스는 뇌물을 주느냐 마느냐 그것이 항상 문제로다 하며 웃는다. 비자 때문에 걱정인 나와 달리 동생은 걱정하지 않는다. 학생 시절 그리스 제도를 함께 돌아다닌 이후로 우리 둘이 하는 여행은 25년 만에 처음이다. 몰도바인 택시 기사 안드레이가 차를 출발시킨다.

우리는 폐허가 된 아파트 단지와 퇴락한 공장 지대의 변두리 길을 덜컹거리며 지나간다. 차창을 진하게 선팅한 검은색 대형 사륜구동 차량과 구형 피아트 차들이 우리 차를 추월한다. 얼마 후 오데사의 옛 시가지에 있는 넓은 대로에 접어든다. "오데사가 이렇게 아름다운 곳이라는 걸 왜 아무도 내게 말해 주지 않았던 거야? 가로수 길을 따라 개오동나무들이 늘어서 있고, 열린 문틈 사이로 보이는 정원과 야트막한 참나무 계단, 발코니가 있는 아름다운 곳이라는 말을 한 번도 들어 보지 못했어." 나는 토머스에게 투덜댄다. 오데사의 일부 지역은 복구 작업 중이다. 천장은 수선되고 벽의 회반죽 마감도 페인트칠을 새로 한 것이다. 다른 건물들은 조반니 바티스타 피라네시의 판화처럼 폐허 속에 무너져 내렸고, 늘어진 전선, 주저앉은 지붕, 경첩이 떨어져 나간 대문, 주두柱頭 장식이 사라진 기둥 등도 보인다.

우리 차는 최종 목적지인 론돈스카 호텔 앞에 도착한다. 프리모르스키 대로에 위치한 이 호텔은 금박 장식과 대리석으로 지어진 벨 에포크 양식의 건물이다. 호텔 로비에서 퀸의 음악이 잔잔하게 흘러나온다. 멋진 산책로인 프리모르스키 대로에는 노란색과 하늘색으로 채색된 고전적 건물들이 길을 따라 늘어서 있다. 이 길은 예이젠시테인의 영화 「전함 포템킨」으로 유명해진 포템킨 계단의 양쪽으로 펼쳐진다. 총 192개의 계단과 10개의 층계참으로 구성된 포템킨 계단은 위에서 내려다보면 층계참만 보이고, 아래에서 올려다보면 계단만 보이도록 설계되었다.

이 계단을 천천히 올라간다. 계단 꼭대기에 도착하면 옛 소련의 해군 모자를 강매하는 잡상인, 목에 시집을 매고 다니며 구걸하는 선원, 같이 사진을 찍어 주는 대가로 돈을 요구하는 표트르 대제 복장의 남자를 피하는 게 좋다. 정면에는 토가를 걸친 리슐리외 공작의 동상이 서 있다. 그는 도시 계획 임무를 맡아 프랑스에서 오데사로 왔고 19세기 초반에는 오데사의 총독으로 임명되었다. 리슐리외 동상을 지나고, 곡선을 그리며 배열된 황금색 건물들이 완벽한 한 쌍의 괄호처럼 보이는 지점을 지나면, 신하들에 둘러싸인 예카테리나 대제의 동상이 나온다. 지난 50년 동안 그 자리에는 옛 소련 시대의 동상이 있었는데, 현지 신흥 재벌의 후원으로 지금은 예카테리나 동상이 제자리를 찾았다. 그녀의 발 주변에는 화강암 포석들이 깔려 있다.

　계단 꼭대기에서 오른쪽으로 가면 밤나무들과 먼지가 내려앉은 화단이 늘어선 도로 사이로 산책로인 프리모르스키 대로가 나온다. 그 끝 지점에는 유명 파티들이 자주 열리던 총독의 궁전이 자리 잡고 있다. 엄격한 도리아 양식의 건축물이다.

　이곳의 모든 풍경은 하나하나 정교하게 설계되었다. 오데사에 살았던 푸시킨을 기념하는 동상, 크림 전쟁 중 영국군에게서 획득한 전리품인 대포 등 도시를 대표하는 기념물들을 걸어서 둘러볼 수 있다. 이곳은 저녁 파세자타 passeggiata*를 하기에 좋은 장소다. "해 질 녘이면 사람들이 길을 따라 산책을 오고 가고 수다를 떨고, 심지어 …… 이성을 유혹하는 일도 공공연

---

* 이탈리아어로 '산책'.

1880년 오데사의 산책로 풍경을 담은 엽서. 왼쪽에서 두 번째와 세 번째 건물이 에프루시 가문의 은행과 저택이다.

히 일어났다." 여기서 좀 더 걸어가면 빈에 있는 오페라 하우스를 모델로 한 오페라 하우스가 나오는데, 이번 시즌에 공연하는 새로운 이탈리아 가수들을 후원하는 유대인과 그리스인 팬클럽이 '몬테첼리스티'나 '카라리스티' 같은 이름으로 나뉘어 경쟁한다. 이곳은 성당이나 요새를 중심으로 형성된 도시가 아니다. 이곳은 상인과 시인들로 이루어진 고대 그리스의 도시이고, 부르주아의 광장이다.

　나는 쇼핑 상가에 있는 중고품 가게에서 19세기 엽서 두어 장과 아이들에게 줄 옛 소련 시절의 훈장들을 산다. 그중에서 19세기 후반에 제작된 엽서 한 장은 한여름의 풍경이다. 아마도 7월인 듯하다. 밤나무 그림자가 짧은 것으로 미루어 보아 정오 무렵이다. 그 산책로는 "한여름 정오의 무더위에도 시원했다."라고 오데사의 어느 시인은 말했다. 양산을 쓴 여인이 산책로를 따라 푸시킨 동상에서 멀어져 가고, 어떤 유모는 커다란 검은색 유아차를 밀면서 걸어간다. 항구까지 사람들을 실어 나르는 트램의 돔 지붕이 보인다. 그 너머로 만에 정박한 배들의 돛대가 일렬로 늘어서 있다.

포템킨 계단 꼭대기에서 왼쪽으로 가면 코린트 양식으로 지은 증권 거래소가 눈앞에 나타난다. 현재 오데사 시청사로 사용 중인 이 건물에는 벨기에 외교 사절단을 환영하는 현수막이 걸려 있다. 11월 초지만 날씨가 포근해서 우리는 반팔 차림으로 거리를 걷는다. 몇몇 저택을 지나면 시청이 나오고 거기서 네 번째 건물이 에프루시 은행이다. 바로 옆에는 에프루시 가족이 살던 집이 나란히 붙어 있다. 그 집은 쥘과 이그나체, 샤를이 태어난 곳이다. 빅토어도 그곳에서 태어났다. 우리는 건물 뒤쪽으로 돌아간다.

집은 엉망이다. 벽의 회반죽 마감은 덩어리째 떨어져 나가고 발코니들은 무너져 내리고 있다. 아기 천사 장식도 일부가 깨졌다. 가까이 다가가서 보니 건물 외관을 재단장해 새로 칠했고 창문도 확실히 원래의 것이 아니다. 그렇지만 제일 꼭대기 층의 발코니에는 가문을 상징하는 두 개의 E 자 문양이 달려 있다.

나는 머뭇거린다. 이런 일에 능숙한 토머스는 주저하지 않고 부서진 대문을 통과해 에프루시 저택의 뒷마당으로 들어간다. 이곳은 바닥에 검은색 돌이 깔린 마구간이다. "이 자갈들은 곡물선에 실어 들여온 시칠리아산 화산암이야." 그는 뒤도 돌아보지 않고 말한다. "곡물을 싣고 나갔다가 화산암을 싣고 돌아오는 거지." 차를 마시다가 갑자기 조용해진 열 명 남짓한 남자들과 시트로엥 2CV 한 대가 보인다. 쇠사슬에 묶인 독일셰퍼드 한 마리가 짖는다. 먼지로 가득한 마당에는 목재, 석고, 깨진 석재로 꽉 찬 쓰레기 자루 세 개가 있다. 토머스는 반질거리는 가죽 재킷을 입은 현장 감독을 만난다. "네, 들어가셔도 됩니다. 운이 좋으시네요. 마침 보수 공사를 하는 중이거든요. 건물 전체를 완전히 새롭고 멋지게 바꾸고 있어요. 공사는 아주 성공적이고, 일정도 차질 없이 진행 중이고, 작업 사양도 고급입니다. 최근에는 지하에 실험실을 짓고 방화문과 스프링클러 시설을 설치했어요. 다음은 사무실 공간을 작업할 차례입니다. 예전 집은 전부 철거해야 했어요. 폭격을 맞아서 도저히 살릴 방법이 없었죠. 한 달 전에만 왔어도 보실 수 있었을 텐데요!"

그랬어야 했다. 내가 너무 늦었다. 다 뜯겨 나간 이 집에서 뭘 만져 볼 수 있단 말인가. 천장은 없고 철제 대들보와 전기 배선만 남아 있을 뿐이다. 바닥도 없고 콘크리트 바닥을 평평하게 시공하는 장치만 있다. 벽에는 회반죽을 새로 바르고 창문 유리는 새것으로 교체했다. 공간을 분할하기 위한 철제 구조물들이 드문드문 세워져 있다. 방문은 한 개를 제외하고 전부 철거되었는데, 그나마 하나 남은 참나무 문도 내일이면 쓰레기 자루에 들어갈 운명이다. 이 집에서 유일하게 남아 있는 건 부피, 방들의 규모, 높이 490센티미터뿐이다.

여기에는 아무것도 없다.

토머스와 반질반질한 가죽 재킷을 입은 남자는 러시아어로 대화하며 빠른 속도로 앞서 걸어간다. "이 집은 러시아 혁명

이후로 쭉 증기선 회사의 본사였습니다. 그 전에요? 그걸 제가 어떻게 안답니까! 지금이요? 해양 위생 검사국 본부예요. 그래서 실험실을 들여놓은 거랍니다." 두 사람은 빠르게 걸음을 옮긴다. 나도 쉬지 않고 따라간다.

우리는 건물을 한 바퀴 돌아 다시 대문 앞으로 와서 먼지가 날리는 마당으로 들어간다. 내 생각이 틀렸다. 나는 다시 계단을 올라가 철제 난간 위에 손을 얹는다. 모든 난간 기둥의 윗부분은 에프루시 가문의 상징인 검은색 밀 이삭으로 장식되어 있다. 우크라이나의 비옥한 흑토 곡창 지대에서 생산된 밀 덕분에 그들은 부자가 될 수 있었다. 동생이 전화 통화를 하는 동안 나는 창가에 서서 산책로를 내다본다. 밤나무가 양쪽으로 늘어선 가로수 길과 먼지 자욱한 보도, 벤치들 너머로 흑해가 보인다.

에프루시 집안의 형제들은 여전히 이곳에 있다.

어떤 흔적들은 덧없이 사라졌다. 에프루시 가문은 빈민가의 조직폭력배 같은 도시의 삶을 사실적으로 기록한 유대인 작가 아이작 바벨의 소설 속에 살아 있다. 에프루시는 자기보다 성적이 우수하지만 가난한 학생을 제치고 김나지움에 입학하기 위해 뇌물을 제공하는 인물로 등장한다. 숄렘 알레이헴이 이디시어로 쓴 소설에도 에프루시 사람들이 나온다. 어느 가난한 남자가 은행가 에프루시에게 도움을 청하러 유대인 마을에서부터 오데사까지 오랜 시간 걸어서 찾아온다. 그 은행가는 거절한다. 이디시 속담 중에 '오데사에서 신처럼 산다.'라는 말이 있듯이, 에프루시 집안사람들은 그들만의 유대인 거리에서 신처럼 산다. 그리고 개오동나무가 즐비하게 늘어선 이 거리 어딘가에는 상속권을 박탈당한 채 빈에서 쫓겨난 슈테판이 아버지의 내연녀였던 자신의 아내와 근근이 살아가던 셋방이 있다.

어떤 흔적들은 좀 더 구체적이다. 유대인 학살 사건이 발생한 후에 에프루시 형제들은 에프루시 고아원을 설립했다. 이그나체가 가문의 설립자인 자신의 아버지를 기리는 의미로 유대인 아이들을 위해 세운 에프루시 학교는 이후 30년 동안 샤를과 쥘, 빅토어의 기부금으로 운영됐다. 이 학교는 들개가 떠돌아다니고 부서진 벤치들이 놓인 먼지투성이 공원 외곽에 아직도 그대로 있다. 두 동의 낮은 건물이 전찻길 옆에 나란히 붙어 있다. 1892년에 에프루시 형제가 기부한 1200루블을 받았다는 학교 기록이 남아 있다. 학교 측은 상트페테르부르크에서 천체 관측기, 평판 측량기, 지구본, 유리를 절단할 때 사용하는 강철 나이프, 인체 해골 모형, 분리 가능한 안구 모형 등을 구매했다. 그리고 오데사의 한 서점에서 해리엇 비처 스토, 조너선 스위프트, 톨스토이, 윌리엄 쿠퍼, 윌리엄 새커리, 월터 스콧 등의 책 280권을 구입하는 데 533루블 64코펙을 사용했다. 남은 돈으로는 코트와 블라우스, 바지를 사서 25명의 가난한 유대인 소년들에게 나누어 주었다. 덕분에 아이들은 추위에 떨거나 오데사의 먼지를 뒤집어쓰지 않고 『아이반호』나 『허영의 시장』을 읽을 수 있었다.

파리 몽소가의 먼지나 링슈트라세를 건설할 때 빈에 날리던 먼지 따위는 이곳의 먼지에 비하면 아무것도 아니다. "어디를 가나 5-7센티미터 두께의 먼지가 장막처럼 쌓여 있다."라고 셜리 브룩스는 1854년에 발표한 『남부 러시아인들 The Russians of the South』에서 적었다. "약하게 부는 산들바람에도 먼지가 구름처럼 도시를 뒤덮고, 가벼운 발걸음에도 짙은 먼지가 수북하게 피어오른다. 빠른 속도로 달리는 수백 대의 마차들이 …… 쉴 새 없이 질주하고, 바다에서 해풍이 끊임없이 거리로 휘몰아치는 상황 속에서, 오데사가 구름 속에 살고 있다는 말은 단순히 비유적인 표현이 아니다." 그곳은 성공을 향해 달려가고 있는 도시였다. "거리와 상점에서 마주치는 번화하고 시끌벅적한 풍경, 바삐 걷는 사람들, 주택 등을 포함한 모든 것에서 느껴지는 익숙하고 새로운 모습, 그리고 물론 질식시킬 듯이 세차게 휘날리는 먼지조차도 ……." 마크 트웨인의 묘사다. 에프루시 집안 아이들은 먼지와 함께 자란다는 의미를 그제야 이해하게 되었다.

동생과 나는 키가 작고 단정한 70대 학자 사샤와 만날 약속을 잡는다. 길모퉁이에서 그의 오랜 지인인 비교 문학 교수를 우연히 만나 그렇게 우리는 학교까지 함께 걸어간다. 토머스와 사샤는 러시아어로 대화하고, 그 교수와 나는 영어로 국제 셰익스피어 학회에 대한 이야기를 나눈다. 학교에 도착한 후 교수와는 헤어지고 우리 세 사람은 공원 카페에 앉아 달콤한 커피를 마신다. 바에 있던 매춘부 세 명이 우리를 노려보며 유혹하는 시선을 이따금씩 던진다. 나는 사샤에게 우리가 여기에 오게 된 이유를 설명한다. "제가 책을 하나 쓰고 있습니다." 거기까지 말하고 잠시 멈춘다. "이 책이 우리 가족에 대한 것인지, 추억에 대한 것인지, 제 자신에 대한 것인지, 아니면 그저 작은 일본 물건들에 대한 책인지 이제는 저도 정말 모르겠습니다."

막심 고리키도 네쓰케를 수집했다고 그가 점잖게 말한다. 우리는 커피를 더 주문해 마신다. 나는 이기의 도쿄 아파트에 있던, 오래된 『아키텍처럴 다이제스트』 사이에서 발견한 서류 봉투를 꺼낸다. 사샤는 문서가 복사본이 아니라 원본이라는 사실에 깜짝 놀라더니, 내가 지켜보는 앞에서 마치 피아니스트가 악보를 연주하듯이 서류를 뒤적인다.

이 문서들은 에프루시 저택을 건설했고 스웨덴과 노르웨이 왕실의 오데사 영사이기도 했던 이그나체가 얼마나 무시무시하고 대단한 인물이었는지에 대한 기록이다. 베사라비아 훈장을 다는 것을 허락한다는 내용의 차르가 하사한 황실 공문서가 하나, 그리고 유대교 랍비들이 보낸 문서들이 있다. "이건 아주 오래된 문서입니다." 사샤가 말한다. "1870년에 문서 양식이 변경되었어요. 저건 직인이고, 저건 수수료입니다. 여기 총독의 서명이 있네요. 늘 이렇게 아주 힘이 넘치는 필체죠. 보세요, 종이가 거의 찢어질 뻔했네요. 여기 쓰여 있는 주소와 X 자와 Y 자의 모서리를 보세요! 오데사인의 전형적인 특징입니다. 이건 서기의 보관용 문서인데, 글씨체가 형편없군요."

오래되어 바짝 마른 문서들은 사샤가 어루만지자 반짝거리며 생기를 되찾았다. 내 눈길이 처음으로 편지봉투를 향한다. 1938년 9월에 쾨베체시에서 엘리자베트에게 발송된 주소가 빅토어의 친필로 적혀 있다. 이 서류 뭉치는 빅토어와 이기에게 중요한 의미가 있었다. 그것은 우리 가문의 기록 보관소였던 것이다. 나는 자료들을 다시 조심스럽게 봉투 안에 넣는다.

호텔로 돌아오는 길에 우리는 유대교 회당에 들른다. 오데사에 사는 유대인들은 회당 담벼락에 담배를 비벼 껐다는 소문이 있을 만큼 매우 세속적이다. 지옥에는 그들만을 위해 따로 준비된 고리가 있다고 한다. 오늘 이곳은 분주하다. 텔아비브 출신의 젊은 청년들이 운영하는 학교 건설 공사가 진행 중이다. 건물의 일부를 복구하고 있는데, 학생 한 명이 다가와 우리에게 영어로 인사를 건넨다. 방해하고 싶지 않아서 안을 들여다보니 맨 앞쪽 왼편에 노란색 안락의자가 있다. 그것은 유월절 기념 의자, 즉 하느님이 선택하신 자를 위해 특별히 마련된 의자다.

샤를의 노란색 안락의자는 잘 보이는 곳에 있지만 쉽사리 눈에 띄지 않았다. 파리의 응접실에서 드가와 모로의 그림, 네쓰케 진열장 사이에 있을 때는 눈에 들어오지 않던 것이다. 이건 말장난, 유대인의 농담이다.

샤를이 빅토어에게 그려 주던 라오콘 조각상이 전시된 박물관 앞에 서서, 나는 그동안 내 생각이 얼마나 부족했는지 깨닫는다. 나는 에프루시 집안의 아들들이 빈과 파리에서 교육을 받으러 오데사를 떠난 줄 알았다. 샤를이 그랜드 투어를 떠난 것도 변두리 지방에서 벗어나 시야를 넓히고 고전 지식을 습득하기 위해서라고 생각했다. 하지만 오데사는 항구 도시일 뿐만 아니라, 조화롭게 균형을 이루는 고전적인 세계다. 에프루시 일가가 살던 대로변의 집에서 약 90미터 떨어진 곳에는 고대 유물들이 전시실마다 가득한 박물관이 있었다. 도시가 개발되는 과정에서 발굴된 고대 그리스 유물들은 10년마다 그 규모가 두 배씩 증가했다. 물론 오데사에는 학자와 수집가도 있었다. 먼지가 자욱한 도시 오데사는 하역업자, 선원, 화부, 어부, 잠수부, 밀수업자, 사기꾼, 모험가로 늘 북적였다. 그리고 위대한 기회주의자인 그들의 할아버지 요아힘도 이곳 출신이었다. 하지만 그렇다고 해서 작가와 예술가가 많지 않았다는 뜻은 아니었다.

이곳 해변에서 시작한 것일까? 언제나 떠날 준비가 되어 있는 에프루시의 기업가 정신은 아마도 오데사인의 특성일 것이다. 에프루시 사람들은 고서나 뒤러의 작품을 좇아 방랑하고, 사랑의 도피를 하고, 혹은 다음번 곡물 거래의 성공을 꿈꾸며 모험을 떠났다. 오데사는 확실히 배를 타고 떠나가기에 좋은 곳이다. 동쪽으로도 서쪽으로도 갈 수 있다. 그곳에는 뒤틀린 욕망과 여러 나라의 언어가 뒤엉켜 있다.

이곳은 이름을 개명하기에 좋은 곳이다. "유대인 이름은 듣기 불쾌하다." 오데사에서 할머니 발비나는 벨이 되고, 할아버지 하임은 요아힘으로 그리고 다시 샤를 요아힘이 되었다. 여기에서 에이자크는 이그나체가 되고, 레이프는 레온이 되었다. 그리고 에프루시 Efrussi는 에프루시 Ephrussi가 되었다. 하임은 폴란드 접경지대에 있는 북 우크라이나의 유대인 마을 베르디치우 출신이었다. 하지만 베르디치우의 기억은 산책로에 있던 에프루시 가문 최초의 대저택, 그 연노란색 회반죽 담장 안에 봉쇄되어 버렸다.

바로 이곳에서 그들은 오데사 출신의 에프루시 가문이 되었다.

이곳은 주머니 안에 무언가를 넣고 여행을 시작하기에 좋은 장소다. 베르디치우의 하늘을 보러 가고 싶지만, 이제 그만 내 집으로 돌아가야 한다. 에프루시 저택 주변의 밤나무 밑에서 주머니에 넣어 갈 밤톨을 찾는다. 긴 산책로를 처음부터 끝까지 두 번이나 걸으며 살펴보지만, 나는 이 또한 한 달 늦었다. 밤송이들은 사라지고 없다. 아이들이 주워 갔을 거라 믿고 싶다.

37

노란색 / 금색 / 빨간색

오데사에서 집으로 돌아오는 비행기 안에서 지난 1년 치 피로가 한꺼번에 몰려오는 기분이 든다. 아니, 엄밀히 말하자면 1년이 아니다. 책 여백에 남겨진 메모, 책갈피로 사용하던 편지, 19세기 친척들 사진, 이러저러한 내용의 오데사 공문서, 서랍 안에 있던 편지봉투, 슬픈 소식이 담긴 항공 우편 편지를 들여다보며 산 지 2년 가까이 되어 간다. 한 손에 오래된 지도를 들고 여러 도시를 오가며 네쓰케의 이동 경로를 추적하느라 2년의 세월이 지났다.

오래된 문서들과 먼지 때문에 손가락이 끈적거린다. 아버지는 여전히 뭔가를 찾고 계신다. 은퇴한 성직자들이 모여 사는 그 작은 아파트 안에서 어떻게 새로운 물건을 계속 발견할 수 있는지 궁금할 따름이다. 최근에 아버지가 찾아내신 1870년대의 일기장은 독일어로 쓰여 있어서 번역을 맡겨야 한다. 기록 보관소에서 1주일을 보내면서 나에게는 읽어야 할 신문 목록, 찾아봐야 할 서신들에 대한 메모, 베를린에 대한 질문거리만 더 늘어난다. 내 작업실은 자포니즘에 대한 소설과 책으로 꽉 차 있다. 집에 있는 아이들도 보고 싶고, 도자기 작업은 몇 달째 전혀 손도 대지 못했다. 언젠가 점토 덩어리를 들고 물레 앞에 다시 앉았을 때 어떤 작품을 만들지 걱정이 앞선다.

오데사에서 며칠을 보내고 돌아온 지금, 궁금한 점이 전보다 더 많아졌다. 고리키는 네쓰케를 어디에서 구입했을까? 1870년대 오데사의 도서관은 어땠을까? 베르디치우는 전쟁 중에 파괴됐지만, 거기에 가서 현재의 모습을 확인해야 할지도 모르겠다. 베르디치우 출신인 조지프 콘래드의 작품을 읽어야겠다. 콘래드가 먼지에 대해서 쓴 글이 있던가?

내 호랑이 네쓰케는 교토의 서쪽 산간 지역에 있는 작은 마을 단바에서 태어났다. 30년 전에 어느 나이 많은 도예가를 만나러 버스를 타고 흙먼지 날리는 언덕길을 올라가던 멀고 먼 여행길이 기억난다. 어쩌면 내 호랑이 네쓰케의 고향을 찾아가야 할지도 모르겠다. 그곳에는 먼지에 대한 문화사가 있을 것이다.

나의 노트는 목록들의 목록으로 가득하다. 노란색 / 금색 / 빨간색 / 노란색 안락의자 / 『가제트』의 노란색 표지 / 노란색 팔레 에프루시 / 금색 칠기 함 / 티치아노의 황금색을 띤 루이스의 금발 / 르누아르의 〈보헤미안 소녀〉/ 페르메이르의 〈델프트 풍경 View of Delft〉.

프라하 공항에서 환승하며 세 시간의 여유가 생긴 나는 노트와 맥주 한 병을 들고 자리에 앉는다. 맥주 한 병을 더 마시고 나니 베르디치우에 대한 걱정이 들기 시작한다. 샤를은 우아하게 춤을 잘 춰서 르 폴로네, 즉 폴란드인이라는 별명으로 불렸다고 기억한다. 그렇게 부르던 사람은 그의 형 이그나체와 프루스트의 절친한 친구이자 멋쟁이였던 로베르 드 몽테스키외였다. 프루스트의 전기 작가인 조지 D. 페인터는 이 점에 주목해서 샤를을 상스럽고 무례한 인물로 묘사했다. 나는 이것을 단순히 작가의 오해라고만 생각했었다. 그런데 맥주를 마시면서 곰곰이 생각해 보니, 어쩌면 샤를이 러시아가 아닌 폴란드 출신임을 강조하려던 게 아닐까 하는 생각이 든다. 오데사에 찾아가서 직접 만지고 느껴 보고 싶다는 간절함이 컸던 나머지, 나는 유대인 대학살로 악명 높은 그 도시의 역사를 까맣게 잊고 있었다. 그곳은 사람들이 멀리 떠나고 싶어 하는 도시였다.

그리고 나는 전기를 읽을 때 약간 껄끄러운 기분이 든다. 허락도 받지 않고 다른 사람의 인생 끝자락에 사는 느낌이다. '다 잊어버리자. 그냥 그대로 내버려 두자. 무언가를 쳐다보지도, 찾아보지도 말자.' 하는 내면의 목소리가 계속 들려온다. 이제 집으로 돌아가자. 이 모든 이야기를 남겨 둔 채 떠나자.

하지만 남겨 두고 떠나기는 힘들다. 나는 노인이 된 이기와 대화할 때 망설였던 순간들을 떠올린다. 망설임은 흔들리다 침묵이 되고, 침묵은 상실의 공간으로 남았다. 임종을 앞둔 샤를과 스완의 죽음, 그리고 마치 진열장처럼 마음의 문을 열고 그 안에서 기억을 하나씩 꺼내던 스완의 모습이 떠오른다. "더 이상 물건에 애착을 갖지 않는다 해도, 우리가 한때 어떤 물건에 애착을 가졌던 사실 자체는 중요한 거라네. 다른 사람들은 알아보지 못한 이유가 우리에겐 항상 존재했기 때문이지." 누구에게나 혼자만 알고 싶은 추억의 장소가 있다. 1960년대에 내 할머니 엘리자베트는 시를 좋아하던 본인의 외할머니 이블리나로부터 받은 수백 통의 편지와 메모들을 불태워 버렸다. 평생 꾸준히 편지를 쓰고 열렬한 편지 예찬론자였던("편지를 다시 쓰자, 좀 더 완성도 있게 써 보자."라고 했던) 분인데 말이다.
 '이런 걸 누가 관심 있어 하겠어?'라는 생각 때문이 아니었다. 오히려 '여기에 가까이 오지 마. 이건 내 사생활이야.'라는 의미였다.
 말년에 엘리자베트 할머니는 당신의 어머니에 대한 언급을 꺼렸다. 정치와 프랑스 시 이야기만 하곤 했다. 자신의 기도책에서 떨어진 사진 한 장을 보고 놀라기 전까지 에미의 이름을 입에 올린 적이 없었다. 내 아버지가 그 사진을 주워 들자 할머니는 자기 어머니의 수많은 연인 중 한 명이라고 무표정하게 말했다. 그리고 두 사람의 험난했던 불륜 행각과 그로 인해 자신이 얼마나 수치스러웠던지 이야기하기 시작했다. 그러고는 다시 침묵이었다. 편지를 전부 태워 버린 데에는 뭔가 다른 이유가 있다는 생각이 들어서 나는 잠시 멈칫한다. 굳이 모든 것을 확실하고 분명하게 공개할 필요가 있을까? 개인적인 불륜 관계와 관련된 물건까지 보관하고 간직해야 하나? 30여 년간 나눈 대화를 한 줌의 재로 불태워 턴브리지 웰스의 하늘 높이 날려 버리면 안 될 이유라도 있는 걸까? 내가 소유한 물건을 반드시 누군가에게 물려줘야 할 의무는 없다. 때로는 물건을 잃어버리는 것이 내가 살 수 있는 공간을 만들어 주기도 한다. "나는 빈이 그립지 않아." 엘리자베트 할머니는 부드러운 목소리로 말했다. "그곳에서는 폐소 공포증이 생길 것 같았어. 그리고 굉장히 어두웠어."
 당신이 어린 시절에 랍비 교육을 받았다고 했을 때, 할머니는 아흔이 넘는 연세였다. "허락해 달라고 아버지를 졸랐지. 아버지는 놀라셨어." 마치 내가 이미 알고 있는 일을 말하는 것처럼 덤덤한 말투였다.

2년 후에 할머니가 돌아가셨다. 암스테르담에서 태어나 어린 시절 유럽 곳곳을 돌아다니며 자란 나의 아버지는 당시 잉글랜드 성공회 사제였다. 아버지는 할머니가 지내시던 요양원 근처의 교구 교회에서 베네딕트회 수도사나 유대교 랍비처럼 검은색 사제복을 입고 서서, 당신의 모친을 위해 카디쉬 기도를 드렸다.

문제는 내가 물건들을 태워 버리기 어려운 시대를 살고 있다는 점이다. 나는 뭔가를 흘러가게 내버려 둘 수 없는 세대다. 여러 개의 상자로 신중하게 분류된 도서관을 떠올린다. 그리고 타인에 의해 신중하게 불태워진 모든 물건과 체계적으로 삭제된 이야기들을 생각한다. 사람을 그가 소유한 물건과 갈라놓고, 그다음에는 가족과 갈라놓고, 가족과 이웃을 갈라놓았다. 그리고 결국에는 조국에서 추방했다.

빈에 거주하는 유대인 중에서 아직 살아 있는 사람들의 명단을 확인하고 나서, 그들의 출생 기록 위에 '사라' 혹은 '이스라엘'이라는 빨간색 도장을 찍던 누군가를 상상해 본다. 국외로 추방되는 승객 명단에 올라 있던 모든 가족의 이름도 눈에 아른거린다.

다른 사람들에게 너무나 중요했고 그들이 그렇게 소중하게 아끼던 물건이라면, 나 또한 이 물건들과 그들의 이야기를 소중히 다뤄야 할 것이다. 나는 제대로 알고 있어야만 한다. 돌아가서 다시 확인하고, 다시 걸음을 옮겨야 한다.

"그 네쓰케들은 일본에 있어야 한다고 생각하지 않습니까?" 런던에 사는 내 엄격한 이웃이 질문을 던졌다. 대답하면서 내가 떨고 있다는 게 느껴진다. 아주 중요한 문제이기 때문이다.

나는 그녀에게 말한다. "이 세상에는 네쓰케가 아주 많답니다. 본드 스트리트나 매디슨 애비뉴, 케이제르스흐라흐트, 긴자의 골동품 가게에 가 보면 진열장 속에, 벨벳 테두리로 장식된 쟁반 위에 놓여 있어요." 그런 다음엔 화제를 돌려서 실크로드 이야기를 하고, 알렉산더 대왕 시대의 동전이 19세기까지도 힌두쿠시 지방에서 통용되었다는 이야기를 한다. 내 아내인 수와 에티오피아로 여행을 갔을 때, 지역 시장에서 먼지를 뒤집어쓰고 있던 오래된 중국 항아리를 발견하고는 이 물건이 거기까지 흘러들게 된 경로를 추적하던 사연도 들려준다.

"아니요." 나는 대답한다. "물건이란 언제나 장소를 옮겨 다니고, 판매되고, 물물 교환되고, 도난당하고, 되찾고, 잃어버리기 마련입니다. 사람들은 언제나 선물을 주고받습니다. 중요한 것은 그 물건들의 이야기를 우리가 어떻게 전하는가에 달려 있습니다."

그 질문은 내가 자주 받는 질문과 상반되는 것이기도 하다. "작업실에서 작품을 떠나보낼 때 마음이 아프지 않으세요?" 글쎄, 아니 그렇지 않다. 물건을 떠나보내는 게 내 직업이다. 나처럼 뭔가를 만드는 일을 하는 사람이라면 누구나 자기가 만든 물건이 세상 밖으로 나가서 오래도록 살아남기를 바라는 마음일 것이다.

물건들만 이야기를 간직한 게 아니다. 이야기 역시 일종의 물건이다. 이야기와 사물 사이에는 공통점이 있다. 바로 오래된 세월의 흔적이다. 2년 전 이 책을 시작하기 전에는 분명히 알고 있다고 생각했지만, 지금은 그것이 어떻게 생기는지 확신이 서지 않는다. 어쩌면 세월의 흔적은 손길에 닳아 마모되면서 그 본질을 드러내는 과정일지 모른다. 모난 돌멩이가 강물에 깎이며 작고 매끄럽게 다듬어지듯이, 내 여우 네쓰케의 코와 꼬리가 흔적으로만 남아 있듯이 말이다. 하지만 세월의 흔적은 무언가를 더해 주기도 한다. 시간이 지날수록 떡갈나무로 만든 가구에 은은한 광택이 돌고, 내 모과 네쓰케의 잎사귀에 윤기가 흐르는 것과 마찬가지다.

"당신의 주머니 속에 있는 물건을 꺼내 앞에 내려놓고 시작해 보세요. 이제 당신의 이야기를 들려주세요."

나는 네쓰케를 손에 잡고 있을 때마다 마모된 부분, 이를테면 상아의 결을 따라 갈라진 미세한 균열 같은 것을 찾아보는 습관이 있다. 그것만이 아니다. 상아로 만든 스모 선수 네쓰케는 금이 가서 팔다리가 흔들거릴 만큼 심각한 상태인데, 위대한 세기말에 어느 유명인(시인, 화가 또는 프루스트)이 흥분한 나머지 샤를의 황금색 카펫 위에 떨어뜨려서 부서진 건 아닐까 상상해 본다. 아니면 호두 껍질 위에 앉은 매미 네쓰케의 날개 아래 깊숙이 박힌 먼지는, 감춰져 있던 빈의 침대 매트리스에서 묻어 왔을 거라고 생각해 본다. 하지만 그럴 가능성은 희박하다.

네쓰케 컬렉션의 가장 최근 보금자리는 런던이다. 마침 빅토리아 앤드 앨버트 박물관이 전시실을 새로 개편하면서 오래된 진열장들을 처분하고 있기에 내가 하나를 구입한다.

도예가인 나의 작품은 연한 청잣빛이 도는 청회색 도자기들을 가지런히 진열하는 작업으로, 미니멀리즘이라는 평가를 받는다. 그래서 사람들은 나와 내 아내, 세 아이들이 미니멀리즘의 신전 같은 집에서 살 거라고 짐작한다. 콘크리트 바닥과 유리 벽에 덴마크 가구 몇 점이 전부인 집을 상상한다. 하지만 현실은 그렇지 않다. 우리는 플라타너스가 늘어선 런던의 어느 정다운 거리에 있는 에드워드 양식의 주택에 살고 있다. 오늘 아침 우리 집 현관 풍경을 그려 보면 이렇다. 첼로와 프렌치 호른, 웰링턴 부츠 몇 켤레 그리고 수북이 쌓인 코트와 신발들이 있다. 다 커 버린 아이들에게 필요 없어진 나무 요새 장난감은 재활용 자선 가게로 보낸다고 현관에 내놓은 지 석 달이 다 되어 간다. 그리고 나이 들었지만 여전히 사랑스러운 우리 집 사냥개 엘라가 있다. 현관을 넘어서면 집은 더 지저분하다. 하지만 나는 내 아이들이 네쓰케와 가까워질 기회가 생기길 바란다. 100여 년 전에 에프루시 집안 아이들이 그랬듯이 말이다.

박물관에서 용도 폐기된 이 진열장을 끌고 오느라 우리는 무척이나 애를 먹는다. 운반하면서 우리 넷은 욕을 퍼부었다. 청동으로 제작된 이 진열장은 높이가 210센티미터이고 하단에 마호가니 받침대가 있다. 안에는 세 개의 유리 선반이 있다. 진열장이 벽에 고정된 모습을 바라보니 물건을 수집하던 내 어린 시절 기억이 떠오른다. 나는 동물 뼈, 쥐 가죽, 조개껍질, 호랑이 발톱, 뱀 허물, 파이프, 굴 껍데기, 빅토리아 시대의 동전 등을 수집했다. 빅토리아 시대의 동전들은 40여 년 전 어느 여름, 링컨에서 큰형 존과 함께 시작한 고고학 작업에서 발굴한 것이다. 우리는 발굴 구역의 땅에 격자로 줄을 표시해 가며 열심이었지만 이내 시들해졌다. 링컨 대성당에서 기록물 총괄 책임자였던 아버지 덕분에, 우리 가족은 성당 동쪽의 거대한 고딕 양식 창문 맞은편에 있는 문서 보관소에서 살았다. 그곳은 나선형 계단이 있는 중세 시대 집과 긴 복도 끝에 예배당 하나가 연결된 건물이었다. 성당 경내에 상주하던 부주교님은 어릴 적 에드워드 7세 시대에 본인이 노퍽에서 발굴한 화석 수집품들을 내게 물려주었다. 몇몇은 발굴 날짜와 장소까지 그대로 적혀 있었다. 내가 일곱 살 때의 일이었는데, 성당 도서관에서 마호가니 진열장을 철거하게 되자, 그중 하나를 집으로 가져왔다. 그렇게 나의 첫 진열장은 내 방의 절반을 차지하게 되었다. 그 안에 내가 수집한 물건들을 정리하고, 위치를 바꾸기도 하고, 보여 달라는 사람이 있으면 열쇠로 잠긴 문을 열어 주곤 했다. 그것은 나의 분더카머 Wunderkammer*, 내 물건들의 세상, 촉감에 얽힌 나의 은밀한 역사였다.

 최근에 마련한 새 진열장은 네쓰케에게 알맞은 장소가 될 것 같다. 진열장을 피아노 바로 옆에 놓아두고, 아이들이 원하면 언제든지 꺼내 볼 수 있도록 문을 잠그지 않았다.

 네쓰케 중에서 늑대, 모과, 호박 눈의 산토끼 등 10여 점을

---

* 독일어로 '호기심의 방'. 16-17세기 유럽의 지배층과 학자들이 진귀한 사물들을 수집하고 진열하던 공간.

꺼내 진열해 두었는데, 다음에 보니 위치가 이리저리 바뀌어 있었다. 몸을 웅크리고 잠든 생쥐가 맨 앞으로 밀려 나왔다. 나는 진열장 유리문을 열어 생쥐를 집어 들고 주머니에 넣는다. 그리고 우리 개 엘라를 데리고 작업실을 향해 집을 나선다. 내게는 만들어야 할 도자기들이 있다.

네쓰케는 다시 시작이다.

감사의 글

이 책은 오랜 시간 준비했다. 내가 처음 이 이야기를 하기 시작한 건 2005년이었다. 말 대신 글로 써 보라고 조언해 준 세 사람, 마이클 골드파브, 조 얼, 크리스토퍼 벤페이에게 감사드린다.

먼저, 실질적인 도움을 주고 동반자가 되어 준 내 동생 토머스에게 인사를 전하고 싶다. 삼촌 부부인 콘스턴트 드 발과 줄리아 드 발은 처음부터 지금까지 적극적인 지원을 아끼지 않았다. 자료 조사와 번역을 도와준 모든 분, 특히 조지나 윌슨, 한나 제임스, 톰 오터, 수재나 오터, 샹탈 리켈, 오로지타 다스에게 감사드린다.

이스트 앵글리아 대학교 조 캐틀링 박사가 연구한 릴케와 에프루시에 대한 논문은 매우 귀중한 도움이 되었다. 크리스티 경매사의 마크 힌튼은 네쓰케에 새겨진 서명을 밝히는 데 큰 도움을 주었다. 작업실 매니저인 캐리스 데이비스는 날마다 모든 일을 맡아서 해결하는 훌륭한 대변인이 되어 주었다.

지젤 드 보가드 스캔틀베리, 고 마리루이제 폰 모테지츠키, 프랜시스 스퍼포드, 제니 터너, 매들린 베스버러, 앤서니 싱클레어, 브라이언 딜런, 제임스 하딩, 리디아 사이슨, 마크 존스, A. S. 바이엇, 찰스 소머레즈스미스, 루스 손더스, 어맨다 렌쇼, 팀 배린저, 요른 베이테베르그, 로지 토머스, 비크람 세스, 요람

텐 브링크에게 감사드린다. 특히 변함없는 믿음으로 함께해 준 마티나 마르게츠, 필립 왓슨, 피오나 매카시에게 감사의 마음을 전한다.

런던 도서관, 빅토리아 앤드 알버트 박물관의 국립 미술 도서관, 대영 도서관, 케임브리지 대학교 도서관, 코톨드 예술학교, 독일 문화원, 오르세 미술관, 루브르 박물관, 프랑스 국립 도서관, 도쿄 국립 도서관, 빈의 유대인 공동체, 빈의 아들러 소사이어티 전 직원에게 감사드린다. 빈에서는 전쟁 배상을 주제로 선구적인 연구를 해 온 소피 릴리, 유대인 공동체 소속의 아나 슈타우다허와 볼프에리히 엑슈타인, 족보 확인에 도움을 준 게오르크 가우구슈와 크리스토퍼 웬트워스스탠리에게 감사의 말을 전한다. 그리고 팔레 에프루시에서 반갑게 맞아 준 카지노 오스트리아의 마르틴 드르슈카에게도 감사드린다. 오데사에서는 마르크 나이도르프, 안나 미시우크, 알레한데르 (사샤) 로젠보임이 에프루시 가문의 역사를 안내하는 길라잡이가 되어 주었다.

펠리시티 브라이언은 가장 훌륭한 에이전트로서 언제나 나를 지지해 주었다. 그녀와 펠리시티 브라이언 에이전시의 직원들, 더불어 조이 파냐멘타와 앤드루 뉘른베르크 어소시에이츠의 모든 직원에게도 감사드린다. 챠토 출판사의 줄리엣 브룩, 스티븐 파커, 케이트 블랜드에게도 감사하다. 파라 출판사의 조너선 갈라시와 슈트라우스, 지루는 처음부터 나를 믿고 지지해 주었다.

두 명의 내 편집자가 보여 준 헌신과 세심한 배려, 상상력에 감동했다. 챠토 출판사의 클라라 파머는 이 책의 출간 여부를 묻는 편지를 보내왔다. 그녀와 FSG의 코트니 호델 덕분에 이 책은 세상에 나올 수 있었다. 두 사람 모두에게 깊이 감사드린다.

무엇보다도 돌아가신 나의 할머니 엘리자베트와 이기, 어머니 에스더 드 발과 아버지 빅터 드 발, 그리고 스기야마 지로에게 감사와 사랑의 마음을 전한다.

나의 아내 수 챈들러의 한결같은 성원이 없었다면 이 책은 불가능했을 것이다. 우리 아이들 벤, 매슈, 애나에게 이 책을 바친다.

인명 찾아보기

가르보, 그레타 Greta Garbo 283
가쓰시카 호쿠사이 葛飾北斎 145
가와사키 이치로 河崎一郎 406
게오르게, 슈테판 Stefan George 300
게츠, 스탠 Stan Getz 432
고리키, 막심 Maxim Gorky 457, 462
고흐, 빈센트 반 Vincent van Gogh 305
골즈워디, 존 John Galsworthy 364
공스, 루이 Louis Gonse 82, 89
공쿠르, 에드몽 드 Edmond de Goncourt 68-69, 73, 75-76, 78-79, 81, 91-92, 95, 126, 145, 239, 411, 420
괴링, 헤르만 Hermann Göring 349
괴벨스, 파울 요제프 Paul Joseph Goebbels 336-337
괴테, 요한 볼프강 폰 Johann Wolfgang von Goethe 183, 200, 329
구노, 샤를프랑수아 Charles-François Gounod 417
기, 콩스탕탱 Constantin Guys 108, 116
기메, 에밀 에티엔 Émile Étienne Guimet 79, 88, 145
기번, 에드워드 Edward Gibbon 183
기타가와 우타마로 喜多川歌麿 145

노스클리프, 앨프레드 함스워스 Alfred Harmsworth Northcliffe 273
닉슨, 리처드 Richard Nixon 436

다나카 류키치 田中隆吉 395
다빈치, 레오나르도 Leonardo da Vinci 70
단테, 알리기에리 Dante Alighieri 345
달라디에, 에두아르 Édouard Daladier 357
데스테, 이사벨라 Isabella d'Este 201
데시가하라 히로시 勅使河原宏 432
데이턴, 렌 Len Deighton 446
델라 로비아, 루카 Luca della Robbia 58, 149
도나텔로 Donatello 58, 61, 83, 113
도레, 귀스타브 Gustave Doré 345

도모카즈 友一 410, 438, 439
도요카즈 豊一 440
도조 히데키 東條英機 395
돌푸스, 엥겔베르트 Engelbert Dollfuß 310, 316
뒤라크, 에드몽 Edmund Dulac 233, 247
뒤랑, 카롤루스 Carolus Duran 76, 79
뒤러, 알브레히트 Albrecht Dürer 55, 66, 104-105, 110-112, 138, 155-156, 459
뒤레, 테오도르 Théodore Duret 79
뒤마, 알렉상드르 Alexandre Dumas 145
드가, 에드가르 Edgar Degas 79, 95, 105, 112-113, 116, 118-119, 124, 126, 130, 136, 151, 305, 411, 458
드레퓌스, 알프레드 Alfred Dreyfus 150-153, 155, 157, 163
드뤼몽, 에두아르 Edouard Drumont 135-138, 152, 187
드보르샤크, 프리츠 Fritz Dworschak 343

라세르다, 존 John Lacerda 419
라이트, 프랭크 로이드 Frank Lloyd Wright 394
라트, 에른스트 폰 Ernst von Rath 359
라포르그, 쥘 Jules Laforgue 104-109, 117-118, 122, 128, 132
랑케, 레오폴트 폰 Leopold von Ranke 183
랭, 앤드루 Andrew Lang 233, 339
러스킨, 존 John Ruskin 18, 132
레나크, 테오도르 Theodore Reinach 152, 210, 306, 379
레너, 카를 Karl Renner 384
레너드, 엘모어 Elomore Leonard 19
레니, 귀도 Guido Reni 62
레닌, 블라디미르 일리치 Vladimir Ilyich Lenin 273
레틀리히, 요제프 Joseph Redlich 273
로댕, 오귀스트 Auguste Rodin 18, 293, 296, 300
로스, 아돌프 Adolf Loos 174, 203, 242-243
로스차일드, 베아트리스 에프루시 드 Beatrice Ephrussi de Rothschild 139, 141, 195, 209, 244, 306, 447
로스차일드, 알베르트 폰 Albert von Rothschild 232
로스차일드, 아돌프 드 Adolphe de Rothschild 52
로스차일드, 알퐁스 드 Alphonse de Rothschild 139
로스차일드, 제임스 드 James de Rothschild 47, 62

로시니, 조아키노 안토니오 Gioacchino Antonio Rossini 416
로젠베르크, 알프레트 Alfred Rosenberg 346, 348, 374, 379
로트, 요제프 Joseph Roth 215, 254, 262
로트, 폴 Paul Lhote 122
루벤스, 페테르 파울 Peter Paul Rubens 62, 170
루이스, 싱클레어 Sinclair Lewis 364
룰만, 에밀자크 Émile-Jacque Ruhlmann 305
뤼거, 카를 Karl Lueger 188-189, 244, 285
르누아르, 오귀스트 Auguste Renoir 104, 108, 113-115, 118, 121-126, 128-129, 135, 146, 152, 155-156, 232, 379, 410-411, 462
르메르, 마들렌 Madeleine Lemaire 68-69
리, 클레망 드 Clément de Ris 131
리슐리외, 아르망 Armand Richelieu 450
리치, 버나드 Bernard Leach 16, 18-19, 431
릴케, 라이너 마리아 Rainer Maria Rilke 253, 259, 292-302

마네, 에두아르 Edouard Manet 79, 95, 105, 108, 113-116, 118, 120, 125, 130, 146, 305
마리 앙투아네트 Marie Antoinette 84, 87, 103, 226-227
마스네, 쥘 Jules Massenet 76, 156
마카르트, 한스 Hans Makart 169, 201, 220, 223, 236, 270, 367
만, 토마스 Thomas Mann 38, 253
말러, 구스타프 Gustav Mahler 191, 203, 214, 243, 353
맥아더, 더글러스 Douglas MacArthur 394-397, 419, 422
메니에르, 에밀쥐스탱 Émile-Justin Menier 52
멘델스존, 펠릭스 Felix Mendelssohn 353
멜리네, 에밀 앙리 Émile Henry Mellinet 116
모네, 클로드 Claude Monet 79, 82, 86, 90, 104, 108, 110, 113-114, 117, 156-157, 287, 305
모로, 귀스타브 Gustave Moreau 108, 126-130, 133, 146, 156, 163, 247, 410, 458
모리스, 제임스 James Morris 394
모리조, 베르트 Berthe Morisot 104, 112-113, 156
모테지츠키, 마리루이제 폰 Marie-Louise von Motesiczky 258
모파상, 기 드 Guy de Maupassant 91, 133
몽테스키외, 로베르 드 Robert de Montesquieu 127, 462
무솔리니, 베니토 Benito Mussolini 357
무질, 로베르트 Robert Musil 171, 220-221, 255, 337
미시마 유키오 三島由紀夫 400

미제스, 루트비히 폰 Ludwig von Mises   292
미클라스, 빌헬름 Wilhelm Miklas   326
밋포드, 낸시 Nancy Mitford   74

바그너, 빌헬름 리하르트 Wilhelm Richard Wagner   77, 203, 265, 416
바르바리, 야코포 데 Jacopo de Barbari   63
바르비에, 라울 Raoul Barbier   121
바벨, 아이작 Isaac Babel   454
바서만, 야코프 Jakob Wassermann   173, 204, 367
바우베르만, 필립스 Philips Wouwerman   220
바이닝, 엘리자베스 그레이 Elizabeth Gray Vining   430
바이닝거, 오토 Otto Weininger   228
발레리, 폴 Paul Valéry   296, 298, 301
방빌, 테오도르 드 Théodore de Vanville   105
버컨, 존 John Buchan   204
번슨, 모리스 드 Maurice de Bunsen   250
베네딕트, 루스 Ruth Benedict   404
베르길리우스 Vergilius   183, 345
베리먼, 존 John Berryman   295
베버리지, 윌리엄 William Beveridge   280
베타우어, 후고 Hugo Bettauer   285-286
벤야민, 발터 Walter Benjamin   231, 245
벨로, 솔 Saul Bellow   301
벨리니, 조반니 Giovanni Bellini   195
보나, 레옹 Léon Bonnat   75, 131
보나파르트, 나폴레옹 Napoléon Bonaparte   69
보드리, 폴 Paul Baudry   129-130, 180
보르헤스, 호르헤 루이스 Jorge Luis Borges   92
보티첼리, 산드로 Sandro Botticelli   131, 155-156
부게로, 윌리엄아돌프 William-Adolphe Bourguereau   126, 129
부르제, 폴 Paul Bourget   76
불, 앙드레샤를 André-Charles Boulle   198, 220, 348
뷔르켈, 요제프 Josef Bürckel   349
뷔르티, 필리프 Philppe Burty   79, 84, 113, 239
브람스, 요하네스 Johannes Brahms   414, 416
브로크하우스, 알베르트 Albert Brockhaus   239, 376

브룩스, 셜리 Shirley Brooks 456
브뤼헐, 피터르 Pieter Bruegel the Elder 55
브르퇴유, 가스통 드 Gaston de Breteuil 142
블랑쉬, 자크에밀 Jacques-Émile Blanche 150
블레이크, 윌리엄 William Blake 18
비제, 조르주 Georges Bizet 68, 183
비트겐슈타인, 루트비히 Ludwig Wittgenstein 191
빙, 지그프리트 Siegfried Bing 78, 145

사마리, 잔느 Jean Samary 122
살라, 조지 오거스터스 George Augustus Sala 81
새커리, 윌리엄 William Thackeray 455
샤르댕, 장 시메옹 Jean Siméon Chardin 201
샤리고, 알린 Aline Charigot 121-122
샤반느, 퓌비 드 Puvis de Chavannes 134
서버, 제임스 James Thurber 412
세르누치, 앙리 Henri Cernuschi 52, 79, 88, 102, 131
세잔, 폴 Paul Cézanne 151
소로, 헨리 데이비드 Henry David Thoreau 406
쇠너러, 게오르크 폰 Georg von Schönerer 187
슈니츨러, 아르투어 Arthur Schnitzler 184, 187, 190-191, 200, 203, 227-228, 253
슈베르트, 프란츠 Franz Schubert 23, 190
슈슈니크, 쿠르트 Kurt Schuschnigg 16, 318, 323-325, 330-331, 335, 338-339
슈튀르크, 카를 폰 Karl von Stürgkh 268
슈트라우스, 리하르트 Richard Strauss 228, 273
슈트라우스, 요한 Johann Strauss 214, 434
슈트라이허, 율리우스 Julius Streicher 340
스위프트, 조너선 Jonathan Swift 455
스콧, 월터 Walter Scot 455
스타인, 거트루드 Gertrude Stein 215
스토, 해리엇 비처 Harriet Beecher Stowe 455
스티드, 위컴 Wickham Steed 173, 186
시셸, 필리프 Philippe Sichel 73, 78, 83, 88-90, 92-93, 95, 98-99, 420
시슬레, 알프레드 Alfred Sisley 104, 113, 116
시트웰, 사세버럴 Sacheverell Sitwell 431
실러, 프리드리히 Johann Friedrich von Schille 183, 339

실레, 에곤 Egon Schiele 228, 292, 305

아들러, 빅토어 Victor Adler 268
아들러, 알프레트 Alfred Adler 291
아들러, 프리츠 Fritz Adler 268
아스, 샤를 Charles Haas 154
아스트루크, 엘리아리스티드 Élie-Aristide Astruc 116
아이히만, 아돌프 Adolf Eichmann 335, 350, 352
안데르센, 한스 크리스티안 Hans Christian Andersen 315
알레이헴, 숄렘 Sholem Aleichem 454
알텐베르크, 페터 Peter Altenberg 184, 214
앙드레, 엘렌 Ellen Andrèe 121
야나기 소에츠 柳宗悦 18
에스테라지, 페르디낭 Ferdinand Esterhazy 151
엔라이트, 데니스 조지프 Dennis Joseph Enright 428-429, 431
엠프슨, 윌리엄 William Empson 430
예이젠시테인, 세르게이 미하일로비치 Sergei Mikhailovich Eizenshtein 449
예카테리나 대제 Ekaterina the Great 174, 450
옐리네크, 아돌프 Adolf Jellinek 189
오비디우스 Ovidius 183, 235, 345, 363
오스만, 조르주외젠 Georges-Eugéne Haussmann 53
오카다 유즈루 岡田譲 425
올브리히, 요제프 Joseph Olbrich 205
와일드, 오스카 Oscar Wilde 127, 129
와토, 장앙투완 Jean-Antoine Watteau 146
월리스, 리처드 Richard Wallace 59
웰스, 허버트 조지 Herbert George Wells 364
위고, 빅토르 Victor Hugo 267
위스망스, 조리스카를 Joris-Karl Huysmans 116, 127-129
윌슨, 우드로 Woodrow Wilson 273

자이스잉크바르트, 아르투어 Arthur Seyß-Inquart 323-324
잘텐, 펠릭스 Felix Salten 169
조이스, 제임스 James Joyce 215
조토, 디 본도네 Giotto di Bondone 155-156
졸라, 에밀 Émile Zola 52, 79, 120, 145, 151-153, 171

지드, 앙드레 André Gide   152

채트윈, 브루스 Bruce Chatwin   34
체임벌린, 아서 네빌 Arthur Neville Chamberlain   356-357
츠바이크, 슈테판 Stefan Zweig   287

카레, 존 르 John le Carré   19
카몬도, 아브라함 Abraham Camondo   51
카사트, 메리 Mary Cassatt   105, 113
카엔 당베르, 루이즈 Louise Cahen d'Anvers   73-78, 81, 83, 85-89, 99, 101-102, 125-126, 132, 145, 149-150, 158, 211, 374, 379
카유보트, 귀스타브 Gustave Caillebotte   53-54, 121
카조봉, 아이작 Isaac Casaubon   243
캐럴, 루이스 Lewis Carroll   200
케렌스키, 알렉산드르 Alexander Kerensky   273
코이프, 알베르트 Aelbert Cuyp   220
콘래드, 조지프 Joseph Conrad   462
쿠르베, 귀스타브 Gustave Courbet   71
쿠퍼, 윌리엄 William Cowper   455
크라우스, 카를 Karl Kraus   166, 174, 185, 228, 242-243, 253, 265-266, 272-273
클라우스너, 후베르트 Hubert Klausner   326
클림트, 구스타프 Gustav Klimt   214, 228, 243
키플링, 조지프 러디어드 Joseph Rudyard Kipling   93, 213

톨스토이, 레프 Lev Tolstoy   455
트레이시, 아너 Honor Tracy   431
트루먼, 해리 S. Harry S. Truman   422
트웨인, 마크 Mark Twain   456
티소, 제임스 James Tissot   79, 90
티에폴로, 조반니 바티스타 Giovanni Battista Tiepolo   62
티치아노, 베첼리오 Tiziano Vecellio   75-76, 128, 150, 201, 462

파지, 존 라 John La Farge   82
파트리코, 장 Jean Patricot   157-158
판탱라투르, 이냐스 테오도르 Ignace Théodore Fantin-Latour   79
퍼모, 패트릭 리 Patrick Leigh Fermor   213

페레르, 에밀 Emile Péreire   50-51
페레르, 유진 Eugène Péreire   52
페레르, 이삭 Issac Péreire   50-51
페르디난트, 프란츠 Archduke Franz Ferdinand of Austria   249
페르메이르, 요하네스 Johannes Vermeer   155-156, 462
페리, 매슈 캘브레이스 Matthew Calbraith Perry   32, 99
페인터, 조지 던컨 George Duncan Painter   154, 462
푀겔린, 에릭 Eric Voegelin   363
푸시킨, 알렉산드르 세르게비치 Aleksandr Sergeevich Pushkin   450, 452
프란츠 요제프 1세 Franz Joseph I of Austria   21, 166, 189, 251, 255, 269-271, 274
프랑수아 1세 François I of France   137
프랑스, 아나톨 Anatole France   77
프로이트, 지그문트 Sigmund Freud   165, 187, 202, 228-229, 241-243, 291
프루스트, 마르셀 Marcel Proust   7, 69, 77, 91, 114-115, 117, 123, 131-133, 141, 145-146, 153-156, 211, 215, 296, 300, 412, 446, 462, 467
프리델, 에곤 Egon Friedell   335
플로머, 윌리엄 William Plomer   431
피라네시, 조반니 바티스타 Giovanni Battista Piranesi   449
피사로, 카미유 Camille Pissarro   86, 104, 113, 116, 125, 151, 416
피카소, 파블로 Pablo Picasso   215

한센, 테오필루스 Theophilus Hansen   167-168, 170, 177-178
할스, 프란스 Frans Hals   220
헌, 라프카디오 Lafcadio Hearn   245, 432
헤르츨, 테오도어 Theodor Herzl   136, 185, 216, 244
호프만슈탈, 후고 폰 Hugo von Hofmannsthal   184, 190-191, 201, 228, 253, 273
호흐, 피터르 더 Pieter de Hooch   201
홀바인, 한스 Hans Holbein   63
훔볼트, 알렉산더 폰 Alexander von Humboldt   183
휘슬러, 제임스 애벗 맥닐 James Abbott McNeill Whistler   90, 114-115, 119, 155
휘트먼, 월터 Walter Whitman   18
히틀러, 아돌프 Adolf Hitler   170, 309, 318, 323, 325, 330-333, 336, 343-346, 348, 356-357, 359
힐리어드, 니컬러스 Nicholas Hilliard   67

옮긴이 이승주

이화여자대학교 신문방송학과와 동 대학원 미술사학과를 졸업했다.
국립현대미술관 학예연구사로 일했고, 문화 예술 분야의 책을 기획·번역한다.

호박 눈의 산토끼
잃어버린 가족의 역사를 찾아서

지은이	에드먼드 드 발
옮긴이	이승주

1판 1쇄 발행
2023년 12월 21일

편집	전유니 김지호
디자인	Plate(조태용)
인쇄·제책	영신사

펴낸이	이순령
펴낸 곳	아르테카
출판 등록	2020년 10월 27일 (제2020-000088호)
이메일	artheka.book@gmail.com

ISBN 979-11-980279-2-4
값 22,000원